张世英 著

哲学导论

An Introductio
osophy

（第四版）

北京大学出版社
PEKING UNIVERSITY PRESS

图书在版编目（CIP）数据

哲学导论 / 张世英著. —4 版. —北京：北京大学出版社，2025.2
（博雅大学堂·哲学）
ISBN 978-7-301-34616-7

Ⅰ. ①哲⋯　Ⅱ. ①张⋯　Ⅲ. ①哲学 – 高等学校 – 教材　Ⅳ. ①B

中国国家版本馆CIP数据核字（2023）第209953号

书　　　名	哲学导论（第四版） ZHEXUE DAOLUN（DI-SI BAN）
著作责任者	张世英　著
责任编辑	田　炜
标准书号	ISBN 978-7-301-34616-7
出版发行	北京大学出版社
地　　　址	北京市海淀区成府路205号　100871
网　　　址	http://www.pup.cn　新浪微博 @ 北京大学出版社
电子邮箱	编辑部 wsz@pup.cn　总编室 zpup@pup.cn
电　　　话	邮购部 010-62752015　发行部 010-62750672 编辑部 010-62750577
印　刷　者	河北博文科技印务有限公司
经　销　者	新华书店
	650 毫米 ×980 毫米　16 开本　26.75 印张　460 千字 2002 年 1 月第 1 版　2008 年 6 月第 2 版　2016 年 5 月第 3 版 2025 年 2 月第 4 版　2025 年 2 月第 1 次印刷
定　　　价	79.00 元

未经许可，不得以任何方式复制或抄袭本书之部分或全部内容。
版权所有，侵权必究
举报电话：010-62752024　电子邮箱：fd@pup.cn
图书如有印装质量问题，请与出版部联系，电话：010-62756370

CONTENTS·目录

导言　什么是哲学/1
　　小引/1
　　一　哲学史上对哲学的界定/3
　　二　哲学是关于人对世界的态度或人生境界之学/8
　　三　哲学的分类/11

第一篇　本体论与认识论

第一章　"人生在世"的两种结构
　　　　——"人—世界"和"主体—客体"/3
　　一　"人—世界"和"主体—客体"两种在世结构的含义、区别与关系/3
　　二　两种在世结构在中西哲学史上的表现/8
　　三　对于人与世界关系问题的具体回答/13

第二章　精神发展的阶段/16
　　一　划分精神发展阶段的原则/17
　　二　个人精神发展的阶段/20

第三章　两种超越：纵向超越与横向超越；两种目标：相同与相通/28
　　一　纵向超越与横向超越/28
　　二　相同与相通/34

第四章　两种超越的途径：思维与想象/44
　　一　想象不同于思维的特点/44
　　二　从重思维转向重想象/47
　　三　想象的重要意义/50

第五章　两种无限观:"思维的无限"与"想象的无限"/54
  一　两种无限的含义/54
  二　对黑格尔"真无限"的批评/57
  三　"真无限"的整体与"坏无限"的整体/59
  四　"人生在世"的全过程/61

第六章　两种真理观:符合说与去蔽说/65
  一　从符合说到去蔽说的转向/65
  二　真理的本质在于超越和自由/69

第七章　论境界/73
  一　境界的含义及其在中西哲学史上的意义/73
  二　境界的形成/76
  三　不同境界之间的沟通问题/78
  四　用"万物一体""民胞物与"的思想精神提高和沟通不同的精神境界/79

第八章　境界与文化/82
  一　四种人生境界/82
  二　个人的人生境界主要是在民族文化的大背景下形成的/84
  三　文化的评判问题/85
  四　在发展科学的基础上提高人文文化和人文素质/89
  五　科学、认识活动的抽象性与道德、审美活动的具体性/91
  六　从科学认识到人生领悟/95

第九章　超越自我/96
  一　禅宗关于超越自我的思想/96
  二　超越自我在于超越主客二分式/102

第十章　超越之路/109
  一　哲学的"奥秘性"与"公开性"/110
  二　哲学的彻底的"公开性"在于永不脱离时间性和有限性/113
  三　超越有限的历程/116
  四　超越有限是一种长期磨炼的过程/118

第二篇　审美观

第十一章　审美意识的在世结构：人与世界的融合/123
　　一　审美意识：人与世界融合的产物/123
　　二　审美意识的特点：超越性/126
　　三　审美意识给人以自由/131

第十二章　审美意识的灵魂：惊异/134
　　一　传统哲学与惊异的对立/134
　　二　审美意识的惊异起于超越主客二分/138
　　三　缺乏审美意识或诗意的传统哲学的终结/140
　　四　惊异是哲学和审美意识（诗意）的灵魂/141

第十三章　典型说与显隐说/144
　　一　典型说及其哲学基础/145
　　二　显隐说及其哲学基础/146
　　三　真理的场所——艺术品/150
　　四　中国古典诗论的"隐秀"说/154
　　五　超越在场与功利追求/157

第十四章　审美意识：超越有限
　　　　——再论典型说与显隐说/159
　　一　理论/159
　　二　历史/167

第十五章　审美价值的区分/174
　　一　黑格尔论艺术价值的区分/174
　　二　超越有限性的程度决定审美价值的高低/177

第十六章　两种哲学，两种语言观/186
　　一　西方古典哲学到现当代哲学的转向/186
　　二　语言学转向/189
　　三　语言意义的转换/193
　　四　"大言"与"小言"/197

第十七章　语言的诗性与诗的语言/202
　　一　语言的诗性/202

二　诗的语言与非诗的语言的区别/207

　　三　中国古典诗的语言的特征和要求/209

第十八章　美与真善/214

　　一　古希腊时期/214

　　二　中世纪到文艺复兴时期/216

　　三　近代/217

　　四　现当代/220

　　五　真善美统一于"万物一体"/222

第三篇　伦理观

第十九章　审美意识与道德意识/227

　　一　哲学史上的道德观/227

　　二　审美意识超越道德意识/231

　　三　西方一些思想家关于审美意识与道德意识的

　　　　关系的论述/236

　　四　审美意识的超越性与现实性的统一/238

第二十章　人与世界的两重性/242

　　一　"被使用的世界"与"相遇的世界"/242

　　二　人生并非只是使用对象的活动/243

　　三　人生的最高意义：万物一体的领悟或"我—你"之间的

　　　　相互回应/245

　　四　有"民胞物与"精神的人，能唤醒万物与之作语言交流/247

　　五　"我—你"关系的优先地位/249

　　六　让科技事业充满"民胞物与"和"仁爱"精神之火与光/251

第二十一章　人类中心主义和民胞物与说/254

　　一　中国哲学史上民胞物与和人类中心思想的统一/254

　　二　西方极端神秘主义者的非人类中心主义/257

　　三　超越人类中心主义与非人类中心主义/260

第二十二章　和谐相处：人与人，人与自然

　　　　——顺应与理解/262

　　一　和谐论的本体论根据——万物一体/262

二　人与自然的和谐相处/263
　　三　人与人的和谐相处/265
第二十三章　建立道德律的方式：对话与独白/269
　　一　从独白到对话/269
　　二　儒家的"万马齐喑"的伦理学与哈贝马斯的"交谈伦理学"/272
　　三　理与情/275
第二十四章　知行问题的道德含义与认识论含义/278
　　一　知行合一的道德意义/278
　　二　从天人合一到主客二分，从道德意义的知行合一到认识论意义的认识与实践/280
　　三　"知"哲学与"行"哲学/283
　　四　道家既"知""道"亦"行""道"/286
　　五　哲学与人生/288

第四篇　历史观

第二十五章　古与今/293
　　一　伽达默尔的古今融合论/293
　　二　王船山的"通古今而计之"的历史观/300
　　三　古与今之间的"紧张关系"/304
第二十六章　传统与现在/306
　　一　传统的性质与形成过程/306
　　二　对待传统的正确态度/310
第二十七章　历史的连续性与非连续性/316
　　一　连续性与非连续性的含义/316
　　二　时间距离的意义/319
　　三　人生的意义在于按照历史，不断超出自身而不执着/321
　　四　历史性问题就是人生意义问题/323
第二十八章　中心与周边/325
　　一　中心与周边关系的哲学基础/325
　　二　"万变不离其宗"剖析/327

三　民族性与时代性/330
四　经济全球化与文化多元化/331

第五篇　哲学发展的历程

第二十九章　西方哲学发展的历程/337
　　一　西方哲学史的主要问题和主要特点/337
　　二　西方哲学史的主要发展阶段/343
第三十章　中国哲学发展的历程/358
　　一　中国哲学史的主要问题和主要特征/358
　　二　中国哲学史的主要发展阶段/361
第三十一章　从"天人合一"到"万有相通"/384
　　一　"天人合一"的特点/385
　　二　"万有相通"的特点/387
　　三　"天人合一"与"万有相通"的区别以及中西文化史上
　　　　从前者到后者的发展过程/389
　　四　在中国现实中"万有相通"进展迟缓及其原因/390
　　五　"万有相通"的哲学要求把"有我"与"忘我"结合起来/392
　　六　"万有相通"的哲学是中华文化走向未来的明灯/394
余论：希望的哲学/396
　　一　以希望哲学代替猫头鹰哲学/396
　　二　希望就是虚拟/397
　　三　希望就是战斗/398
　　四　希望与命运/399
　　五　希望与失望/400
　　六　希望与无限/401

导言
什么是哲学

小 引

1. 思考普遍性问题是哲学的开始

我们的日常生活,包括衣食住行,男女之事,人对自然的使用、改造,人与人之间的各种社会交往等等,大多是一些针对具体的、个别的或局部的事物和现象的活动,人们较少自觉地考虑普遍性的问题,特别是把世界(包括人在内)作为一个整体来考虑的这样一种最大最高的普遍性问题,而这种最大最高的普遍性问题正是哲学研究的对象。德国古典唯心主义哲学家黑格尔(G. W. F. Hegel,1770—1831)说:"哲学以思想、普遍者为内容,而内容就是整个的存在。""什么地方普遍者被认作无所不包的存在,……则哲学便从那里开始。"[①]英国现代哲学家罗素(B. Russell,1872—1970)也说过:"当有人提出一个普遍性问题时,哲学就产生了,科学也是如此。""提出普遍性问题就是哲学和科学的开始。"[②]哲学所讲的普遍性主要是指我所说的最大最高的普遍性。科学所讲的普遍性、

---

① 黑格尔:《哲学史讲演录》第一卷,北京大学哲学系外国哲学史教研室译,生活·读书·新知三联书店1956年版,第93页。
② 罗素:《西方的智慧》上,崔权醴译,文化艺术出版社1997年版,第6、14页。

规律性是较小范围的普遍性,但只要是思考普遍性问题,就有着哲学的起点。古希腊的哲学,原本把科学包括在内,哲学与科学尚未分化,原因之一,就是因为他们讲的都是普遍性。这就是为什么人们总觉得哲学距离现实生活比较遥远抽象而不切实际的根本原因。但是另一方面,这种关于整个世界的普遍性问题又经常渗透到人们的现实生活中,特别是一些好奇心较强的人们的现实生活中,例如那本畅销全球的哲学史通俗读物《苏菲的世界》,一开始就提出了两个最大最高的普遍性问题:"你是谁?"和"世界从哪里来?"。这就表明,即使是最大最高的普遍性也是与具体的、个别的事物和现象相联系的,哲学是与人们的现实生活相联系的。在当今市场经济繁荣、科学技术日益发达的时代,人们一方面热衷于追求功利,热衷于对具体的东西的占有,一方面也常常要追问人生的意义究竟何在,追问一些最大的普遍性问题。有一位大富豪甚至感叹自己精神空虚,一无所有,另有一位企业家站在上海金茂大厦的顶层还念着唐代诗人陈子昂的诗句:"前不见古人,后不见来者,念天地之悠悠,独怆然而涕下。"这都说明生活在现实世界中的人,大都也作哲学的思考。

2. 哲学思考源于惊异

古希腊最伟大的百科全书式的哲学家亚里士多德(Aristotle,前384—前322)说过:"由于惊异,人们才开始哲学思考('惊异'又译'好奇心')。"[①]惊异是从无知到知的"中间状态"[②]。完全无知,不会起惊异之感,完全知道了,明白了,也无惊异之可言,只有在从无知到知的那一过渡状态中,才产生了惊异。

哲学究竟源于一种什么样的惊异呢?对芝麻大的一点小事、小问题容易惊异、好奇的人,比起对任何事、任何问题都麻木不仁的人来,显然更具哲学头脑,更有哲学的起点,但哲学之为哲学,或者说严格意义下的哲学,乃是源于对世界整体性把握这样一种最大最高的普遍性问题的惊异。或者倒过来说也一样,有了对这种普遍性问题的惊异、好奇,就意味着哲学问题的提出和哲学的产生。

---

① 亚里士多德:《形而上学》A2,982 b;见《形而上学》,吴寿彭译,商务印书馆1959年版,第5页(译文有改动)。柏拉图也已说过:哲学始于惊异(见柏拉图:《泰阿泰德》155D)。

② 亚里士多德:《形而上学》A2,982 b;并参阅《黑格尔著作》(*G. W. F. Hegel Werke in Zwanzig Bänden*,Suhrkamp Verlag,以下简称Hegel·Werke),1970年版,第13卷,第410页。并参阅朱光潜译黑格尔《美学》第二卷,商务印书馆1979年版,第24—25页。

我们平常说,哲学源于实践。我以为这个观点当然是正确的,但它并不是与亚里士多德所说的哲学源于惊异的观点互相对立、互相矛盾的。人只有在现实生活中,在实践中(我理解的实践,不只是指生产斗争、阶级斗争的实践,我把它更广泛地理解为人生的一切活动,既包括生产,也包括日常生活),才有可能产生惊异,但仅有现实生活和实践并不一定产生惊异,有的人尽管生活着、实践着,却麻木不仁,很少惊异之心,这种人就缺乏哲学头脑。说人天生有好奇心,这是就广义而言。人的好奇心有强有弱,好奇心非常弱的人是难以步入哲学之堂奥的,他们的现实生活也是很贫乏的。只有在现实生活中、在实践中对事物易起好奇心的人,才可能成为有哲学头脑的人。把哲学起源于实践同哲学起源于惊异对立起来,用前者反对后者,这种观点未必妥当。

一 哲学史上对哲学的界定

1. "哲学"一词的渊源

哲学最初所提出的最大最高的普遍性问题究竟是什么呢?

"哲学"这个词原本是中国古典的典籍中所没有的,它来自19世纪日本学者西周对源于古希腊的西方哲学思想的翻译。中国晚清的学者黄遵宪(1848—1905),首先把"哲学"这个词从日本介绍到中国。所以要讲"哲学"一词的渊源,还得从古希腊哲学讲起。我们今天讲的中国哲学史上的哲学思想,乃是指中国典籍中一些同古希腊哲学与西方哲学相似、相通的内容而言的,如先秦的"诸子之学"、魏晋的"玄学"、宋明清的"道学""理学""义理之学"等。

按照德国现代著名哲学家海德格尔(M. Heidegger, 1889—1976)的考证和说法[①],古希腊早期思想家赫拉克利特(Heraclitus,约前544—前483)最早用了 φιλόσοφος 这样一个形容词,这个形容词应译作"爱智慧的"("爱智的"),就像爱银子的、爱荣誉的一样,不过这里不是爱银子、爱荣誉,而是爱智慧。这就是说,对赫拉克利特来说,还没有在他以后所说的"哲学"(φιλοσοφία)这个词。"爱智慧的"这个形容词与后来所说的"哲学的"完

---

① 以下见海德格尔:《哲学何物》(*Was ist das – die Philosophie*? Günther Neske Pfullingen, 1956),第21—38页。

全不是一个意思。"爱智慧的"中的"爱"(φιλετυ)是指事物之间和谐一致、相互适应的意思。"智慧"(σοφου)是指所有存在的东西(存在者)都在存在之中,都属于存在,都集合于存在之中,存在(又译作"是","是"在希腊文中是及物动词"聚集""集合"的意思)把存在的东西(存在者)集合为一。也就是说,"一"(整体)统一着一切的东西,一切存在的东西都在存在中统一为一个整体。如果可以用一句中国哲学的术语来说,"智慧"颇有些类似"万物一体"。所以"爱智慧"在赫拉克利特那里,就是指人与万物(一切存在者)合而为一的一种和谐一致的意识。如果可以用中国哲学的术语来解释,我以为赫拉克利特所说的"爱智慧"约略类似于中国传统哲学所讲的"天人合一",这里的"天",取其万物(一切存在者)之意,而不是指意志之天、道德之天。海德格尔指出,由于智者派在市场上需要对所有的东西做理智的说明和解释,以便能为大家所理解和接受,于是理智性的、概念式的东西成了智者派的追求目标,而理智性的、概念式的东西是和先前"爱智慧"所讲的对万物统一的爱的思想相矛盾的,它背离了这种思想,因为对万物统一的爱是人和万物合一,人和存在合一,而对概念的追求则是把人与概念看成是彼此外在的东西。希腊人认为人对万物合一的爱是最值得惊异的东西,也是最值得珍惜的东西,他们为了"反击"智者派的"理智的进攻",以"拯救和保护"这些最值得惊异、值得珍惜的东西(即存在者统一于存在中的思想),于是,存在者统一于存在的思想,即"智慧",也变成了一种概念式的追求,变成了一种为人们所"渴望"的东西。由"爱"到"渴望"的转变是一种由人与存在合一、和谐一致到人与存在相互外在的转变:"爱智慧"是指人与"智慧"原本内在地、原始地在一起,"渴望"则是把人与"智慧"变成彼此外在的东西,把"智慧"变成一种外在的而需要加以追求的东西。通过这种转变,"爱智慧"就变成后来的"哲学"。"哲学"不是先前的"爱智慧"的意思,而是对哲理的渴望与追求。这种追求所追问的问题从此就变成了"什么是存在者?"海德格尔说:"由智者派做准备的到达'哲学'(Philosophie)的这一步,首先由苏格拉底和柏拉图实现了。"苏格拉底(Socrates,前469—前399)、柏拉图(Plato,前427—前347)致力于追问"什么是存在者?""哲学就是追问当存在者存在时,存在者是什么。"例如人是"什么",火是"什么"。这样的概括是柏拉图的弟子亚里士多德说的。亚里士多德对这一概括解释说:问存在者是什么,实际上意味着问"存在者的存在性是什么",哲学的任务就是追问"存在性"。"存在性"就是存在者的根底,所以,问存在者是什么,实际上意味着问"存在者到底是什么"。柏拉图认为存在者的"存在性"或根底是"理念"(概念),例如某一存在者,桌子或方的东西、圆的东西,其"存在性"或根底在柏拉图看来就是桌子的概念、方的概念、圆的概念,某一方的东西之所以是方的东西,或者说,之所以作为方的东西而存在,其根由就在于它符合方的概念:有四个边,每个边都是等长的,有四个角,每个角都是90度。亚里士多德对"存在性"的看法不同于柏拉图,他把它规定为"第一理由或原因"即最高最后的原因。

这种对哲学的界定是西方自苏格拉底、柏拉图以后几千年来思想史上所谓"哲学"的主要含义和内容。苏格拉底、柏拉图以前的早期思想家,如赫拉克利特、巴门尼德等人,按照海德格尔的说法,应该叫思想家,不叫哲学家,如前所述,这些思想家们认为一就是一切,人与万物融合为一。其实,黑格尔也说过,古希腊人"同时也有一个前提,这就是精神的东西与自然的东西的合一的东方式的实体性","希腊人以自然与精神的实体性合一作为基础,作为他们的本质"。① 黑格尔所谓古希腊人以之为基础和本质的"自然与精神的实体性合一"就是类似中国"天人合一"的意思,所谓"东方"当然包括中国在内,所谓"实体合一"就是一种不分主体与客体的原始性的合一。古希腊早期的思想家们是不分主体与客体的。灵魂与肉体、精神与物质在他们那里都是浑然一体的。认为万物都有生命的"物活论"在古希腊早期的自然哲学家那里比较流行,就是一个明证,尽管"物活论"还不等于泛灵论。

2. 哲学的传统界定

从苏格拉底、柏拉图开始,哲学家们(不同于以前的思想家)主要不是讲人与存在的"契合"或人与万物的融合为一,不是讲自然与精神的"实体性合一",而是逐步地把抽象的概念如思维、存在、普遍性、特殊性、本质、现象、一、多、质、量、必然、自由等等当作一种独立于人之外的东西来加以追求。哲学就是以进入抽象概念的王国为最终目标的学问,就是渴望进入抽象概念王国的学问,西方现当代哲学家把这种传统的哲学称为"概念哲学"。黑格尔在肯定和赞赏柏拉图关于哲学以把握普遍性概念、理念为自

---

① Hegel·Werke,第18卷,第176页。黑格尔:《哲学史讲演录》第一卷,北京大学哲学系外国哲学史教研室译,生活·读书·新知三联书店1956年版,第160页。

己的任务的思想时说:"认识理念就是哲学的目的和任务。"①对哲学的这种界定,在西方统治了几千年,一直到黑格尔死后,包括马克思主义在内的西方现当代哲学才改变了这种界定。在中国,半个世纪以来,我们所广为宣传的哲学基本上属于西方传统的"概念哲学"的框架。改革开放以来,人们对哲学的看法有所改变,但未脱窠臼。时至今日,人们一听到我这里讲的"哲学是什么"这个题目,首先想到的答案很可能就是,哲学是在抽象概念里打圈圈的学问。自柏拉图到黑格尔,在西方哲学史上占统治地位的这种概念哲学尽管与西方科学的繁荣发达有密切联系,但它又的确把哲学变成了苍白无力、抽象乏味的东西,把人生引向枯燥而无意义的境地。

3. "后哲学"

西方现当代哲学家特别是欧洲大陆的一些人文主义思想家不满意这种传统的哲学观,对它提出了各种批评,其中被称为"后现代主义者"的一些思想家提出了哲学应当终结的口号,他们往往把自己的思想称为"后哲学"(After Philosophy)。我以为,西方那种奉抽象概念为至尊的哲学诚然应该终结,或者说得更确切一点,应该被超越、被扬弃了。超越、扬弃不是绝对否定和抛弃,而是经过它又超过它。马克思也说过哲学应该终结的话。他在《〈黑格尔法哲学批判〉导言》中谈到他赞成"消灭哲学""否定哲学"。显然,他所谓应该否定、终结的哲学,也是指传统的概念哲学,指那种抹杀现实、崇尚抽象概念王国的哲学。马克思强烈要求"在现实中实现哲学"②。

西方现当代的哲学家们所提倡的在"哲学终结"之后的思想观点究竟是一种什么样的思想观点呢?他们中间一些人所谓的"后哲学"的哲学,究竟是一种什么样的哲学呢?他们各有自己独特的哲学和观点,但大体说来,他们大多反对和批评那种独立于人之外的概念王国,主张哲学应从抽象的天国回到具体的人世和现实生活;反对主体与客体二分,强调人与世界合一、物我交融的生活世界。西方现当代的这种哲学思想似乎又回到了苏格拉底、柏拉图以前古希腊早期思想家们的观点,但这不是一种简单的重复,他们所讲的人与世界合一、物我交融的思想是经过了西方几千年传统的主客关系的洗礼之后的一种超越主客关系的合一或物我交融。

---

① 黑格尔:《哲学史讲演录》第二卷,生活·读书·新知三联书店1957年版,第195、197页。
② 《马克思恩格斯选集》第一卷,人民出版社1972年版,第7页。

4. 西方哲学史上对哲学的三种界定

综上所说，哲学是什么的问题在西方哲学史上约有三个不同阶段的回答：第一个阶段是苏格拉底、柏拉图以前古希腊早期思想家们的回答：哲学是爱智，即一即一切，人与万物融合为一。按照海德格尔的说法，爱智在这个时期还没有苏格拉底、柏拉图以后西方传统的"哲学"这个名词所表示的意义。第二个阶段的回答是从苏格拉底、柏拉图到黑格尔两千多年的传统哲学的回答：哲学是把存在当作独立于人以外的概念来加以追求的学问。当然，这期间的诸多哲学家们对哲学是什么的问题的回答又是众说纷纭，各有各自的特点，但上述对哲学的这种界定在这个时期占据主导的地位。第三个阶段的回答是黑格尔死后至现当代哲学家们的回答：哲学是讲人与世界交融合一的生活世界的意义的学问。我这里主要讲人文主义思想家们的回答，不包括英美分析哲学的回答，不过英美分析哲学家们也和欧洲大陆的人文主义思想家一样反对传统的抽象概念的形而上学，尽管角度不相同。这三种回答和界定中，第一种界定尚无哲学之名，第三种界定叫作"后哲学"，但我们仍然可以广义地把这三者统称为哲学的三种不同的界定。这三种界定都是关于包括人在内的世界整体的最大最高的普遍性问题，都是广义的哲学。

5. 哲学与宗教的区别

宗教也是讲世界整体的问题，也是讲最大最高的普遍性，那么，哲学与宗教如何区别呢？首先，宗教是以感性表象的形式讲无限的、普遍的整体，而哲学则总是要通过概念、推理来说明这无限性或整体，即使是主张无限性整体是不可言说的观点也终究要对它做概念式的说明，而不是靠默祷来与无限整体合一。其次，与此相联系的是，宗教诉诸外在的权威（如神的启示）和独断的信念，哲学则诉诸人类的理性。值得特别提出的是，哲学与宗教虽有区别，但又是紧密联系在一起的，在西方历史上，宗教意识里往往渗透着哲学问题。哲学与宗教的关系是一个非常复杂的问题，作为一本哲学导论式的书，这里没有必要做更详细的探讨。

6. 哲学在中国哲学史上的含义

中国古代的典籍中，如前所说，没有哲学这个名词，当然也没有对哲学的明确界定。在鸦片战争以前的中国哲学史上,天人合一、万物一体的思想占主导地位,那种类似西方主客关系式的天人相分的思想不是主流,像战国时期名家公孙龙强调抽象概念的那种类似西方概念哲学的思想观点也是少有的。所以,从总体上来看,如果说中国传统哲学对哲学是什么的问题有某种回答与界定的话,那么,这种回答与界定似乎可以说与古希腊早期的"爱智"之学和现当代的"后哲学"有更多相似相通之处。

近半个世纪以来,我们所广泛宣传的哲学,一般是把哲学界定为自然科学与社会科学的概括与总结,是关于自然、社会和思维的本质和最普遍的规律的学问。例如世界本质上是物质性的,普遍联系、对立统一等等是自然和人都要遵守的最普遍的规律。

二 哲学是关于人对世界的态度或人生境界之学

1. 哲学是追求人与万物一体的境界之学

综合中西哲学史上种种对哲学的界定,也通过对这些界定的发展过程和趋势的审视,我以为哲学应是以进入人与世界融为一体的高远境界为目标之学。我对于哲学目标的这一界定,意在把中国传统哲学的人与万物一体的思想和西方现当代关于人与世界融合为一的思想同西方近代的主客关系思想结合起来。所以,这种境界不是抛弃主客关系,而是需要和包括主客关系却又超越之;这种境界不是不需要知识和规律性、必然性,不是"弃智",而是需要广泛的知识和规律性、必然性而又超越知识和规律性、必然性;不是不要功利追求,而是既讲功利追求又超越功利追求。总之,这种境界不是单纯精神上的安宁或精神享受,而是对人世间一切现实活动的高远态度。人生在世,总想投身社会,实现自我,创造一个辉煌的世界,但这一过程也是一个充满矛盾斗争和痛苦的过程,我所主张的哲学是一种教人以经得起痛苦和磨炼的人生态度之学。现在大家都在谈论提高人的素质,其实,素质就是境界,就是人生态度,提高人的素质就是要提高人的精神境界。

2. 哲学超越知识和科学

半个世纪以来习惯于认哲学为关于最普遍的规律之学的人,也许会觉得我的这种哲学观太空洞了。如果把哲学看成是一种知识,那么,哲学的发展史也许可以说是内容越来越贫乏空洞的历史。前面说过,在古希腊,哲学囊括了所有的科学,内容可谓是最充实的了,但是随着人类思想文明的进步与发展,以寻找不同现象范围内普遍规律为己任的各门具体科学都纷纷从哲学中分化独立出去了,哲学便不得不退而把自己界定为关于"最"普遍的规律的学问。从某种角度来看,也许这一历史现象就可以叫作哲学内容的贫乏化、空洞化。但是我们都知道,最普遍的规律不是离开具体现象范围内的普遍规律而得来的,关于最普遍的规律的哲学不是离开关于各具体范围内普遍规律的具体科学而独立存在的。各门具体科学在从哲学分化独立出来以后,其所涉及的本范围内的普遍规律会得到更深入的研究,而以概括和总结各门具体科学为己任的哲学,其内容也会愈益深化丰富,而决非愈益空泛。但是随着科学门类的扩展与增加,特别是由于当前交叉学科的研究受到越来越广泛的重视,规律性的范围越来越普遍、宽广,哲学所研究的所谓最普遍性的规律的范围也越来越多地被交叉学科所"侵占"。交叉学科的发展趋势启发我们,只要我们把哲学当作一种知识体系来看,那么,哲学作为一种关于最普遍规律的学问,其内容将会越来越被科学(科学就是有体系的、有规律的知识)所代替。更进而言之,不管是讲某一现象范围的普遍规律的学问也好,或者是讲最普遍的规律的学问也好,它们讲的都是知识体系,就此而言,它们都是科学。现在有的主张哲学是关于最普遍规律的学问的人不是在大讲哲学是科学吗?的确,只要把哲学界定为关于讲普遍规律之学,它就是科学。但我认为,把这样的学问冠以哲学之名的时代应该终结了。这种意义的哲学是与前面讲到的西方传统的概念哲学相联系的,它应该与概念哲学的终结一样地终结。

这样的哲学终结以后,是否还另有哲学的领地呢?是否还另有可以称之为哲学的学问呢?我的回答是肯定的,那就是以提高境界为目标的学问,这种学问不是以追求知识体系为目标,而是讲人对世界的态度,或者简称为人生态度。一个人或一个群体(包括不同时代的人或群体)抱着什么样的态度来面对世界或世事,或者说,一个人或一个群体有什么样的境界,他或他们就有什么样的哲学。对世事抱悲观态度的人有悲观主义的哲学,反之,持乐观态度的人就有乐观主义的哲学,如此类推,于是就有唯物主义的哲学和唯心主义的哲学,有人类中心论的哲学和民胞物与的哲学,有经验主义与理性主义的哲学,有功利主义与道德义务论的哲学等等,我这里无意列举全部的或比较全面的哲学派别,也无意对这些派别做界定,只是举例说明,一个人、一个群体、一个时代有什么样的人生态度或境界,就有什么样的哲学。

这里需要特别强调的是,人生态度或境界不是独立自在、随意产生的,任何一种人生态度或境界都有它之所以产生的科学依据、经济基础、社会环境、时代背景、民族性格、历史文化传统等等缘由,就一个人来说,甚至与他的禀性、血型、出身等都有或多或少的联系。以讲人生态度或境界为基本内容的哲学当然也与以上种种复杂的因素有密切联系,例如英国的经验主义就有它自己的认识论方面的科学依据,还有英国独特的思想文化方面的传统为背景。就个人来说,甚至有的西方哲学家说,硬心肠的人主张唯物主义的哲学,软心肠的人主张唯心主义的哲学。我举这个例子不是表示我同意这种观点,这种说法没有什么科学依据,至少是很片面的。但这个例子多少说明一个人之所以有某种哲学,除上述许多深刻的、根本的原因外,还与其个人的性格有某种联系。

我们可以清楚地看到,西方传统的概念哲学终结以后以及所谓关于最普遍的规律的哲学终结以后,以提高人生境界为目标的哲学决非抛弃普遍概念和普遍规律,决非抛弃知识,而是在它们的基础上提高我们的人生境界。一个不识不知的人,既不懂自然科学的普遍规律,也没有社会历史方面的知识,如何能提高自己的人生境界呢?当今的世界正处于普遍性、必然性知识日新月异、迅猛扩展的时代,我们该以什么样的哲学和人生态度来面对这样的世界呢?我们的哲学和人生态度将如何不断更新自身以适应不断更新的世界并指导我们的行动呢?哲学比科学有更多更高的任务,它既要广泛的科学知识而不只是某一具体科学范围内的知识,又要超越科学知识,超越科学的普遍性、规律性和必然性。我的"哲学导论"这门课程要求听众们今后要广泛涉猎各种知识,自然方面的,社会历史方面的,文学艺术的,古代的,当今的,中国的,外国的,越广越好,就是说,知识越广,哲学的内容就越深入越宽阔,尽管哲学本身不是知识体系。哲学所讲的最大最高的普遍性问题是渗透到各种具体现象和具体知识领域中的。所以,哲学如要使自己现实化,就不能老是停留于一般地讲哲学本身,而要具体地讲各门学科和知识的哲学,如经济的哲学、政治的哲学、科学的哲学、审美的哲学,等等。那种一听到讲提高境界之学就是"绝圣弃智""心斋""坐忘"的想法,和我所讲的哲学境界毫不相干。罗素也说过,哲学不是像具体科学那样讲"确切的知识"①,但认为哲学家可以对任何东西一无所知的看法却是"相当错误的"②。当代德国哲学家哈贝马斯(Jürgen Habermas)在分析批评美国当代哲学家罗蒂(Richard Rorty,1931—2007)的"陶冶哲学"(edifying philosophy,"教化哲学")时指出,"哲学尽管被归结为'陶冶的对话'(edifying conversation),但它绝不能外于科学而找到自己的适当位置"③。

3. 当今中国需要提倡的人生境界和哲学

人生境界各异,哲学亦不能强求一致,但出现一种能为一个时代、一个群体(包括一个阶级、一个阶层、一个民族等)的人们所共鸣的哲学则是必然的。历史上各个时代、各个民族、各种群体的哲学,并非其所涵盖的人们普遍一致具有或同意和接受的,他们彼此之间存在着千差万别的差异,但也存在着共鸣,这种共鸣就构成一个时代、一个民族、一个群体的哲学。

当今的中国需要提倡一种什么样的哲学呢?我们今天亟须发展科学,需要有经世致用或者说相对实用(但不是实用主义)的哲学观点,但现在人们过分地热衷于功利追求,对自然采取人类中心主义,对人采取自我中心主义,破坏了人与人之间、人与自然之间的和谐(在后面的章节中,我还要详细论述这方面的问题)。针对这些情况,我主张在重视实用的同时,更多地提倡诗意境界和"民胞物与"的精神及其理论基础"万物一体"的哲学。总之,我认为人与天地万物一气相通,融为一体,因此,人对他人、他物应有同类感,应当以仁民爱物的态度和赤诚之心相待。这是一种真善美相统一的境界,也是一种人与万物一体的哲学。我所主张和提倡的境界或人生态度以及与之相应的哲学就是如此。本书的各个篇章将对这种境界和哲学所包含的各个环节之间的关系做具体说明。

三 哲学的分类

下面谈谈哲学内容的分类。

---

① 罗素:《西方哲学史》上卷,何兆武、李约瑟译,商务印书馆1963年版,第11页。
② 罗素:《西方的智慧》上,崔权醴译,文化艺术出版社1997年版,"序"第Ⅱ页。
③ Kenneth Baynes 等合编:《后哲学——终结或变形?》(*After Philosophy: End or Transformation?* The MIT Press,1987),第308—309页。

1. 西方主要哲学家的分类法

哲学的内容如何分类,自古迄今,众说纷纭,莫衷一是。试举几例如下:亚里士多德按照人类的活动把所有的学科(当时的哲学包括所有的学科)分为三类:一、针对理论或认识活动的理论学科,其中包括数学、物理学(包括现在所说的自然科学和自然哲学)和形而上学(即亚里士多德著作的编纂者、吕克昂[Lykeion]学院第十一代继承人安德罗尼柯[Andronikos Rhodios,前1世纪]所称的"后物理学")。安德罗尼柯把亚里士多德关于自然现象的研究著作编在一起,取名《物理学》,又把一些讨论超感觉、超经验的抽象对象问题的文章编在《物理学》之后,取名《物理学以后诸篇》,拉丁文转写成 Metaphysica,中文译者曾把它译作《玄学》,后来严复把这个词译作"形而上学"。"形而上学"一词在西方不仅指亚里士多德的一本书名,而且从13世纪起成了一个专门的哲学术语,即关于超感觉的、经验以外的对象的学问。从黑格尔开始,"形而上学"一词又兼有与辩证法对立的一种思维方法的意思。二、针对实践活动(包括政治方面的和伦理方面的活动)的实践学科,其中包括政治学和伦理学。三、针对创造活动的创造性学科,其中包括诗学和修辞学。至于逻辑学,亚里士多德则把它放在这三类之外,称之为工具学科。

古希腊晚期的斯多亚派把哲学分为逻辑学、物理学和伦理学三部分,其内容的范围都比这几个词现在的所指为广。这个三分法实源于亚里士多德以前的哲学派别,特别是柏拉图的哲学:古希腊最早的伊奥尼亚派已经创立了自然哲学(相当于斯多亚派所说的物理学的内容),苏格拉底创立了道德哲学(伦理学),柏拉图吸收前人的思想,又加上了思辨的或逻辑的哲学(即古代哲学家所称的辩证法,相当于斯多亚派所说的逻辑学的内容)。柏拉图虽然没有明确把哲学分为以上三类,但他的思想和著作,却明显地可以按这种三分法来划分。

中世纪的神学哲学家托马斯·阿奎那(Thomas Aquinas,1224—1274)只按照亚里士多德的三类学科之一理论学科把哲学分为物理学、数学和神学(形而上学)三部分。

西方近代哲学的创始人笛卡尔(René Descartes,1596—1650)将哲学分为:(1)形而上学,他喻之为大树的树根;(2)物理学,这是树干;(3)树枝是包括伦理学在内的各门具体学科。他的分类法较多地继承了斯多亚派的观点。

17世纪到18世纪的德国哲学家沃尔夫(Christian Wolff,1679—1754)将哲学分为理论哲学和实践哲学两类。前者包括本体论、宇宙论、心理学和神学,它们又统称为形而上学;后者包括伦理学、政治学、经济学。逻辑学乃是一切学科的导论。沃尔夫的哲学分类法在后世有很大影响。

黑格尔将他的哲学体系分为三大类:第一类逻辑学(他的逻辑学不是形式逻辑,而是与形而上学合流的逻辑学),第二类自然哲学,第三类精神哲学。他的分类基本上继承了斯多亚的三分法。

意大利新黑格尔主义哲学家克罗齐(Benedetto Croce,1866—1952)把他的哲学体系分为两大部分,每部分又包含两个分支。第一部分理论哲学,包含美学和逻辑学两个分支;第二部分实践哲学,包含经济学和伦理学两个分支。

举这些哲学家对哲学分类的例子,目的是为了让初学哲学的人知道哲学内容的一个大概。每个哲学家都有其分类的理由,这些理由同他们各自的哲学思想观点有紧密的联系,而这是哲学史的任务,这本《哲学导论》就略去不讲了。

2. 一般流行的分类法

如果不细究各个具体哲学家的具体观点和与之相联系的分类,而只是综合性地概述西方哲学史上普遍流行的分类法,那么,哲学的内容大体上可分为这样三个部分:第一部分,"本体论"(ontology)。"本体"一词来自拉丁文 *on*(是、存在、有)和 *ontos*(存在者),16世纪末17世纪初德国经院学者郭克兰纽(Rudolphus Goclenius,1547—1628)第一次使用"本体论"一词,并把它解释为"形而上学"的同义语。一般地说,在西方哲学史上,"本体论"指关于存在本身(being as such)的理论或研究。18世纪由于理性主义哲学家沃尔夫使用"本体论"一词以表示关于存在者(beings)的本质的研究,这个词便比它的同义语"形而上学"更具有突出的地位。20世纪,由于对形而上学的革新,"本体论"或本体论的思想变得更为重要,特别是在现象学和存在主义哲学家如海德格尔那里。[1] 但英美分析哲学则反对任何形而上学和

---

[1]《不列颠百科全书》(*Encyclopaedia Britannica*, Chicago, 1993),第15版,第8卷,第958页。

"本体论"。"本体论"在西方哲学史上有两种用法：一是包括"宇宙论"（cosmology）在内，一是不包括"宇宙论"。"宇宙论"一词最早也是由沃尔夫使用的。该词在哲学史上一般指关于宇宙的起源、结构、发生史和归宿等等的研究。我在这里采取把"宇宙论"包括在"本体论"中的做法。关于存在之本性的问题，从本体性质上分，有唯物论、唯心论、中立论、合一论等；从本体数量上分，有一元论、二元论、多元论。关于宇宙之起源、生成的问题，可分为机械论或决定论和目的论。

第二部分"认识论"或"知识论"（epistemology）是关于人类认识的来源、能力、范围、限度和真伪标准的研究。这个词来源于希腊字 *epistēmē*（知识）和 *logos*（理论、学科）。从认识能力来分，有独断论、怀疑论、实证论，或分为可知论与不可知论；从知识之来源来分，有理性主义、经验主义、批判主义；从知识之真伪标准来分，有反映论、融贯说、实用说，如此等等。

第三部分"价值论"（axiology）。这个词源于希腊文 *axios*（有价值的）和 *logos*。价值原指商品交换价值，19—20 世纪，在一些思想家的影响下，扩大到不仅指经济现象，而且包括伦理道德、美学甚至逻辑的现象，于是形成了一种综合的专门学问，叫作价值论。此词最早由法国哲学家拉皮埃（Paul Lapie，1869—1927）使用。价值论是关于事物对满足人的需要、兴趣和目的的意义的研究。西方哲学史上的各派哲学家早已对价值有自己的研究和看法。北美现代哲学家、新实在论者蒙塔古（William P. Montague，1873—1953）在他的哲学分类（他把哲学分为方法论［相当于认识论］、形而上学［相当于本体论］、价值论三部分）中，价值论包括伦理学和美学两个分支。蒙塔古的分类法在西方现当代哲学中颇有代表性。

中国传统哲学中谈天道与性命的方面较多，天道方面约略相当于西方哲学史上的本体论（包括宇宙论），性命方面约略相当于西方哲学史上的价值论。中国传统哲学中相当于西方认识论方面的内容相对而言则较少。①

3. 本书内容安排

我在前面说过，哲学应以建立在万物一体基础上的诗意境界和民胞物与的精神为目标，这种境界是真善美三者的统一。根据我对哲学的这一基本观点，这本《哲学导论》将分五篇：第一篇"本体论与认识论"将从本体论

---

① 参阅冯友兰：《中国哲学史》上卷，商务印书馆 1944 年版，第 7 页。

与认识论的角度讲述超越主—客关系的万物一体观以及对万物一体的领悟即诗意境界和民胞物与的精神。第二篇"审美观"讲述万物一体不仅是真理,而且是美之所在,对万物一体的领悟是美的境界。第三篇"伦理观"讲述万物一体是善之所在,对万物一体的领悟同时也是道德的境界。第四篇"历史观"讲述万物一体表现在具体的人类社会历史上,就是古与今、传统与现在、连续性与非联系性融合为一的历史统一体,万物一体的哲学将指引我们从古今融合、日新月异的观点看待历史的发展。第五篇"哲学发展的历程"简单介绍一下中国哲学史和西方哲学史,以说明这本《哲学导论》所讲的哲学基本思想和基本观点在中西哲学发展史上的具体体现。

第一篇 本体论与认识论

第一章
"人生在世"的两种结构
——"人—世界"和"主体—客体"

一 "人—世界"和"主体—客体"两种在世结构的含义、区别与关系

《导言》中已经谈到,我所主张的哲学是讲人生境界,即人对世界或天地万物的态度问题或关系问题。平常说哲学是世界观,我把世界观理解为对世界的看法,也就是对世界的态度或关系。

1. 两种在世结构的含义与区别

在中西哲学史上,关于人与世界万物的关系问题的看法,粗略说来,占主导地位(主导不是唯一)的有两类:一是把世界万物看成是与人处于彼此外在的关系之中,并且以我为主(体),以他人他物为客(体),主体凭着认识事物(客体)的本质、规律性以征服客体,使客体为主体所用,从而达到主体与客体的统一。西方哲学把这种关系叫作"主客关系",又叫"主客二分",用一个公式来表达,就是"主体—客体"结构。其特征是:(1)外在性。人与世界万物的关系是外在的。(2)人类中心论。人为主,世界万物为客,世界万物只不过处于被认识和被征服的对象的地位,这个特征也可以称之为对象性。

(3)认识桥梁型。意即通过认识而在彼此外在的主体与客体之间搭起一座桥梁,以建立主客的对立统一,所以有的西方哲学家把主客关系叫作"主客桥梁型"。由此也可以看到,主客关系或主客二分并不是只讲主客的分离、对立,不讲统一,像有些人所误解的那样;只不过这种统一是在本质上处于外在关系的基础上靠搭桥建立起来的统一。对于主客关系也许大家比较容易理解,我们近半个世纪以来,大家讲哲学原理,一般都是按照主客关系来讲人与世界的关系。人与世界万物的另一种关系是把二者看成血肉相连的关系。没有世界万物则没有人,没有人则世界万物是没有意义的。人是世界万物的灵魂,万物是肉体,人与世界万物是灵与肉的关系,无世界万物,人这个灵魂就成了魂不附体的幽灵;无人,则世界万物成了无灵魂的躯壳,也就是上面所说的,世界是无意义的。美国当代哲学家、神学家蒂利希(Paul Tillich,1886—1965)说:"我—自我与世界的相互依赖,就是基本的本体论结构,它包含了其他的一切。……没有世界的自我是空的,没有自我的世界是死的。"所谓"空的"就是没有内容的魂不附体的幽灵之意,所谓"死的"就是无灵魂的躯壳之意。蒂利希把人与世界万物的这种融合关系称为"自我—世界"结构以区别于"主体—客体"结构。① 本章的副标题中的"人—世界"就是从蒂利希的"自我—世界"引申来的。蒂利希的观点,直接来源于海德格尔。海德格尔的"此在与世界"的关系就类似于这种灵魂与肉体的关系。海德格尔说的"此在"是"澄明",是世界万物之"展示口",又颇有些类似我国明代王阳明所说的"天地万物与人原是一体,其发窍之最精处,是人心一点灵明"。"我的灵明,便是天地鬼神的主宰。……天地鬼神万物离却我的灵明,便没有天地鬼神万物了。我的灵明离却天地鬼神万物,亦没有我的灵明。"②这种关系的特征也可归结为三点:(1)内在性。人与世界万物的关系是内在的。人是一个寓于世界万物之中、融于世界万物之中的有"灵明"的聚焦点,世界因人的"灵明"而成为有意义的世界,用中国哲学的

---

① 刘小枫主编:《20 世纪西方宗教哲学文选》上卷,上海三联书店 1991 年版,第 827、819 页。
② 王阳明:《传习录下》。不能一见到中国哲学谈到人心与万物,就说这是区分主体与客体的思想。西方的主客关系式,说的是主体与客体原本二元对立、相互外在,但主体是中心,世界万物是客体,处于被认识、被征服的对象地位,只是靠主体的认识和支配、征服才使主客达到对立统一。这种思想是中国传统的"天人合一"说所缺乏的(不是说完全没有)。王阳明所说的"天地万物与人原是一体,其发窍之最精处,是人心一点灵明",这里虽然谈到人心与万物,但显然不是西方主客关系式的思想。

语言来说,这就叫作"人与天地万物一体"或"天人合一"("天人合一"在中国哲学中有多种含义,"天"的歧义亦多,我这里只是借用它以避免海德格尔所说的"此在与世界"的术语之晦涩)。(2)非对象性。人是万物的灵魂,这是人高于物的卓越之处,但承认人有卓越的地位,不等于认定人是主体,物是被认识、被征服的客体或对象,不等于是西方的人类中心论。在"人与天地万物为一体"的关系中,人与物的关系不是对象性的关系,而是共处和互动的关系。(3)人与天地万物相通相融。人不仅仅作为有认识(知)的存在物,而且作为有情、有意、有本能、有下意识等等在内的存在物而与世界万物构成一个有机的整体,这个整体是具体的人生活于其中的世界(生活不仅包括认识和生产斗争、阶级斗争的实践,而且包括人的各种有情感、有本能等等的日常生活中的活动,这是一种广义的实践),可以叫作"生活世界"。倒过来说,此世界是人与万物相通相融的现实生活的整体,不同于主客关系中通过认识桥梁以建立起来的统一体或整体——一个把客体作为对象来把握的整体,用哈贝马斯的话来说,后者叫作"认识或理论的对象化把握的整体",前者叫作"具体生活的非对象性的整体"。我们不能像有的人所误解的那样,因为两者都讲无限和整体,就把它们混为一谈,不能因为讲主客的统一就认为那是中国的天人合一论或西方现当代一些哲学家所说的超主客关系。

2. 两种在世结构的关系

关于"主体—客体"与"人—世界"两种结构的区别和关系,19世纪末20世纪初德国哲学家狄尔泰(Wilhelm Dilthey,1833—1911)早有说明:"我们的自我意识的根基乃是这样一个不变的事实,即没有世界,我们就没有这样一种意识,而无此意识,就没有为我们而存在的世界。在这种接触中所发生的,是生活而不是一种理论的过程;它是我们叫作经验的东西,即压力与反压力,向着可以反过来做回应的事物的扩张,一种在我们之内和围绕着我们的生命力,此生命力是在苦和乐、恐惧和希望、对不可更易的重负的忧伤以及在对我们从外面接受的礼物的欢欣之中所经验到的。所以此我并不是坐在舞台之前的一个旁观者,而是纠缠在作用与反作用之中……"[①]人不是

[①] 引自里克曼(H. P. Rickmann):《狄尔泰——人的研究的先驱》(*Wilhelm Dilthey, Pioneer of the Human Studies*),University of California Press,1980年版,第113页。

站在世界之外"旁观"世界,而是作为参与者"纠缠"在世界万物之中,而这种"纠缠"就是"生活",这些都说明狄尔泰把人的生活看成是人与世界万物融为一体的观点,而不是主体与客体二分的观点。狄尔泰还认为"生活"比主客二分和认识更根本、更原始。"一切沉思、严肃的探索和思维皆源于生活这个深不可测的东西。""一切知识都植根于这个从未充分认识的东西。"①狄尔泰的这些话都说明生活、实践是最根本的,思维认识是派生的。

关于上述两种结构的区别与关系,海德格尔做了更生动的说明。海德格尔说:人"在世界之中存在"(In-der-Welt-sein)(这句话颇类似中国人的一句口头语"人生在世")。这句话里所谓"在世界之中"的"在之中"(In-Sein)有两种不同的含义。这两种含义实际上也就是关于人和世界的关系的两种不同的理解。海德格尔认为一种意义是指两个现成的东西,其中一个在另一个"之中",例如水在杯子"之中",椅子在教室"之中",学校在城市"之中"。按照这种意义下的"之中"来理解人和世界的关系,那么,人就不过是一个现成的东西(人体)在另一个现成的东西(世界)"之中"存在,这两者的关系是两个平等并列的现成的东西彼此外在的关系。即使把人理解为以肉体为根基的精神物,只要把人和世界看成是两个现成的东西,那也还是处于这种意义的"之中"关系。在这样的"之中"关系中,人似乎本来是独立于世界的,世界似乎是碰巧附加给人的,或者说,是碰巧与人聚会在一起的。海德格尔认为,西方哲学传统中主客的关系就是这样的"之中"关系:客体是现成的被认识者,主体是现成的认识者,两者彼此外在。这样看待人与世界的关系,必然产生一个问题,即,主体怎么能够从他的内在范围走出来而进入一个外在的客体范围中去? 也就是说,内在的认识怎么能够契合一个外在的对象? 主体、认识怎么能够超越自己的范围? 或者再简单一点说,主体怎么能够认识客体? 与"主体—客体"式的"在之中"相对的,是另一种意义的"在之中",海德格尔称之为"此在与世界"的关系。这种意义的"在之中"不是一个现成的东西(主体)在另一个现成的东西(客体)之中。按照这种意义的"在之中",人乃是"融身"在世界之中,"依寓"于世界之中,世界乃是由于人的"在此"而对人揭示自己、展示自己。人生在世,首先是同世界万物打交道,对世界万物有所作为,而不是首先进行认识,换言

---

① 引自 Rudolf A. Makkreel and John Scanlon 合编:《狄尔泰与现象学》(*Dilthey and Phenomenology*), Washington, 1987 年版, 第 79 页。

之,世界万物不是首先作为外在于人的现成的东西而被人凝视、认识,而是首先作为人与之打交道、起作用的东西而展示出来。人在认识世界万物之先,早已与世界万物融合在一起,早已沉浸在他所活动的世界万物之中。世界万物与人之同它们打交道密不可分,世界只是人活动于其中的世界。所以,融身于世界之中,依寓于世界之中,繁忙于世界之中——这样的"在之中",乃是人的特殊结构或本质特征。"此在"(人)是"澄明",世界万物在"此"被照亮。至于"主体—客体"式的"在之中"关系,在海德格尔看来,必须以这里所说的"此在与世界"的"在之中"关系为基础才能产生,也就是说,认识植根于这第二种意义下的"在之中"关系之上。为了使世界万物作为现成的东西而可能被认识,人首先必须有与世界万物打交道的活动,然后才从制作、操劳等活动中抽出空来,逐步走向认识。按照海德格尔的这种解释,人认识万物之所以可能,是因为人一向就已经融合于世界万物之中,亦即一向生活于、实践于世界万物之中。海德格尔的语言比较晦涩,他的基本思想和意思还是比较清楚的:生活、实践使人与世界融合为一,人一生下来就处于这种一体之中;所谓"一向"如此,就是指一生下来就是如此,所以"此在"与"世界"融合为一的这种关系是第一位的。至于使用使人成为认识的主体,世界成为被认识的客体的这种"主体—客体"关系则是第二位的,是在前一种"一向"就有的关系的基础上产生的。"此在—世界"的结构产生"主体—客体"的结构,"天人合一"(借用中国哲学的术语)产生"主客二分",生活实践产生认识。这些就是我对海德格尔的上述思想观点的解读。蒂利希根据他对海德格尔的理解明确断言:"自我—世界的两极性是理性的主体—客体结构的基础。""理性的主客结构是植根于自我—世界的相互关联之中,并从其中发展起来的。"产生认识的"主体—客体结构得以可能的东西"是"自我—世界"相互融合的结构。① 总之,只有在生活、实践中人与世界融合为一这个大前提下,人才可能作为主体而认识客体,没有这个大前提,主体是不可能越出自己的范围而认识外在的客体的,也就是说,不可能达到主客的统一。主客的统一植根于人与世界的融合、合一。这就是"主体—客体"结构和"自我—世界"结构的关系。

---

① 刘小枫主编:《20世纪西方宗教哲学文选》上卷,上海三联书店1991年版,第828、827、825页。

二 两种在世结构在中西哲学史上的表现

"人—世界"结构和"主体—客体"结构是人与世界的两种不同关系,两者既表现于个人精神意识的成长和发展过程中,也表现于人类思想史中。关于前者,下文将有专章论述,这里专门谈谈两种结构在中国哲学史和西方哲学史上的表现。"主体—客体"或"主客二分"虽然不是中国传统哲学的专门术语,但已为当代中国哲学界所熟悉,"自我—世界"和"此在与世界"之类的术语对于我们中国哲学界而言则比较生疏。为了通俗和方便起见,我往往借用中国哲学的术语,姑称之为"天人合一"式。"自我—世界"的融合关系与中国的"天人合一"确有某种相似相通之处,只是我再重复前面说过的一点,就是,中国各派思想家对"天"的解释有多种,我这里所用的"天"只是取其世界万物或自然之义。另外,蒂利希的"自我—世界"的概念和海德格尔关于"此在与世界"的理论同中国的"天人合一"说有重大的区别,例如两者认为人与世界万物一体相通,但在如何息息相通、融为一体的问题上,是大不相同的。就"天人合一"的这种最广泛、最粗略的意义来说,我们可以认为,中西哲学史各自都兼有"天人合一"式与"主客二分"式的思想,不过西方哲学史上较长时期占主导地位的旧传统是"主体—客体"式,中国哲学史上长期占主导地位的思想是"天人合一"式。

1. 两种在世结构在西方哲学史上的表现

西方哲学史在苏格拉底、柏拉图以前,早期的自然哲学关于人与自然的关系的学说,主要是"人—世界"合一式。柏拉图的"理念论",从认识论的角度讲客观的理念是"认识"的目标,实开"主—客"式思想之先河。明确地把主体与客体对立起来,以"主客二分"式为哲学主导原则,乃是以笛卡尔为真正开创人的西方近代哲学之事;但笛卡尔的哲学也包含有"人—世界"合一的思想因素,他的神就是人和世界万物之共同的本根或创造者。黑格尔是近代哲学的"主—客"关系思想之集大成者,他的"绝对精神"是主体与客体的最高统一,但他的"绝对精神"不仅是认识的最高目标,最终极的真理,也是世界万物之最终的本根或创造者,它是最高的客观精神,也是人类精神的最高形态——人与世界相通。黑格尔哲学所讲的最高的主客统一包含着"人—世界"合一的思想,为他死后的西方现当代哲学特别是人文主义思潮的哲学思想铺设了道路。总起来说,从笛卡尔到黑格尔的西方近代哲学的原则是"主体—客体"式。

黑格尔以后,从主要方面来说,大多数西方现当代哲学家还有一些神学家,都贬低乃至反对"主—客"式,其中,海德格尔是一个划时代的人物,他把批评"主—客"式同批评自柏拉图至黑格尔的旧形而上学传统联系起来,认为这种旧形而上学传统的根基是"主—客"式。海德格尔可以说是西方现代哲学中"人—世界"合一思想和反旧形而上学思想的一个主要代表。西方现当代哲学,特别是人文主义思潮的哲学思想,其主要的共同倾向是超越"主体—客体"式,达到一种类似于中国的"天人合一"的境界。

不过,海德格尔决非一味否定"主—客"式的哲学家。如前所述,海德格尔明确地主张"此在"与"世界"的"在之中"关系优先于"主体与客体"的"在之中"关系,亦即"人—世界"合一式优先于"主—客"式,而且,他还论述了"主—客"式以"人—世界"合一式为根基的道理。显然,海德格尔的这个思想是欧洲"主—客"式思想长期发展之后的产物,它和古希腊早期的"人—世界"合一思想,有明显的高低之不同。如果说古希腊早期自然哲学的"人—世界"合一是原始的"人—世界"合一,那么,海德格尔等人的哲学则可以说是经过了"主—客"式和包摄了"主—客"式的一种更高一级的"人—世界"合一。从古希腊早期自然哲学的"人—世界"合一思想,经过长期的"主—客"式思想发展过程到以海德格尔为主要代表的现当代哲学的"人—世界"合一思想,正好走了一个否定之否定的路程,这也可以说是从古到今的整个西方哲学史的特征之一。

2. 两种在世结构在中国哲学史上的表现

从这个角度来看,中国哲学史走的是一条什么样的路程呢?

中国哲学史长期以"天人合一"的思想为主导,"天人相分"的思想有类似"主—客"式之处,但在中国哲学史上没有占主导地位。我用"主导"一词,就表示不是唯一的意思。就一个哲学家来说,也可以是天人合一与天人相分兼而有之,但亦有主导与非主导之分。

中国哲学史上的"天人合一"的思想在西周时期的天命论中就有了萌芽。天人相通的哲学观念起于孟子。他主张天与人相通,人性乃"天之所与",天道有道德意义,而人禀受天道,因此,人性才是有道德意义的。人之性善有天为根据。秦汉之际儒家的著作《中庸》也认为天乃人道之源。

老庄实际上也是主张"天人合一"说的。他们认为"道"是宇宙万物之本根,人亦以"道"为本。《老子》:"人法地,地法天,天法道,道法自然。"(第25章)《庄子·知北游》:"汝身非汝有也。……孰有之哉?曰:是天地之委形也。生非汝有,是天地之委和也。性命非汝有,是天地之委顺也。孙子非汝有,是天地之委蜕也。"人的一切皆非独立于自然,而为自然之物。自然还有自然而然之意。在谈到人的最高境界时,老庄之"天人合一"的思想则更为明显。《老子》之轻视知识、提倡寡欲和回复到婴儿状态或愚人状态,实际上是要人达到一种"天人合一"的境界。庄子更是明确地主张通过"坐忘""心斋",即一种忘我的经验、意识,取消一切区别,以达到"天地与我并生,而万物与我为一"的"天人合一"境界。庄子称此种境界为"玄德"。《老子》之婴儿状态或愚人状态实际上可以说是包括而又超过知识和欲望的状态。庄子的"玄德"亦非真正的"昏""愚",而只是"若昏""若愚",这也是包括而又超过知识和欲望之意。但我们是否可以说,老庄的"天人合一"境界达到了海德格尔所主张的"在之中"的水平呢?不能这样说。海德格尔的"此在—世界",即他所谓的人融身于世界、依寓于世界的关系学说,如前所述,乃是欧洲"主客二分"式思想长期发展之后的高一级的"人—世界"合一,老庄的"天人合一"是未经"主—客"式思想洗礼的原始的"天人合一";海德格尔明确地给予"主—客"式和认识论以一定的地位,并做了详细的、系统的论述,只不过"主—客"式要以"此在—世界"为根基,"此在—世界"优先于"主—客"式而已,老庄哲学则少有"主—客"式思想和认识论,我们只是根据他们的一些只言片语,通过我们的分析推论,才说他们的思想包含有知识的因素。老庄哲学和海德格尔哲学的区别不仅是中国哲学与西方哲学的区别,而且是古代哲学和现代哲学的区别。

老庄的"天人合一"与孟子的"天人合一"显然有不同之处。第一,在孟子看来,人之所本,有道德意义,而老庄的"道"则是没有道德意义的,所谓"道法自然"。第二,由于孟子的"天"有道德意义,所以达到"天人合一"境界的方法也有道德意义,这个方法就是"强恕""求仁";而庄子的方法是"心斋""坐忘",这是没有道德意义的忘我的经验、意识。

孟子以人伦道德原则为本根的"天人合一"说,至宋明道学而发展到了高峰。

张载的"天人合一"说是宋代道学之开端。张载说:"大其心则能体天下之物。物有未体,则心为有外。世人之心,止于闻见之狭。圣人尽性,不以见闻梏其心,其视天下无一物非我。孟子谓尽心则知性知天以此。天大无外,故有外之心不足以合天心。见闻之知,乃物交而知,非德性所知。德性所知,不萌于见闻。"(《正蒙·大心》)张载这一段话似乎涉及了"主—客"式与"天人合一"式的关系。"见闻之知,乃物交而知",就是说,"见闻之知"乃主体与客体相互作用的结果。若停止在"主—客"式上,则是在主体(心)之外尚有现成的客体,这是"以见闻梏其心",即用见闻的知识把主体封闭在自身之内,这叫作"心为有外"或"有外之心","有外"者,在心(主体)外尚有现成的客体之意。"有外之心"当然"不足以合天心",不能"体天下之物",也就是不能达到"天人合一"。只有破除主客之间的障隔,打开此"梏",而"大其心",才能"体天下之物","视天下无一物非我",从而达到"天人合一"即所谓"合天心"的境界,这种境界如果也叫作"知",那就是"德性所知",而不是"见闻之知"。张载明确指出,"德性所知,不萌于见闻"。张载显然主张"德性所知"式高于"见闻之知","天人合一"式高于"主—客"式。当然,他不可能像海德格尔那样分析、说明后者怎样以前者为根基而产生。

道学的"天人合一"说,在张载以后,逐渐分为程朱理学与陆王心学两派。

程伊川和朱子以万物之本根为"理","理"是老庄的"道"之变形,不过程朱赋予了"理"以道德意义,此程朱理学之大不同于老庄哲学之处。程朱主张人禀受形而上的理以为性,故天人相通。据此,程伊川和朱子的"天人合一"的最高境界便是"与理为一"。"与理为一",从人来说,就是人遵循理,从天来说就是理体现于人。

陆王心学的"天人合一"说,不同于程朱理学,陆王强调理不在心之上或之外,认为人心即是理。王阳明明确否认有超乎人心和具体事物之上的形而上的理的世界,主张唯一的世界就是以人心为天地万物之心的天地万物。王阳明这种融人心于世界万物的"天人合一"说,大大超过了程朱的思想。程朱所主张的本根("理")是形而上的东西,他们的"天人合一"都是形而上的东西与形而下的东西之结合,而在王阳明这里,则只有一个现实的世界,此世界是人心与天地万物之彻底融合,人与世界万物之息息相通、融为一体的程度,比起程朱哲学来要深刻得多(早在周秦之际的儒家作品《礼运》中,虽然已有"人者,天地之心也"之说,与王阳明所说一样,但《礼运》此语的意思没有像王阳明那样阐发得明确详细)。王阳明似乎是中国哲学史上"天人合一"说的一个典型代表,其地位同海德格尔的"此在—世界"的思想在西方哲学史所占的地位相类似。

但王阳明作为中国哲学家和古代哲学家,与海德格尔作为西方哲学家和现代哲学家,两人的"天人合一"思想又有根本的区别。(1)最根本的区别是,王阳明的"天人合一"说具有中国古代哲学的特点,即缺乏"主—客"式的思想。中国哲学史上虽然也有类似"主—客"式的"天人相分"说,但一直不占主导地位,而且语焉不详,后期墨家的认识论中"主客二分"的思想一直要到王阳明之后的王船山那里,才得到比较明确的阐发。而海德格尔的此在与世界合一思想,已如前面所说过的,是欧洲"主—客"思想长期发展之后的产物。① (2)王阳明的人心有道德意识,而且是封建的伦理道德意识;海德格尔的"此在"则无道德意义,他的"此在"是人与世界万物打交道的活动与作为,其内容非常广泛。(3)王阳明的人心是理,属于理性,只不过专指道德理性;海德格尔的"此在"不仅是思,它属于超理性的东西。(4)王阳明的人心是"人同此心"之心、"心同此理"之理,故王阳明思想中没有个人的自由选择,海德格尔的"此在"则是个体性,"此在"是个人根据自己的"本己"而"自由存在的可能性",是自由选择。(5)王阳明哲学缺乏与"主—客"式相联系的认识论;海德格尔明确承认认识的地位。王阳明与海德格尔的哲学思想之间的这些区别,颇能说明整个中国哲学与西方哲学的"天人合一"思想之间的区别。

明清之际以后,主要是自鸦片战争以后,万物一体、天人合一的思想愈来愈受到批判。19世纪末20世纪初的一批先进思想家们主张向西方学习,谭嗣同主张区分我与非我,强调心之力,梁启超大力介绍和赞赏笛卡尔

---

① 有一种意见认为,原始人没有自我意识,没有觉察到人与自然的区别,一旦文明时代开始,人就有了自觉,就能区分人与自然,因此,要说孟子等中国古代哲学家这样的人物不能区分自然与人,不能区分天人,那是不可能的。持这种意见的人便由此断言,中国古代哲学家的"天人合一"说是在区别天人基础上再肯定天人统一,是高级的天人合一。这种意见显然不了解,个人发展到区分主客的自我意识阶段并不等于整个人类思想或一个民族的思想发展到了以区分主客的自我意识为哲学原则的阶段。个人从出生到能区分主客,能有自我意识,其所需的时期只不过以月计,而整个人类思想或一个民族的思想发展,由不能区分主客的无自我意识阶段到区分主客的有自我意识的阶段,则往往要以百年计或千年计。个人或某哲学家能区分主客,也不等于他就能建立以主客式或自我意识为基本原则的哲学。古希腊早期自然哲学家,就其个人来讲,当然能区分主客,当然有自我意识,但他们并未达到以"主—客"式为哲学基本原则的水平;同理,孟子等中国古代哲学家的情况也类似。我这里并无意认为,中国自孟子到王阳明的"天人合一"说与古希腊早期自然哲学是同一种情况。

和康德的主客关系说和主体性哲学,孙中山的精神物质二元论更是明确地宣扬西方主客二分的思想。中国近代哲学史上先进的思想家们向西方寻找的真理,从哲学上来说,就是学习西方近代哲学的"主—客"思维方式及其与之相联系的主体性哲学,具体地说,就是学习科学,发挥人的主体性,以认识自然、征服自然;学习民主,以发挥人的主体性,反对封建统治者的压迫以及各种变相的封建压迫。

我在上面花了较多的篇幅讲述了中西哲学史上,特别是中国哲学史上关于"天人合一"和"主—客"式的思想发展过程,这里的目的还不是为讲哲学史而讲哲学史,而是为了通过中西哲学史说明哲学基本问题在中西哲学史上是如何体现的。下面专门谈谈这个问题。

三 对于人与世界关系问题的具体回答

人与世界的关系问题(包括人对世界的态度问题)可以粗略地分为两个层次、三个发展阶段来回答。

两个层次。一是"人—世界"结构,即人与世界万物融为一体,或简称为"天人合一"。例如前面说过的海德格尔的"此在与世界"的关系,蒂利希的"自我—世界"的关系,王阳明的人心与天地万物的关系等等便是如此。二是"主体—客体"结构,意即主张人作为主体,世界作为客体,二者一主一从,分离对立,只是通过认识的桥梁达到统一,例如前面说过的笛卡尔的二元论等等。这两种关系不是平等并列、互相排斥的,而是后者以前者为基础,即是说,"天人合一"是"主体—客体"之可能发生的前提。如果把中西哲学史综合起来看,这两种关系表现为三个阶段:第一个阶段是不包括"主体—客体"在内的"天人合一",即是说,这种天人合一的观点缺乏(不是说完全没有)主客二分和与之相联系的认识论,我把这种原始的天人合一观称为"前主客关系的天人合一"或"前主体性的天人合一"(西方近代哲学的主体性原则是处于"主体—客体"关系中的主体的特性,离开"主体—客体"关系,谈不上主体性。关于这一点,海德格尔在他的著作《黑格尔的经验概念》中已有明确的论断)。中国传统哲学中的"天人合一"的思想包括王阳明的人心与天地万物的关系,属于这个阶段。第二个阶段是"主体—客体"。这是西方近代哲学的主导原则,中国自鸦片战争以后,19世纪末到20世纪初一批先进思想家们所介绍和宣传的,就是这种思维方式。第三个阶段是经过了"主体—客体"式思想的洗礼,包含"主体—客体"在内而又超越(亦即通常所说的"扬弃")了"主体—客体"式的"天人合一",我把这种高一级的天人合一称为"后主客关系的天人合一"或"后主体性的天人合一",例如海德格尔的"此在与世界"的关系。

三个阶段的发展过程。"前主客关系的天人合一"观不重视区分主体与客体,因而也不重视主体对客体的认识和支配作用,不重视认识论和方法论,这显然不利于科学的发展。中国科学(科学不同于技术)不甚发达的原因有经济的、政治的诸多方面,但从思想根源上讲是与"前主客关系的天人合一"思想占主导地位有重要联系的。魏源有鉴于中国受帝国主义的侵凌,认识到传统的天人合一思想的弊端,就曾批评人与万物一体之说没有实用价值。原始的天人合一固然有引人进入高远境界的魅力,但无助于认识自然、发展科学。古希腊早期的自然哲学,如前所述,亦属不分主客的原始的天人合一阶段,但它又有大不同于中国传统的天人合一说之处,它不像中国传统哲学那样一味强调人与万物合一的高远境界,而是用认识的方法去把握万物的始基,实即通过因果联系,追根寻源,以求万物之本根。而且,柏拉图已开始把真理当作渴望和追求目标的哲学知识,为近代哲学的"主体—客体"式开了先河,这就更有利于西方近现代科学的繁荣发达。

人类思想由"前主客关系的天人合一"发展到明确地以"主体—客体"式为哲学的主导原则即近代哲学的原则,这是人类思想史上的一大进步。正如黑格尔所说,只是到近代,"历史才踏上了一个转折点","在这以前,精神的发展一直走着蜗步,进而复退,迂回曲折,到这时才宛如穿上七里神靴,大步迈进","人发现了自然和自己",思维与存在、主体与客体的对立被明确地意识到,对二者的统一是近代哲学的兴趣,主客关系中人的"主体性('主体性'原译作主观性)自由地、独立地思维着",它"不承认任何权威"。其结果,一是发挥人的主体性,推翻教会神权,"教会失去了支配精神的力量";二是现代科学的发展,客体得到了主体的尊重,"从这种尊重中就产生出各种科学的努力",即通过认识、思维把握外在的(假定的)客体,掌握客观事物的本质和普遍规律,以达到主客的统一。所以科学发展乃是主客关系和主体性原则的必然结果。

但是"主体—客体"式也有它的弊端和流弊:一、把主体与客体看成是彼此外在的实体,这就很自然地会产生一个超乎感性之上和之外的独立永恒的概念王国。西方近代哲学的旧形而上学是与主客关系式有密切的联系的,它把哲学引向脱离现实、脱离人生的苍白乏味的境地。二、"主体—客体"式在西方近代史上发展的结果是其越来越被抬高到唯一的至尊的地位,以致造成物欲横流、精神境界低下和自然对人进行报复的恶果。

有鉴于此,西方现当代的人文主义思想家们大多主张我所说的"后主客关系的天人合一"的思想,强调人与世界的融合为一以及对这种合一体的领悟。这种领悟和"前主客关系的天人合一"一样,也是一种高远的境界,但这种"天人合一"的境界,不是抛弃"主体—客体"关系,而是包括"主体—客体"关系而又超越之,不是抛弃科学,而是包括科学而又超越之。

我们中国今天需要的也是一种"后主客关系的天人合一"观,但又不能把西方现当代的这种东西照搬过来,不能亦步亦趋地走西方的道路。我们应当从自己的哲学基础出发,批判地吸取中国的"前主客关系的天人合一"的合理之处,把它同西方近代的"主体—客体"式结合起来,走一条具有本民族特色的"后主客关系的天人合一"的哲学之路。

第二章
精神发展的阶段

上一章在讲哲学基本问题时已经谈到,"人—世界"合一("天人合一")与"主体—客体"这两种人与世界的关系在哲学史上表现为"前主客关系的天人合一""主体—客体"和"后主客关系的天人合一"三个阶段。本章要讲的是,这两种关系在个人精神意识发展的过程中,也表现为相应的三个阶段,而且哲学发展史上的三个阶段是以个人精神意识发展过程中的三个阶段为基础的,前者是后者提升到哲学原则的高度的表现。一个人从婴儿不分主体和客体、不分我与非我时起,到有自我意识,即意识到有我与非我、主体与客体的区分,也许只需要几个月的时间,而在人类思想史上要把不分主客的原始的"人—世界"合一的原则提升到以"主体—客体"式为主导原则,则需要几百年、几千年的时间,例如在西方哲学史上,从古希腊苏格拉底—柏拉图开主客关系之先河起,到笛卡尔开创以主客关系为主导原则的近代哲学,就花了两千多年的时间,中国哲学在这方面花的时间更长,一直到19世纪中叶鸦片战争以后才明确地批判不分主客的天人合一、万物一体的哲学,大力介绍和学习西方近代的主客关系的思维方式,尽管在明代的哲学家王船山那里已经比较明显地有了这方面的思想。当然,要说主客关系思想的萌芽,则在先秦的天人相分的思想中就已经有了,但毕竟只是萌芽,而我这里乃是就一个阶段里占主导地位的思想而说的。

一 划分精神发展阶段的原则

下面我们就来谈谈个人精神意识发展的阶段。

1. 海德格尔关于人与世界合一先于主客关系的观点为划分精神发展的阶段提供了理论依据

上一章已经讲到狄尔泰早已认识到生活、实践在人的精神意识发展过程中是最根本的，认识、思想、概念则是派生的，但他没有讲明这种派生的过程。上章还讲到，海德格尔在这方面做了进一步的分析和说明。在海德格尔看来，人本来纠缠于与世界"打交道"的"烦"之中，世界与"烦"不可分，无"烦"则无世界，世界只是"烦"的世界，只是在人从"烦"中，即从与世界万物"打交道"的活动中抽出身来，停顿下来，通过"寻视""考虑"等环节，才进而把事物看作是现成的东西加以科学的、理论的研究，这时就出现了"客体"或"对象"，出现了主客二分；"客体""对象"实指从"人—世界"的合一的整体中（即从"烦"的世界整体中）被抛向对面的某种东西。所以海德格尔认为，主体与客体乃是从原初的、人与世界打交道的一体中分化和分裂出来的。海德格尔还认为，这种人与世界一体的原始存在方式是"情绪"，因此，他又断言，"情绪"先于认识、思维和意志。海德格尔这套关于"人—世界"合一的原初性的理论，关于"主客关系"如何从"人—世界"合一中，以及理论认识如何从实践活动中（用中国哲学的术语来说就是"知"从"行"中）派生出来的过程的理论，讲得很细致、很切实，值得我们深思。海德格尔对于实践有他自己的理解，但无论如何，他的观点可以说是实践先于认识、行先于知。他乃是用"人—世界"合一的思想说明实践。他所谓的人同世界"打交道"的"烦"应该也可以叫作实践，在与世界"打交道"的"烦"之中，人与世界合一，人与天合一，无主与客之分，这是人与世界的最根本的关系，也是精神发展之根本。海德格尔的这一基本观点为我们提供了划分精神发展阶段的理论依据，但他并没有给我们留下一个关于精神发展过程的详细阶段的一览表。

2. 克罗齐关于精神发展阶段的划分

意大利现代哲学家克罗齐倒是提出了一个精神发展过程的连续阶段

的一览表。他把人的精神发展分为四个阶段,但他不是从"人—世界"合一与"主体—客体"关系的角度来划分的,没有抓住人与世界关系的根本问题。克罗齐把精神的发展分为认识与实践,认识先于实践。他遵从了西方哲学的一般传统,颠倒了认识与实践的先后关系。

克罗齐把认识与实践各分为两个阶段:认识始于直觉,然后是概念;实践始于经济活动,然后是道德活动。这样,精神的发展就共分为四个阶段。这四个阶段可以表列如下:

1. 认识:①直觉——美学的对象
②概念——逻辑学的对象
2. 实践:①经济活动——经济学的对象
②道德活动——伦理学的对象

这四个阶段中,较高的包含较低的,而较低的却不依存于较高的。直觉阶段是美学研究的对象,概念是逻辑学的对象,经济活动是经济学的对象,道德活动是伦理学的对象。

把直觉作为认识的起点,这是符合实际的。不过,克罗齐不同于一般把直觉当作起于对客观现实中个别事物的反映的看法,认为在直觉界线以下还有"感受"或"情感",它是无形式的材料,直觉则赋予它以形式,使之成为山河大地虫鱼草木之类的事物,即克罗齐所谓的"意象","意象"就是认识的对象。克罗齐的这套讲法似乎令人难以接受,但他关于感受、情感先于直觉、先于认识的基本观点还是值得我们深思的。海德格尔从他自己的哲学立场出发阐释了情绪先于直觉、先于认识的思想。海德格尔认为人一生下来就得与世界"打交道",就得对世界"有所作为",人在这种活动中与世界整体保持活生生的关联,而不是像在后起的认识中那样,只看到抽象的、现成的、死板的某物的某特质,这时,人("此在")必然在与世界整体的关联中对自己有所"指引",有所"筹划",亦即对由无到有的可能性做出反应。海德格尔把这种处于可能性中的状态称为"领会",即"能够领受某事""能够做某事"之意。而"领会"总是带有"情绪"的"领会","情绪"和"领会"同样原始,"情绪"是"此在"的"原始存在方式"。所以在海德格尔看来,人不是一开始就被动地摆在现成事物之前对现成事物进行直觉、感知,而是对世界处于趋就和避开的"现身情态"之中。海德格尔说:把现成的东西当作第一位的、"处于优先地位"的东西,从而把对现成东西的"纯直觉"("纯直观")

也当作第一位的、"处于优先地位"的,这种看法属于旧的传统本体论("传统存在论")。海德格尔不同意旧的传统本体论,他认为他自己的学说"取消了纯直观的优先地位"。他主张"'直观'和'思维'是'领会'的两种远离源头的衍生物"①。海德格尔的这套思想实际上基于行先于知、实践先于认识的基本观点,也可以说是基于"人—世界"合一先于"主体—客体"关系的基本观点。人首先处于"人—世界"合一的情境交融之中,然后才有"主体—客体"关系,才有认识。克罗齐把"感受""情感"放在"直觉"之前,包含有直觉认识起于实践的情感的因素,似乎与海德格尔的观点相近,可以说有合理之处。但克罗齐的这一合理因素同他的认识先于实践的基本观点是矛盾的,而且,正像海德格尔所指出的那样,情感、情绪源于人与世界万物的交融,而克罗齐把情感先放在直觉界线以下,然后再通过直觉,赋予它以形式,使之成为事物("意象"),这首先就割裂了情与境(物)的交融,分裂了天与人的合一。事实上,情离不开境(物),没有物的情感是没有的。克罗齐不懂得"人—世界"的合一。其次,克罗齐把直觉归属于美学研究的范围,归属于认识的范围,这种观点,我也以为不妥。第一,审美意识属于"人—世界"合一即"天人合一"的境界,根本不是认识。第二,低级的直觉固然有几分审美意识的成分,在此意义下,人人都有几分是艺术家,"人都是天生的诗人",但一般人毕竟并不都是艺术家或诗人,只有超越"主客关系",超越知识,达到更高级的"天人合一"境界,才可能成为真正的艺术家或诗人。克罗齐不懂"人—世界"合一与"主体—客体"关系之间的关系,所以不能从本质上区分一般无审美修养的人和真正的艺术家或诗人。

克罗齐把道德列为精神发展的最高阶段,这是受西方传统形而上学的影响。传统形而上学赋予道德意义的本体以最高价值,并以此否定现实生活及其意义。尼采(Friedrich W. Nietzsche,1844—1900)早已揭露了道德是最高价值的偏见,在这方面,苏格拉底是始作俑者。尼采认为苏格拉底用逻辑推理即他的概念辩证法为道德——"美德"辩护,使人失去了活生生的、自然的生活。柏拉图接受了苏格拉底的概念辩证法,创造出一套理念体系,认为"至善"的理念是最高理念,是"真正的世界",希腊人原本具有的那种泰然自若的自然生活态度被柏拉图的"至善"弄得荡然无存。基督教的上

---

① 海德格尔:《存在与时间》,陈嘉映、王庆节译,生活·读书·新知三联书店1987年版,第148页。

帝实际上是柏拉图的"至善"的理念之人格化和神化,现实生活在基督教中更进一步被否弃了。尼采虽然高度评价康德的批判哲学,但对他的道德至上的思想却给予了尖锐的批判,认为康德为了维护道德的崇高地位,才"发明"了"实践理性","虚构"了一个"本体界",其实是徒劳的。

中国哲学史上占主导地位的儒家传统,比起西方哲学传统来,更是以道德为最高价值,而且是以封建道德为最高价值,对于人们的现实生活之危害,乃人所共知。儒家所讲的天人合一是人与封建道德意义的义理之"天"合一,人的真实生活和现实生活更加被践踏了。道家以无道德意义的天人合一为最高境界,使人超脱世俗之羁绊,复归于本真,这倒是很有意义的。道家的天人合一境界,超出了克罗齐所讲的认识,超出了经济上的功利,也超出了道德,实际上是审美意识。我以为审美意识应该是精神发展的最高阶段。

二 个人精神发展的阶段

根据以上的考察,我们以"人—世界"合一的原初性及其与"主体—客体"关系的结合为原则,把个人精神活动的发展分为以下一些阶段。

1. 原始的人与世界的合一(原始的"天人合一")——感受(原始的本能活动;无功利意义)

2. "主体—客体"关系(广义的认识)
   - 意识(自我意识的开始)
   - 认识
     - 直觉(直观)
     - 思维(摆脱了直观中的图像的抽象活动)
   - 实践(有意识、有目的的活动)
     - 自然科学的实践 ⎫
     - 经济的、政治的实践 ⎬ 功利性活动
     - 道德的实践(具有功利性)

3. 超主客关系的人与世界的合一(高级的"天人合一")——审美意识
   - 超知识
   - 超功利
   - 超道德

1. 原始的"天人合一"阶段

第一阶段,我称之为"原始的人与世界的合一"(原始的"天人合一"),指无主客区分、无自我意识阶段,姑名之曰"感受"。人在此阶段中,自始就处于与世界打交道的活动中,这是一种低级的活动,一般说,是本能活动,也可以说是一种实践,或许可以叫作"原始的实践"。不过为了区别于平常所说的有目的、有意识的实践,还是以不把它叫作实践为宜。关键在于,这里的活动还不是认识,是行而不是知。动物在吃树叶时,不能意识到树叶在它之外,与它对立,它与世界实处于一种"原始的天人合一"状态,婴儿吮奶的情况也是这样。

2. "主体—客体"关系阶段

第二是"主体—客体"关系的阶段。这个阶段又可细分为三个小阶段:(1)"意识";(2)"认识";(3)"实践"。我们也可以把包括这三个小阶段在内的整个"主—客"关系阶段统称为"认识"(广义的)阶段。黑格尔就是这样划分的,他在广义的"认识"之下再分"认识"(理论活动)与"意志"(实践活动)两个小项目。《墨经》把"名""实""合""为"作为"知"之四要素,也是把"为"看作"知"的要素之一。"为"包括"志"与"行",所以"为"就是有志之行,即有目的的行动,也就是实践。从这些可以看到,实践是有意识的自觉的行动,它不同于第一阶段中那种无主客区分、无自我意识的低级活动。

"主体—客体"关系源于原始的"天人合一",这也就意味着意识、认识源于活动、行动,知源于行。"主—客"关系的第一个小阶段"意识"是开始有自我意识,而能区分自我和对象,意识到自我之外尚有物与我对立。例如人吃食物时,就能意识到食物在自己之外与自己对立。有无自我意识乃是人区别于动物的分水岭;新生几个月的婴儿尚停留在动物的水平。

"主体—客体"关系的第二个小阶段是"认识"。"认识"分"直观"("直觉")与"思维"。"直观"高于"意识"之处在于,"直观"某物不仅意识到此物存在于自己之外,而且进一步意识到此物在时间与空间之中。黑格尔断言,"直观"高于他所说的"感性意识",在于"直观"中的东西具有时空的规定性,而"感性意识"中的东西尚无时空规定性。黑格尔的这个论点是可以接受和吸收的。只是黑格尔把"直观"看作是对"直观"中的东西的理性内容的整体把握和直接把握,这与我所说的"直观"不同,我讲的"直观"尚未具有理性内容。其实,黑格尔的这种具有理性内容的"直观",不应当作为认识的低级阶段列在"思维"之前,而实在是超出思维、高于思维的阶段。诗人的直观就是这样的直观。黑格尔把诗人的直观放在思维、概念之前,是他所谓哲学高于艺术的思想表现,也是他重视概念、重视陈述、表现和展开的思想之一例。黑格尔是一个大理性主义者,他有一个根本观点,认为未经展开、未经概念加以陈述和表现的东西总是不及展开了的、借概念加以陈述了的东西那么真实、高级;他的整个哲学体系就是按这样一个思路安排的。他关于具有理性内容的"直观"低于思维、概念的看法,也是以这个思路为指导的。他说:"直观""浓缩"了"我们对于外部自然、法权、伦理和宗教内容的表象、思想和概念"于自身之内,"直观是一种充满了理性的确实性的意识……充满了结合各种规定于一体的内容"。但黑格尔又把它看成低级阶段的东西,认为它"只是认识的开始",更重要的是把"直观"中的东西加以展开和陈述,主张"完全的认识只属于通晓事物的理性的纯粹思想"。他虽然也说到"真正的直观"、诗人的直观需要通过思想,通过"反复沉思和后思",但他的这些话仍然是为了强调思想、概念比直观更真实,展开了的东西比浓缩了的东西更真实,哲学家比诗人更高级。① 西方现代哲学的一个重要思潮是把黑格尔所讲的这种关系颠倒过来,主张直观到的浓缩的东西比用概念加以陈述的东西更真实,提倡做哲学家诗人或诗人哲学家。我在后面还将论述审美意识——诗与思相结合的高级直观乃是人与世界关系或精神发展的最高阶段。

"认识"中的第二个小阶段是"思维"。思维的产物是概念。正如黑格尔所说,思维不同于和高于直观之处在于,直观总是具有图像的,而思维本身则是摆脱了图像的认识活动。② 人这个主体通过思维,力图把握外物或客体的本质与规律,其所认识的,只能是"是什么",主体不能通过思维从世界之内体验人与世界的交融状态,不能通过思维从世界之内体验人是"怎样是"("怎样存在")和怎样生活的。实际上,思维总是割裂世界的某一片断或某一事物与世界整体的联系以考察这个片断或这个事物的本质和规律;即使不断扩大联系,使思维、认识愈益全面,也改变不了思维的这一基本状况。这也是真理之所以是相对的原因。所谓相对,就是指随着联系的不断扩大和思维、认识的愈益全面,先前被认为正确的,变得不正确或不那么正确了。思维的产物——概念,就是一种界定,只要是一种界定,它就是有限制的。随着现实范围的变化、扩大和发展,原来适用的概念就必然要突破

---

① 参阅拙著《论黑格尔的精神哲学》,上海人民出版社1986年版,第48—52页。
② 同上书,第56页。

原有的界定而重新加以界定。至于平常所谓作为相对真理之总和的绝对真理,那是只可永远接近而又永远不可能最终达到的。所以,思维总有不同程度的抽象性和片面性。人如果仅仅依靠思维,便只能生活在不同程度的抽象性和片面性之中,这是思维属于"主—客"关系模式的根本特征所决定的。黑格尔认为通过他所谓的"思辨思维"可以弥补"知性思维"之不足而把握"绝对"或"大全"。我过去也相信黑格尔的"思辨思维"的威力,但也怀疑过,究竟如何进行"思辨思维"?黑格尔曾把"思辨思维"看成是克服或超越间接性认识所达到的直接性认识,甚至按他自己的解释干脆把思辨真理称之为"神秘真理"。这也许是黑格尔企图克服"主体—客体"关系,向"人—世界"合一思想靠近的一种尝试,但只能说是"靠近",黑格尔并没有真正克服"主体—客体"关系式,他仍然认为思维能掌握"绝对",掌握"理性真理"。我以为,人只有根本克服"主体—客体"关系式,超出思维,在"人—世界"合一境界中体验(不是思维、认识,我在后面将要谈到,这里所说的"体验"就是一种不同于概念思维的"想象力")宇宙整体,也就是说,活生生的、真实的整体只能靠"天人合一"的体验来把握,而"主体—客体"关系式的思维只能认识部分的、片面的、抽象的东西。人们大多数或大部分时间总是按"主体—客体"关系模式看待事物,把事物看作是自我以外的东西来认识,因此,生活是片面的、抽象的。只有达到高级的"天人合一"境界,生活才是真实的、具体的。思维、概念是人的精神意识发展过程中所必需的,但又是必然要被超越、被扬弃的。半个世纪以来,我们所广为宣传的哲学往往以为只要通过思维,达到对一些概念的认识,例如质与量、原因与结果、普遍与特殊、本质与现象、形式与内容、可能与现实、必然与偶然等等,就算是达到了人的精神意识发展的顶峰。其实,对于达到人生的最高境界而言,如果只停留在概念思维的阶段,那不过是半途而废。

"主体—客体"关系的第三个小阶段是"实践"。这里的实践不是指原始的"天人合一"中的低级活动,而是指有了认识之后,根据认识所采取的有意识、有目的的活动。平常说从实践到认识再到实践,这个公式既可指从原始的低级活动到认识再到有目的、有意识的行动,也可指从有目的、有意识的行动到认识再到有目的、有意识的行动。人之一生绝大部分是有自觉性的、能区分主客的一生,所以这个公式主要应该是指后一种情况(当然,人在有了自我意识的一生中,也仍然经常会有原始的、不自觉的活动,因而仍然掺杂着前一种情况)。我这里不想对这个公式多作论述,我的兴趣是要说明,实践——有目的、有意识的行动,仍属"主体—客体"关系的范围。

自然科学的实践,属"主体—客体"关系的范围,也许毋庸多说,要说的是经济的、政治的实践和道德的实践,特别是道德的实践。

经济的和政治的实践,都是一种功利的活动。在原始的"天人合一"中,人虽然有趋就和避开的低级情态,但那是不自觉的,谈不上功利或利害,婴儿并非意识到什么是利才趋就它,也非意识到什么是害才避开它。也就因为这个缘故,我们平常才不会说一个婴儿有功利之心。经济的、政治的实践则不然,这些活动皆出于功利之心,皆同利害的意识紧密联系在一起。当然,我们也可以说,是先有了实践,然后才有对利害的意识,才认识和意识到什么有利,什么有害。但除了原始的、低级的活动之外,经济的和政治的实践总不会是盲目的、无意识的,而是带有不同程度的功利之心或利害意识的,只不过经过实践之后的利害意识和认识比实践之前的意识和认识更加清楚罢了。无论如何,经济的和政治的实践总以具有功利之心或利害意识为其特征。讲功利、讲利害,就是主体首先认定自身以外有独立的、现成的外物、客体存在,与自己对立,然后加以攫取、占有或消灭,而这正是"主体—客体"关系式。

应该承认,相对于认识来说,实践由于是一种改变、铸造的活动,总是更能直接接触世界之整体,但这只是与认识相比较而言,带有功利心的实践毕竟远离"人—世界"合一的境界。

中国的儒家传统把道德实践归属于"天人合一",其实是没有根据的。道德的实践不是"天人合一",仍属"主体—客体"关系。

我们的生活开始于原始的"天人合一"状态,在那里,既无自我意识,也就谈不上自由不自由,或者说,无自我意识,因而也谈不上具有自我决定特征的道德善恶之意识。中国儒家传统的"天人合一"说认为天本有道德意义,天人合一,则人生而具有道德意识,只是后来由于私字之蔽,天人才分而为二,道德修养就是教人去私以回复到天人合一,成为有道德的圣人。实际上,天本无道德意义,所谓天人合一可以使人成为圣人之说,纯系儒家的虚构。

黑格尔说,道德意志使人成为"主体",它首先区分主体与客体,甚至使两者各自独立,然后再企图把两者统一起来,所以道德的观点总是"应然的、有限的",道德意识不可能使主体与客体两者真正统一起来。黑格尔的看法明确地告诉我们,道德属于"主体—客体"关系的范围①,黑格尔的看法是正确的。

道德义务或善总是和利益结合在一起的,像康德那样把道德看成是为尽义务而尽义务,不过是黑格尔所批评的"空虚的形式主义"。黑格尔主张道德上的善与福利不可分,克罗齐把为社会谋福利的活动归入道德的活动,这些都是有道理的。道德实践不能不讲功利;出于一片善心而不通过思维考虑到实际利害,那不能算是真正的道德实践,而只要讲功利、讲利害,就必然具有"主体—客体"关系的特点。

3. 高级的"天人合一"阶段

人的精神意识发展的最高阶段是审美意识。它是高级的"天人合一"境界。审美意识的天人合一以原始的"天人合一"和"主体—客体"关系的诸阶段为基础,它依存于前此诸阶段,包含前此诸阶段,而又超出前此诸阶段。审美意识的天人合一是原始的"天人合一"的回复,但又不是简单的重复,而是经历了"主体—客体"关系之后的回复。

正因为审美意识的天人合一是原始的"天人合一"的回复,所以它具有后者的某些特征:第一是直接性,通常称之为直观性;第二,它不是知识;第三,不是功利性;第四,不是道德意识。后三者即知识、功利、道德意识,都起源于原始的"天人合一"的破坏和"主体—客体"关系的建立。但审美意识的天人合一不等于原始的"天人合一",而是经过"主体—客体"关系之后所达到的境界,所以它必须通过努力(即审美的教育和修养)以克服和超越原始的"天人合一"以及"主体—客体"关系阶段中所沾染过的知识性、功利性和道德意识。审美意识的天人合一境界,不是本能欲望的满足,不是知识的充实,不是功利的牵绊,不是善恶的规范,但它又不是和这些没有任何联系,不是对这些绝对抛开不管,好像根本没有发生这些似的,它是对这些的克服和超越。

中世纪基督教会视审美意识为感官欲望的享受而斥之为亵渎神圣,那完全是对审美意识的歪曲。但完全否认审美意识与情欲本能有任何联系,却也是不切合实际的。英国经验派关于审美意识的生理基础和心理基础的分析,应该说是有一定道理的。

---

① 参阅拙著《论黑格尔的精神哲学》,上海人民出版社1986年版,第117—120页。

审美意识的天人合一不是思想概念的活动，不是知识和认识，这已毋庸赘述。要说的是审美意识与思想、知识的联系。完全没有思想和认识的审美意识，就像克罗齐那样把审美意识放在思想概念之下而毫不依存于思想概念，其结果只能是无思的诗，无思想性的美，只能是：人人都有直觉，故人人都是艺术家。我不赞同这种美学观点。其实，克罗齐也不否认艺术作品包含思想概念，只不过他认为在艺术作品中的思想概念已转化为具体的"意象"。克罗齐的这个讲法是可以接受的，但同他把美放在思想概念之下而毫不依存于思想概念的划分的基本观点是矛盾的。我以为，真正的艺术作品都是寓有深刻的思想的，伟大的诗人同时都是伟大的思想家，诗与思相结合的高级直观，或者说，高级的"天人合一"，才是精神发展的最高阶段。

审美意识的天人合一不计较功利，但并非根本不懂功利。根本不懂什么叫作功利，什么叫作利和害，那又怎么能领略超乎名缰利锁之外的高远意境呢？《老子》教人复归于婴儿，并不是说高级的"天人合一"等于简单回复到原始的"天人合一"。所谓出淤泥而不染，也必须在淤泥之中而又超脱之。没有进过淤泥的人，何不染之有？我说审美意识的天人合一不受功利的牵绊而又不是不懂功利，不是与功利毫无联系，就是指的这个意思。这和克罗齐把美的直觉放在经济实践或功利之前而与功利毫无联系的看法，在基本观点上是不同的。

审美意识的天人合一不是道德规范，但它不是不道德，不是否定道德，它不是用道德标准可以衡量的，它超出道德而又自然地合乎道德。主客二分不仅包括人（主体）与物（客体）二分，而且包括人（客体）与己（主体）二分。道德实践不计较个人利害而出于道德上的善心为他人谋福利，但只要仍属道德领域，己与人（主与客）总是有区分的，道德实践是在区分己与人的基础上再求两者的合一，即道德是"应然的、有限的"含义之一。审美意识的天人合一则完全超出了主客二分式的外在性，不仅人与物融合为一，而且自己与他人也融合为一。这里的人己一体虽然不是道德意义的，但他自然地是合乎道德的。说得通俗一点，审美意识的天人合一，其核心在于感情的真挚，真正的诗人都是最真挚的人，其活动不是出于应该，而是出于自然的真挚，故有许多诗哲不言道德而自然合乎道德。

总起来说，要达到高级的"天人合一"境界，需要超越本能欲望，超越知识，超越功利，超越道德意识，而这里的关键在于抓住"主体—客体"关系的根子，把"主体—客体"关系所假定的独立外在的客体或对象，如胡塞尔所说,"放在括号里",或如海德格尔所说,使人的"世界"与"物"的"差异"合而为一,或者用《老子》的话来说,就是"学不学""欲不欲",以超越欲望、功利、知识,超越人己之分。这也许就是哲学的最高任务吧。关于审美意识如何包含而又超越知识、功利、道德的问题,以后在讲审美观时还要专门论述。

第三章
两种超越:纵向超越与横向超越;
两种目标:相同与相通

一　纵向超越与横向超越

　　一个勤于作哲学思考的人,面对当前的事物,总想刨根问底,追寻一个究竟。哲学史上,粗略地说,有两种追问的方式:一个是"主体—客体"结构的追问方式,一个是"人—世界"结构("天人合一")的追问方式,也可以说,一个是以"主体—客体"结构为前提,一个是以"人—世界"结构("天人合一")为前提。前者是作为主体的人站在客体以外追问客体(即客观事物)的根底,后者是人处于世界万物之中体悟人如何与无穷无尽的万物融为一体;前者追问的是外在的客体是什么,后者追问的是人怎样与世界融合为一。所以严格地讲,对于后一种活动来说,不能用"追问""追求"之类的语词,这些词总是带有外在性,总是意味着对外在的东西的一种渴望,而后一种活动乃是一种内在的体悟的活动,它所要求于人的是,人怎样体悟到自己与世界万物一体。总之,前者是把世界当作一种外在于人的对象来追问,后者是把世界当作一种本来与人自己融合为一的整体来体悟。我在前面一开始时笼统地都用了"追问"的字样,只是一种从俗的权宜之计。

1. 纵向超越

第一种方式是西方传统的概念哲学所采用的由感性中的东西到理解中的东西的追问。

在柏拉图的《斐多篇》中,苏格拉底说他过去曾按照他的前辈们的方法考察事物,这种方法就是,为了要说明某事物,就直接地指向别的事物,即在别的事物中寻找某事物的根底。苏格拉底叙述了他按照这种直接的方法考察事物一再失败的经验,然后,他求助于一种间接的方法。他说:"我担心如果我用我的眼睛看事物或试图借感官的帮助来理解事物,我的灵魂便会完全瞎了。于是我想,我毋宁求助于心灵世界,在其中考察存在者的真理。"①苏格拉底把他对"心灵世界"的这种"求助"叫作"奠定基础",即以"心灵世界"为基础、为根底之意。所谓"心灵世界"就是"理念"。苏格拉底接着举例说,感觉中美的东西之所以是美的,乃是以美的"理念"("美自身"或"绝对的美")为原因、为根底。苏格拉底在哲学追问方式上的这一转向,即从直接出现的东西中找根底转向在"心灵世界"或"理念"中找根底,按照美国当代著名哲学家、欧洲大陆哲学专家萨利斯(John Sallis)教授的说法,乃是"从感性的东西到理解的东西的上升"②,所谓"理解的东西"就是指"理念",这一转向开启了直接感性中的事物与作为其根底的理念、概念之间的区分,"更确切地说,苏格拉底的转向构成了一个形而上学的领域"③。于是感性中变动不居的东西以恒常的"心灵世界"或"理念"为其原初的根底,而不是以另外的感性中变动不居的事物为根底——这就是苏格拉底不再因循其前辈的旧思路而开辟的哲学新方向或新的哲学追问方式的要旨。西方自苏格拉底、柏拉图到黑格尔逝世两千多年间的哲学追问方式,就其占统治地位的方面而言,都是在这样的思路下走过的。海德格尔说这一长期占统治地位的哲学基本上是柏拉图主义,也就是这个意思。

---

① 柏拉图:Phaedo 99e. 译自 Benjamin Jowett 英译本:*The Four Socratic Dialogues of Plato*, Oxford, 1949 年版,第 244 页。并参阅 John Sallis, *Delimitations*:*Phenomenology and the End of Metaphysics*, Indiana University Press, 1995, p.204。
② John Sallis, *Delimitations*, Indiana University Press, 1995, p.204.
③ Ibid., pp.5-6.

西方传统哲学中的唯心论的概念哲学或形而上学都以"主体—客体"为前提，按照从感性中个别的、变化着的、有差异的、表面现象的、具体的东西追问到理性或理解中普遍的、不变的、同一的、本质性的、抽象的东西的纵深路线，达到对外在的客观事物之根底的把握。它把普遍的、同一性的概念当作脱离具体的、个别的东西而独立存在的本体，并认为这本体是最根本的、第一性的东西。柏拉图式的唯心论虽然主张作为万物之根底的理念、概念是"预先假定的"①，是潜存于不死的灵魂中的，但要达到对这种潜存于不死的灵魂中的"理念"的"回忆"，也需要靠感性中直接的东西的"刺激"作为一种"机缘"以"唤起"理念。这一"唤起"的过程实际上就是我所说的从感性中个别的东西上升到理性中普遍的东西的"纵深路线"。即使是集唯心主义之大成的黑格尔，他的"理念"或"绝对理念"从本体论上讲是逻辑上在先的，是第一性的，是万事万物之根底，但他也承认，在现实的人的认识过程中，"按照时间的次序，人的意识，对于对象总是先形成表象，后才形成概念，而且唯有通过表象，依靠表象，人的能思的心灵才进而达到对于事物的思维的认识和把握"②。可见黑格尔作为一个唯心主义哲学家也承认人的实际认识过程是从感性中个别的东西上升到概念。在谈到柏拉图的唯心主义时，黑格尔指出，不要以为柏拉图的唯心论就像人们"所想象的那种坏的唯心论那样，好像人什么东西也不能学习，完全不受外界的决定，而认为一切观念都从主体产生出来"。柏拉图只是认为不要"从感性的个别性中去肯定它的真理性和存在"，"唯有由思想产生出来的（按即理念、概念——引者）才有真理性"，他"反对""真理是由感觉给予的"，然而要达到对真理、理念、概念的认识，还得从感觉开始："认识的源泉是多方面的；感情、感觉、感性的意识就是源泉。最初的是感性意识；感性意识是我们所熟习的，我们的认识从此开始。"③

西方近代哲学中的唯物论也以"主体—客体"关系式为前提，采用从感性到理性的追问方式，但它并不把追问到的普遍性、规律性作为独立于个体的感性存在的抽象概念，并不认为这样的概念是第一性的。唯物论

---

① 黑格尔：《哲学史讲演录》第二卷，生活·读书·新知三联书店1957年版，第193页。
② 黑格尔：《小逻辑》，贺麟译，商务印书馆1980年版，第37页。
③ 黑格尔：《哲学史讲演录》第二卷，生活·读书·新知三联书店1957年版，第193、195页。

认为普遍性的、规律性的东西寓于个体的感性存在之中,这两方面的结合就是世界的本质和本根。平常说,世界本质上是物质性的,具有这样的本质的世界乃是普遍与特殊、感性的东西与理性的东西的结合。但唯物论是以主体与客体关系式为基础的,它所理解的世界是外在于人的或者说独立于人的世界,只是靠认识的桥梁才把二者统一起来,这样的世界远非作为知(认识)、情、意相结合的人与世界融合为一的、具有丰富意义的(包括在诗意的)生活世界,而只有这样的生活世界才是西方现当代哲学所关注的。

2. 横向超越

西方现当代哲学特别是欧洲大陆人文主义思潮下的哲学家如尼采、海德格尔、伽达默尔等人已不满足于以主体客体关系为前提的追问方式,特别是不满足于概念哲学追求形而上的本体世界,追求抽象的、永恒的本质,而要求回到具体的、变动不居的现实世界。但这种哲学思潮并不是主张停留于当前在场的东西之中,它也要求超越当前,只不过它不像旧的概念哲学那样主张超越到抽象的永恒的世界之中去,而是从当前在场的东西超越到其背后的未出场的东西,这未出场的东西也和当前在场的东西一样是现实的事物,而不是什么抽象的永恒的本质或概念,所以这种超越也可以说是从在场的现实事物超越到不在场的(或者说未出场的)现实事物。如果把概念哲学所讲的那种从现实具体事物到抽象永恒的本质、概念的超越叫作"纵向超越",那么,这后一种超越就可以叫作"横向超越"。① 所谓横向,就是指从现实事物到现实事物的意思。"横向超越"就是我在本章一开始提到的以"人与万物一体"或"天人合一"为前提的追问方式。海德格尔所讲的从显现的东西到隐蔽的东西的追问,就是这种横向超越的一个例子。

---

① "纵向超越"与"横向超越"这两个词,我原来是从当代美国哲学教授、海德格尔哲学专家 John Sallis 所用的"横向的架构"(horizontal structure)那里引申而来的(详后)。后来在写另一本著作《解读黑格尔〈精神现象学〉》时发现法国现代哲学家伊波利特(Jean Hyppolite, 1907—1968)在其著作 Genesis and Structure of Hegel's Phenomenology of Spirit(Evanston, North Western University Press, 1974)中用了 vertical transcendence 和 horizontal transcendence 两个词(见该书第544页脚注),正好可以译作"纵向超越"与"横向超越",但伊波利特几乎没有对这两个词做什么界定。窥其大意,前者是指无限精神或上帝超越于时间中的历史发展或有限精神的发展之外,后者是指无限精神完全表现于时间中的有限精神的发展之内,这是一种在时间之内的超越,亦即人类历史的发展过程。我感到我的用法和伊氏的用法基本意思是一致的。

当然，海德格尔最后讲到从"有"到"无"的超越（即对现实存在物的整体的超越），但他所讲的"无"决不是旧形而上学的抽象的本质概念或本体世界。中国传统哲学所讲的"万物一体""天人合一"更明显地是讲任何一个当前出场的东西都是同其背后未出场的天地万物融合为一、息息相通的，从前者超越到后者不是超越到抽象的概念王国，而是超越到同样现实的事物中去。

"纵向超越"是指从表面的直接的感性存在超越到非时间性的永恒的普遍概念中去，这种超越，一般都比较容易理解，但"横向超越"所讲的从在场的东西超越到不在场的东西，这一点可能我们一般感到比较生疏，需要多做一点解释。在场和不在场是西方现当代哲学所用的一对比较新的术语。所谓"在场"（presence）或"在场的东西"（the present）是指当前呈现或当前呈现的东西之意，也就是平常所说的出席或出席的东西，所谓"不在场"（absence）或"不在场的东西"（the absent）就是指未呈现在当前或缺席之意。例如我现在呈现在当前的这个神态是与我的父母、祖辈的血统、我周围的各种环境、我所受过的教育等等有形的、无形的、直接的、间接的、近的、远的各式各类的东西或因素息息相通、紧密相联的，然而这些东西或因素并未呈现在当前。我现在呈现在当前的这个神态是在场的东西，那些未呈现的各式各类的东西或因素是未在场的。然而，你要了解我为什么会呈现当前这样一个姿态，你就不能死盯住这一点在场的东西，而要超越它，超越到背后那种种不在场的东西中去，把在场与不在场结合为一个整体，这样，你才能真实地了解和把握我当前呈现的这个姿态。这里举的我的姿态这个例子，还是属于可见的东西，但在场并非只指可见的东西，例如我当前所讲的这套哲学思想，这就是不可见的，但就这套思想是我当前所主张的而言，它就是在场的。我当前这套出场（在场）的思想是以我过去的思想发展、我所受的社会影响等等为背景的，然而这些作为背景的东西当前并未出场，你要了解我当前呈现的思想，也需要超越它，超越到上述那些未出场的背景因素中去。

不要以为在场的东西只是指感性中的东西，凡属概念就不是在场的东西。恰恰相反，概念乃是把变动不居的、多样性的特殊方面抽象掉而得到的单纯普遍性，如果说特殊的东西是变化不居的在场的东西，它可以出场，亦可消失、不出场，那么，概念则是永恒不变的东西，是永恒出场的，所以西方现当代哲学家往往把概念哲学奉为至上的概念叫作"恒常的在场"（constant presence)①,至于这种概念哲学则一般地被贬称为"在场形而上学"(metaphysics of presence),其特点就是趋向永恒的在场。

3. 横向超越包括对理性认识的超越

以"人—世界"结构或"万物一体"为前提的"横向超越"也决不是摒弃概念、普遍性,它只是认为概念、普遍性不是离开感性中的特殊性而独立存在的,所以"横向超越"中的在场的东西和不在场的东西并不只是指简单的个别的东西,而且往往是指包括概念、普遍性在内的复杂的事物,是"理在事中"的事物。例如我们讨论《红楼梦》的故事,这是当前在场的东西,这里既有个别的人、简单的事,但更多的是包含很多人生哲理的复杂情节,我们在讨论《红楼梦》里的复杂故事时,往往要追问这些故事背后的社会背景,以至联想到许多超越《红楼梦》故事本身的人生感叹,这些对于《红楼梦》故事本身来说,就是未出场的东西,它们并不是简单的、个别的东西,而是包含概念、普遍性在内的复杂的东西,它们和当前出场的《红楼梦》故事一样是"理在事中"的事物。可以看到,从在场到不在场的"横向超越"决不排斥平常讲的从感性认识到理性认识的过程,它只是把这一认识过程纳入"横向超越"之内,认为在通过这一认识过程达到了对普遍性和"事理"的认识之后,还要进而超越这在场的"事理",进入不在场的"事理"。

总之,从在场到不在场的超越是由显现处超越到隐蔽处,也可以说是由明处超越到暗处。

4. 由纵向超越到横向超越的转向

德国现代哲学家、20世纪现象学派创始人胡塞尔(Edmund Husserl,1859—1938)在很多地方就谈到事物的"明暗层次"(Abschattungen)的统一,谈到事物总要涉及它所暗含的大视野。这实际上意味着,感性直观中出场("明")的事物都是出现于由其他许多未出场("暗")的事物所构成的视域之中。美国哲学教授萨利斯把它称为"horizontal structure"②,这个词可以

---

① Otto Pöggeler, *Martin Heidegger's Path of Thinking*, Humanities Press International, INC. 1989, pp.69, 102.
② John Sallis, *Delimitations*, Indiana University Press, 1995, p.77.

译作"视域的架构",不过我倒是更倾向于译作"横向的架构",以表示出场的、显现的东西出现于由未出场的、隐蔽的东西所建构起来的视域之中,前者以后者为其背景、根源或根底。这里的根源、根底不是旧形而上学所讲的抽象的本质或独立的自在世界,而是现实的东西,是作为当前出场者的背景、作为隐蔽的东西的现实事物。但以上的阐释和申述实已超出了胡塞尔现象学的范围,胡塞尔的现象学只是暗含着这样的思想成分,也可以说,现象学在这里突破了它自身。海德格尔关于隐蔽与显现的理论,关于"在手"与"上手"的理论、关于"此在"与"世界"相融合的理论,既标志着他与胡塞尔的破裂,又是胡塞尔现象学的发展。胡塞尔的现象学是"纵向"的西方旧形而上学向"横向"的西方现当代哲学的过渡。

5. 从有底论到无底论的转向

事物所隐蔽于其中或者说植根于其中的未出场的东西,不是有穷尽的,而是无穷尽的。具体地说,任何一个事物都与宇宙万物处于或远或近、或直接或间接、或有形或无形、或重要或不重要的相互联系、相互作用、相互影响之中,平常说的普遍联系的观点实际上从某个角度看也就是这个意思,只不过平常讲相互联系时讲得太一般化、太简单了,而未从隐蔽与显现、在场与不在场以及超越当前的角度对普遍联系做更深入的分析和发挥。所以按照这种观点来看,我们实可以说,每一事物都埋藏于或淹没于无穷尽性之中。这也就是说,事物是无根无底的。如果我们把概念哲学或旧形而上学以"理念""自在世界""绝对理念"之类的东西作为根底的"纵向超越"理论叫作"有底论",那么,我们就可以把这种"横向超越"的理论叫作"无底论",也可以说,无底论所讲的底是无底之底。由有底论到无底论,也是西方旧形而上学到现当代哲学的转向的特征之一。

二 相同与相通

1. 不相同而相通

"相同"就是我在前面所说的"纵向超越"所要达到的抽象同一性或普遍性概念;"相通"乃是"横向超越"所要达到的不同现实事物(包括在场的与不在场的)之间的相互融通的整体。

正如尼采所说:"本来不存在相同的东西。"①莱布尼茨(Gottfried W. Leibniz,1646—1716)更形象地说过:"找不到两片相同的树叶。"我们只能通过认识的抽象活动,撇开相异的方面,抽取其共同的、彼此相同之处,构成抽象的普遍性、共同性、同一性(这里的"同一性"不是指相互依存、相互转化)或者说相同性,这就是抽象概念。

但现实中没有这种抽象的相同性,现实的东西总是千差万别、彼此不同的。彼此不同的东西而又能互相沟通,这就是我所说的相通。

西方古典哲学家大多重认识论,把认识相同性视为哲学的重要任务。中国古代哲学家大多重本体论(存在论),认为把握现实的东西之彼此相通是哲学的重要任务。但我在这里的兴趣不是历史的,而是想从理论上着重说明宇宙万物不同而又相通的意义,并进而说明哲学之最高任务不是认识相同性,而是把握相通性。我无意反对认识相同的必要性和重要性,更无意断言相同性是虚构,我只是说相同性是抽象的,抽象不等于虚构。但我更强调的是,通过"横向超越"把握相通高于通过"纵向超越"认识相同。我的主张,说得简单一点,就是万有相通,亦即万物一体。

不少人认为,既然找不到彼此完全相同的东西,那也就谈不上彼此相通。例如有的主张语言只能私有的论者就认为,私有语言只是说话的本人才了解的东西,只与说话的本人私有的感觉相关,因而主张此一说话人与彼一说话人不能相通,不能交流,也就是说,他们之间无共同语言,他们在使用同一语词或同一种说法时,实际上是在表达各自不同的、私人独有的经验。

再举一个具体的例子。人们有时抱怨不能完全了解彼此对同一事件的感受或感觉,甚至对自己最亲密的人,也不能完全做到这一点。的确,我的手指被刀割破的疼痛感觉与你的手指被刀割破的疼痛感觉不可能绝对相同,这是现实的事实。问题是以此为遗憾而抱怨,这实际上还是源于一种不同者不能相通的观点。如果能理解到我的痛感与你的痛感虽然总不能完全相同,但你的痛感仍能牵动我的不忍之心,好像我也在痛一样,这就是我与你之间的相通,这种相通并不要求我的痛感与你的痛感完全相同,因而也就没有抱怨和遗憾的必要。

庄子与惠施关于鱼乐的那段辩论,也包含相同与相通的道理。若单就鱼与人不同、庄子与惠施不同而言,则惠施所说的"子非鱼,安知鱼之乐"与

---

① 尼采:《快乐的科学》,第111节。

庄子的辩词"子非我,安知我不知鱼之乐"都能成立,也就是说,庄子不可能了解鱼之乐,惠施不可能了解庄子之知鱼乐,鱼与庄子之间,庄子与惠施之间,既然彼此不同,也就不能相通。其实,如果我们懂得不同者亦能相通的道理,则庄子之知鱼乐和惠施之知庄子之知鱼乐,都是可以成立的,因为庄子与鱼之间,庄子与惠施之间,虽不相同,却又是彼此相通的。

我以为我们平常所谓的彼此之间的相互了解,所谓我知道你,你理解我,实皆指彼此之间相通,我你之间相通,不是指两者之间绝对相同。懂得了这一点,我想那种认为人与人之间不可能相互了解的主张和观点,应该说是站不住脚的,至少是片面的。西方近代哲学,特别是经验主义,认为人最理解私己的心灵感觉,把内在的、心灵私有的东西放在首位,这就为不同者不能相通的私有语言论提供了理解基础。英国籍哲学家、数理逻辑学家维特根斯坦(Ludwig Wittgenstein,1889—1951)主张感觉可以交流,可以让渡,语言能得到公共的理解,正是要扭转西方近代哲学史上这一传统的见解。可惜维特根斯坦只限于从语言的角度论述他的观点,而没有考虑到不同的东西可以相通的道理。

不同的东西何以能够相通?相通的含义是什么?

且先谈谈中国的天人相通。

2. 中国的天人相通

程伊川认为人受性于天,天道即存于人的心性之中,天道与人道,其为道一也。"天地人只一道也。才通其一,则余皆通。"①若不管程伊川的"天"所包含的道德含义,则他的天人合一观就是指人与宇宙万物为一体,"道"贯通于人与宇宙万物之中。人与万物之所以能相通,关键在于"道"本一以贯之。

王船山关于天与人之所以能相通的道理讲得更清楚明白。他认为天与人虽彼此不同,"形异质离,不可强而合焉",②但由于"道"一以贯之,故能相继,能相通。他的原话:"天与人异形离质,而所继者惟道也。"③

---

① 《二程遗书》卷十八。
② 王船山:《尚书引义》。
③ 同上。

王阳明曾以具体的例子生动地说明了他关于人与万物一体相通的道理。"大人之能以天地万物为一体也,非意之也,其心之仁本若是,其与天地万物而为一也。岂惟大人,虽小人之心,亦莫不然,彼顾自小之耳。是故见孺子之入井,而必有怵惕恻隐之心焉,是其仁之与孺子而为一体也,孺子犹同类者也。见鸟兽之哀鸣觳觫,而必有不忍之心焉,是其仁之与鸟兽而为一体也。鸟兽犹有知觉者也,见草木之摧折,而必有悯恤之心焉,是其仁之与草木而为一体也。草木犹有生意者也,见瓦石之毁坏,而必有顾惜之心焉,是其仁之与瓦石而为一体也。是其一体之仁也,虽小人之心亦必有之,是乃根于天命之性,而自然灵昭不昧者也。"①天地万物贯穿"一体之仁",就像人的灵魂渗透于人体各不同部分,使之成为一体一样。故人不仅与人相通,从而"见孺子之入井而必有怵惕恻隐之心",而且与不同类之鸟兽相通,与无知觉之草木瓦石相通,而对鸟兽草木瓦石"有不忍之心""有悯恤之心""有顾惜之心"。总之,人与任何不同的东西,皆因其为一体而彼此相通,而无"分隔隘陋"。② 按王阳明这里所讲的道理和例子推之,则庄子所讲的"知鱼之乐",也可以看作是天地万物一体的一种表现。同样,你的痛感会通过语言而引起我的同情,也是我与你融为一体的表现,与"孺子之入井"会引起我的"怵惕恻隐之心"是同一道理。

天地万物究竟如何一体相通?中国旧的传统哲学对此都讲得太笼统。是由于王阳明所说的"仁"渗透于其中而使之成为一体的吗?把道德意义的"仁"赋予"天",是一种不合实际的强加。是由于莱布尼茨的"前定和谐"使得不同的万物(包括人与物的不同和人与人的不同)成为一体而彼此相通的吗?我以为莱布尼茨的"单子没有窗户"的观点是站不住脚的,它否定了万物之间的相互影响、相互作用,其目的是为神的存在提供论据。否定了神,就无法说明他所主张的每一单子反映全宇宙的观点。近来我国有人把儒家的和谐思想比拟为莱布尼茨的"前定和谐",我以为是不恰当的,儒家没有"前定和谐"的思想。

3. 相通的关键在于全宇宙的唯一性

天地万物都处于普遍的内在的联系之中,更确切地说,都处于相互作

---

① 王阳明:《大学问》。
② 同上。

用、相互影响、相互勾连之中,这种联系使得每一人、每一物甚至每一人的每一构成部分或每一物的每一构成部分都成为一个千丝万缕的联系、作用与影响的交叉点,此交叉点无广延性,类似几何学上的点,但它是真实的而非虚构。尼采关于事物是相互作用的总和的思想①是合理的。由于每一交叉点集全宇宙普遍作用与影响于一身,因此,我们也就可以说每一交叉点都反映全宇宙,或者说,就是全宇宙,类似莱布尼茨所说的每一"单子"都是全宇宙的一面镜子,也类似华严宗所说的"一即一切,一切即一",不同的是,华严宗讲的是事与理的关系,相当于现象与本体的关系,我则是讲每一交叉点与整体的关系;莱布尼茨的"单子""没有窗户",靠神的"前定和谐"而反映全宇宙,我所说的交叉点本身就是全宇宙内部相互作用、相互影响的结晶。张三是此一宇宙内部相互作用、相互影响的结晶,李四亦然,草木瓦石鸟兽虫鱼亦如是。每一物、每一人、每一部分、每一句话、每一交叉点都是一个全宇宙,但又各有其个性,因为各自表现了不同的相互作用、相互影响的方式,或者说,各以不同的方式反映了唯一的全宇宙。我以为这就足以说明部分能与整体相通,此一部分能与彼一部分相通,简言之,各不相同的东西都能彼此相通:说"不同",是指普遍的相互作用、相互联系的方式不同;说"相通",是指它们都反映唯一的全宇宙,或者说它们本是一体。这里的"相通"显然不是指从不同的东西中抽象出相同的共同性。相通的关键在于不同者所反映的全宇宙的唯一性。

还是以前面谈到过的痛感为例。由于我与你都是唯一的全宇宙的反映,我的身心、血性、禀受等等与你的身心、血性、禀受等等都是唯一的全宇宙普遍联系与作用的结晶,所以我的痛感会牵动你的不忍之心,这就是我和你之间彼此相通。但你反映唯一的全宇宙的方式与我反映唯一的全宇宙的方式又是不相同的,所以你的痛感与我的感受又不是绝对相同的。不相同而相通,这就是我在这里所论说的主旨。企图达到两个人之间的痛感完全相同,那是不可能的,但这并不妨碍一个人的痛感可以与别人交流。

上面说部分与部分相通,部分与整体相通,其中所谓的部分只有相对意义。严格讲来,每一部分都是一个整体,因此也可以说,世界上归根结底没有部分。说"部分",乃是人为地把整体(全宇宙)加以割裂和撕裂的结果,所以部分总是抽象的。

---

① 尼采:《强力意志》,第 551 节。

上面说每一交叉点或每一物、每一人都反映唯一的全宇宙,都是全宇宙的一面镜子,这里所谓的反映和镜子只有比喻意味,不能理解为真像照相那样,把宇宙整体的模样机械地、具体而微地缩小到每一交叉点或每一物、每一人这样的小小照片中。"反映"是指联系、作用、影响之类的含义。这样,我们也就可以说,每一交叉点或每一物、每一人都向全宇宙开放而囊括一切,一切又向它集中,交织于它。就是在这种意义下,我说它"反映"全宇宙。

4. 时间上的不同的相通性

万有相通的道理无疑也适用于过去与现在和将来的关系,也就是说,过去与现在、将来也是不相同而相通。

从有限的、割裂的、抽象的观点看一物、一人,它都受外在的作用的推动,也就是说,是被动的,例如植物需要外部的阳光之类。但从无限的、具体的、普遍联系的观点看一物、一人,则如前面所说,每一物、一人都是宇宙整体,所以它的活动和开展是不假外求,不需要外部作用推动的。它的活动与开展是自我活动、自我开展,类似莱布尼茨所讲的"内在原则"。

宇宙整体既承载着过去,也孕育着现在和将来,这就像一棵橡树的果实既是全部橡树的结晶,它沉积着、浓缩着橡树过去的全部发展过程,又孕育着、蕴涵着橡树将来要发生的全过程。当然,比喻总是有限制的,有限的橡树果实之发展为橡树,还需要外部的作用或条件,而无限的宇宙整体,其作用、联系则如前所说,是不假外求的。

关于宇宙整体之为过去的沉积、浓缩,是全部过去的承载者,这个道理是很显然的,也许不需要加以论证。我这里想着重说明的是宇宙整体孕育着、蕴涵着未来。必须说明这一点,才能谈得上过去与未来相通。

我所说的孕育不是"原形先蕴式的假设"(Einschachtelungshypothese, box-within-box hypothesis),不是说现在的东西在过去已具体而微地存在了,将来的东西现在已具体而微地存在了,好像飞机早在远古时代就已具体而微地存在了一样。孕育的意思乃是说,形成现在和未来的东西的无穷因子或因素都已在过去潜存于宇宙整体中,这些因子或因素是一种自我酝酿、自我开展和自我发展的过程,所以现在的现实事物不可能不经过这样的长过程而一蹴即就地、具体而微地、现实地存在于过去。例如形成婴儿的无穷因子或因素早已潜存和蕴涵在他的父母和祖祖辈辈那里,以至早已潜存在和蕴涵在整个宇宙中,但婴儿并非一蹴而就地、具体而微地早已现实地存在于过去。当然,通常理解的某一婴儿,总是有限的存在,他的诞生需要外部条件或外力。但这个比喻应有助于说明孕育不是"原形先蕴"之意。

整个宇宙之由过去到未来的开展与发展,都是它的内部活动,它作为整体,是自满自足的,它不断地酝酿而形成形式上越来越多、越来越复杂的万事万物,但万事万物并不在它之外,并不像婴儿脱离母体那样。万事万物即是宇宙整体自我活动、自我表现的诸种形态。古罗马时期新柏拉图学派哲学家普罗提诺(Plotinos,约204—270)说他的"太一"绝对完满,一切具体的东西由它"流溢",以它为源,但并"没有流出去"①——并没有流溢到"太一"之外。普罗提诺的"太一",说的也是宇宙整体,至于普罗提诺对"太一"的理解与我对宇宙整体的理解的不同之处,这里就不必说了。

从表面上看,上面所讲的过去孕育未来的观点,似乎会导致宇宙间不能产生新鲜东西的结论。这当然是一种误解。首先,我对"原型先蕴假设"的否定,正是要否定一切事物早已具体而微地、现实地存在于过去的观点。更重要的是,说形成事物的无穷因子或因素早已潜存于过去,这并不等于说事物早已现实地存在于过去。宇宙整体在其自我开展、自我发展的过程中,它的每一阶段,甚至每一瞬间,都表现为不同的面貌、不同的形态或状态,这不同的面貌、形态或状态的具体内容,就是各种新生的人和物以及事物,或者倒过来说也一样,各种新生的人和物以及事物的出现就是宇宙整体不断地自我开展、自我发展的表现。这样看来,尽管在宇宙整体的开展和发展过程中,无外来作用之加入,但仍可以说,宇宙间新鲜事物层出不穷,日新月异,瞬息万变。

由此可见,所谓过去与未来(包括现在)不相同而相通,其中的"不同"就是指宇宙整体开展和发展的过去的阶段、面貌、状态与其后来的阶段、面貌、状态彼此不同;不同者之所以又能"相通",就是因为过去与未来都是唯一的宇宙整体之自我开展和发展。所谓"一脉相承",对于过去与未来的关系来说,这相承、相通的"一脉",不是指不变的抽象的同一性或相同性,而是指"唯一的宇宙整体"。

当代德国哲学家、解释学哲学创始人伽达默尔(Hans-Georg Gadamer,

---

① 转引自黑格尔:《哲学史讲演录》第三卷,贺麟、王太庆译,商务印书馆1959年版,第190页。

1900—2002,又译"加达默尔")主张研究历史的今天应该"参与"到历史的过去中去。我以为其所以能够"参与",根据就在于古与今虽不同而又相通,二者原本"一体","一气流通"。伽达默尔还谈到读者"参与"作品,解释者"参与"本文,观众"参与"游戏,等等,其实,所有这些"参与"都以两方面不同而又相通为存在论的依据。明清之际的王船山主张采用内在体验的方法以实现他的"通古今而计之""合往古来今而成纯"的历史观,其根据亦在此。王船山的内在体验与伽达默尔的参与可以相互阐释、相互辉映。

5. 内在的体验与外在的认识

内在体验或参与的方法与主客关系式的外在认识的方法是两种不同的方法,前者以把握万物一体、古今相通为目标,后者以认识相同性、同一性为目标。如前所述,现实中并没有完全相同的东西,只有通过外在的认识,从不同中抽象出相同,这才构成同一性的抽象概念。不过我们也应该承认,同一性的抽象概念虽然不是现实的,却是科学所需要的,是人类的生活所需要的。只有通过思维,按照同一律,掌握科学规律,才能支配客体,使之为我所用。尼采说:"求相同的意志就是一种求强力的意志。"①问题在于人生不能停滞在这个阶段,我们应该更进而在不同中把握其相通、相融,这就需要比思维更高的把握方式,即想象。下面还将专门论述思维与想象。王船山的内在体验与伽达默尔的参与都类似这种方式。伽达默尔的《真理与方法》一书,贬低自然科学方法,强调"参与",实际上就是贬低主客关系式的外在认识的方法,提倡古今融合。尼采贬低对世界的逻辑的把握方式(即建立在同一性基础上的方式),强调把握差别性和个别性的审美方式,亦有其深刻之处。中国传统哲学所讲的内在体验,由于缺乏或较少主客关系式的认识论,则有待于提高。我国学术界近来比较重视认识论,强调分析,颇有利于当前中国哲学的发展。

维特根斯坦说:"神秘的不是世界是怎样的,而是它是这样的。"②"世界是怎样的",是科学家所要探寻的问题。一个人作为科学家,他可以通过外在的认识方法,对宇宙整体做分割式的研究。无论研究的对象如何广阔,科学家作为科学家,其研究对象总是有限的范围,而不是无限的整体。庄子

---

① 尼采:《强力意志》,第511节。
② 维特根斯坦:《逻辑哲学论》6.44。

说的"知也无涯",这其中的"知"也是指的外在认识。庄子对外在认识持怀疑甚至近乎否定的态度,认为"以有涯随无涯,殆已!"①尼采作为一个西方现代哲学家,从批评西方近代传统哲学的主客关系式和批评、分析逻辑上同一律的角度,也对外在认识持一种似乎否定的态度。我不同意完全否定外在认识,而主张超越外在认识。哲学家的最高任务应该是把握万有相通的整体,或者用王阳明的话来说,做到"大人者,以天地万物为一体者也"②。"能以天地万物为一体",是一种境界,非外在的认识所能为力,而须通过内在的体验,但这种内在的体验不是抛弃认识,抛弃知识,而是比认识和知识更高。王阳明的内在体验缺乏认识和知识的地位,是他的哲学的一大局限性。回到上引维特根斯坦的话来说,通过这种内在体验所把握到的,就是指"神秘的是:世界是这样的",亦即把世界当作整体来把握的一种"神秘的感觉"。③ 只是维特根斯坦所讲的整体是"有限的整体"④,我所讲的整体则是无限的。所谓"神秘的",我把它理解为超理性的⑤,而不是贬义的神秘主义。

维特根斯坦根据他关于"把世界理解为有限的整体"的理论,把事实的领域(即他所谓的"世界")与事实之外的领域(即他所谓的"神秘的领域"或"价值的领域")分裂为二,强调站在世界之外以"直观"这有限的世界整体,从而赋予事实世界以价值和意义。所以在维特根斯坦看来,世界的价值和意义"只存在于世界之外"⑥,或者说,是"超验的"("超越的")⑦。科学只管事实世界,不能满足人的内心追求,于是转向科学和事实世界之外,到"神秘的领域"中去寻找意义和价值。显然,这种把意义和价值推到超验的彼岸的观点是抽象的、不现实的。

其实,世界只有一个,世界的意义和价值不是像维特根斯坦所说的那样在世界之外,而就在世界之内。

---

① 《庄子·养生主》。
② 王阳明:《大学问》。
③ 维特根斯坦:《逻辑哲学论》6.45。
④ 同上。
⑤ 参见拙著《天人之际》,人民出版社1995年版,"王船山与黑格尔——兼论人的超理性的存在"章。
⑥ 维特根斯坦:《逻辑哲学论》6.41。
⑦ 维特根斯坦:《逻辑哲学论》6.421。

万有相通,万物一体,这是一个千差万别而又彼此融通的世界。

把万有相通、相融的整体分裂为主体与客体,主体将客体作为外在的对象,按照一定的条件,研究对象的规律,发现真理,这就是科学。西方自柏拉图以后的传统哲学,主要的是近代哲学,一般以主体性为原则,按照主客关系的思维模式,把认识事物的普遍本质作为哲学的最高任务,这种外在性、对象性的哲学观点实际上是以科学的态度和方法看待哲学,研究哲学。海德格尔已反对过这种哲学观点。我以为哲学乃是教人超越(不是抛弃)主客关系,在更高的基础上回复到不分主客、人与世界融合为一的整体,亦即从宇宙整体的内部体验到一种物我(包括人和己)两忘的境界,这就是最高的审美意义和价值之所在,其中很自然地也包含了一种"民胞物与"的伦理道德的感情和意志。这样,科学与哲学、事实与价值意义之分就不是彼此外在的两个领域之分,而是对唯一的现实世界采取主客关系的把握方式和超越主客关系,达到万物一体的境界(或把握方式)之分。真、善、美的统一问题,应该可以从这里找到一条解决的途径和端倪。关于这个问题,我将在以下关于艺术哲学与道德哲学的诸章节中再详加论述。

第四章
两种超越的途径:思维与想象

一 想象不同于思维的特点

1. 两种不同超越的目标决定两种不同的途径

旧形而上学按照纵深方向,追求抽象的永恒的本体世界或自在世界,并以之为当前事物之底,所以它所崇尚的把握事物的途径是思维。单纯的感性认识或感性直观只能把握多样性、个别性,不可能达到同一性、普遍性,因而不可能达到永恒的本质概念或理念。只有通过思维的功能,对感性材料进行由表及里、由浅入深的分析和综合的加工制作,从多样性中抽取出同一性,以至最高、最大的同一性,这才是抓到了事物之底。可以看到,旧形而上学之所以奉理性、思维至上,是和它以认识同一性(相同性)作为它的最高任务分不开的。

哲学的"横向"转向以后,它所追求的是隐蔽于在场的当前事物背后之不在场的、然而又是具体的事物,它要求把在场的东西与不在场的东西、显现的东西与隐蔽的东西结合在一起。哲学的最高任务不只是达到同一性或相同性,而是要进而达到各种不相同的东西相互融合的整体,亦即达到天地万物之相通、相融。

通过什么途径才能达到这个目标呢?这就不能靠思维,而要靠想象。当然也可以对思维作广义的理解,把想象包括在思维之中,但我这里乃是就想象之不同于思维的特点而言的。

2. 对想象的现当代解释

对想象也可以有两种理解：一种是把外在对象看成是原本，而意识中对原本的摹仿或影像就是想象的东西。按这种"影像—原本"的公式（schema of image-original）来理解想象，乃是旧形而上学的观点。另一种理解是康德初步提出来的："想象是在直观中再现一个本身并未出场的对象的能力。"① 以后，现代哲学家胡塞尔、海德格尔等人又对康德的想象做了发展。这种意义下的想象，不是对一物之原本的摹仿或影像，而是把不同的东西综合为一个整体的能力，具体地说，是把出场的东西和未出场的东西综合为一个整体的综合能力。康德提出了"三重综合"，其中的第二重综合叫作"想象中再生的综合"。例如，把一条直线分成1、2、3、4等许多部分，当我们看到第2时，实际上已经将第1包含进去了，否则就不会说它是第2；当看到第3时，实已将第1和第2都包含进去了，否则就不会说第3，如此类推。反之，如果我看到后面某一点时，却忘了前面的诸点而不能把前面的诸点包含进来，不能把前面的诸点与后面正在看到的某一点综合起来，那就无法说这是"一条"直线，即无法形成关于这条直线的整体观念。所以当人浏览到一条直线的最后一点时，必须把前面的各个点同时再现出来，或者说"再生""再造"。人们正在看的那个点是"眼面前的""出场的"（"在场的"），那些同时"再现""再生"的、被包含着的以前诸点，则是"不在场者的""非眼面前的"，这种不在场的、非眼面前的东西之"再现""再生"，是一种非现实的潜在的出现，这就叫作"想象"。又例如昨天的事物已经过去了，如何把它同今天的事物结合为一个整体呢？那就要把昨天的、已经不在场的事物"再现"出来，这种"再现"与今天当前的在场的东西之出现不同，它是一种非现实的、潜在的出现，一种想象中的出现，所谓非现实的、潜在的出现，就是说保留了不在场的东西之不在场的性质。但唯有通过这种出现，才能与今天当前的在场的东西结合为一个"共时性"的整体，正是这个整体构成我们想象的空间，它使不同的东西——在场的与不在场的、显现的与隐蔽的、过去的与今天的等等——互相沟通、互相融合。

其实，正如胡塞尔所举的例子，即使是一个简单的东西（thing），也要靠想象才能成为一个"东西"，例如一颗骰子，单凭知觉所得到的在场者，只是

---

① Immanuel Kant, *Kritik der reinen Vernunft*, Hamburg, 1956, B151.

一个无厚度的平面,不能算作是一个"东西",我们之所以能在知觉到一个平面的同时就认为它是一颗立体的骰子,是一个有厚度的东西,乃是因为我们把未出场的其他方方面面通过想象与知觉中出现的在场者综合为一个"共时性"("同时")的整体的结果。如果要把骰子之为骰子的内涵尽量广泛地包括进来,则我们在知觉到骰子当场出场的一个平面时,还同时会想象到赌博、倾家荡产、社会风气、制造骰子的材料象牙、大象等等一系列未出场的东西,正是这无穷多隐蔽在出场者背后的东西与出场者之间的复杂关联构成骰子这个"东西"之整体。骰子这个小小的"东西"之整体是如此,世界万物之整体亦然。从存在论上来讲,世界万物无穷无尽,它们是一个无穷无尽的相互关联之网;从认识论上来讲,我们不可能同时知觉到无穷多的万事万物,不可能让万事万物都同时出场,但我们可以从任何一个当前在场的有限之物出发通过想象把无穷多未在场的东西甚至实际经验中从未出场的东西(包括实际世界中认为不可能出场或出现的东西)与在场的有限物综合为一体,或者换句话说,我们可以在想象中让无穷多未出场的万事万物与在场的有限物综合为一体。平常我们说,人不能同时看到万物,不能在看到地球的这一面时同时看到另一面,只有上帝能做到这一点,我以为想象就具有上帝的这种功能。它既能看到此,又能同时想象到彼,把二者综合为"共时性"的整体。所以要把握万物相通的整体,就要靠想象,否则,在场与不在场之间、显现与隐蔽之间、过去与今天之间,就永远只能相互隔绝,我们又如何能由此及彼,达到当前事物与背后隐蔽的东西之间的融合为一呢?

胡塞尔发展了康德的思想,对想象多有论述。海德格尔从康德的"三重综合"和"图式"说中找到启发,更从时间的角度分析了想象之所以可能的前提。他批评了关于时间的旧概念的局限性,发展出他自己的"时间性"(temporalitaet),即过去、现在、未来融为"共时性"的整体的理论,客观上为想象空间提供了深刻的理论根据。按照海德格尔的思想,时间不能仅仅像旧的理解那样不过是诸时间点的系列或诸多"现在"的单纯系列(a pure sequence of nows),根据这种旧的理解,则过去的都过去了,未来的尚未到达,那么,在场者与不在场者彼此分离,过去、现在、未来三者分离,"敞亮"与"隐蔽"分离,如何能形成一个让我们驰骋于其中的想象空间呢?想象空间是由过去的东西在现在中的潜在出场或保存和未来的筹划在现在中的尚未实现的到达而构成的"共时性"的统一体。只有凭这样的想象,才能让"敞亮"与"隐蔽"同时发生,从而让我们玩味无穷。

想象空间之所以可能,在于超越在场的东西,在于时间的三个环节——过去、现在、未来——各自都有超出自身而潜在地进入另一环节的特性。这种超越在场和超出(绽出)自身的特性,不同于旧形而上学的超越。旧形而上学区分和分裂感性的东西与非感性的东西,前者是不真实的,是摹本,后者是真实的,是原型。超越,在旧形而上学看来,就是超越到非感性的东西即时间之外的"常在"中去,"常在"乃是抽象的思维的产物,这种超越"听命于思维"①,这是一种思维至上主义。我们这里所说的想象不同于思维,凭这种想象所做的超越乃是超越到不在场的、却仍然在时间中的东西中去,而不是超时间的干巴巴的抽象。

二 从重思维转向重想象

1. 重思维轻想象的传统观点

近半个世纪以来,我国哲学界在讲到把握世界的方式时,似乎只谈从感性认识到理性认识,而最终推崇的只是理性认识,只是思维;至于想象,则根本不谈,即使谈到了,也是把它当作一种低级的认识能力而加以贬斥。

这种哲学观点主要源于西方自柏拉图以来的旧形而上学。柏拉图关于"想象""信念""理智"和"理性"("知识")的四分法实可归结为感性认识与理性认识的二分法。柏拉图把前两者概括称之为"意见",后两者概括称之为"心智";实际上,"意见"就是指感性认识,"心智"就是指理性认识。柏拉图认为前者所讨论的是生成变化,后者所讨论的是存在②,后者高于前者,思维高于想象。

我们知道,柏拉图所谓的"想象",是以感性事物的影像为对象,想象是对此种影像的认识能力;他所谓"理性"以概念、理念为对象,是对概念、理念的认识能力。他认为感性事物是想象中的影像的原本,而感性事物又是理性中的概念、理念的影像,感性事物以理念、概念为原本。在柏拉图看来,哲学的最高任务就是认识理念,亦即从感性中直接出场(在场)的东西(作为理念之影像的感性事物以及感性事物的影像)追溯到它们的原本即永恒

---

① Otto Pöggeler, *Heidegger's Path of Thinking*, Daniel Magurshak 英译本, Humanities Press International, p. 118.
② 柏拉图:《理想国》509D-511E,531D-535A。

在场的东西("理念");诗人、画家与影像打交道,因而应该被排斥。

自柏拉图以后,西方传统形而上学对思维与想象及其关系的理解,基本上都建筑在这样一种"影像—原本"(image-original)的公式之上。西方传统哲学的形而上学崇尚在场和永恒在场的领域,而这样的领域乃是与"影像—原本"的公式分不开的。也正因为如此,西方传统形而上学一般都贬低想象:直接感性中(或者说知觉、直观中)的事物也好,概念、理念也好,都是在场的东西;想象却总是要飞离在场,这在一心以追求永恒在场者为根本任务的传统形而上学看来,显然是难以容忍的。传统形而上学不屑于与不在场的东西打交道,因而压制想象、怀疑想象(形而上学并不简单排斥想象)就成了传统形而上学的本性。

康德(Immanuel Kant,1724—1804)在西方哲学史上几乎是第一个打破柏拉图关于想象的旧观点的哲学家。但是第一,康德的想象虽然是为了把"纯粹在场"("永恒在场""常在")与感性直观综合在一起,他最终还是把思维、概念看得高于想象;第二,康德认为在实践理性的领域里,是不掺杂想象中的感性杂质的,显然没有脱离西方传统形而上学那种崇尚思维、概念而轻视想象的窠臼。

2. 重想象的现当代转向突破了思维的极限和范围

西方传统形而上学的终结,意味着几千年来受压制的想象得到解放。从此,人们的注意力不再集中于普遍性的本质概念的追求,而是聚焦于现实事物间的结合与融通。西方哲学在完成了这种转向以后,思维、概念(还有感性直观)因其固执于在场的东西,不再像在旧形而上学那里那样,被奉为至上的东西,而是被视为在把握事物的过程中需要被超越的次要环节;想象则因其飞离在场,不但不像在旧形而上学那里那样难以被容忍,反而成为受尊崇的最高环节。过去人们注重一步一步地摆脱在场者与不在场者的具体联系,以达到"纯粹的在场"(pure presence)或"恒常的在场"(constant presence),如数量的概念、各种事实的概括概念,它们都是思维的目标和对象;现在则注重于超越在场者,超越直接感觉的东西,而高扬不在场者,显现不在场者,力图把事物背后的、隐蔽的方面综合到自己的视域之内,即注重在场与不在场的联系。过去人们注重把同类的东西概括在一起,撇开同类事物所包含的各种不同的可能的具象,找出其中的同一性,划定同类事物的界限;现在则注重不同一性,即不但注重同类事物所包含的无穷多不同的可能的具象,而且注重超出已概括的普遍性的界限之外,达到尚未概括到的可能性,甚至达到实际世界中认为不可能的可能性。

"天下乌鸦一般黑",这是人们多次对各种具象进行感觉观察后运用思维所概括出的普遍性或同一性,它成了"恒常的在场者",人们据此而推定下次观察中乌鸦黑的现象必将出场,这是思维的逻辑所告诉我们的。但是思维的逻辑果真能保证下次观察中出现的乌鸦必然是黑的吗?不能。推断下次观察到的乌鸦必黑,实无逻辑必然的理由,思维的概括功能的可靠性并非绝对的,而且这种可靠性与事物无限性相比甚至可以说趋近于零。所以严格说来,科学家们凭直观和思维得到的规律,也不过是关于已经观察到的事物的规律。思维总是企图界定某种事物,划定某种事物的界限,但这种界限是不能绝对划定的。我们应该承认思维的局限性,但也正是在思维逻辑走到尽头之际,想象却为我们展开一个全新的视域。想象教人超出概括性和同一性的界限,而让我们飞翔到尚未概括到的可能性。前面说的下一次观察的乌鸦可能不是黑的,乃是我们运用想象的结果,它是一种想象的可能性——一种尚未实际存在过的可能性。但尚未实际存在过的可能性并非不可能,想象的优点也正在于承认过去以为实际上不可能的东西也是可能的。想象扩大和拓展了思维所把握的可能性的范围,达到思维所达不到的可能。思维的极限正是想象的起点。

一般地说,想象并不违反逻辑,例如说下次观察到的乌鸦可能不是黑的,这并不违反逻辑,但它并非逻辑思维之事,可以说,想象是超逻辑的——超理性、超思维的。想象也有不合逻辑的想象,例如德里达就说过,"方形的圆"在逻辑上是矛盾的,但它是有意义的。后面还要专门谈这个问题。逻辑思维以及科学规律可以为想象提供一个起点和基础,让人们由此而想象未来[①],超越在场的东西,包括超越"恒常在场的东西"。科学发现和发明主要靠思维(包括感性直观),但也需要想象。科学家如果死抓住一些实际世界已经存在过的可能性不放,则眼光狭隘,囿于实际存在过的范围,而不可能在科学研究中有大的创造性的突破。科学发展过程中时常有过去以为是颠扑不破的普遍性原理被超越,不能不说与科学家的想象力,包括幻想,

---

[①] 我这里所讲的实际上是休谟的归纳问题。我从在场与不在场、显现与隐蔽、思维与想象的角度来论述他的问题,用"想象"代替了他的"习惯",但这并不是名词上的不同。动物和人一样有习惯,动物却没有想象。

有很大的关系。

思维以把握事物间的相同性(同一性、普遍性)为己任;想象以把握不同事物间即在场的显现的事物与不在场的隐蔽的事物间的相通性为目标。对后者的追求并不排斥对前者的追求①,只是后者超越了前者。我们说想象是超理性、超思维、超逻辑的,就是这个意思。

三 想象的重要意义

1. 想象使人回到现实

西方长期以来,我国哲学界近半个世纪以来,总以为生活不过是在我和物之间、主体与客体之间建筑思维之桥以达到对事物之本质——"常在"的认识。这种主客关系的传统公式,认为思维至上,感觉、知觉次之,至于想象则不过是感觉、知觉的影像,更为低下,于是把生活弄得脱离感性,枯燥乏味,它根本不懂得生活乃是现实。其实,按照我们上面关于想象的看法,只有通过想象才能达到最真实而又最现实、最具体、最生动的生活境界,这种生活境界完全不同于抽象的思维概念的阴影王国,就像主客关系思想之集大成者黑格尔的逻辑概念那样。西方旧传统只重"常在",而不问在场者背后的"时间境域"(temporal horizon),不能不说与其轻视想象,或者说,不理解想象的深刻含义密切相关。在当今结束传统旧形而上学的国际思潮面前,我以为哲学应该把想象放在思想工作的核心地位。想象为我们拓展一切可能的东西的疆界,它让我们伸展到自身以外,甚至伸展到一切存在的东西以外。

旧形而上学由于把世界分裂为"真正的世界"与"表面的世界",因此,它把每一事物的意义,从而也把人生的意义寄托于抽象的"真正世界"。一旦废除了旧形而上学,人生的意义和价值就不必再到事物以外、人生以外去寻找,而就在事物自身之内,就在人生的此岸。但这并不是教我们盯住在场的东西,并不是教我们不要超越在场的东西;也不是要我们从此一具体物转

---

① 我既不同意实在论把普遍性、同一性之类的概念(共相)看成是独立存在的实体的旧形而上学观点,也不同意把共相看成仅仅是名称而无指称对象的唯名论观点。我以为概念是一种理想性的设定,它既非实体,也非任意的虚构,科学家可以让它们在某种科学理论体系中起作用,从而使此种理论体系具有说服力并预测未来,所以,对普遍性、同一性的追求,是科学的需要。

向彼一具体物,从此一存在者转向彼一存在者,而是要我们通过想象,超越到事物所"隐蔽"于其中的不可穷尽性之中,也就是超越到"敞亮"与"隐蔽"的统一性的整体之中——一种类似中国的天人合一的境界之中,人生的意义就在于达到这种境界,在其中做无穷的玩味。我们完全可以说,没有想象,就没有人生。

2. 想象赋予"物"以意义

每一单个的在场者或者说存在物,表面上看来是最真实、最现实的,但细思之,它乃是无穷不在场的东西的集结点。

德国当代海德格尔哲学专家波格勒(Otto Pöggeler)教授在解释海德格尔的"物"(Ding, thing)这一概念时说:"如果我们要体验物的原初性,例如作为壶的壶,那么,我们就不应该只像自然科学那样把壶的容纳能力简化为一种为某种流体或者更抽象地简化为一种为特殊的物质堆集而留下某种空洞。我们必须按另一种不同的方式追问关于壶是怎样容纳的问题。壶的容纳在于它吸收并保存了被倾注进去的东西。吸收和储存由泻出的利用、赠予所规定。壶给予水,赐予酒。而在水中则滞留着泉,在泉中保留着石以及地的沉睡和天空的雨露。在酒中,居留着地的滋养元素和太阳。酒可以解人之渴,可以激励友情。酒还可以倾洒于地上以祭神,可以在对崇高者的节日庆典上助兴。壶集合了地与天、神与人。这就是'物':它保存着地和天、神圣的和人的四重性的实在性,并从而使四者进入自身,就此而言,它使'世界'成为四者的合一体。"① 总之,"物"具有集合的本性或本质,而按照古高地德语,"物"这个词就表示集合。② 集合靠想象,想象赋予"物"以天、地、神、人四者合一的丰富意义。

用海德格尔的思想和术语来说,任何一个现实存在物,都是天地神人的"集合"。如果借用中国哲学的术语来说,都是"天人合一"的整体。③ 任何一物都与世界万物(包括人在内)有千丝万缕的相互联系、相互作用、相互影响,它的"集合"作用乃是集无穷的东西于一身。它表现为在场的东西,

---

① Otto Pöggeler, *Heidegger's Path of Thinking*, Daniel Magurshak 英译本, Humanities Press International, p.194.
② Ibid., p.195.
③ Otto Pöggeler 说:"世界作为天地神人的集合的思想","从中国文学中很容易找到"(*Heidegger's Path of Thinking*, p.201)。

而它的内涵和意蕴则寓于无穷无尽的不在场的东西之中。由于它所寓于其中的东西是不在场的,因此,它的内涵和意蕴也可以说是隐蔽的(遮蔽的)。每一存在物都隐蔽、躲藏在不可穷尽性之中,而要领悟这隐蔽的不可穷尽性或事物的意蕴,就要靠想象。

3. 想象让隐蔽的东西得以敞亮而显示事物的意义

我们平常说"打破砂锅纹(问)到底"。其实,世界上的事物是没有底的,是不可穷尽的。如前所述,西方哲学史上占主导地位的自柏拉图到黑格尔的传统哲学一般都以为找到了底,如柏拉图以最高的"理念"("至善"的理念)为底,黑格尔以"绝对理念"为底。他们都是以"单纯在场的僵硬的永恒性"①或"恒常的在场"②为底。现实的事实是:任何一个存在物之出场或显示,都是以不可穷尽的不在场的东西为根据,用海德格尔的术语来说,就是以"隐蔽"("遮蔽")为根底;由于这个根底是不可穷尽的,所以实际上它是无根之根,无底之底,它是一个无根无底的深渊。我们如果要说明一个存在物,要显示一个存在物的内涵和意蕴,或者说,要让一个存在物得到"敞亮"("去蔽")、"澄明",就必须把它放回到它所"隐蔽"于其中的不可穷尽性之中,正是这不可穷尽的东西之"集合"才使得一个存在物得到说明,得以"敞亮"。"敞亮"("去蔽")与"隐蔽"之所以能同时发生,关键在于想象。西方传统的旧形而上学之弊就在于把"去蔽"与"隐蔽"割裂开来,把在场者绝对化和抽象化。海德格尔的一大贡献就是强调"隐蔽"和不在场的东西对于"敞亮"和在场的东西的极端重要性:正是"隐蔽"和不在场的东西才使得一个存在物之"去蔽"和出场成为可能。海德格尔把这种不可穷尽的"隐蔽"又叫作"神秘",所以也可以说,每一存在物以"神秘"为基础(当然此基础乃是一个无基础的基础)。海德格尔所说的"神秘"决不可以理解为平常所说的贬义的神秘主义之神秘。

4. 想象与科学

但我们在日常生活中所说的某物是什么,例如说铁是有重量的,则是割裂了某物与许许多多不在场的东西的联系,孤立地或相对孤立地看待某物,

---

① Otto Pöggeler, *Heidegger's Path of Thinking*, p. 226.
② Ibid., p. 162.

这种"是什么"的内容是有条件的、狭隘的。"在敞亮中发生"的事物是万事万物之"集合",所以"敞亮"总比日常生活中所说的"是什么"要多:一个是与隐蔽着的不在场者相联系的;一个是撇开了隐蔽着的不在场者的。科学家作为一个生活在现实世界中的人,往往是很富有想象力的,他实际上深知"敞亮"与"隐蔽"、在场与不在场的不可分离的联系,但他为了寻求某种条件下的某种科学规律,总是要割去许许多多不在场的东西的联系。这并不是说,科学家作为科学家就不需要想象力。相反,许多大的科学发现和发明是在丰富的、惊人的想象力中首先获得的,但科学总还是要割去想象中许许多多不在场者的联系,才能形成科学规律。无论如何,人的现实生活是具体的、生动的,科学抽象是第二位的。单纯的科学技术只能使世界黯然失色,使事物成为枯燥的、仅仅为人所开发、利用的对象。所以我们主张哲学应当超越科学。

第五章
两种无限观:"思维的无限"与"想象的无限"

一 两种无限的含义

1. 黑格尔的两种无限源于斯宾诺莎的划分

前面谈到纵向超越所达到的目标"同一性"或普遍概念,哲学史上认为它是一种无限性:特殊的东西是有限的,普遍性概念则是无限的。前面谈到横向超越所讲的不在场的东西时,我们也说它们是无限的。但这两种无限的含义却大不相同。这就是本章所要讨论的主题。

黑格尔把无限分为两种:一种叫作"真无限",又叫"肯定的无限"或"理性的无限";一种叫作"坏无限",又叫"否定的无限"或"知性的无限"。"坏无限"就是我们通常所了解的无限,甲之外有乙,乙之外有丙,丙之外有丁,以至无穷,或者用数字来表示也一样,1 之外有 2,2 之外有 3,以至无穷。按黑格尔的说法,"坏无限"的特点是对有限者的简单否定、简单抛弃,但有限事物的有限性并没有真正被否定,而是重复发生,甲这个有限事物被乙简单否定了,但乙仍然是有限的事物,这种无穷进展的过程无论推到多么遥远,其为有限事物则照旧,这种不断变换从来没有离开有限性的范围而达到无限,无限被置于不可企及的彼岸。"真无限"则不然,它不是某物与别物处于彼此外在的关系之中,不是某物在别物之外,而是在别物中即在某物自身之中,也就是说,任何一个某物都以别物为自己内在的构成因素,从某物过渡到别物不是过渡到自己以外的东西,而是和它自身在一起,是在别物中返回到某物自身。所以"真无限"是否定之否定,是某物与别物、有限与无限的具体统一,是一个至大无外的整体。"真无限"不是像"坏无限"那样把无限推到有限者之外,而是在有限者之内实现无限。"坏无限"好像一条永无止境的直线,"真无限"则是一个完满的圆圈。"坏无限"总有外在的有限物限制自己,是不自由;"真无限"则没有外在的东西限制自己,它是自由的原则。

黑格尔关于"真无限"与"坏无限"的划分,直接来源于斯宾诺莎(Benedict de Spinoza,1632—1677)。斯宾诺莎区分"思维的无限者"与"想象的无限者",数学上的无穷系列就是一种"想象的无限者",相当于黑格尔所说的"坏无限",而"思维的无限者"是绝对无限的、无上圆满的、唯一的"实体",这种无限者之外决无其他任何东西限制它,它是唯一的、最高的自由因,斯宾诺莎把这种无限者称为"绝对的肯定"。黑格尔赞赏斯宾诺莎对无限的这种划分法,不过黑格尔认为斯宾诺莎所主张的"思维的无限者"缺乏主体性、能动性,即精神性。黑格尔不仅像斯宾诺莎那样把他的"真无限"看作是"绝对的肯定",而且进而认为"真无限"是"否定之否定"的过程。①

2. 黑格尔的"真无限"是主客的对立统一,是"纯思维"

黑格尔哲学体系的最高范畴"绝对精神"是最大的、最高的"真无限",它由一系列大大小小的、由低级到高级的主客对立统一构成。主体与客体的对立是彼此限制,二者的统一是扬弃限制之后所达到的"真无限"。最初的"真无限"在"绝对精神"进一步的自我发展过程中表现为片面的有限者,于是必然要克服自己的有限性,达到更高一级的主客统一,这更高一级的主客统一体也就是更高一级的"真无限",如此一步一步上升,最终达到最后的、最高的主客统一,这也就是最后的、最高的"真无限"。在此"真无限"中,主体通过漫长的遭遇限制和克服限制的过程之后达到了完全克服客体的限制的绝对主体性,即"绝对精神",所以黑格尔把"绝对精

---

① 参阅黑格尔:《哲学史讲演录》第二卷,贺麟、王太庆译,商务印书馆1960年版,第106—107页。

神"这种最高、最后的主客统一体又叫作"绝对主体"。"绝对主体"就是绝对无限,即最高的自由。

上述的过程是由黑格尔哲学体系的三个部分或者说三大阶段即逻辑学所讲的概念、自然哲学所讲的自然、精神哲学所讲的人的精神来完成的。为了简捷起见,这里且举精神哲学部分来说明在黑格尔哲学中有限的个人精神是如何通过漫长曲折的道路以达到无限的"绝对精神"的。

黑格尔在精神哲学部分中把人的精神分为"主观精神""客观精神""绝对精神"三大阶段。"主观精神"是指个人的精神,它又分为三个小的阶段,这三个小阶段大体上是个人的意识从最原始的、与禽兽共同的、低级的、模糊的主客不分状态经过区分主客到达初步的主客统一的过程。但即使是个人精神的最高阶段,也仍然具有有限性。个人的精神为了要实现自己,必须"认识到自己的有限性,亦即否定自身,并从而获得自己的无限性。有限精神的这种真理就是绝对精神"①。从个人的有限精神到绝对精神之间需经过"客观精神",即个人精神的外部表现如法律、道德、社会(包括家庭、市民社会、国家)等,国家是"客观精神"范围内最高的主客统一、最高的主体性和自由。但"客观精神"范围内的主体性和自由例如政治上的自由仍然是有限的,因此,人的精神的发展必须超出社会历史即整个"客观精神"的阶段,进入"绝对精神"的领域,在此领域中最高的主客统一才得以最终完成,这里的主体性才是无限的,自由也得到了最后的最完满的实现。至此,人与"绝对精神"同一,有限者的个人达到了"真无限",这样的人乃是最真实、最完满的人。"绝对精神",还有其本身的发展阶段,第一是艺术的阶段,即以直接感性的形式把握无限的绝对,第二是宗教,即以表象的形式把握无限的绝对。最高的是哲学,它以概念的形式把握无限的绝对。黑格尔认为艺术、宗教都各有其有限性,只有"纯思维"或"无限的思维"及其产物"纯概念"才是最高的"真无限"。黑格尔说:"须知,一说到思维,我们必须把有限的、单纯理智的思维与无限的理性的思维区别开。""思维是有限的,只有当它停留在有限的规定里,并且认这些有限规定为究竟至极的东西。反之,无限的或思辨的思维,一方面同样是有规定的,但一方面即在规定和限制过程之中就扬弃了规定和限制的缺陷。所以无限并不似通常所想象的那样,被看成一种抽象的往外伸张和无穷的往外伸张。""纯粹思维本身是没有限制

---

① Hegel·Werke,第13卷,第130页。

的。"哲学思维不同于一般思维,它以思想的本身为内容。"我、思维,是无限的。因为,当我思维时,我便与一个对象发生关系,而对象就是我自己本身。"① "无限的思维"之所以能达到无限的自由,正是因为它"不依赖他物","除了在思维中外,在任何别的东西中精神都达不到这种自由。譬如在直观里,在感觉里,我发现我自己是被决定的而不是自由的。……只有在思维中,一切异己性都透明了,消失了,精神在这里是绝对自由的"。②

二 对黑格尔"真无限"的批评

1. "真无限"的绝对完满性不可能在现实中实现

黑格尔所主张的"真无限"有以下两个特点:第一,"真无限"是在主客关系的思维框架内完成的,"真无限"的发展过程就是主客对立统一的过程,最高的主客统一或最高的主体性即是最高的"真无限"。第二,他一方面说"真无限"的无限性或完满性不在有限性的彼岸,而是在有限者之内可以达到、可以实现的,另一方面又认为在有限者中实现和达到无限完满性的途径是纯思维、纯概念,而非感性直观,换言之,有限者只是在抽象的纯思维、纯概念中实现和达到无限的,而不是在现实的感性直观之类的东西中实现和达到无限。

黑格尔这套崇尚"真无限"、贬低"坏无限"的理论得到后世一些人的赞许,也遭到一些人的批评。近半个世纪以来,在我国哲学界似乎有一种倾向,认为只理解"坏无限",不理解"真无限",就不过是常识性的俗见,算不得哲学(我过去也持这种看法)。果真如此吗?如前所述,人与世界万物的关系决不只是主体与客体的关系,主客关系远未能充分表达人与万物融合为一的深层关系。另外,我们还可以质疑:无限性的本质意义究竟是一种回到自身的圆满性呢,还是永远没有完结的无穷进展?通过纯思维、纯概念来实现的无限性是现实的实现吗?抑或是抽象的实现?简单一句话,我们究竟要强调"真无限"还是要强调"坏无限"?德国当代哲学家伽达默尔明确地站在为"坏无限"辩护的立场而与黑格尔的观点相对立。在伽达默尔看

---

① 黑格尔:《小逻辑》,贺麟译,商务印书馆1980年版,第96—97页。
② 黑格尔:《哲学史讲演录》第一卷,北京大学哲学系外国哲学史教研室译,生活·读书·新知三联书店1956年版,第28页;Hegel·Werke,第18卷,第42页。

来,无限就是没有完结,不可穷尽,黑格尔所说的"坏无限"正是无限性的真正本质之所在。伽达默尔的哲学观点是值得肯定的。我以为黑格尔的"真无限"是抽象的,而他所说的"坏无限"倒是现实的。在哲学有了由重抽象到重现实的转向之后,我们宁愿强调黑格尔的"坏无限",也不要强调"真无限"。

黑格尔是西方古典哲学的主客关系式之集大成者。这种思维模式要求作为主体的人把外在于主体的客体作为对象来加以认识,从感性认识到理性认识,最终通过思维认识到有限的特殊性事物中的无限的普遍性本质即概念,也就是第三章所说的"相同"或"同一性"。黑格尔虽然强调实体(对象)即是主体,但并未脱主客关系的窠臼。主客关系式由此而崇尚概念。黑格尔的"真无限"归根结底是主客的统一,是他所谓的"具体概念","具体"在这里是指对立面(或多样性)的统一之意,然而就其"纯粹性"而言,"真无限"的概念是抽象的。尽管黑格尔强调"具体概念"的普遍性包含特殊性,无限性包含有限性,但最终还是奉无限的普遍性为至尊,他的整个哲学把人的注意力引向抽象的概念世界,把人生变得苍白、枯燥、贫乏。

黑格尔"真无限"的一个重要特点是绝对完满性,这种所谓可以实现于有限者之中的完满性显然是不现实的。现实的有限事物中根本没有绝对完满的东西,绝对完满性只能存在于抽象概念中。其实,黑格尔也明确地承认并强调这一点。前面已经说过,他认为"真无限"所产生的自由只能在"纯思维"中达到,而不能在现实的感觉直观中达到。但黑格尔从传统概念哲学的旧观点出发,坚持主张"纯思维"中的东西才是最真的、最高级的。

2. "真无限"仍然保留了人与万物之间的限隔

更进而言之,主客统一的核心是在本来彼此外在的主体与客体之间搭上认识——思维的桥梁,即使黑格尔发展了古典的主客式,把主客的对立统一变成一个漫长曲折的发展过程,但黑格尔哲学的最高范畴"绝对精神"——"绝对主体性"("主体与客体的绝对同一")仍然在主客式的框架内。他通过一系列由低到高的认识桥梁,以主体吞食客体的方式所达到的最高的主客统一并没有把人与万物融为一体(尽管他的哲学中已蕴涵了现当代哲学的这种思想成分),从这个意义来说,他的"真无限"并不是真正的无限,它仍然保留了人与世界万物之间的限隔("限制"),因为人生的意义,人与万物的关系,决不止于在主体与客体之间搭上认识——思维之桥而已。人生乃是作为有知(认识)、有情、有意、有本能的人与万物融合为一的整体,这才是真正的现实,才是真正达到了人与万物之间无限隔("限制")的境地,也可以说是真正的无限。"宇宙不曾限隔人,人自限隔宇宙。"(陆象山语)主客关系式(其中包括主客的统一)就是限隔人与宇宙的一种因素和方式。以海德格尔、伽达默尔等人为代表的许多西方现当代哲学家着力批评以黑格尔为代表的主客关系式,就是因为他们看到了主客关系式对人与万物之间的这种"限隔",而力图超越主客关系式,达到人与万物间的融合,达到万物一体的境界。伽达默尔说:海德格尔的"在世"(按:即人寓于世界之中、融于世界之中)"指明了主体—客体(原译作:主客观)分裂的扬弃"。① "扬弃"就是超越,不是抛弃。

三 "真无限"的整体与"坏无限"的整体

1. "有底论"以抽象的"真无限"为底,"无底论"置一切于"坏无限"的现实中

在现实世界中,每一当前在场的东西都是有限的东西,但它的背后都隐藏着无穷无尽的、千差万别的、强弱不等的,然而同样现实的关联作为产生它的根源。可以说,在场的有限者植根于不在场的无限性之中,但这里的无限性是无穷尽性,是黑格尔的"坏无限",不是有终结的圆满性,不是黑格尔的"真无限"。黑格尔继承柏拉图主义的传统,以抽象的概念为万事万物之根源,这种"有底论",实际上就是以"真无限"的概念为底。与此相反,我所讲的在场的有限事物植根于不在场的无穷尽性之中的"无底论"是"坏无限"。"有底论"把有限者放在"真无限"的概念之底中,虽有底却抽象,"无底论"把有限者放在"坏无限"的无底深渊之中,虽无底却现实。世界原本是现实的,是无穷无尽的。② 现实中没有"无外"的"至大",只有永远的"有外"。"无外"的"至大"是"纯思维"的产物。换言之,现实世界原本是黑格尔的"坏无限"。

---

① 加达默尔:《真理与方法》第 2 卷,洪汉鼎译,台北时报文化出版有限公司 1993 年版,第 356 页。

② 参见拙文《哲学的新方向》,载《北京大学学报》1998 年第 2 期。

2. 恒在的整体与动态的整体

"有底论"的"真无限"诚如黑格尔所说是一个整体,但那种整体是抽象的、恒在的整体。其实,"无底论"的"坏无限"也不是由于像黑格尔所说的那样永远向外跑、不断地一个超出一个,就不能把它们综合为一,只不过黑格尔的"真无限"的整体是靠"纯思维"达到的抽象同一性,"无底论"的"坏无限"则不是靠思维而是靠前面所讲过的想象达到现实的相通相融的一体性。通过想象力,我们可以把"坏无限"中任何一个当前在场的有限物与在它之外的无限多不在场的东西综合为一个整体,这也就是第三章中所讲的"相通"。这种通过想象得来的整体,既是整体,又是无穷的进展和流变。斯宾诺莎在贬义之下把无穷进展称为"想象的无限",我倒是想在"想象"的现当代意义下(斯宾诺莎所用的想象一词不是我所讲的现当代意义下的想象),把这种无穷进展称之为"想象的无限"或"动态的整体"以扬弃黑格尔的"真无限"的整体或恒在的整体。本章的标题实是借斯宾诺莎的术语,却在评价上反其意而用之。

既是整体,又是无穷进展,庄子就是持这种观点。庄子一方面说:"吾观之本,其往无穷;吾求之末,其来无止"(《庄子·则阳》),一方面又主张"天地与我并生,而万物与我为一"(《庄子·齐物论》)①。可见,庄子讲的天地万物一体之整体亦不同于黑格尔的"真无限"之整体,而与我所说的"动态的整体"有某种类似之处。故庄子的万物一体的境界也不是一种超时间的抽象概念的世界,而是"上与造物者游,而下与外死生、无终始者为友"的境界(《庄子·天下》),"无终始者"就是无穷无尽之意。当然,庄子关于如何达到万物一体之整体的逍遥境界的途径是"心斋""坐忘","心斋""坐忘"并不是我所说的"想象",但无论如何,它是与认识、感觉、思维不同类的东西。庄子的"心斋""坐忘"有主虚静的消极思想,而我所说的"想象的无限性整体"所具有的无穷进展性或流变性,则激发人的无穷向往与追寻,激发人在无限性中的追寻。

---

① 关于庄子的人与万物一体的观点与西方主客关系式相对立的论述,可参阅 Graham Parkes, *Nietzsche and Asian Thought*, The University of Chicago Press, 1991, pp. 115, 116, 127。

四 "人生在世"的全过程

1. "在场形而上学"所讲的认识只停留于在场的一边

人对无限性的向往并非生而有之。人生之初不分主体与客体,根本不能区分有限与无限。自从有了自我意识,能区分主体与客体之后,人就开始了"主—客"关系式的思维方式和生活方式。按照这种方式,我们平常讲哲学往往以为从感性认识到理性认识以及从实践到认识、从认识回到实践的过程就是人生的全部内容。在半个世纪以来我们所广为宣讲的哲学原理和认识论中,根本没有想象的地位;即使讲到想象,也不过是按西方旧形而上学的"原本—影像"的公式来理解想象,还谈不上通过想象以向往无限、追寻无限。原因很简单,就因为我们所宣讲的哲学原理和认识论基本上属于西方传统的"在场形而上学"的框架,尽管在形式上有不同之处。"在场形而上学",从本质上看,不容许有想象不在场的东西的空间。"在场形而上学"虽然大讲无限性,例如黑格尔的"真无限",但他的"真无限"正是本书第三章所讲的那种"恒常的在场的东西",即普遍性概念。

不要以为"在场形而上学"就不讲事物背后的联系,不讲正面背后的反面。黑格尔就大讲对立面的统一。但黑格尔的正反合公式总是要求从正到反之后,强调从反"回到"正(合),认为作为"合"的"正"即否定之否定才是最真实的、最具体的真理,是一切有限者的无限根源。如果说"正"是在场者,"反"是不在场者,那就可以说,黑格尔的"在场形而上学"最终是以在场者("永恒的在场")为本、为先,不在场的东西最终要返回到在场的东西("永恒的在场")。与黑格尔相反,我们则强调在场的有限者以无穷无尽的不在场者为本、为先,在场者要返回到不在场者,"正"要返回到"反"。如果借用中国阴阳学说的术语来说,我们强调的是,由阳返回到阴才是"返本求源"。① 由此,我倒是想把西方传统的"在场形而上学"称为"阳性形而上学",把我在前面所讲的观点叫作"阴阳和合的哲学",这里所说的阴阳只是取其隐蔽和显现的意义,而不是取其物质性的阴气与阳气之意。

由此可见,我们平常讲的主体对客体的感性认识到理性认识的过程,讲

---

① 参阅拙文《阴阳学说与西方哲学中的"在场"与"不在场"》,载《社会科学战线》1998 年第 3 期。

到头,最终认识的也不过是在场的东西,只停留于在场的东西一边。我们并不像一般的西方传统形而上学那样主张普遍性概念存在于感性的、时空的领域之外,而强调普遍在特殊之中,理在事中,现实世界是二者的结合,但即使如此,事理相结合、普遍与特殊相结合的东西也仍然是在场的东西。我们平常讲的哲学基本观点重在从变动不居的在场者通过理性认识达到恒常不变的在场者,而不考虑隐蔽在事物背后的无穷无尽的现实性的关联是在场的东西的根源。我们一般讲普遍联系也不是从在场与不在场、隐蔽与显现的视角看待联系,而实际上是把普遍联系都看成是在场的东西。所以我们平常讲哲学也根本不讲在场的有限之物对无穷尽的不在场者的想象,不讲有限者的无穷追寻。

2. "人生在世"的全过程

实际上,个人或整个人类思想意识的发展并不以此为满足,并不甘愿停留在主客关系上的从感性认识到理性认识的阶段。前面说到西方哲学史从以黑格尔哲学为代表的主客关系式到以海德格尔为代表的对主客关系的扬弃与超越,就是一种说明。从个人来说,超越主客关系,达到人与物融合为一的境界或海德格尔所说的"此在与世界"的关系(即"在世"的境域),乃是个人意识发展的更高级的阶段,是一种超理性认识的阶段。这个阶段不再是寻找普遍性概念,不再是寻找事与理的统一,而是在此基础上通过想象把在场的有限的东西(包括普遍性概念或理在内的在场者)与不在场的无穷尽的东西结合为万物为一的无限整体,在无限性(无穷尽性)中追寻。作为人类中少数"优选者"的真正的诗人能经常达到这个境界,平常多少有些诗意的人有时也能进入这个阶段,一个完全不能超越主客关系阶段的人是根本没有诗意的人。

人本来或者说原初地就生活于万物一体之中,与万物息息相通,是有了主客关系的思维方式之后才产生了人与万物之间的限隔,现在要进而在高一级的阶段上回复到万物一体,这就需要修养和陶冶,但这一点并非人人都能做到(所谓"人天生都是诗人",那是另外一种含义,而且不同的哲学家有不同的解释)。但它毕竟是人生旅程的高级阶段。

由此观之,人从无自我意识到主客关系式的感性认识与理性认识,包括在主客关系中的实践,再进而到对超主客关系的万物一体的领悟,或者换句话说,从对在场者的感性认识与理性认识到在场者与不在场者在想象中的结合和对不在场者的无限追寻,乃是"人生在世"的全过程。那种只讲主客关系式中对在场者的认识与实践,不讲超主客关系式中对不在场的无穷尽性的想象与追寻的西方"在场形而上学",可以说是在人生旅程中半途而废。

人生本来是一个在无穷尽性中追寻的过程,平常所谓实现自我也只能在无穷尽性中进行,而不能有一个最终的最完满的实现。这是因为,如前所述,现实的整体是动态的整体,永无止境,它引导人不断地意识到自己的有限性,从而不断地努力超越自身,但这无限整体又始终不能最后到达,这就是为什么人们总爱说,人生永远处于征途中。可是另一方面,人并不因此而绝望,反会因此而增加了勇气,因为这种无限的整体是一盏黑夜的明灯,它照亮你不断前进,你每迈进一步,就会感觉到人生获得了一次新的意义,达到了一种新的境界。这也就是为什么一个人在为他人尽了应尽之责之后,或者在创作了一件艺术作品之后,或者在解决了人生与哲学上的某一个问题之后,都能有新的喜悦。深渊无底,正可以带来希望无穷,境界日新,包括道德境界之新和审美境界之新。反之,如果人生的追求是有底的,或者说有最完满之时,那么,人生的意义也就会终结。无底深渊正是要求我们不要去追求一个最终的寓所。人生无终结,但人只要不断地有新的创作,不断地为他人尽应尽之责,则随处都有自己的寓所和家园,关键在于增强超越主客关系的审美意识的修养。《庄子·逍遥游》:"若夫乘天地之正而御六气之辩,以游无穷者,彼且恶乎待哉!故曰:至人无己,神人无功,圣人无名。"这里所谓"乘天地之正而御六气之辩,以游无穷者",正是与无穷尽性的整体合一的形象说法。功名富贵,皆有所待,皆受主客关系模式的限制,无功、无名、无己,则"死生无变于己,而况利害之端乎"(《庄子·齐物论》)?!达到此种境界的人,庄子称之为"至人"。"至人"无往而不自得,生固然是家园,死亦是家园。把庄子的逍遥理解为不讲道德,不负责任,显然是一种片面之见。庄子的逍遥是一种超道德的境界,超道德乃是不言道德而自然合乎道德。当然,庄子出于反对当时统治者的仁义道德的说教,而过分强调逍遥,忽视人的道德责任感,这不能不说是他思想本身的缺点。把庄子的逍遥理解为脱离日常生活和隐居避世的杨朱思想,也是一种混淆和误解。杨朱以隐居避世为"全性保真"之方,仍是执着,是主客关系的另一种表现,不能真正达到他所希求的"不以物累形"的目的。庄子的逍遥则"齐死生,同人我",是入乎人世(日常生活)之中而不为人世所累,乃真无入而不自得,随处皆家园也。

　　人生往往是主客关系与超越主客关系两种态度交织在一起。敢于面对主客关系的日常生活而又能从中挣脱出来(不是逃避)，以无底深渊的整体为人生的家园，这需要有胸怀、有勇气，其间既包含愉悦，也包含忍受，而不是轻松。但只有与忍受相结合的愉悦，才是深刻的和崇高的。

第六章
两种真理观:符合说与去蔽说

一 从符合说到去蔽说的转向

1. 符合说

中西哲学史上,传统的真理观异说纷纭,莫衷一是。有符合说,认为真理是人对客观事物(或者说,主体对客体)的正确反映或摹写;有贯通说(又称融贯说),认为真理是诸多命题之间的彼此相容或不矛盾的关系;有实用说(效用说),认为真理是观念或经验同个人预期的目的和效果相符合,简言之,"有用即真理",如此等等。大体上讲来,古典的真理定义是:真理是观念或理智与事物相符合,或者是观念或理智符合于事物,例如(海德格尔举的例子)有人说,墙上挂的画是歪的,经查实,这一判断果然符合被判断的事物,墙上的画确实挂歪了,这个判断就是真理;或者是事物符合于观念或理智,例如(黑格尔举的例子)有人说真的艺术品,这就表示某一艺术品与我们早已形成的真艺术品的观念(概念)相符合。我当然无意说,符合说是传统哲学中唯一的真理观,但它在中西传统哲学中占有主导地位。中国先秦的墨子的"三表",说的就是真理要符合"古者圣王之事",符合"百姓耳目之实",符合"百姓人民之利"。①荀子提出"知有所合谓之智"②的论断,

---

① 《墨子·非命上》。
② 《荀子·正名》。

韩非子的"参验",西汉末年扬雄的"有验",东汉王充的"证验",北宋张载的"共见共闻",也都以符合感性直观中的事物为真理。亚里士多德明确地把真理定义为事物之真理与事物之实两者间的相符。法国哲学家伽桑狄(Pierre Gassendi, 1592—1655)也提出了真理只是判断和所判断的事物二者之间的一致性的明确论断。康德的真理观也是符合说。黑格尔的真理观一方面可以说是贯通说,一方面也可以说是符合说,即事物符合于概念:"真理,是概念和客观性的绝对统一。"① 至于实用说的真理观,既是贯通说,也可以说是一种符合说。由现代德国哲学家海德格尔提出的去蔽说,乃是对以符合说为主导的传统真理观的超越和突破。

2. 去蔽说为符合说提供本体论的基础

海德格尔并不否定传统的符合说的真理观,他乃是要追问符合是如何内在地可能的。符合说属于认识论,讲的是认识与事物之间的符合(不管是事物符合于认识,或认识符合于事物,总之,都是讲的主客之间的符合);海德格尔则要给这种符合的可能性提供一个决定性的基础,具体地说,也就是提供一个本体论(存在论)的基础。

前面已经提到,海德格尔举过一个符合说的最简单的例子:当一个人背对着墙说,"墙上的画挂歪了",若问此人这一陈述是不是真的,只要此人转身"知觉"一下,"知觉"到墙上的画确实挂歪了,那就"证明"他的这个陈述或知识与事物本身相符合,从而也就"证明"他的陈述或知觉是真理。② 如果用我们现在流行的反映论的说法来表述海德格尔的例子,那就可以说,此人的陈述(知识)"正确反映了客观事实",因而就是真理,或者换一个说法,"对客观事实的正确反映就是真理"。

这种符合说的真理观缘何而来?它有各式各样的变形,但总起来说,其根源实在于主客关系的思维模式:作为认识者的主体与作为认识对象的客体彼此外在,通过认识而得到统一。主体正确反映了客体,两相符合,就算是统一,否则就是不统一或尚未统一。海德格尔也曾明确地把传统的符合

---

① 黑格尔:《小逻辑》,贺麟译,商务印书馆1980年版,第397页。
② 海德格尔(Martin Heidegger): *Sein und Zeit*, Tübingen, Max Niemeyer(以下简称Heidegger, *Sein und Zeit*), 1960年版,第217页。

论真理观归结为"主客体关系"和"认识论问题"。① 上引的例子也许过于简单,我们一般讲真理早已不是这么简单的例子可以说明了,例如我们平常说的相对真理、绝对真理,就比这个例子要复杂得多、深刻得多。但无论如何,我们平常讲真理,总还是逃不出符合说的大框架,从其思想根源上说,逃不出主客关系的思维模式,逃不出认识论的范围:真理总是与知识,最终与感性直观联系在一起。——这是我们现在一般讲的真理的主要特征。

但是海德格尔对符合的可能性却提出了问题。符合说所讲的符合中,一方面是客观的独立自在的物质对象,一方面是主体对于它的陈述、判断或认识,独立自在的物质对象与认识并不像两块银币一样是同类的东西,两者如何能符合呢?

海德格尔认为,从本体论(存在论)上看,任何所谓客观的事物,都只是因其呈现于人面前,才具有意义。人是"自然之光"。我们对某事物做出陈述,或者说做出判断,并不是对某独立于人之外的事物做出陈述或判断,而是对某个与人("此在")相关联的事物做出陈述或判断。这样,符合的双方才是同质同类的东西,也只有同质同类的东西才谈得上符合。因此,对某事物做出陈述或判断,也就是揭示某事物的意义。事物在没有被人陈述或判断时,处于遮蔽状态,即是说没有意义;而当一个陈述或判断揭示出事物的本来面目时,事物就达到了去蔽的状态而为人所见,这个陈述或判断便是真的。这里显然包含了符合的现象,但符合是派生的,符合的基础在于:陈述或判断之所以成其为真,乃是源于人("此在")的揭示、展示。简言之,"此在与世界"的融合关系这一存在论的基础是第一位的,认识论上的符合是第二位的。

3. 去蔽说的真理的真实性

是否可以只因为有了人,事物(存在者)才被揭示而有意义,就得出结论说一切真理都是主观的呢?如果把"主观的"一词理解为任性随意,那当然不能说真理是主观的。如果把"主观的"一词理解为一切真理都与人相关联,那倒是可以这么说,但这里的"主观"的意思显然已不是独断任意了,

---

① 海德格尔(Martin Heidegger):*Sein und Zeit*,Tübingen,Max Niemeyer,1960年版,第216页。

因为人（"此在"）的生存就是要让事物（存在者）的面貌以如其所是的样子呈现出来或者说被揭示出来。是人使事物去蔽而显示其本来的意义，是人使事物成其为它之所是。按照这种说法，在牛顿定律（举例说）被牛顿揭示之前，就不能说是假的。海德格尔认为，在牛顿之前，牛顿定律处于遮蔽状态，既不能说它是真的，也不能说它是假的；唯有在牛顿揭示牛顿定律之后，牛顿定律才作为真理而存在。真理作为真理，总是与人（"此在"）的存在相关联，与人的揭示相关联。① 应当特别注意的是，海德格尔决不否认事物离开人而独立存在，决不否认，没有人，事物仍然存在，但事物的意义，包括事物之"成为真"，则离不开人，离不开人的揭示。海德格尔哲学的兴趣不在离开人的所谓"自在之物"，那是抽象的，而在人所实践于其中、生活于其中、与之打交道的现实世界。

我想举我国明代学者王阳明的一段语录作例子，也许更通俗易懂一些："先生游南镇，一友指岩中花树问曰：'天下无心外之物，如此花树，在深山中自开自落，于我心亦何相关？'"先生云："你未看此花时，此花与汝心同归于寂。你来看此花时，则此花颜色一时明白起来，便知此花不在你的心外。"② 王阳明所谓"心外无物"，并非否认物的独立存在。他明确说过："我的灵明，离却天地鬼神万物，亦没有我的灵明。"③ 可见王阳明并不像过去一般所批判他的那样是主观唯心论者。通观他的整个思想，他实际上是主张，离开人心，天地万物就没有意义。例如在人未看深山中的花树时，花虽存在，但它与人"同归于寂"，"寂"就是遮蔽而无意义，谈不上什么颜色美丽。只是在人来看此花时，此花才被人揭示而使得"颜色一时明白起来"。王阳明哲学关心的也是人与物交融的现实生活世界，而不是物与人相互隔绝的"同归于寂"的抽象之物。王阳明的真理观，如果套用海德格尔的术语来说，也可以叫作去蔽说。事物（例如花）因人的揭示而显示其意义，是人使事物（例如花）成其为该事物（花），花之为花在于它的花色。

海德格尔还特别指出，由于在人与物相关联的现实世界里，人已经参与了物（存在者），所以，人对物的陈述一方面是人揭示着、显示着物，另一方面也是人按照物之所是的那样陈述着物，即是说，人的陈述受物的制约。这

---

① Heidegger, *Sein und Zeit*, 第226—227页。
② 王阳明：《传习录》下。
③ 同上。

两个方面是一而二、二而一的。① 还是拿王阳明的那个例子来说吧：一方面是人在看此花时揭示了花的颜色，但另一方面，人在未看此花时，两者"同归于寂"，无所谓"此花颜色"。只是当人来看此花时，此花的颜色才"一时明白起来"，所以此花的颜色又是通过人的"参与"而"让"它存在起来的，这样，我们也就可以说，人受制于此花的颜色，必须按其所存在的样子来陈述它。总之，说人揭示此花的颜色和说人按此花颜色所存在的样子去陈述它，这两个方面是一而二、二而一的。

二 真理的本质在于超越和自由

1. 真理在于从个别存在者的束缚中解放出来

人究竟如何"参与"到事物或存在者中去，"让存在者按其是什么和如何是而显示自身"②呢？用上述岩中花树的例子来表述这个问题，就是，人究竟如何与花关联起来（"参与"到花中去），让花的颜色按其本来面目显示自身呢？海德格尔的回答是，人能"绽出"（"越出"）存在者以与世界整体合一。海德格尔把这叫作"超越"。他说："超越存在者，进到世界中去"，"让人与存在者整体相关联"，这就叫作"自由"，而只有这样的"自由"才能让"存在者或事物按其本来面目"（"如其所是"，按其存在的样子）显示自身。③ 海德格尔在这里所用的"自由"一词显然不是通常所说的随意选择的意思，而是指从某种束缚中解放出来的意思。具体地说，这里的"自由"就是指人具有从某一个别存在者（个别事物）的束缚中解放出来而不死死盯住某一个别在场者的能力和特性。人的"自由"的特性使人超越在场的个别的存在者，把它与不在场的"存在者整体"（"世界整体"）关联起来，结合为一，从而让某一个别存在者如其所是地显示自身。就上述花的例子来说，看花人所把握的花的颜色的本来面目不是指通常所认为的单纯的知觉、直观，而是指联系花所处的远近的环境，包括看花人的心境等等的整体把握。由此观之，真理的本质在于自由。自由把存在者带入在场与不在场结合为

---

① 海德格尔：《全集》(*Gesamtausgabe*, Frankfurt a. M. : Vittorio Klostermann；以下简称 Heidegger, *Gesamtausgabe*)，1975 年版，第 9 卷，第 184 页。参阅 John Sallis, *Double Truth*, State University of New York Press, 1995, p.93。

② Heidegger, *Gesamtausgabe*, 第 9 卷，第 188—189 页。

③ 同上书，第 163—164、190 页。

一的去蔽状态,使存在者显现其真实面目("如其所是")。

显然,真理在海德格尔这里,已远远超越了主体对客体的认识论意义,而具有了存在论的意义。真理的处所不在认识上的判断,而在人("此在")对存在者以如其所是的样子的揭示、去蔽。

2. 真理与实践

海德格尔的去蔽说的真理观,是和他重视生活实践,把生活实践看成居于理论认识之上的思想密切相关的。他认为,同我们最切近的东西,不是呈现在我们肉体前面的被知觉的单个东西,而是在我们周围环境中与之打交道的、全神贯注的和关心的东西,并且这些东西是被嵌在世界的整体之中的。这也就是海德格尔所谓"上手的东西"(das Zuhandene,"到手的东西"),其对立面叫作"现成的东西"(das Vorhandene)①,即单纯知觉中的东西或感性直观中的东西。海德格尔认为"此在"借以与事物打交道的"视"(Sicht)不是单纯的知觉,而是"领悟"在"世界"中互相纠缠在一起的东西。人所与之打交道的、全神贯注和关心的东西,实际上就是在生活实践中与之纠缠在一起的东西。只有生活实践(而不是理论认识)才让人领悟到人与世界融合为一的整体,这是第一位的,至于理论认识则是后起的、第二位的。理论认识是否揭示了存在者的真面目,是否让存在者"去蔽",需要把它放回到生活实践所领悟的世界整体中去"找到符合的标准"②。海德格尔的去蔽说同我们当前讲的人类实践是检验真理的唯一标准,有其相通之处。只是我们当前讲的真理观仍然属于以主体—客体关系式为前提的符合说,即认为实践能解决主观认识是否"符合"于客观现实的问题,并且认为人生的全部意义只在于在主客之间搭上认识的桥梁而已。正如前面所申述过的,符合之所以可能,有一个本体论(存在论)的基础,即人与世界的融合为一。其实,实践以人与世界万物的融合为前提。我们强调实践的第一性地位,也应该同时就意味着强调人与世界万物的融合,只有这种融合才是最现实的生活世界。那种把客体与主体分立为二的观点是抽象的、派生的。中国传统哲学重天人合一,这与它重实践是有关系的。实践不能理解为只限于生产斗争和阶级斗争的实践,不能理解为只是通过理性认识所得到的概念去

---

① Heidegger, *Gesamtausgabe*, 第20卷,第264页;参阅《存在与时间》,第67页。
② 同上。

改造客体,而应该包括人生的各种活动在内,其中也有想象的活动。当然,这样来理解的实践,已经是对主客关系的超越。我以为这样来解读我们所讲的真理标准,是切合实际、实事求是的,不是什么唯心论。人与世界万物融合为一,构成我们现实的生活世界,这种看法丝毫没有否认人以外的万物的独立存在,它只不过是把我们的兴趣放在世界万物是如何呈现给人的问题上。这样来解读我们所讲的真理标准,也并不是简单地否定主体—客体关系式和认识论以及与之相联系的符合说的真理观,而是使之从属于人与世界合一的整体观,使之从属于存在论和去蔽说的真理观。事实上,海德格尔把主客之所以能符合的根据纳入到人与世界合一的整体中,也不过是对传统的主客符合说的真理观做一种新的解释,当然也是一种超越。

3. 执着与绽出

海德格尔对于如何进入"绽出的自由"或人与世界合一的整体之境的途径,显然不是抛弃日常生活中人对事物的主客关系态度于不顾,而是详细地、深刻地论述了两者的相互关联,而最终又强调了超越主客关系的自由的优越性。他断言,存在者整体本来是处于遮蔽状态中的,只是通过人,它的遮蔽状态才被去蔽而成为敞开状态。海德格尔称这种存在者整体原本就处在其中的遮蔽状态为"神秘"(das Geheimnis),又称为"非真理"(Un-wahrheit)。显然,海德格尔所说的"非真理"不是我们平常所说的错误判断、错误陈述或与事实不符。海德格尔说:"非真理"—"神秘""比此一存在者或彼一存在者的任何敞开状态更古老"。① 海德格尔所说的"神秘""非真理"或"原始遮蔽状态"颇有中国人所说的"混沌未开"的意思。这种原本就有的遮蔽状态由于人的"参与"或"让存在",才被去蔽而敞开。但这里需要提出的是,人的"让存在"的"参与"活动,在通常情况下,并不就是对存在者整体的把握,而是"在个别行为中让存在者存在",或者说,在个别行为中"给存在者解蔽",这样一来,就反而割裂了原本有的整体,也就是"遮蔽了存在者整体"。海德格尔在这里所说的"在个别行为中让存在者存在",实际上是指主客关系的日常态度。按照这种态度,一方面,原本有的处于遮蔽状态中的存在者整体——"神秘"——"被遗忘了","被掩盖了",这可以说是一种"遮蔽的遮蔽";另一方面,人"远离神秘",只是执着于个别的"此一存在

---

① Heidegger, *Gesamtausgabe*, 第 9 卷, 第 194 页。

者或彼一存在者","执着于有效用的和可控制的东西",人变得贫乏了。所以海德格尔说:"人愈是把自己唯一地当作主体(按:指主客关系式中的主体——引者),当作所有存在者的尺度,他就愈益迷误。"①但海德格尔这里的深刻之处在于他并不把这种主客关系态度的迷误当作我们平常所说的偶然犯错误,而认为此种迷误乃是"此在的内在机制","历史性的人必然有迷误","这种迷误本质上是与此在的敞开状态相应的"。② 总之,主客关系态度之掩盖神秘和奔向有效用的东西,这样的迷误乃人生之必然,乃人的"去蔽"过程之必然。事实上,人在按主客关系态度执着地追逐有效用的和可控制的东西之时,神秘的整体虽被遗忘,但仍然在起作用,仍然在掌握着人的一切行为。关键在于能超越主客关系态度,在于能"绽出"("越出")以达到"参与的敞开",达到人与世界合一的整体之境。海德格尔的一句简明扼要的结论:"此在不仅是执着的,而且是绽出的。"③"绽出"就是超越,即超越在场的东西,通过想象把在场与不在场结合为一,从而达到人与万物一体的自由境界,亦即达到真理(去蔽说和本体论意义下的真理)。

总之,主客关系是可以同人与世界合一的整体观结合在一起,去蔽说并不简单否定符合说的真理观,只是人与世界合一的整体观和去蔽说的真理观,比起主客关系式和符合说来,居于优先的地位。与此相应,我以为哲学似乎首要地应当讲本体论(存在论),认识论是从属于本体论的,我们平常说哲学是世界观,我以为就包含这层含义。中国传统哲学较少讲认识论,当今中国哲学的发展需要着重讲认识论,这是历史赋予我们的使命,但从理论上讲,哲学需要把本体论放在首要位置。

---

① Heidegger, *Gesamtausgabe*, 第 9 卷, 第 195—196 页。
② 同上书, 第 196 页。
③ 同上书, 第 195 页。

第七章
论境界

一 境界的含义及其在中西哲学史上的意义

1. 境界的含义

任何一个人,和任何一个物一样,都是宇宙间无穷的相互关联(相互联系、相互作用、相互影响)的网络中的一个聚集点或交叉点。这个点不是实体,而是空灵的;但又不是虚构,它有点像几何学上所讲的点那样,无面积、无厚度,但又是真的。人之不同于物的地方在于人这个聚焦点是"灵明"的,而其他万物则无此"灵明"。"灵明"的特点就是前面说的能超越在场,把在场者与背后千丝万缕的不在场的联系结合为一。正是这点"灵明"构成了一个人的"境界",动物不能超越,故无境界之可言。"境界"就是一个人的"灵明"所照亮了的、他所生活于其中的、有意义的世界。动物没有自己的世界。借用胡塞尔的哲学术语来说,"境界"也许可以说约略类似于"生活世界"。显然,我所讲的境界不同于,或者说不只是中国古诗中所讲的境界。

从时间的角度来看,境界这个交叉点也就是人所活动于其中的"时间性场地"("时域"),它是一个由过去与未来构成的现实的现在,也可以说,是一个融过去、现在与未来为一的整体。我们平常说,任何一个人都有他自己的世界或境界,此世界或境界就是这个"整体"或"现在"。它是每个人都必然生活于其中的"时域",也就是每个人所拥有的自己的世界。一个人的过去,包括他个人的经历、思想、感情、欲望、爱好乃至他的环境、出身等等,都积淀在他的这种"现在"之中,构成他现在的境界,从而也可以说构成他现在的整个这样一个人;他的未来,或者说得确切一点,他对未来的种种向往、筹划、志向、志趣、盘算等等,通俗地说,也就是,他对未来想些什么,也都构成他现在的境界的内容,从而也构成他现在的整个这样一个人。从这个方面来看,未来已在现在中"先在"。我们看一个人的境界如何,看一个人是怎样一个人,就得了解他的过去曾经是如何,以及他对未来想些什么,其中也包括他对自己的过去将要采取什么态度。借用海德格尔的比喻,每个人当前的境界就像"枪尖"一样,它是过去与未来的交叉点和集中点,它放射出一个人的过去与未来。一个诗人,他过去的修养和学养,他对远大未来的憧憬,都决定着他现在的诗意境界;一个过去一向只有低级趣味,对未来只知锱铢必较的人,他当前的境界也必然是低级的。这两种人从各自的"枪尖"上发射出来的东西是大不相同的。

境界又可以说是浓缩和结合一个人的过去、现在与未来三者而成的一种思维导向(思维在这里是广义的),也可以叫作"思路"或"路子",它之表现于外就是风格。一个人有什么样的境界,就有什么样的风格。"清新庾开府,俊逸鲍参军。"庾开府有庾开府的清新风格,它标志着庾开府的境界和思维导向,鲍参军有鲍参军的俊逸风格,它标志着鲍参军的境界和思维导向。"人心之不同,如其面焉。"其实,这句话也是说的人的境界之不同,各如其面,彼此不可代替。从这个意义来讲,各人在世界这个大舞台上所扮演的角色就像戏院里小舞台上所扮演的角色一样,生旦净末丑,各有各的位置和脸谱。

生活就是实践,如前所述,我所讲的实践不只限于革命的实践,而是指人类的一切活动,包括政治活动、文化活动、伦理道德活动和日常生活的活动,甚至连审美鉴赏活动也可以叫实践。人生就是人的生活、人的实践,人生首先所面对的就是人所生活于其中、实践于其中的生活世界。但人在这个生活世界中怎样生活、怎样实践,这就要看他的那点"灵明"怎样来照亮这个世界,也就是说,要看他有什么样的境界。一个只有低级境界的人必然过着低级趣味的生活,一个有着诗意境界的人则过着诗意的生活。

2. 中国的"境界"与西方的"生活世界"

中国传统思想讲境界,除古典诗所讲的境界属于审美艺术领域外,也讲比诗意境界范围更广的人生境界,人生境界包括诗意境界,人生境界也就是前面所说的由一个人的"灵明"所照亮了的、他所生活于其中、实践于其中的生活世界。王国维《人间词话》所谓"古今之成大事业、大学问者,必经过三种之境界",这里的"境界"就是广义的人生境界。他所谓"词以境界为最上。有境界则自成高格,自有名句",这里的"境界"则是指诗意境界。不过诗意境界同时也就是人生境界,或者说,是人生境界中之上乘者。儒家所讲的"孔颜乐处"也是人生境界中之一种,而在儒家看来,乃是人生境界中之最上乘者。

中国传统思想爱讲境界,与其重人生、重生活实践有密切关系。"境界"这个范畴可以说是对于人所寓于其中、融于其中的活生生的生活世界最恰切、最深刻的表达。与中国传统思想重人生境界不同的是,在西方,"生活世界"这个概念范畴的提出则是很晚近的事,具体地说,是由狄尔泰、胡塞尔明确提出的。从古希腊柏拉图、亚里士多德到近代的笛卡尔、康德、黑格尔,西方哲学史由古代的本体论的哲学思维转向近代的认识论—方法论的哲学思维,这两种哲学思维方式都属西方传统形而上学的范畴,从前者到后者的转化不过是主体与客体对立统一的模式由开端到完善的发展过程。柏拉图、亚里士多德已经把前苏格拉底时代重认识客体转向重认识主体自身,但他们所处的时代毕竟只是人类思想的童年时期,他们所着重讨论的"存在本身"的问题一般地说仍停留在抽象的本体论层面,人的主体化和人的实际生活世界被淹没在超感性的"理念"或"纯形式"之中(尽管他们也关心人)。从柏拉图、亚里士多德时代的哲学到中世纪的经院哲学主要都是围绕个别与一般本质或"存在"本身的问题进行讨论,人的生活实践并未取得应有的重要位置,而且更进一步说,人的命运实际上由处于第一性地位的彼岸世界(柏拉图的理念世界与中世纪的神权)所控制,人的主体性问题虽早已由苏格拉底—柏拉图开其先河,但在到文艺复兴以前的一千多年的历史过程中并未在人的生活实践中实现。由笛卡尔开创的西方近代哲学,把主体与客体的模式和主体性原则明确起来,实现了由古代本体论的哲学思维到近代认识论—方法论哲学思维的转向,从此,人们才越来越重视认识活动对于人的主体性地位的重要意义,人们的注意力似乎由非人世的彼岸回到了人世的此岸。但这种哲学思维方式由于突出认识活动在人的生活整体中的优先地位,使认识活动成了整个人的生活世界的主宰,或者用哈贝马斯的话来说,导致了人的生活世界的"殖民化"①,其结果是,一方面认识活动给人的物质生活带来了巨大利益,另一方面,人却成了只有认识而缺乏感情、缺乏欲望的无实际生活气息的、苍白枯燥的人,认识活动于是脱离了人生的目的,人实际上脱离了活生生的生活世界。总之,从柏拉图到笛卡尔再到黑格尔的上述传统哲学,虽然经过了一个长期的不断完善的发展过程,但都逃不出主客对立统一的模式,人的实际生活未提到首位。胡塞尔首先强调"生活世界"的概念,对这种传统哲学提出了挑战,当代哲学家哈贝马斯在胡塞尔哲学的基础上又对"生活世界"的概念和理论做了新的发挥和发展。"生活世界"成了西方现当代思想特别是人文主义思潮的思想家们所谈论的中心范畴之一。② 中国传统思想所讲的"人生境界"与西方现当代一些思想家们所讲的"生活世界"也就有了对话的机缘。

中国人谈"境界"一般总是着重把它理解为一种精神境界,而且是个人主观的东西,西方现当代思想家们谈"生活世界"则不单纯是把它理解为精神性的、个人主观的东西,而且更着重讲生活世界所包含的物质的、社会的、客观的方面。

二 境界的形成

1. 境界的独创性与客观性

任何一个人都是无穷关联的网络上的一个聚焦点,每个人所聚焦的无穷关联的形式各有其独特性,因此,每个人的境界乃是千差万别、各有其特性的。正因为如此,每个作为具有"灵明"的人的境界才自有其仅仅属于个人特有的主观能动的方面,境界的独立自主性、创造性和自由才有可能。但境界的独立自主性、创造性和自由又是与天地万物有着千丝万缕的关联的,每个人的境界都是由天地万物的无穷关联形成的,这无穷的关联包括自然的(例如生长于不同地理环境的人有着相应于其所属的地理环境的不同境界;另外,每个人的遗传因素也是影响人的境界的自然因素之一)、历史的

---

① Jürgen Habermas, *Theorie des Kommunikatiren Handeln*, Frankfurt am Main: Suhrkamp, Bd. Ⅱ, S.293.

② 参阅高宣扬:《当代社会理论》,台北五南图书出版公司 1998 年版,上卷第 285、390、391、402 页,下卷第 1177—1179 页。

（不同时代的人有不同的境界）、文化的（不同文化背景的人有不同的境界）、教育的（受不同教育的人有不同的境界），如此等等，以至最切近的关联如个人所处的具体环境和具体遭遇（每个人的具体的生活经历会造成各不相同的境界）。这些关联往往是不能完全由个人自由选择的，它们是每个人的境界之所以能形成的客观因素。我们虽然很难按这些关联距离境界之形成的远近强弱程度排出一个有等级的次序，但无论如何，我们还是可以说，境界是一个有层次的结构网，有深层次的，有浅层次的，即是说，有的关联对一个人的境界的形成起着深远的作用，有的则只是起着表面的作用。

这样看来，境界乃是主观与客观交融合一的产物。西方传统形而上学特别是康德、黑格尔所发展了的意识哲学或主体性哲学以主体为中心，忽视了构成人的精神境界（虽然他们没有非常恰切的相当于我们所说的境界这样的术语）的客观结构，我们的看法显然不同于这种传统哲学。另一方面，我们的观点也不同于一般的结构主义，后者几乎完全否定了人的境界的主观能动方面。我们一方面主张人在自己的生活世界中有自己的主观能动性和创造性的自由，一方面又承认人的自由和独立自主性是受宇宙间无穷关联的制约的，具体一点或者缩小一点说，是受历史、文化、社会、教育乃至许多具体遭遇的制约的。境界乃是个人在一定的历史时代条件下、一定的文化背景下、一定的社会体制下乃至在某些个人的具体遭遇下所长期沉积、铸造起来的一种生活心态和生活方式，也可以说，境界是无穷的客观关联的内在化。这种内在化的东西又指引着一个人的各种社会行为的选择，包括其爱好的风格。一个人的行为选择是自由的——自我决定的，但又是受他的生活心态和生活模式即境界所指引的。可以说，现实的人都是一个具有由客观的社会历史性和主观的创造性两者相交织而成的境界的人，人就是在这样的境界中生活着、实践着，人的生活姿态和行动风格都是他的境界的表现。

2. 人往往不能自觉到自己的境界

人在形成了一定的境界之后，此种境界的指引作用往往是不自觉的、无意识的。所以境界的概念似乎与习惯、禀性、气质、素养之类的概念有某种相近的意义。有某种境界的人，几乎必然有某一种的言行举止，而他自己并不清楚地意识到他处于何种境界之中，但有识之士会闻其声而想见其为人，即是说，能从其言行中判断他有什么样的境界。甚至一个人的服装也往往能显露出他的境界，显露出他所内在化的各种客观的社会历史结构和意义。

一个爱出风头、好表演、不停地叽叽喳喳的小丑,他很自鸣得意,但他意识不到清醒的观众会评价他是一个有什么样的境界的人。社会历史是一个无情的大舞台,它让具有各种境界的角色在意识不到自己境界的情况下充分自由地进行各种自具特色的表演活动,相互角逐,相互评判。

三 不同境界之间的沟通问题

1. 境界的划分

境界按照各式各样的标准,可以有各式各样的分类。例如按时代的标准来分,有古代人的境界,中世纪人的境界,近代人的境界;从东西方文化背景的标准来分,有东方人的境界,西方人的境界;就中国文化传统来说,有儒家的境界,道家的境界,释家的境界;就人的社会地位来说,有统治者的境界,被统治者的境界;就受教育的情况来说,有受过教育的人的境界,未受过教育的人的境界。至于中国传统诗论中所讲的诗意境界更是名目繁多,众说纷纭。冯友兰把人生境界按高低分为功利境界、道德境界和天地境界,也是大家所熟知的。我不打算提出新的分类法,只想谈谈不同群体的境界之间的沟通问题和如何提高境界的问题。

2. 境界的固执性和可移易性

人们的境界一旦形成之后,它便有相对稳定性,所谓"江山易改,本性难移",不是完全没有道理的,这里的"本性"可以理解为已经形成了的、具有相对稳定性的某种境界。说稳定性是相对的,就意味着不是不可移易的,但又是有难度的。正因为移易有难度,所以就产生了如何使不同群体的境界之间互相沟通的问题和如何提高人们境界的问题。哈贝马斯所提出的普遍性原则("U原则")和讨论性原则("D原则")相结合的"商谈伦理学",以本章所讲的境界论的观点来看,实际上也可以说是试图沟通不同群体特别是统治者与被统治者的境界的设想,只不过是限于道德方面的境界;哈贝马斯所谓"理想的谈话环境",他自己承认不过是一种"假定"或"预期"。国内伦理学界不少人提出"普遍伦理"作为国际交往的准则,我以为也是一种以沟通不同群体间不同道德境界为目的的观点,值得我们重视。

我们可以把一个民族的生活世界或一个个人的生活世界看成是由经济、政治、文化等方面的生活构成的一个不断运转着的圆圈,其中文化居于中心地位,经济是周边,更具体一点讲,就一个民族而言,是该民族文化的观念形态特别是该民族的精神境界居于中心位置,经济特别是生产是边缘;就一个个人而言,是其人生境界居于中心,物质生活是边缘。在这样一个不断运转的圆圈中,越是居于边缘的因素如一个民族的经济特别是生产和一个个人的物质生活,其运转的速度越快,而居于中心的文化特别是精神境界则虽随之而运转,但其变速则甚为缓慢。换言之,经济特别是生产是比较敏感、比较灵通的领域,而文化特别是精神境界则是比较迟钝、比较固执的。这主要是因为民族与民族之间、个人与个人之间,其在文化方面、精神境界方面的接触比起经济方面、物质生活方面的接触来,是间接的、无形的、深层次的。这也就是为什么民族与民族之间、个人与个人之间,乃至各类群体与群体之间的精神境界较难沟通的原因。但是,从长远的观点来看,随着经济全球化的日益发展,文化将逐步地经过严酷的斗争而走向融合(融合不是消除差异,不是消除各民族文化的特色,而是你中有我,我中有你)的大趋势则是不可避免的,而这也就构成了各民族的精神境界之间得以沟通的大趋势。

最难的是统治者与被统治者之间的精神境界的沟通。原因是统治者可以利用他们手中的权力,利用他们所掌握的官僚机构和宣传工具,控制和钳制被统治者,被统治者的生活世界几乎大部分被统治者所占有,他们的精神境界当其被说成是与统治者一致时,往往只不过是一种屈于压力的虚假的一致,有时甚至连这种虚假也是无意识的,而实际上则是经常处于互相矛盾、互相揣度的情况之中。但是,许多思想家特别是西方一些现当代的哲学家和社会学家,仍然在不断探索统治者与被统治者间精神境界的沟通渠道。前面谈到哈贝马斯的商谈伦理学就是一例。

通过建立普遍的伦理道德规范以求得各民族、各群体之间包括统治者与被统治者之间的精神境界的沟通,诚然是一条值得赞赏和提倡的途径,也是有理论根据的。但我以为这条途径并非最根本的。

四 用"万物一体""民胞物与"的思想精神提高和沟通不同的精神境界

1. "万物一体"是不同境界之间得以沟通的本体论根据

我在前面已经论述了天地万物各不相同而又彼此相通的道理,并以此为根据诠释了中国传统哲学所讲的"万物一体"论。我想,那里所讲的基本观点应适用于各民族、各群体包括统治者与被统治者之间的精神境界的沟通问题:不同类型的境界之间之所以有可能相互沟通,就是以万物各不相同而又相通的道理亦即"万物一体"论为其最根本的哲学本体论的根据。各民族、各群体包括统治者与被统治者彼此各不相同,千差万别,这是客观事实,不可能强求一律,我们平常讲宽容,其实就是容许各自的特性和差异性;但这些不同的民族、群体包括统治者与被统治者又是处于息息相通的万物一体之中的,因此,他们一方面可以容许对方的特性和差异性,一方面又可以相互沟通,建立同类感和共通感。哈贝马斯的商谈伦理学和当前一些学者所企图建立的普遍道德规范,我想,都需要建立在万物不同而相通的"万物一体"论的基础上。否则,就没有商谈伦理学之商谈的前提和道德规范之普遍性的前提。更具体一点说,人们只有有了"万物一体"的感悟,或者说,只有有了"万物一体"的境界(万物一体的境界就是对万物一体的一种感悟或体悟),才有可能进行商谈、进行平等对话,建立共同遵守的道德规范,而这种境界不是原则上不可能达到的,因为人人都生活于万物一体之中,用一句不太妥当的话来说,这是"先验的"。当然,人人都生活于"万物一体"之中,不等于人人都能有"万物一体"的感悟,所以我们不能要求人人都达到这种境界,但只要经过启发教育,让人们多一分这种境界,则彼此沟通和平等对话的可能性也就会多增加一分。

2. 多提倡一点"万物一体""民胞物与"的思想和精神

在中国哲学史上,如张载的"民胞物与"的精神、王阳明的"一体之仁",其实都是以"万物一体"的哲学本体论为基础的,只要去其封建义理的思想,都可以加以新的诠释,作为今天沟通各民族、各群体的精神境界的理论根据。在西方,我以为,卢梭的道德观实际上是以"万物一体"的境界为依据的。卢梭认为人与人是相通的,故人天生就有同类感,这是一种普遍的感情。人的道德意识来自同类感,由自爱而扩大为爱他人:每个人都要生活,都要为自己谋幸福,但每个人也因此而不假思索地、自然而然地、不计较个人利害地希望他人有幸福,这就是道德意识。人的这种源于人己一体的自然同情心,"在自然状态中代替着法律、风俗和道德"[①]。卢梭的思想有很多缺点和局限性,特别是他排斥科学、文明、理性的观点显然是不切实际、不可

---

① 《西方伦理学名著选辑》下卷,商务印书馆 1987 年版,第 114、109、113 页。

取的,但他认为人与人同为一体,因此人皆有天生的同类感,应当加以恢复,这一点在今天也应该可以成为建立普遍伦理学的哲学根据。就统治者与被统治者之间的平等对话和精神境界的沟通来说,也值得提倡:统治者需要多懂得一些"万物一体"的道理,多一些"万物一体"的体悟,他们与被统治者之间的境界差距应该是可以缩小的。

最糟糕的是人们普遍缺乏万物一体的境界,大家都以自我为中心和主体,以他人为客体和被利用的对象,于是产生了这样一种社会现象:大家都埋首于眼前物质利益的追求而缺乏自主的意识,什么同类感,什么普遍的道德标准,都茫然无所知。面对这样的社会现象,仅仅靠道德说教,我想也无济于事,最根本的还是要通过教育,提高人们的精神境界。这比起道德说教来似乎更是迂阔之论,更不切实际,但这是从根本上抓起。如果我们的思想界能首先不把万物一体的境界看作是迂阔之论而多加阐发和提倡,是否也可以起到一定的实际效果呢?

普遍提高人们的精神境界,决非一朝一夕之功,也许需要几代人的努力才能初见成效。前面说过,一个时代有一个时代的精神境界,西方中世纪的那种避世的精神境界,不是统治了人们的头脑达千余年之久,一直到文艺复兴人们才逐步有了西方近代人那种进取的精神境界吗?要改变一个时代的精神境界,就需要付出一个时代的努力。在今天被视为迂阔之论的万物一体的境界,经过一个时代的努力之后,也许会成为普遍的或比较普遍的现实。

重要的是抓儿童和青少年时期的教育。一个人的最早或较早的生活经历和所受的教育对于以后的精神境界的形成往往起着基础的作用,如果我们能经常给儿童和青少年一种"万物一体""民胞物与"的精神熏陶,我想对于改变整个时代人们普遍的精神境界将会有不可估量的作用。西方近代的民主思想与基督教的上帝面前人人平等和博爱的思想是有很大关联的,为什么我们不可以批判、继承和发扬我们自己的"万物一体""民胞物与"的优良传统,让这种思想产生像宗教信仰一样的威力,从童年和青少年时期起就扎根于人们的心灵之中呢?

我这里还只是从伦理道德的角度谈不同境界的沟通问题和提高境界的问题,其实,"万物一体"也是审美意识的境界的本体论根据。沟通不同境界和提高境界的问题,从更深、更高层次来看,需要通过审美意识的境界来解决。我在后面还要专门论述审美意识高于道德意识的问题。

第八章
境界与文化

一　四种人生境界

人的精神境界,按其实现人生意义、价值高低的标准和人生在世的"在世结构"的发展过程(从"原始的不分主客"到"主—客关系"再到"高级的主客融合"),分为四个等级。第一个等级,即最低的境界,是"欲求的境界",人在这种境界中,只知道满足个人生存所必需的最低欲望,孟子所谓"食色,性也",大概就是指的这种境界,这种境界,其"异于禽兽者几希"。第一种境界中的人,其与世界的关系属于"原始的不分主客"的"在世结构"。第二是"求实的境界",这种境界则进入了"主—客关系"的"在世结构",人有了自我意识,能分清我与物、我与他人,能把自己当作主体,把他人、他物当作客体。人在这种境界中,不再只是满足于最低的生存欲望,而是更进一步要求理解外在的客观事物(客体)的秩序——规律,这种要求就是一种科学追求的精神,也可以说是一种求实的精神。随着科学追求的进展,也随着个人的日益社会化(socialization),人同时逐渐领悟到天地万物的相互联系、相互作用、相互影响,简言之,领悟到"万有相通",其中不仅包括领悟到人与自然物之间的相通,而且包括领悟到人与人之间的相通。而对于人与人之间的相通的领悟,很自然地使人产生了"同类感",从而也产生了道德意识。人就这样由第二境界进入了第三境界——"道德的境界"。人在这种境界中,以对万物一体相通的领悟作为自己精神追求的最高目标,作为自己所"应该"做之事而为之奋斗不已。但"道德境界"以现实与理想之间存在着距离为前提,以主客尚未达到最终的融合为一为前提,"道德境界"尚属于"主—客关系"的"在世结构"。道德的实现与完成,既是道德境界的极致,也是"道德境界"的结束,这就开始进入了第四境界,即"审美的境界"。"审美的境界"属于"高级的主客融合"的"在世结构",它包摄道德而又超越道德,高于道德。在"审美境界"中,人不再只是出于道德义务的强制(尽管这是一种自愿的强制)而做某事,不再只是为了"应该"而做某事,而是完全处于一种人与世界融合为一的自然而然的境界之中。"自然而然"不同于"应然而然",后者尚有不自由的因素,前者则是完全的自由。"审美境界"中的人必然合乎道德,必然做道德上应该之事,但他是自然地做应该之事,而无任何强制之意:自然在这里就是自由。美有优美与崇高美之分,我以为崇高美高于优美,它是审美境界的极致。具体地说,崇高美就是对万物相通之"一体"的一种崇敬感。我把这种感情称为"无神论的宗教感情",译成英文,就是"atheistic religious feelings"。在这个意义下,也仅仅在这个意义下,我们也可以说,宗教感情是人生的最高境界。但为了避免很多不必要的误解和歧义,我不打算在"审美境界"之上另列一个"宗教的境界"。

  这四种境界在个人实际的人生中,彼此的关系是极其错综复杂的。一般地说,人往往是四种境界同时具有。大概不会有人低级到完全和禽兽一样,只有"欲求的境界",而没有丝毫更高的境界;也不可能有人只有最高的"审美境界",而无饮食男女之事的"欲求境界"。事实是,各种境界的比例关系在各种不同人身上有不同表现:有的人以这种境界占主导地位,有的人以另一种境界占主导地位。这种复杂情况,我在《现实·真实·虚拟》一文(载《江海学刊》2003年第1期)中已做了一些说明,这里不再重复。这里我想着重指出的是,不同民族、不同时代的文化,其中占主导地位的境界也各不相同。一个民族、一个时代,可以是这种境界占主导地位,另一个民族、另一个时代,可以是另一种境界占主导地位。例如,有的民族和时代的文化以科学的"求实境界"占主导地位,有的民族和时代的文化则以"道德境界"或"审美境界"占主导地位;而且,对个人境界的高低层次之分,并不等于就是判定一个民族的文化高低之分,其间既有一定的联系,又有很大的区别。

如何提高个人的精神境界？如何弘扬一个民族的文化传统？以及如何把两者结合起来？这是一系列非常复杂的问题，也是非常值得探讨的问题。这里不可能对这些问题做全面的论述，现仅从中西文化比较的角度，略抒己见。

二　个人的人生境界主要是在民族文化的大背景下形成的

文化一词的定义很多，不必一一细述。我这里主要是指与物质文明（物质文化）相对而言的精神文化，其内容包括科学、道德、文学、艺术、哲学、宗教等等，它们都是非先天遗传的人类精神财富。被誉为"人类学之父"的英国人类学家泰勒(Edward Burnett Tylor, 1832—1917)在其名著《原始文化》(1871)一书中开宗明义就指出："文化或文明，就其广泛的人种志的意义来看，乃是一个复杂的整体，它包括知识、信仰、艺术、道德、法律、习俗以及人作为一个社会成员所获得的任何其他能力和习性。"[①]泰勒在这里未对文化与文明做出区分，但一般都认为文化包括宗教、道德、艺术、科学等等这一点，则是可以肯定的，大家都很熟知的德国哲学家卡西尔的《人论》就明确地持这种看法。美国的人类学家克拉克·威斯勒(Clark Wissler, 1870—1947)的"普遍的文化类型"(universal culture pattern)也认为一切特殊的、现实的文化都具有同样一般的门类：语言、艺术、社会组织、宗教、技术等等。我这里联系个人精神境界，着重讨论文化因素中的审美、道德与科学。泰勒认为，文化只是人所特有的，而且是与社会生活不可分离的，因此，综合起来说，文化乃是过着社会生活的人所特有的，社会是文化的主体。这就意味着文化不同于我前面谈到的个人境界，一说到文化，总是意味着一种社会的文化、一个民族的文化。但是，个人的精神境界又是与文化不可分离的。

我这里讲的文化：科学、道德、审美，都是具有精神境界的东西。如果说境界一词只是指个人的精神境界，那么，文化则是指一种社会、一个民族的精神境界。一种社会、一个民族的文化是由它所属的成员的个人境界构成的，离开了个人的精神境界，所谓社会文化、民族文化是空无内容的。

但是，个人的精神境界又是在他所属的社会文化、民族文化的影响下

[①] E. B. Tylor, *Primitive Culture*, New York, Henry Holt and Company, 1889, V.1, p.1.

形成的。人生之初,既处于既定的自然环境(自然条件)包括血型、禀赋等遗传因素以及地理环境等等之中,同时也处于既定的文化环境之中。一个人的精神境界(个人的性格、人格、对世界的态度等等)既受自然环境、自然条件的制约,更受文化环境的熏染,文化环境的影响力可以大到使人置生死于度外。"文化可以使一个人因某些食物被文化打上了不洁净的烙印而饿死,尽管滋养物是有效的。文化可以使一个人为了扫除污点而剖腹或枪杀自己。文化的力量大于生死。在低于人类的动物中,死不过是新陈代谢、呼吸等生命过程的终止,而在人类中,死还是一种概念;只有人知道死。文化胜过死亡,给人提供永生。"[①]这就很具体地说明,个人的精神境界,包括道德境界、宗教境界等等,总之,人所生死以之的崇高境界,都是在某种文化背景下形成的。伯夷、叔齐耻食周粟,宁饿死于首阳山,乃当时文化背景下形成的夷齐道德境界使然。当前人们所称颂的雷锋精神以及其他种种英雄精神,则是在今天的文化背景下特别是在中国共产党所提倡的文化精神影响下所形成的一种崇高的道德境界的表现。西方人所崇尚的博爱精神、背负十字架的精神等等,显然是西方基督教文化影响下所形成的一种精神境界,这是西方人的道德境界和宗教境界。总的说来,有某一种文化,就有某一种境界。西方的基督教文化产生了西方人的境界,包括他们的道德境界、审美境界、宗教境界;中国的儒释道三大文化支柱,也各有其相应的精神境界,其中也包括他们各自的道德境界、审美境界等等。凡此种种,都说明,要提高个人的精神境界,最重要的是弘扬民族文化。

三 文化的评判问题

文化,有本民族的,有外来的。我们平常说,既要弘扬本民族的传统文化,又要吸收外来文化特别是西方文化的优点。这里首先包含一个如何评判文化的问题,特别是如何评判中国传统文化和西方文化的问题。

文化相对论(cultural relativism)主张,文化的各个因素,需要在其与文化整体的关系中来理解和评判,因此文化本身是不能评价的,是不能按等级

---

① *The New Encyclopedia Britannica*, By Encyclopedia Britannica, Inc. Chicago, 1993, Volume 16, p.876.

区分高低优劣的。文化相对论者认为,做这样的判断,只能是主观的和不科学的,因为文化价值无法衡量,评判的标准只能是主观的。与文化相对论相反的论点则认为,文化可以用科学的方式做客观的等级划分。一般的看法是,文化既不可衡量,又可以衡量。文化价值的某些方面诚然无法衡量,不能以高低优劣来评判,许多文化问题不属于科学的问题,但即使难以衡量的文化价值,也可以从另一角度通过客观的、有意义的尺码、标准来估量。"一种文化,就是达到一种目的的一种手段:即保障生命的安全与延续。"①科学发达与否是人的生活、生命得以保障和改进的一个最具关键性的手段。因此科学发达与否应是衡量一个民族的文化的一种尺度。依此标准,我把中国的传统文化称为"前科学的文化",而把西方近现代文化称为"后科学的文化"。但这并不等于是对中西文化做出一种高低等级的总体评价。我这样评判和划分并不是对本民族的传统文化的轻视,而是对我们民族文化的一种激励,是为了激励我们在科学方面要加快步伐,赶上西方、超过西方。

由于中国传统文化中科学的因素比较缺乏,所以中国人就个人而言也缺乏科学的精神或者说缺乏"求实的境界":见机行事,不做分析,不追求严格的秩序,遇事但求"差不多""过得去"就满足了。我们必须改变这种"前科学的文化"状态,提高我们中国人的精神境界。

科学并非衡量一个民族文化的唯一尺度,亦非最高的尺度。科学不同于道德、审美等文化因素:科学可以用进步这个尺度来衡量,我们在评判一个民族的文化时,可以比较明确地断言某民族文化在科学方面落后,某民族文化在科学方面进步。但是对于道德、审美而言,则不能轻易地做这样简单的评判和划分。泰勒把人类文化(文明)的发展阶段分为蒙昧(savagery)、野蛮(barbarism)和文明(civilization)三个时期,在他看来其进展的过程,就是与"技术和知识的进步"相应的。"对世界的自然规律的通晓以及伴随而来的、使自然适应人自身目的的能力,从总体上来看,在蒙昧人中是最低的,在野蛮人中是中等的,在现代有教养的民族中是最高的。这样,从蒙昧状态到我们现在状态的变迁,实际上就是技术与知识的进步过程,这个进步过程

---

① *The New Encyclopedia Britannica*, By Encyclopedia Britannica, Inc. Chicago, 1993, Volume 16, p.877.

乃是文化发展中的主要因素。"①显然,在泰勒这里,"技术与知识"是划分文化发展高低程度的主要标尺。但是,泰勒也敏锐地注意到:"如果不只是考虑知识与技术,而是同时考虑到道德和政治的优越性,那就更难依靠一个理想的尺度来衡量文化阶段的先进与衰退。"②可以看到,在泰勒对文化发展的阶段划分中,也包含有不能对文化做这样简单评判的深刻思想,这也就是说,在对文化做整体的评判时,不能简单地只以科学或知识与技术作为唯一的尺度。古希腊艺术史诗之美,正如马克思所说,具有"永久的魅力",我们不能评判它是落后的,尽管它已过时,不能照搬到今天。陶渊明的田园诗至今仍为我们玩味无穷,尽管我们今人不可能再回到"箪瓢屡空,晏如也"的生活中去。我们不能以落后来评判陶诗。"文化大革命"中和之前的半个世纪里,我们的文学评论动辄以进步和落后来评判和划分古典诗文的做法,今天看来是十分拙劣的。道德的情况也是如此。"子曰:贤哉,回也! 一箪食,一瓢饮,在陋巷,人不堪其忧,回也不改其乐。"③儒家的这种安贫乐道的道德境界,后世誉为"孔颜之乐",当然也不能照搬到今天,但是我们能以落后来评说这种崇高的道德境界吗? 这种道德境界的深沉内蕴难道不具有"永久的魅力"吗? 另外,就不同民族文化之间的区别而言,同一个现象在一种民族文化看来是道德的、是美的,而从另一种民族文化的观点看来,则是不道德的、不美的。这种例子在世界文化史上也不胜枚举。显然,道德和审美这类文化因素,都不能像科学那样可以明确地以进步的尺度来评判和分等。

尽管如此,道德与审美这类难以衡量的文化因素,又不是绝对不可以衡量的。爱斯基摩人可以把借妻作为一种巩固友谊的礼遇,而视为高尚的道德行为,但我们难道就以文化相对主义为由而对这种道德不做任何评判吗? 如果以维护人的尊严和人的基本权利以及同类感为衡量道德的尺度标准,我们显然不会对这种道德做出正面的肯定的评价。在中国封建社会里,妇女缠足,烈妇殉夫,被认为是美和德,难道我们不可以对这类道德与审美做出否定的评价吗? 事实上,我们对道德和审美之类的文化因素,并非如文化相对论者那样不做任何评判,只是衡量和评判的尺度、标准不是像衡量科学

---

① E. B. Tylor, *Primitive Culture*, New York, Henry Holt and Company, 1889. V.1, p. 27.
② Ibid., p. 28.
③ 《论语·雍也》。

那样,用的是一种带有时代积累意义的"进步"的尺度、标准。这里且先撇开审美不说,专就道德而言,我们就用了一种评判标准,那就是人的尊严、人的基本权利和人的天然同类感。我们对爱斯基摩人的借妻和中国封建社会的妇女缠足、烈妇殉夫等做出否定的评价,是因为这些都否定了人的尊严、违反了人的基本权利和人的天然的同类感,而不是因其不科学或不够科学,因为这些都主要地不是科学的问题。我们在日常用语中也往往用"落后"这类术语来评说借妻、妇女缠足、烈妇殉夫等行为,但这里的"落后"一词主要不具有科学上时代积累的意义,而首先是指这类行为本质上否定了人的尊严,违反人的基本权利,为人类的同类感所不容。当然,人对自身的尊严、基本权利和同类感的认识也有一个自我觉醒的时间性过程或者说时代发展的过程。在原始社会里,在旧时代里,人尚缺乏对人自身的尊严、基本权利和同类感的觉悟,竟以借妻之类的行为为道德。随着时代的迁移,人有了这种自我觉醒,就会对这类行为持否定的评判,就这个意义来讲,道德行为似乎可以有时代性的进步与落后之分,但时间的先后并非对一种道德行为持肯定与否定评价之最真实的、本质的标准。

总之,科学是时代积累的东西,可以用进步的尺度来衡量,道德不是时代积累的东西,不能用进步的尺度来衡量。道德是人自身的意义、人的内在价值的体现:越能体现人生意义和内在价值的行为,越具有高尚的道德性,评判道德高低的标准在此。上面所提到的人的尊严、人的基本权利、人的同类感就属于这样的标准。20世纪下半叶,我们的学术界、思想界往往夸大道德的相对性和时代性,认为道德不道德完全因时代性而异,甚至因阶级性而异,把个人尊严、基本权利、同类感等视为唯心主义观点而横加批判,这种做法,今天不能再重复了。至于如何对衡量道德的标准做确切的界定,乃是一个值得进一步探讨的问题,我上述的一些提法是极其初步、极其粗糙的,这里的论述主要只是为了指出评判道德的标准与评判科学的标准的区别,还谈不上给道德标准下精确的定义。

关于审美价值的区分,我根据艺术以有限表现无限的本质特点,按照超越有限的空间之广度和深度,把艺术价值和美的境界区分为摹仿美、典型美和隐秀美三个高低层次,这里的最终标准和道德标准一样,也是人的自我价值的实现,这一实现的过程是由有限向无限扩展的过程。从审美的角度来看,越是能超越有限的空间之美,越具有较高的审美价值:摹仿之美是最初步的超越有限的意识,属于审美的最低层次;依此类推,典型美属于审美的较高层次,隐秀之美属于更高层次,其极致是崇高美。

在有了这种区分的意识之后,我想紧接着说明以下两点:一是再申述一下前面已经提到的观点,即我所谓"前科学的文化"并不意味着从总体上来说它就是次等的文化;所谓"后科学的文化",也不意味着从总体上来说它就是优等的文化。二是依照上述道德的和审美的评判标准,具体地对中西文化做一点评论。我们平常都已习惯于说对本民族传统文化应取其精华,去其糟粕,似乎都没有讲一讲区分精华与糟粕的标准。对西方文化亦有此弊。以下把这两点综合起来,略抒己见。

四　在发展科学的基础上提高人文文化和人文素质

文化的各种因素,审美、道德、宗教、科学等等,是一个有机联系的整体,其中每一种因素必然打上其他因素的烙印。就科学与道德、审美而论,一种审美现象或道德现象,必然与其所发生的时代中科学发达程度的状况紧密相联。前面提到的"贤哉回也"就打上了科学落后的烙印,属于我所谓"前科学的文化"现象:箪食、瓢饮是科学落后时代的景象。但是,儒家孔颜之乐的道德情操在中国历史上仍能传颂千古,原因在于,衡量道德现象,虽不能用科学的进步尺度,却另有道德标准,那就是颜回的德行体现了人生的终极意义和最高价值。儒家这种为了崇高的价值理想而不为贫贱所移的道德观念,仍是我们民族传统文化的一大特点,也是我们民族文化的精华。我们今天许多优秀的科学工作者,为了繁荣我们国家的科学事业,为了提高我们人民的生活水平,往往不顾个人的苦乐安危,宁愿到最艰苦的环境中去奋战,这与颜回的箪食、瓢饮相比,属于两个完全不同的时代,似乎不可同日而语,但细察之,两者在道德精神上确有一脉相通之处。我们应当也正在改变着我们民族的"前科学的文化"状态,不再安于箪食、瓢饮,我们必须大力发展科学,使我们的国力日益富强,人民的生活水平日益提高,走上"后科学的文化"之道,但我们传统文化中那种为了实现崇高价值理想而不计个人利害("贫贱不移")的道德精神,却具有永恒的魅力,永远值得我们继承和发扬。

宋儒的"一体之仁",虽然也属于"前科学文化现象",但它是一种建立在万有一体相通的本体论基础之上的伦理道德观,按照我前述的道德评判标准,它是我们民族文化的精华。

当然，我国传统文化中，缺乏平等之爱和基本人权平等之类的思想观点，这是我们应当着重向西方文化学习的地方，也是我在有关中西文化之比较的许多论述中所特别强调的一个方面。

西方近代科学技术的发展，尽管给西方人带来了许多自由平等之类的观念，但这种"后科学文化"也产生了把人等同于机器、损害人的尊严以及极端个人主义等恶果。我们不能因为西方近代文化与科学紧密相联，就单纯用科学的尺度评判其整个文化体系。

审美文化比起道德文化来，似乎更难有客观的评判标准，特别是从民族文化之差别的角度来看，几乎不太可能把一个民族的审美观念与另一个民族的审美观念，做高低等级之分。但依我前面谈到的审美价值的区分来观察一下中西文化，我们仍然可以比较清楚地判明中西审美文化各自的特色。西方传统美学以典型说占主导地位，审美意识主要是重典型美，只是到了现当代，特别是到海德格尔，才超越典型说，提出"显隐说"，强调显隐之美；而在中国美学史上，古典的诗和画都早已主张"隐秀说"（相当于西方现当代的"显隐说"），强调美在于写出言外之情、画外之意。中国传统的审美文化，注重从显现中写出隐蔽的东西，或者用中国人的通俗语言来说，即重在含蓄，这一点与西方重典型美的传统文化相比，似乎更多优胜之处。

当然，中国传统文化的隐秀之美、含蓄之美，也打上了"前科学文化"的烙印。"孤舟蓑笠翁，独钓寒江雪"（柳宗元:《江雪》），蓑笠诚然属于"前科学文化"，现代人写诗不会以蓑笠为题材了，但这首诗的妙处在于它显现了可见的画面背后诗人不畏雨横风狂的孤高风格。这种隐秀之美，虽在今天流行高科技的风雨衣的时代，仍为人们所赏玩。稍有点审美意识的人，大概不会因为诗中的蓑笠而讥其"落后"吧。"晨兴理荒秽，带月荷锄归，……衣沾不足惜，但使愿无违。"（陶渊明:《归园田居》）"带月荷锄"诚然是小农经济、科技落后的文化现象，但如果我们在赏析这首诗时竟把它同小农经济、科技落后扯在一起，那就未免太"倒胃口"了吧。这首诗的诗意之美，实际上也体现了中国古典诗重隐秀的特点，它言词上写的是辛勤耕作，而词外之情却是诗人遗世独立的傲岸风骨。我们今人仍然欣赏这首陶诗，应在于它的这种隐秀之美，而不在于称颂陶之勤劳。20 世纪下半叶，我们的文学评论界有人竟强调此诗的优点在于说明了陶渊明如何具有"参加劳动"的品格，实在是不伦不类。

我认为在科技繁荣发达的今天,我们固然不可能再以什么"蓑笠""荷锄"之类的东西作为审美的题材和内容,但我们仍然可以在高精尖的科技园里写出"后科学文化"时代中富有中国传统的审美特色的文艺作品。这也正是我对于我国当今文化工作者的一点儿期望。

从中西文化的总体水平来看,似乎可以得到这样一个结论:由于中国传统文化中科学的落后,今后在提高我们民族文化方面,首要的仍应是发展科学,但在发展科学的同时,又要避免科学主义,注意弘扬我们传统文化中道德的、审美的等等人文方面的优秀之处,同时剔除其中的缺点(例如前面提到的缺乏平等之爱和基本人权平等的思想),使我们民族文化的人文特色适应现代科学的时代潮流,更放异彩。西方的科学主义自近代以来已经给西方人带来很多人文方面的损害,西方文化的这种危机,已是许多西方近现代思想家所研究的课题。如果可以把文化比喻为一个整体的人,那么,科学似乎可以比作人的身体,道德、审美可以比作人的心灵或灵魂。中国传统文化显得中国人的身体比西方人虚弱,而在灵魂方面各有特色,中华民族文化发展的未来,似乎应该是在壮大我们的躯体的同时,相应地提高和改进我们的灵魂,使我们的民族灵魂在传统的基础上走向现代化。

前面已经谈到,个人的精神境界是与一个社会、一个民族的文化紧密相联的,在当今的社会文化环境里,我们民族的理想人格,或者说,理想的精神境界,显然不应该是,也不可能是科学上愚昧无知、只讲抽象的道德和审美境界的腐儒。我在前面按高低层次把个人的境界分为四个等级,这里的较高层次决不是排斥较低层次的:居于最高层次的崇高之美的境界包含道德境界,一个有崇高之美的境界和道德境界的人在今天高度发展的科学文化的社会里,也不可能脱离科学的求实境界,不可能不享受科学技术给人带来的福利。总之,民族文化也好,个人的精神境界也好,都是科学与道德、审美等等的有机统一体,其中科学是基础,我们当前所着力追求的应是在发展科学的基础上,大力提高和改进我们民族的人文文化和个人的人文素质。

五 科学、认识活动的抽象性与道德、审美活动的具体性

人的世界是一个人与万物融合为一的整体,人离开了天地万物,是空无

内容的；天地万物离开了人，是无意义的。科学和道德、审美等等构成充满意义的人的世界，一般地说，具体的人（至少成年人）总是生活在所有这些方面的有机统一体之中，因此，任何一物、一事都可以对人同时呈现道德的意义、审美的意义、科学的意义等等。也就是说，对同一事或物，人可以追问它："它是什么？""它美吗？""它善吗？""它有用吗？""是""美""善""有用"等等，这些在实际的人生中本来是不可分割地联系在一起的。但从把握科学、认识的意义到把握道德、审美的意义，有一个由低到高的层次之分：大体上说来，把握居于高层次的道德意义和审美意义，不能完全撇开和舍弃对居于低层次的科学、认识意义的把握，而对科学、认识意义的把握，则可以撇开和舍弃对道德和审美意义的把握。至少，对科学、认识（当然是指自然科学和对自然的认识）意义的把握可以不需要什么社会实践和人生经验，而对道德和审美意义的把握则更多地需要长期的人生经验和社会实践。因此，对事物的科学、认识意义的把握，是一种抽象的活动。一个正处于道德、审美意识中的人，可以超越但不能撇开和舍弃对事物"是什么"的问题而专注于事物的道德、审美意义，但一个正处于科学、认识意识中的人则可以撇开和舍弃事物是否善、是否美等问题而专注于事物"是什么"这样的科学、认识上的意义。当人在撇开和舍弃了事物的道德意义、功用意义、审美意义等等而专问其"是什么"之时，就达到了最抽象的活动状态，而这也就是认识到了事物的科学意义。例如一杯水，我可以凭借我的抽象活动，撇开它是否有用，是否美，甚至撇开它是什么颜色，是冷是热，而抽象到洛克所说的"第一性质"，用广袤、形状、运动等"观念"，最终只用"数"的观念来规定水的性质"是什么"，例如规定水是H_2O。这样，就达到了科学的境地。许多哲学家、科学家例如伽利略、笛卡尔，也都认为"第一性质"是科学所追问的目标。伽利略就说过：形状、大小、多少等是物体所"一定具有的"，而声、色、味"仅存于有感觉的人体之中"。[①] 伽利略的观点和古代原子论者的观点相似，其所以是科学的，原因在于"第一性质"是抽象的同一性。而道德、审美之类的东西，则缺乏这种同一性。

人们往往认为只有科学才是客观的，又往往把客观性理解为离开人而独立存在之意。其实，正如我所一再强调的，在人的生活世界中，任何

---

① E. A. Burtt, *Metaphysical Foundations of Modern Science*, London and New York, 1925, p.75.

一事一物都离不开人的参与。洛克所说的"第一性质"也并非离开人而独立存在的。贝克莱早已驳斥了洛克所谓"第一性质"独立于人心之外而存在的观点。① 贝克莱完全否定外物存在的主观唯心主义观点,是我们所不能接受的,但他关于"第一性质"也和声、色、滋味等"第二性质"一样离不开人心的论断,却是有根据的。其实,即使最抽象的"数",也是人对事物进行抽象思维的产物,是人与物交融合一的产物。贝克莱说:"数完全是心的产物。"②罗素说得更全面些:数是亦心亦物的。也就是说,数是人与物融合的产物,离开任何一方,都谈不上数。数是人的抽象活动中把一切其他特殊性都抽象掉,都撇开了(不仅道德意义、功用意义、审美意义下的特殊性被抽象掉、被撇开了,而且连洛克所说的色、声、味之类的"第二性质"的特殊性也被抽象掉、被撇开了)的结果,数成了一切特殊事物中最具有共同性的性质,是最高的同一性(当然柏拉图把他的"理念"设置为比科学领域更高的同一性概念,那不属我这里的论题范围),因此成了衡量科学的最高标准,也因此成为最具客观性的标准:最大的同一性就是最大的客观性。伽利略和笛卡尔都认为"物体的第一性的质是数学的实在"③。这也是为什么现代科学都追求把一切都数学化、量化,把一切都还原为数学方程式的道理。色、声、味等"第二性质"因人而异(它们也是人与物交融合一的产物),有较多的特殊性,因此仅仅认识到一物的色、声、味等"第二性质",就被认为还没有达到科学的目标。至于对事物的功用性、道德性、审美性的把握,那就更缺乏同一性和客观性,因而更非科学之事了。总之,科学所追求的所谓客观性,决非离人而独立存在之意,它只是指人的认识活动所追求的抽象同一性:认识所达到的同一性程

---

① G. Berkeley, *A New Theory of Vision and Other Writings*, Everyman's Library, London, 1954, pp.117-119.
② Ibid., p.119.
③ W. C. 丹皮尔:《科学史及其与哲学和宗教的关系》,李珩译,商务印书馆1975年版,第205页。

度越大,就被说成越具有客观性,从而也就越具有科学性。① 这也是科学只能呈现事物的抽象性质的原因。如果一任人的文化活动只停留在科学、认识的抽象领域里,其结果只能是使我们本来丰富多彩的生活变得越来越抽象,越来越苍白、贫乏而缺乏诗意。

从把握事物的审美意义到道德意义,再到认识"第一性质"的意义,大体上是一个由具体走向抽象的过程:居于高层次的意义包含较低诸层次的意义(当然,我们并不要求审美意识同时具有科学家的科学水平)而又超越之,故内涵较丰富、较全面、较具体;较低层次的意义撇开了、舍弃了较高层次的意义,故内涵较贫乏、较片面、较抽象。在当今科技发达的时代,一个诗人大概不会不知道水的结构是 H_2O,也不会对面临因缺水而濒于死亡的人没有道德同情心。但当诗人正在欣赏一川流水时,他实际上超越了(不是撇开了、舍弃了)对水的结构的认识以及对水的功用和道德意义之类的考虑,而一心沉醉于人与水融合为一的一种审美境界之中,诗人此时的此种精神状态是独一无二的、一次性的,是不可重复的,也可以说是创造性的。

---

① 我们常说,科学是建立在"主客二分"或"主体—客体"关系的思维方式基础之上的,这里所说的"客体"或"客观",也不是指独立于人之外的存在之意,而实际上是指人通过抽象活动所达到的一种最高同一性,按科学的观点,这就是客体、客观。其实,洛克在论述"第一性的质"时,就承认了人心对构成"第一性的质"的作用(John Locke, *An Essay Concerning Human Understanding*, London, 1947, V. 2, chapt. 8.)。科学家作为科学家,当其正在从事科研活动时,他乃是通过认识的抽象活动,撇开、舍弃事物的道德、审美等等意义而专注于求得事物的抽象共同性(普遍性),并自以为这种共同性是离开人而独立存在的事物的客观性。但科学家不是仅仅作为科学家而生活的抽象的人,科学家同时又是具体的人,是生活在"人与世界融合为一"的"在世结构"中的人,他必然深悉他的科研活动及其成果的伦理道德意义(和审美意义),深悉其对人究竟是"应该"还是"不应该"。也就是基于这个道理,我在《科学与道德》一文中断言,科学与伦理道德的内在联系建立在"人与世界融合为一"的基础之上。按照科学的"主客二分"的观点,只有抽象的共同性才是唯一客观的,这就意味着事物的道德意义不属于"主客二分"而属于"人与世界融合为一"的"在世结构"。这样,科学与道德、真理与价值也就分离了。但对于一个生活在"人与世界融合为一"的具体的人来说,科学与道德、真理与价值则是内在地结合在一起的。实际上,从"主客二分"到"人与世界融合为一",是一个由抽象活动到具体活动的过程,其间并无不可逾越的鸿沟。道德活动居于这一过程的中间,它既有"主客二分"的性质,又有"人与世界融合为一"的性质。从科学追求最抽象的共同性而言,道德活动的意义比较具体,属于"人与世界融合为一"的范围;从审美追求最具体的整体而言,道德活动总具有"应该"的外在性和抽象性,还没有完全进入"人与世界融合为一"的现实的整体境域,故尚属"主客二分"的范围。过于着重从审美的高度看道德,把它断然划入"主客二分"之中,这种划分未免显得生硬。从现在大家谈论得较多的所谓科学文化与人文文化(包括审美与道德)的区分来看,倒是可以更倾向于把道德与审美一起放在"人与世界融合为一"的范围之内,当然,这仍然只能是相对的。

而事物的科学性、同一性则是可以重复的。一川流水,在科学家作为科学家的心目中,如前所述,是撇开了、舍弃了(不是超越了)其功用意义、道德意义和审美意义之后的纯粹共同性。H_2O 这个规定对于任何人都是共同的,也是可以重复的,它是水的最抽象的性质。科学对物质世界的认识,只是一个抽象。[①]

六　从科学认识到人生领悟

人生在世,如果只是停留在科学的境界,那只能说是在人生的旅途上中道而废。为了领会人生的真谛,人必须从科学的抽象王国回过头来,走向具体的、具有无限丰富意义的世界,达到道德境界,以至审美境界,特别是达到崇高之美的境界。如果把上述从具体到抽象的过程叫作"认识",那么,从抽象回到具体就可以叫作"领悟"。我们平常讲哲学原理,惯于说"从感性认识到理性认识",实际上,这里讲的,就是把蕴藏着无限丰富意义(包含"第一性质"的意义、功用意义、道德意义、审美意义等等)的感性具体物加以分解、剖析、抽象,最后达到物质规律的同一性的认识,我们把这叫作"理性认识"。平常以为达到了"理性认识",就到了哲学的尽头。现在看来,这只是走了人生旅途的一半,亦即上述"从具体到抽象"的"认识",而另一半还需要我们继续前行,那就是"从抽象回到具体"的"领悟"。我们过去把哲学讲得太贫乏了、太抽象了,原因在于哲学脱离了人生,脱离了具体的现实,现在应该着重讲一讲对人生的"领悟"了,只有这样,才能把哲学与人生结合起来,实现马克思所要求的"让哲学现实化"。如果我们都能成为一个既有健壮的科学体魄,又有崇高的道德境界和审美境界之人,那将会展现一幅多么美妙的文化前景啊!

[①] W.C.丹皮尔:《科学史及其与哲学和宗教的关系》,李珩译,商务印书馆 1975 年版,第 611 页。

第九章
超越自我

前面已经讲了,真理是人与万物一体的自由境界。人究竟如何达到这种境界呢?人们之所以难以达到这种境界,主要是因为执着于我们日常生活中的这点小小的自我。所以要达到这种境界,就要超越自我。

一 禅宗关于超越自我的思想

1. 康德的自我的空灵性

我们的日常生活中的自我,都是把自我当作与外物、与他人彼此外在、互相对立的实体。这样看待自我,则自我总是不自由的,表面上有主体性,但归根结底,它总是受外物的限制,受他人的限制。这种自我观念在我们日常生活中已根深蒂固,为亿万人所接受,似乎很难说它有什么不当。但是,康德却突破了这个陈旧的观念。他认为笛卡尔的"我思故我在"中的"我在"就是把"我"当作实体性的存在。康德断言,实体是认识的对象,而进行认识的"我"根本不能作为被认识的对象。例如"地球是圆的"这一判断中的"地球"虽然是判断中的主词(主体),但这个主词(主体)是被认识的对象,而判断总有一个下判断的主体,这个主体就是自我,自我不能是被认识的对象,只能是进行认识的主体。以笛卡尔为代表的旧形而上学就是混淆了这两种不同含义的主体,错误地把进行认识的主体——自我当成和被认识的对象一样是实体性的东西。其实,判断中的主词(主体)是实在的主体,而下判断的自我是逻辑的主体,即逻辑上设定的主体。康德认为前者有内容的同一性,而后者则不具内容同一的意义,只具有形式的同一性,所以我们平常说,康德所主张的自我是空灵的,空灵就是指它不是实在主体而说的。康德着重论证自我不是实体,目的在于说明自我的自由本质:把自我看成是实体,那就是把自我看成是现象界的东西,是被决定的东西,只有把自我看成是非实体性的东西,这样的自我才是自由的。显然,康德在西方哲学史上为自我的非实体化、为论证自我的自由本质迈进了一大步,这也是康德的一大贡献。

但是,康德在这方面的功绩也是有限度的。他对于自我的空灵性,除了说它只有形式的同一性之外,没有更多的正面主张,他所主张的自我是超验的,而且他认为作为主体的自我其本身也是不可知的"物自身",它和作为客体的另一个不可知的"物自身"两者交互作用而产生经验、知识。这些都说明康德没有脱离主客二分式的窠臼:实体性没有完全被克服,二元性和超验性以新的形式保留了下来。

尼采不仅否定了主体的实体性,而且否定了物质客体的实体性,否定了超验的、永恒的本体,否定了主客二元性,从而否定了整个主客关系式。但正如海德格尔等人所指出的,他的"强力意志"说仍属传统形而上学的范围。他仍有主体性和超验性的思想成分。他把强力意志看成是世界背后甚至是上帝背后的基本原则,说明他的哲学没有摆脱实体性而达到自我的空灵性。

2. 禅宗关于自我的分析

比起康德和尼采来,禅宗在克服和超越主客二元对立和自我的超验性方面走得更远,其学说有更多可取之处。禅宗认为日常生活中的自我是主客二分的产物,是实体性的自我,在自我意识中,这种自我是被认识的对象。当我说"我意识到我"时,这句话中后面的那个"我"是被认识、被意识的对象,是客体,前一个"我"是进行认识活动、意识活动的主体,它不是被认识的对象,而且永远不是,也不可能是被认识、被意识的对象,因为一旦它成为被认识、被意识的对象,则仍然有一个对它进行认识的主体在它后面,这个主体真可说是"瞻之在前,忽焉在后",我们永远不可能把握它、认识它,只要你把它放在面前加以认识,它就成了客体,而作为认识主体的它就躲藏在后面去了。这个永远在逃避我们的认识而又主持着我们的认识活动的主体,禅宗称之为"真我"。唐代禅师临济(义玄)形容这个"真我"说:"著即转远,不求还在目前,灵音属耳。"①这几句话也就是上面所说的这个意思。康德把这个"真我"说成是只具有"形式同一性"的逻辑主体,康德的这个观点如前所述未脱离主客二分式。其实,"真我"既非实体性的自我,也不能说是逻辑的主体或哲学上的、逻辑上的设定。为了不致引起概念上的混淆,我想把我们日常生活中说的自我(即主客关系式中的自我)叫作"自我"或"主体",而不把"真我"叫作"主体",因为"主体"这个词是与"客体"相对而言的,"真我"则根本不在主客关系之中,尽管"真我"更具自由的本质,或者借用主客关系式的语言来说,更具"主体性",甚至可以说是真正的"主体性"。

禅宗所讲的"真我"是对主客关系式的克服和超越。我们日常生活中的"自我"总是与他人、他物相对而言的,"自我"被实体化了、被对象化了。而实体性的、对象性的东西总是彼此外在、相互对立的,所以要超越"自我",就要超越主客的二元对立,超越自我与他人、他物之间的外在性和对立性。

我们日常生活中的"自我",又总是把世界上的事物与事物之间看成是彼此外在、相互对立的。例如认为山就是山,水就是水,此就是此,彼就是彼,此与彼之间判然分明,僵硬对立。这是因为在主客二分式中,"自我"不仅实体化了自己,而且实体化了客体,而此一实体化的客体与彼一实体化的客体之间只能是彼此外在、相互对立的。所以要看到山不是山,水不是水,此不是此,彼不是彼,就不能把世界上的事物实体化,也就是说,不要把世界上的事物看成是实体,而要做到这一步,就要超越实体化的根源——"自我",就要看到此不是此而是彼,彼不是彼而是此。

日本当代禅学教授阿部正雄在其所著《禅与西方思想》一书中引述我国唐代禅师青原惟信的一段话:"老僧三十年前未参禅时,见山是山,见水是水。及至后来,亲见知识,有个入处,见山不是山,见水不是水。而今得个休歇处,依前见山只是山,见水只是水。"②这里说的"见山是山,见水是水",

---

① 转引自阿部正雄:《禅与西方思想》,王雷泉、张汝伦译,上海译文出版社1989年版,第12页。

② 同上书,第8—9页。

就是上面所说的此就是此,彼就是彼,此与彼判然分明,僵持对立;所谓"见山不是山,见水不是水",就是上面所说的此不是此而是彼,彼不是彼而是此。阿部正雄在解释为什么先前"见山是山,见水是水",后来又"见山不是山,见水不是水"时,认为这是由于"主观与客观的二元性"中的"自我"站在事物(客体)之外,从外部看待事物(客体),从而把事物"客观化了所致"①。因此,他认为"要克服主—客二元对立,只有通过第二阶段'山不是山,水不是水'的认识才有可能,与这一认识密切相关的,是'我不是我,你不是你'这一认识"②。阿部正雄所说的"主观与客观的二元性"就是指主客二分;所谓"客观化",就是对象化、实体化。③ 为什么阿部正雄补充一句"与这一认识密切相关的,是'我不是我,你不是你'这一认识"呢?这是因为坚持我是我,你是你,你我判然分明、僵持对立的观点,乃是主客二分的观点,而"'我不是我,你不是你'这一认识"则是超越了主客二分和"自我"的结果:"我不是我,你不是你"的认识之所以与"山不是山,水不是水"的认识"密切相关",乃是因为分别"自我"与他人、他物同分别此一事物与彼一事物这两种分别都是主客二分的结果,两者"是紧密地相连结的",主客二分和"自我"的观点乃是做出上述两种"区分的基础"。④ 要超越人与我的区分,超越物与物的区分,就意味着超越"自我",这也就是禅宗所说的"无我";"无我"者,超出主客二分式中之"自我"也,仅此而已。

为什么惟信说,最后又"依前见山只是山,见水只是水"了呢?阿部正雄解释说,"见山不是山,见水不是水",乃是对"见山是山,见水是水"的"否定性认识",这个认识虽然是重要的,也是必要的,但如果仅停留在这种否定性认识上,那将是虚无主义的,因为这将会把"无我"与"自我"简单对立起来,"人们仍易于把无我客体化,把无我执着为有别于自我的一种东西"⑤,也就是说,仍未最终摆脱主客二分式的实体性、二元性和超验性。只有到了"依前见山只是山,见水只是水"的高度,才能完全摆脱主客二分式及其实体性、二元性和超验性,也就是说,不把"无我"当作实体,不把"无

---

① 阿部正雄:《禅与西方思想》,王雷泉、张汝伦译,上海译文出版社1989年版,第9—10页。
② 同上书,第22页。
③ 同上书,第18页。
④ 同上书,第10页。
⑤ 同上书,第15页。

我"与"自我"对立起来,不把"无我"看成是超验的东西。所谓"见山只是山,见水只是水",就是见到"万物皆如其本然"——即认识到事物有各自的个性,是自己决定自己的,不受制于、不附属于什么超验的绝对或上帝,同时,也不能附加给它任何别的成分,例如不能把不平等的观念强加给它,说什么这是高等的,那是低等的,应该认识到"山只是山,水只是水",松树只是松树,竹子只是竹子,你只是你,我只是我,没有什么高低贵贱之分。这样,万事万物便既保持了各自的独特性,又相互融合,圆融无碍,这种禅悦、安宁的境界与主客二分中的"自我"执意以我为中心、把人我对立起来的焦躁不安的状态迥然不同。① 这种境界与中国道家哲学中的天人合一、万物一体的境界是相通的。

　　这里很自然地会让我们联想到黑格尔的辩证法。黑格尔认为,此即此,彼即彼,乃是"知性思维"的方面;此即彼,彼即此,乃是辩证理性的方面;彼与此的对立统一,则是思辨理性的方面。黑格尔的这个观点与禅宗的上述思想的共同之处在于不坚持彼与此之间的鸿沟,在于黑格尔也不同意把主体与客体简单地看成是实体,但两者的根本出发点又是大不相同的:概括言之,禅宗是从克服和超越"自我"("主体")出发的,其哲学的根本原则是"无",而黑格尔的实体即主体说,并未完全摆脱超验性、实体性的思想。

　　禅宗认为最高境界——即能"见山只是山,见水只是水"的我,不是主客二分式的"自我",而是"真我"。这"真我"既非实体,亦非与世界万物和"自我"对立,禅宗把它叫作"空"或"无"。"空"或"无"不是空虚和乌有,它就是前面所说的那个永远不能作为认识对象而又主持着认识活动的"真我",之所以说它是"空",是指它不是超验的、与世界对立的实体,不是可以认识到的实存的东西,不是日常生活中的"自我",而是"无我"。只有这种非实体性、非二元性、非超验的"真我",才不至于像主客二分中的日常"自我"那样执着于我,执着于此而非彼,才不至于把我与他人、他物对立起来,把此一事物与彼一事物对立起来,从而见到"万物皆如其本然"。

　　临济禅师为了表示"真我"的非实体性,把"真我"叫作"无位真人",有时也一般地称之为"人":"赤肉团上,有一无位真人,常从汝等诸人面门出

---

① 阿部正雄:《禅与西方思想》,王雷泉、张汝伦译,上海译文出版社1989年版,第24、259—262页。

入,未证据者看看!"①"无位真人"亦即临济所谓"求著即转远,不求还在目前"的"真我",他正因为"无位",正因为超越主客二分的自我意识,故能出入人们的感官,主持人们的自我意识,成了主客二分中被实体化、对象化的"自我"的根源,而他本身却自决自足,不再需要别的什么作为他的根源。② 故临济说,"无位真人""随处作主,立处皆真"③,"无位真人"最具创造性和主动性,日本学者铃木大拙称他为"绝对主体性"④。

3. 禅宗的"无"与西方传统哲学的"有"

"无位真人"的提法启发了我们,要把握"真我",必须领悟"无位"即"空"或"无"的观念。西方哲学总起来说是以"有"为最高原则,"无"总被看作是次等的、派生的、消极的(否定性的),"有"高于"无"、优于"无",肯定优于否定、高于否定。巴门尼德宣称没有不存在;柏拉图认为"理念"是纯存在,它决定着现实存在物,而现实存在物是存在与非存在;亚里士多德认为神是最高存在;基督教认为上帝就是存在,他能抵抗非存在,基督教所谓上帝从无中创造一切的学说,并不是把质料看成是上帝之外的东西,而是认为上帝也创造了质料,同时,虚无被基督教看作是反抗上帝意志的罪的根源;西方近代哲学的主体性原则更明显地是一种认"有"优于"无"、高于"无"的原则。与此相应的是,西方传统哲学认为生优于死、善优于恶。就此而言,西方传统和中国儒家传统的"未知生,焉知死"的观点颇为相似,而和庄子的齐生死、超仁义的观点则不同。禅宗以至整个佛教思想接近老庄。禅宗认为,作为根本原则的"空"或"无"不是超出有之外、与有对立的形而上的东西,而是包含有无在内的"无",它是有与无的对立性的克服和超越。这超越有无对立的"无"或"空"就是由有转化为无、由无转化为有的动态的整体。⑤ 铃木又把它叫作"宇宙无意识"⑥。禅宗之所以认为这个整体是"空",意思就是要既不执着于有,也不执着于无,既不执着于肯定,也不执着于否定,从而也就既不执着于生,也不执着于死,既不执着于善,也不执着

---

① 阿部正雄:《禅与西方思想》,王雷泉、张汝伦译,上海译文出版社1989年版,第83页。
② 同上书,第86页。
③ 同上书,第90页。
④ 同上书,第86页。
⑤ 同上书,第151—155页。
⑥ 同上书,第89页。

于恶。不执着就是"空"。西方哲学传统认为有高于无,肯定高于否定,生和善高于死和恶,就是执着,执着与"空"是对立的。禅宗的"真我"就是这个"空",就是这个有与无相互转化的动态的整体,所以悟到"真我",也就是从这个动态的整体的角度看待事物,就是不像西方传统哲学那样执着于"自我",也不执着于某一事物或某一个方面。执着就是限制,主客二分式总是给人以限制,总是执着;"空"则无限制,因而也是自由。

总括以上所说,我们可以把禅宗的"真我"界定为这样几个等号:"真我" = 超越主客二分式的、不可认识而又主持着认识的、非实体性的我 = "无我" = "空"("无") = 有无相互转化的动态的整体。

这里有一个重要的问题:"真我"既然是我,就必然有我性,有个体性,但他又是超出我性、超出个体性的宇宙整体。这两者间的关系究竟是怎样解决的呢?西方传统哲学一般都用普遍性与个体性两个概念来说明,前者是本质,后者是现象,两者结合而成为现实的东西。这种观点容易导致二元性,导致超验性。禅宗的"真我"不能按这种西方传统模式来理解。在禅宗看来,有我性的个人和超越我性的整体都是同一个现实世界,不存在什么二元性和超验性。但究竟应该如何具体理解禅宗的"真我"和"空"? 我以为对这个问题仍有进一步申述的必要。

二 超越自我在于超越主客二分式

1. "自我"与"本我"

禅宗所说的"空"实际上是指宇宙间的万物不是各自独立不依的,而是处于相互依存、相互转化、永远流变的过程。我同意这个观点。但我还想接着禅宗谈谈我对于超越"自我"的问题的看法,包括我对于禅宗上述思想的一些进一步的理解。

如前所述,整个宇宙,包括自我、人类社会和人的精神意识领域,是一个普遍联系之网,宇宙间任何一个事物,任何一个现象,都是网上的纽结或者说交叉点,每一个交叉点都同宇宙间其他交叉点有着或近或远、或直接或间接的联系,这些联系既包括空间上的,也包括时间上的,宇宙间除了时间上和空间上的现实世界之外再也没有什么超时空的、超验的东西躲藏在现实世界背后。一砖一瓦、一草一木,都是这网上的一个个交叉点,人也是这样一个交叉点,只不过人这个交叉点能意识到"自我",并能超越"自我"。

人生之初，本无自我意识，自从有了自我意识之后，这自我意识就人为地割断了"自我"这个交叉点和别的交叉点（他人和他物）的联系，既把自我实体化了，又把别的交叉点也实体化了，于是自我和他人、他物被分裂为两个彼此外在、相互对立的实体，即主体与客体，这就叫作主客二分。当人超越主客二分、超越自我意识时，人就能悟到禅宗所谓的"真我"（我倒是想把它叫作"本我"），悟到自己原来不是独立不依的实体，而是"空"，不是与他人、他物可以须臾分离的，而是与他人、他物有着千丝万缕的联系，以至于我们可以说，"本我"就是整个联系之网，就是宇宙整体，"本我"所囊括的范围涉及宇宙的每一角落。可以说，"本我"就是我在前几章所说的"万物一体"之整体。试想，割断了我与他人、他物的联系，哪里还有我？甚至割断了前一瞬间之我与此一瞬间之我的联系，也没有我。无他人则无我，无他物则无我，无前一瞬间之我则无此一瞬间之我。

我们也不能把"本我"看作是一个固定的交叉点（当然，任何一个物也都不是固定的交叉点），宇宙间的联系瞬息万变，"本我"处在这个联系之网的整体中，也瞬息万变。说"本我"是空，不是实体，就意味着没有永恒不变之我，意味着它是变动不居的，因为整个宇宙是一个有无不断转化、不断流变的整体。

这样，"本我"在空间上便是无边无际的，在时间上是无始无终的，因而也可以说它是无穷无尽的无底深渊。

但"本我"又是有个体性的，正如整个宇宙之网上每个交叉点——即每个事物都有自己的个体性一样。这是因为，尽管每个交叉点囊括整个宇宙之网，但各个交叉点与其他交叉点的联系和关系又是各不相同、各式各样的：张三与这座山、这条水有切近的、直接的联系，李四与这座山、这条水只有遥远的、间接的联系，张三与这位朋友有切近的、直接的联系，李四与这位朋友只有遥远的、间接的联系；张三有张三的遗传因素，李四有李四的遗传因素，张三有张三的禀赋、气质和潜意识，李四有李四的禀赋、气质和潜意识，如此等等。总之，自然界和社会上的各种事物以至个人自己的各种先天的和后天的生理因素和心理因素，以远近程度不同和千变万化的联系方式构成千姿百态的交叉点或"本我"，因此，每一交叉点、每一"本我"虽然都是同一个宇宙之网的整体，但彼此之间又有各自的个性和独特性。个体性融合在整体性之中，每个"本我"即是整体，整体即是每一个"本我"。这就是为什么"本我"既有我性又超出我性而为宇宙整体的道理。正因为如此，我与他人、他物才融为一体，无有隔碍，而又能同时保持我自己的独立性、创造性和自由。这也就是我所理解的"天人合一"或"万物一体"。

黑格尔最具有普遍性的"绝对精神"也包含个体性，不能简单地认为"绝对精神"排斥个体性，但黑格尔过分强调"绝对精神"的优先地位，实际上"绝对精神"成了超乎个体之上的永恒的东西，因而吞没了个体性。按我这里关于"本我"是交叉点的看法，则"本我"的个体性和整体性都在时空之中，都是现实的，二元性和超验性得到完全克服，整体性不但不吞没个体性，而且更张扬了个体的主动性和创造性。

2. "本我"决定"自我"

我们平常总以为"自我"决定着我的思想、言行，其实，这里的"自我"只是主客二分式中的我。笛卡尔说的"我思故我在"的"我"便是一个实体性的思维者，这个思维者是主客二分式的"自我"。人们经常说，"我观察外部世界"，"我改造外部世界"，这里的"我"是与外部世界对立的、彼此外在的，此"我"也是主客二分式的"自我"。但如果深入研究一下，我们就会提出怀疑：起着思维、观察、改造作用的，或者说，决定着我的思维、观察、改造行为的，果真是这种主客二分式的"自我"吗？我（"自我"）为什么要这样做而不那样做？为什么要这样思想而不那样思想？他（另一个"自我"）为什么要这样做而不那样做？为什么要这样思想而不那样思想？这里的主宰果真只是我（"自我"）吗？主客二分式的"自我"是实体化、对象化的东西，他只在一定程度上是自由不依的，是他自己的思想、言行的决定者，但从全面看，却另有更深层次的、更大范围的、最终的决定者，这就是"本我"——整个宇宙的动态的联系之网，亦即"万物一体"之整体。我说的话表面上完全出自我这个小小的"自我"，实际上是宇宙的联系之网的整体在通过我说话，通过我这个交叉点表达它自己，同样，你说话也是宇宙整体通过你在说话，通过你这个交叉点表达它自己。你和我乃至每个人都是同一个宇宙整体之意义的展示口，每个人的思想、言行最终都是由宇宙整体决定的，都是它的显示。一个窃贼应对他的偷窃行为负责，因为他是这种行为的决定者，给他以处罚，乃是对他的自由意志的承认。但严格讲来，他的自由意志是有限度的，因为这里的"他"（即他的"自我"）是主客二分式的"自我"，这个"自我"尚有"本我"——宇宙整体为其根源；具体地说，他的偷窃行为只能说是以他的"自我"为直接决定者，而最终的决定者是宇宙间无穷无尽的联系在他那里汇合的那个交叉点即他的"本我",也就是说,他的偷窃行为是他所处的自然界、社会、时代以及他自己的思想意识、各种心理状态等无穷无尽的因素以不同的方式或远或近或直接或间接地交织在一起的结果。我们处罚他,是由于承认他的一定限度的自由意志而处罚他主客二分式的"自我",至于超越主客二分的"本我"则是不能受处罚的。也就因为这个缘故,我们在处罚窃贼的同时,总是要分析他的偷窃行为的间接因素。用佛教、禅宗的话来说,每件事物都有"缘起",都是待缘而起,也就是说,都与世界上的其他万事万物有各式各样的、不同程度的联系,都是与它们互相依存的。当然,我们分析某一偷窃行为之所以产生的间接因素时,也只是挑选其中同它有较近的、较直接的重要联系,而不可能穷尽这无边无际的无底深渊。但悟到了这一点——悟到了"本我",就不至于死死盯住"自我"不放,而能超越"自我",对于像偷窃这样的行为就不至于仅仅处罚而已,而能以更广阔的眼光看待和分析他人的恶行。

与"自我"之自由自决只有一定限度的情况不同,"本我"则是无限自由自主的。"本我"不是实体,又不是与有对立的超乎有之上和之外的东西,而是有无不断转化、流变的整体,它是一切事物的根源,而它自己却没有更高的根据或根源,所以它是最有主动性和创造性的。由此观之,我在前面讲的"万物一体"之整体乃是最有主动性和创造性的整体。把这个整体称之为"本我",就是要表示其最终的主动性和创造性。"万物一体"创造一切个体的东西,推动一切个体的东西。

"本我"包含"自我",但它比"自我"更深更广,它既是宇宙整体,又有个性。就其有自己的个性而言,张三的"本我"之外尚有李四的"本我";就其为宇宙整体而言,每个"本我"之外再没有别的什么超乎"本我"之上的东西来主宰"本我"。"本我"就是"如此如此",不能追问它之上还有什么根据或根源。"本我"决定"自我","本我"自身没有更高的决定者。这也就是"本我"之所以最有主动性和创造性的道理。

能否说这种观点是宿命论呢?不然。单纯从"自我"的观点出发,的确有无数在我这里交叉的因素处于"自我"之外,与"自我"对立,"自我"的自由自决和主体性总是有限度的。事实上,"自我"所能左右和控制的范围,与宇宙的整体之网相比,只能说是一些细节。不过,也应当注意到,这宇宙的整体之网对人来说,并非完全异己的,每个小小的"自我"都参与了这宇宙整体之网。而且只要正确认识"自我"的能力的限度,不但不是宿命论,反而更能促进"自我"的能力的发挥,更能促进"自我"在力所能及的范围内尽自己最大的努力创造自己的事业。命运也是可以由"自我"来塑造和改变的。

3. "本我"的观点在于不执着

"本我"与其他每一事物既然都是宇宙整体之网上的交叉点,因此,只要悟到了"本我",也就能悟到其他任何事物都是一个交叉点,这样,也就不会执着于此是此、彼是彼,不会执着于此与彼的僵硬对立,而能悟到此与彼互相交叉——互相融合,此既是此又是彼,彼既是彼又是此。这里的关键在于悟到"本我"不是独立不依的实体而是交叉点,进而悟到其他事物也不是独立不依的实体而是交叉点。只要坚持实体的观点,就必然有此即此、彼即彼的僵硬对立;反之,只有突破实体的观点,才能悟到此与彼的交叉融合。

从"本我"的观点出发,不仅不会坚持事物彼此之间的僵硬对立,更重要的是不会坚持"自我"与他人的对立,不会以"自我"为中心。如前所述,每一个人的"本我"都是同一个宇宙整体网上的交叉点。因此,人与人"一气相通"(王阳明语)、休戚相关。悟到了"本我",就能意识到我与人"本是同根生",从而消极地说不致损人肥己,积极地说,就能同甘共苦、患难相助。

"本我"的观点,说得通俗一点,也就是不执着,就是从宇宙整体的联系之网的观点看待一切:不执着于我就是我,则能在我中看到他人,在他人中看到我,这样,就能有四海之内皆兄弟的广阔胸襟,就连他人的恶行也使自己感到痛心,而不是采取幸灾乐祸的报复心理和狭隘态度。张载说:"民吾同胞,物吾与也。"(《西铭》)"民胞""物与",就是破除"自我"与他人、他物的僵硬对立,达到人我或物我无间、天人合一的境界。另一方面,不执着于此就是此、彼就是彼,则能在此中看到彼,在彼中看到此,在生中看到死,在死中看到生,在苦中看到乐,在乐中看到苦,从而超脱生死苦乐,达到超然的自由境界。张载说:"存,吾顺事;殁,吾宁也。"(《西铭》)我以为此语亦可作如是解,这也就是既不执着于生,也不执着于死。佛教求无生,道教求长生,或执着于死,或执着于生,仍然是执着。我们应该生活一天,就做一天的追求,一日死至,就安然无畏地死去,这才是真正做到不执着,真正做到超脱。所以,我这里所强调的不执着,与我们日常生活中执着地追求,并没有矛盾。日常生活中的执着追求,是坚持不懈地追求之意;我这里所说的执着是僵硬对立,只知其一,不知其二,死抓住一个片面不放。生本来就是不断追求,死本来就是停止追求,生时坚持追求,临死无所求,这正是不执着的人生态度。不执着则能获得自由;反之,执着于生或死,死时贪生怕死,生时欲自绝于尘世,都是不自由。当然,在人生不断地、执着地追求的过程中,还可以有执着与不执着两种态度和胸襟,一种是在追求中,胸次浩然,不因一时有所得而沾沾自喜,不因一时有所失而自暴自弃,这是不执着的态度和胸襟;反之,则是执着。我们应当以不执着的宽阔胸襟,不断地、执着地追求。

4. "本我"与"自我"、"无"与"有"、"中"与"西"的结合

前面谈到西方哲学传统以"有"为最高原则,认为有优于无,肯定优于否定,生优于死,禅宗和道家以"无"为最高原则,认有与无、肯定与否定、生与死同等。我以为,就人生乃是不断向上追求而言,应该承认有优于无,肯定优于否定,生优于死,西方哲学传统以"有"为最高原则,确实是一种积极进取精神的表现;但就宇宙总是有无生死不断流变的整体而言,则这些对立的双方实无高低优劣之分,禅宗和道家以"无"为最高原则,确实能给我们一种旷达超然的胸怀。两者的着重点虽有不同,但不是不可以结合的。我主张积极进取的精神与超脱旷达的胸次相结合,超越一切现实存在物(即"有")的"无"的最高原则应该包含着"有"。这也许是西方传统思想同东方禅宗和道家思想相结合的一个关键。

要达到双方的结合,需要注意各自之所短,取对方之所长。西方哲学有以主客二分式的"自我"和"有"为原则的传统,它强调发挥"自我"的主体性,以征服客体,克服其与客体的对立。但与这种积极进取精神相伴随的是缺乏"无"或"空"的原则,所以西方人缺乏一种把有与无、肯定与否定等量齐观的超然态度。我以为,当今西方人应着重突破主客二分式,克服对"自我"的无限夸大,培养"天人合一、万物一体"的境界。西方现代哲学家如海德格尔等人正不遗余力地从东方引进"无"的原则,强调超然[①],这是西方哲

---

① 例如海德格尔在《形而上学导论》中就不再像《存在与时间》一书那样大谈"此在"(人)对存在的领悟是一种澄明的境界,而强调澄明之境乃是对存在整体的"超越",即"无"。他说:"无是在我们与现实存在物作为整体相合一时才遇到的。"这种超越的目的是"为了回到现实存在物本身并把它们作为整体来把握"。说得简单通俗一点,"超越"和"无"的观点,在海德格尔那里,就是意识到"有"(现实存在物)是"飘摇不定的",他要求我们不执着于"有",从"有"的束缚中解脱出来(参阅拙著《天人之际——中西哲学的困惑与选择》,人民出版社 1995 年版,第 414—415 页,及《进入澄明之境——哲学的新方向》,商务印书馆 1999 年版,第 138—139 页)。

学的一大突破，在某种意义上也可以说是西方正在走向东方的一个趋势。东方的禅宗和道家有天人合一和以"无"为原则的传统，强调旷达、超然，但与此同时，却不免缺乏积极进取之心，所谓"王侯蝼蚁，毕竟成尘"（陆游：《沁园春》），虽有齐贵贱、等有无的超然态度，但其中毕竟含有消极的思想，这类思想延缓了中国历史前进的步伐。我以为，当今中国哲学的发展应在吸取万物一体、天人合一的高远境界的合理思想的同时，着重引进西方近代哲学的主体性原则。当然，这只是就中国旧传统给我们造成的影响而言。若就一般人的日常生活来说，则即使是对于有万物一体、天人合一的传统的现代中国人，超越主客二分式的"自我"以达到万物一体、天人合一式的"本我"和超然境界，仍然是更大的难题，因而也是更应该强调的主题。人处在日常生活中太久了，而日常生活离不开主客二分式，因此，以"自我"为中心的思想在一般人心目中根深蒂固。要超越"自我"，主要靠修养——哲学修养、道德意识和审美意识的修养。而这是一条漫长曲折、需要艰苦磨炼的道路。

第十章
超越之路

上一章的最后已经谈到,要超越自我,进入人与万物一体的高远境界,这是一条漫长曲折而艰苦的道路,决不是一蹴而就的。但这条道路究竟是一条什么样的道路呢?每个人有每个人自己的路,不可强求一致。黑格尔的《精神现象学》倒是为我们提供了一个伟大的范例,可供我们参考。要注意的是,黑格尔哲学走的是一条西方古典的"纵向超越"之路,它教人如何通过认识、思维,超越主体—客体对立中的主体或自我,一步一步地达到主客统一的抽象的概念王国;而我们所要走的路则是一条"横向超越"之路。我们也要超越主客对立中的自我或主体,但我们乃是要不仅通过思维而且要更进而通过想象,一步一步地达到在场与不在场融合为一的万物一体的境界,这是两条道路的根本不同之处。但是第一,这两者都是从要求超越有限的自我或主体的观点出发的。第二,两者的最终目标虽不相同(黑格尔哲学的目标是主客统一的抽象概念,我们的目标是在场与不在场的融为一体),但又都有某种"奥秘性"而与常识相对立:常识总以为自我与客体是对立的,主客统一的抽象概念对于常识的观点来说乃是很"奥秘的";常识的观点总是盯住当前在场的东西,在场与不在场的融合为一对于常识来说也是很"奥秘的"。如何把"奥秘的"东西转化成大家可以接受的"公开的"东西,黑格尔的《精神现象学》直接地为我们做出了一个示范。第三,黑格尔讲的主客统一的思想虽然达到了古典的主客关系思维方式的顶峰,但他的这种思想中也蕴涵了它自己的颠覆,具体地说,即蕴涵了西方现当代哲学的人与世界融合为一的思想,也就是我所说的人与万物一体或者说天人合一的思想。综合以上几点来看,黑格尔《精神现象学》所描述的超越之路对于我们会有非常重大的启发意义。

一 哲学的"奥秘性"与"公开性"

1. 中西哲学都有其"奥秘性"

黑格尔在他和谢林合编的《哲学评论杂志》第一期上发表的一篇文章中说:"哲学按其本性来说就是某种奥秘的东西(etwas Esoterisches)。""哲学只是由于它正好与知性(Verstande)相对立,并从而更与常识(gesunder Menschenverstand)相对立……才成其为哲学;相对于后者而言,哲学的世界自在地和自为地是一个颠倒的世界。"①例如常识和知性的观点总以为主体与客体是对立的、二分的,客体外在于主体,但哲学的观点则相反地认为主体与客体是同一的,而黑格尔死后的一些现当代西方人文主义哲学家则更进而认为哲学的最高境界是超越主体客体关系的,或者用我在前面用过的术语来说,是"后主体性的"("后主体客体关系的")"天人合一"境界。不管是黑格尔最崇奉的"主客同一"也好,或者是"后主客关系的天人合一"也好,对于常识和知性而言都是"颠倒的世界",都是"某种奥秘的东西"。其实,不仅西方的哲学观点是如此,中国传统哲学所讲的"天人合一"(我在前面称之为"前主体性的天人合一"或"前主体客体关系的天人合一"),其中包括儒家所讲的天人合一与道家的天人合一,也都是"某种奥秘的东西",是一种同常识和知性相对立的"颠倒的世界",例如孟子所提倡的"上下与天地同流""万物皆备于我"②,庄子所说的"同于大通""天地与我并生而万物与我为一"③,就是如此。

2. 哲学都有其可以为人所接受的"公开性"

但是,说哲学是"奥秘的",这并不等于说哲学是高不可攀的。黑格尔

---

① Hegel·Werke,第2卷,第182页。
② 《孟子·尽心上》。
③ 《庄子·大宗师》,《庄子·齐物论》。

在《精神现象学》中特别强调这一点。他认为哲学所奉为最高原则的东西，一方面是单纯的东西，另一方面又不能停留于单纯性中，它需要陈述或表达自身，需要特殊化和加以详细的规定，即是说，需要有一个展开自身的过程，否则，哲学就"只是少数个别人的一种内部秘传的东西"，而"缺乏普遍理解的可能性"。黑格尔主张："只有完全规定了的东西才是公开的、可理解的，能够经学习而成为一切人的所有物。"①所以哲学在黑格尔看来既是"奥秘的"，又是"公开的"(exoterisch)。② 美国当代哲学家萨利斯教授在《黑格尔关于陈述的概念》一文中开宗明义就阐释了黑格尔关于哲学具有"奥秘性"与"公开性"的观点，他说："哲学就其使它自己适合于它的实质(Sache)的道路，适合于它的世界、一个颠倒的世界的道路而言，它是奥秘的(esoteric)，但就它给所有想从事哲学的人提供忍受进入哲学的颠倒的可能性而言，它又是公开的(exoteric)。""哲学的特殊的奥秘性规定着想提高自己进入哲学的初学者所需要的严格性：[因为]转向哲学是需要一种激烈的颠倒的。而且这种颠倒的本质因素是一种激烈地偏离原来的方位，其偏离之激烈只有用'怀疑主义'这个名字才适合于说明之。"③这里的"怀疑主义"就是指《精神现象学》所说的对"自然意识"(常识和知性)按照主客二分观点所以为是真的东西不断加以怀疑、加以否定的过程；正是通过这个怀疑主义的过程，初学哲学的人才逐步否定原来的常识的观点，进入一个颠倒的世界，即哲学的世界，在这个世界里，主体与客体不是二元对立的，而是同一的。由此观之，对于我们这些初学哲学的人来说，要想进入哲学之堂奥，首先要有点怀疑的精神，即对习以为常的东西加以怀疑。萨利斯在阐释了哲学的"奥秘性"之后紧接着说："不过从另一方面看，哲学又是公开的，哲学不得不给初学者以可能性使其进入这种偏离原来方位的颠倒，亦即提供(在严格意义下)一种进入哲学的引导(introduction)。[这也就是说]进入哲学这一激烈偏离原位和颠倒的运动过程必须加以陈述(presented)。入门的陈述(Darstellung)是必需的。而精神现象学就意在满足这种需要。"④萨利斯引证了上述黑格尔发表于《哲学评论杂志》上的那篇文章中的一句概

---

① 黑格尔：《精神现象学》上卷，贺麟、王玖兴译，商务印书馆1962年版，第8页。
② Hegel · Werke, 第3卷, 第20页。
③ John Sallis, *Delimitations*, Indiana University Press, 1995, pp. 41-42.
④ Ibid., p. 41.

括性的话:"哲学诚然必须承认民众有提高自己进入哲学的可能性,但是它又不能把自己降低到民众的水平。"①

黑格尔关于哲学的"奥秘性"与"公开性"的观点以及萨利斯教授的阐释启发了我们:哲学的最高境界,无论是集西方传统形而上学之大成的黑格尔的主客同一也好,或者是黑格尔死后西方现当代的超主客关系论或"后主客关系的天人合一"也好,甚至是中国古代的"前主客关系的天人合一"也好,首先都有其"奥秘性",但又都有其"公开性",都有让一切想从事于哲学的人达到哲学世界的可能性和过程,即是说都有路可循,尽管这种"公开性"的程度在各个不同的哲学家那里有非常大的差距,以至于强调哲学的"公开性"、强调导入哲学世界的"陈述"过程的漫长性和曲折性的黑格尔斥责谢林的直观哲学是"手枪发射式的"哲学,是一蹴而就的、根本缺乏过程的哲学,或者说是"没有公开性"的哲学。

在中国哲学史上,庄子主张通过"心斋""坐忘"以达到"同于大通""天地与我并生而万物与我为一"的最高境界。所谓"心斋""坐忘"就是除去思虑和知识,有点类似于谢林的浪漫式的直观方法,不免有"手枪发射"、一蹴而就、缺乏"公开性"之嫌。孟子主张通过"强恕""求仁""反身而诚"以达到"万物皆备于我""上下与天地同流"的最高境界,这是走的一条非浪漫式的道路。所以孟子说:"天将降大任于是人也,必先苦其心志,劳其筋骨,饿其体肤,空乏其身,行拂乱其所为,所以动心忍性,曾益其所不能。"②这段话说明孟子所走的道路艰苦曲折,与黑格尔所主张的否定性过程即忍受痛苦、劳作之类的对立面而又能战胜对立面的过程有相近之处。但这只是就孟子与庄子对比而言。孟子作为东方的中国古代哲学家,当然远未能达到西方近代的主客关系式的水平,我们不能要求孟子把他所走的非浪漫式的道路提升到主客对立而又不断克服这种对立以达到统一的黑格尔哲学的高度。相对于黑格尔主张哲学的"公开性"在于经历漫长曲折的主客对立和不断克服对立的"陈述"过程而言,中国传统哲学,无论是庄子的哲学还是孟子的哲学(包括宋明理学对孟子哲学方法的发挥),都是比较缺乏"公开性"的。中国哲学未来的发展应该既坚持其"奥秘性",具体地说,即坚持其天

---

① John Sallis, *Delimitations*, Indiana University Press, 1995, p. 40; Hegel · Werke, 第2卷, 第182页。

② 《孟子·告子下》。

人合一、万物一体的高远境界，又要强调"公开性"，强调达到这种高远境界所必须经历的道路和过程，具体地说，我以为就是要强调主体与客体的对立矛盾和克服对立矛盾的过程。

二　哲学的彻底的"公开性"在于永不脱离时间性和有限性

1. 黑格尔哲学的"公开性"的不彻底性

黑格尔所谓哲学的"奥秘性"和"公开性"的关系问题实际上是讲的无限性和有限性的关系问题。有限的东西总是在自身之外尚有他物与之对立，有他物限制着它自身，常识与知性只看到事物的有限性，而黑格尔则认为哲学正是要把常识和知性的观点"颠倒"过来，看到任何一个有限的东西不单纯是与他物对立的"自在的东西"，而且是构成自身的一个不可缺少的组成部分；有限的东西在他物中仍然保持在自身中，主体在客体（对象）中仍然保持在主体自身之中，这也就是黑格尔所用的一个术语：任何一物不仅是"自在的"，而且是"既自在又自为的"①，这也就是主体与客体的同一，而这种同一性正是黑格尔所崇奉的精神的无限性。有限性讲的是一物与他物、主体与客体的相互调和、相互统一。从有限性的眼光来看，无限性是奥秘的，哲学正是要尊崇这种"奥秘性"。但黑格尔强调，无限性只有通过有限性才能实现，对立面的同一性或主体与客体的同一性只有通过它们的对立性、矛盾性才能实现。正因为如此，哲学的"奥秘性"，或者说无限性的精神，在黑格尔看来并不是远离人的有限性精神而高不可攀的，它对有限性的精神（人）来说是可及的、"公开的"。黑格尔哲学的辩证性正在于他主张哲学要"超越"有限以达到无限，但必须在有限性中、在对立的东西中实现这种超越；精神的无限性具有"绝对否定性"的内在动力，能不断地否定有限性，所以离开了有限的东西，就没有可以超越的东西，离开了对立的、矛盾的东西，就没有可以调和、可以统一的东西。这就是黑格尔所提倡的超越之路。

但是，黑格尔毕竟是一个传统的形而上学家，他在《精神现象学》最后一章"绝对知识"中明确宣称，精神现象学在经历了一条漫长曲折的对立矛盾的有限性和克服这种有限性的过程之后所达到的"纯粹概念"，是"把时

---

① 参阅 John Sallis, *Delimitations*, p.52。

间消灭"了的,或者说是"扬弃"了"时间形式"的,"时间是作为自身尚未完成的精神的命运和必然性而出现的"。① 这就表明黑格尔最终仍然主张有一个超出时间之外和之上的、从而超出有限性之外和之上的无限性概念,它是有限的东西所不能企及的。这样,黑格尔所谓哲学的"公开性"就毕竟不免遭功亏一篑之讥,反对超越形而上学的黑格尔最后还是陷入了超越形而上学。即使在《哲学全书》中黑格尔强调了"纯粹概念"的"外化"与"回复",强调了"纯粹概念"与自然和人类精神的不可分离的结合,但《哲学全书》的最高环节、精神哲学的最高阶段"哲学知识"又回到了"纯粹概念",即回到了超出时间之外和之上的领域。这样,黑格尔哲学的最后目标就仍然具有"奥秘性",他的哲学的"公开性"是不彻底的。

2. 哲学的"公开性"的彻底性在于从在场到不在场的超越始终不脱离时间和有限的现实

如前所述,现当代人文主义思潮的哲学家大多反对黑格尔的超时间、超现实、超有限性的概念哲学,认为那是一种"在场形而上学",他们主张现实世界是在时间之内的,所谓超出时间之外和之上的概念王国是抽象的。他们从根本上打破了以黑格尔为代表的主客关系的传统框架,倡导一种超主客关系论。海德格尔所讲的"此在与世界"的关系就是这种超主客关系论的一个典型,他认为人与世界是融为一体的,人并不是作为主体而在作为客体的世界之外的,人乃是一向寓于世界之中。这种人与世界交相融合的一体不同于黑格尔所谓作为主客同一的一体:黑格尔的主客同一体如前所说,最终是超出时间之外和之上的纯粹概念,现当代哲学所讲的人与世界交相融合的一体始终都不超出时间之外和之上;黑格尔的主客同一的一体与现当代哲学所讲的人与世界交相融合的一体都可以称为无限,但它们是两种不同意义的无限,前者是一个超时间的最完满的概念,即黑格尔自己所主张的所谓"真无限",后者是在时间之内的无穷进展,即黑格尔所贬称的"坏无限"。我以为黑格尔所主张的"真无限"归根结底是抽象的,而他所贬低的"坏无限"倒是现实的、具体的。我们应该倡导在时间之内无穷进展的无限性和一体性。② 时间之内无穷进展的无限性在现当代哲学的观点看来,也

---

① 黑格尔:《精神现象学》下卷,贺麟、王玖兴译,商务印书馆1979年版,第268页。
② 参阅本书第五章。

具有一体性，因为任何一个在场的东西和不在场的，然而同样在时间之内的无穷多样、无穷进展的东西是一气相通的，中国哲学所讲的"万物一体"，也是这样一种具有无穷进展意义的一体，而不是超时间的"纯粹概念"。

然而，要达到这种与时间之内无穷进展意义下的无限性相结合的"万物一体"的"奥秘"境界，却也需要经历一个漫长的过程，从而使哲学具有彻底的"公开性"。黑格尔的超时间的"真无限"和"主客同一"的概念使他的反传统形而上学的哲学特性功败垂成、功亏一篑；但批判了他的最终失足之处，转向现当代哲学的"万物一体"观（借用中国哲学的术语）之后，如果能进而把黑格尔所强调却未能贯彻到底的无限必须通过有限、忍受有限、忍受对立矛盾的思想加以吸收和发挥，哲学的"奥秘性"和"公开性"将会结合得更加紧密。中国传统哲学所讲的"天人合一"或"万物一体"，尽管各家的说法不一，但不同程度地都有待于阐发"公开性"。西方现当代哲学的人文主义思潮经历了欧洲长期的主客关系思维方式的洗礼，其所提倡的哲学最高境界是包含有限性和主客的对立矛盾在内的，但由于它的注意力重在批判黑格尔的超越形而上学，因而对黑格尔关于无限必须忍受有限、忍受对立矛盾才能超越有限的思想未能充分发挥和发展。

我们反对传统形而上学的超越，但并不反对任何意义下的超越。传统形而上学要求超越到超出时间以外和以上的概念王国的领域，我们所讲的超越则是超越在场的东西进入隐蔽在其背后的不在场的东西，这些不在场的东西同样是在时间之内的具体的东西。在场的东西总是有限的，而不在场的东西是在场的东西的根源，它们是无限的，这里的无限是无穷无尽、无穷进展之意。我们所讲的超越就是超越有限进入这种无穷无尽、无穷进展的无限广阔的天地。我们所讲的超越，既意味着不停留于当前的东西，又仍然在现实的世界里，这种由超越所到达的无限才是彻底地与有限不相分离的。黑格尔批评他所谓的"坏无限"实际上还是有限之物，我们则认为黑格尔所批评的正是我们所赞赏的，因为现实的具体的无限正是有限之物的无穷延伸和扩展。黑格尔最终对康德的警告置若罔闻，以为鸽子要想飞得更高就得摆脱时间和有限性的空气阻力，我们则认为鸽子始终只能在时间和有限性的空气里飞翔，而时间和有限性的空气所拥有的空间是无穷无尽、广阔无垠的。

根据以上所说，我以为，现实的超越之路就在于一丝一毫、一时一刻也不脱离时间和有限性，要勇敢地面对和忍受时间和有限性的磨炼，体悟到在场的东西是与不在场的无限性结合为一的,从而进入一种"天人合一""万物一体"的高远境界。

三　超越有限的历程

人自从有了自我意识以后,首先总是从有限的观点看事物,把任何一个事物都看作是与人和其他事物相互外在、相互对立的,然后才在对立矛盾的磨炼中体悟到物与物、物与人、人与人是处于息息相通的一体之中的,这就叫作从无限的观点看事物,或者叫作超越。

1. 进入人与自然融合为一的超越之路

首先,就人与自然的关系来说。人在开始时总是把自然看作是外在于人自身的,与人自身相对立的;同时也把自然中的此一现象与彼一现象看作是不相联系、彼此外在的,于是盲目地对抗自然,遭到自然对人的报复。在这样的长期磨难中,人逐渐认识到自然中的各种现象是有内在联系的,这就有了对自然规律的认识,可以算作是对自然有限物的一种初步的超越。有超越就有自由,对有限的初步超越就意味着初步的自由。但人们的通常意识还是把自然规律看作是外在于人自身的、与人自身相对立的,人们还不知道人与自然"本是同根生",不知道人与自然处于相通相融的一体之中,双方都服从同一规律,于是对自然规律采取被动的甚至敌视的态度,这仍然是一种有限的观点,仍然是一种不自由,有待于做进一步的超越。黑格尔在《精神现象学》中把人的意识从个别认识的"感性确定性"到普遍规律性认识的"知性"通统作为主客对立和外在的观点列入意识发展的初级阶段,道理也就在此。

人若能在超越之路上进一步认识到自然规律与人是一体相通的,从而对自然规律采取一种积极肯定、主动顺应的态度,就像尼采所说的用"命运之爱"的热情对待必然性、规律性,这就是"强者的精神",也就是进一步的自由。黑格尔的《精神现象学》在讲到由规律性认识到"知性"到"自我意识"的转化和过渡时,只是抽象地说到"知性"阶段中主体与客体的对立被扬弃了,主客的同一在"自我意识"阶段中被建立起来了,而没有具体谈到如何用主客同一的观点即无限的观点看待自然规律的问题,在这方面尼采的思想对我们所讲的超越之路更有启发意义。

2. 进入人与人融合为一的超越之路

其次,谈谈人与人的关系。以"万物一体"为基础的"民胞"精神也是要经过漫长的超越有限性之路才能达到的。我且借《精神现象学》所用的例子来说明。一个没有受过任何教化的人,或者历史上的野蛮人,总是从有限的观点看待他人,把他人仅仅看作是自己的对立面,为了满足个人的欲望,往往抹杀他人的存在,甚至杀死他人,但是在生活的磨炼中,正如黑格尔在《精神现象学》和《哲学全书》的精神哲学部分中所描述的那样,人认识到杀死他人、抹杀他人的存在,反而使自己孤立无援,不可能实现自己,不如保留他人的生存权,蓄人为奴,把自我与他人的关系变成主奴的关系。以主奴的观点对待他人比起简单地杀死他人,在超越有限的道路上无疑是前进了一步,尽管它是不公平的。但是,人在以主奴关系的眼光看待他人的过程中,又逐渐认识到自己离开了奴隶反而失去了自己的独立自主性,不如承认对方和自己一样是独立自主的主体,这样,人的超越有限之路就由"主奴关系"的观点提升到黑格尔《哲学全书》所说的人与人"相互承认"的"普遍的自我意识"阶段。现代哲学家胡塞尔和当代哲学家哈贝马斯所讲的"互主体性"("主体间性")就是对黑格尔的"相互承认"的观点的阐发和发展。我们在下面没有必要按照《精神现象学》所描述的意识发展的诸阶段逐一加以细述(事实上,《精神现象学》以后的《哲学全书》已省略了"相互承认"的"普遍自我意识"阶段以后的诸阶段,例如"斯多亚主义""怀疑主义""苦恼的意识"),仅仅以上所说的由杀死他人到视他人为奴到相互承认对方的独立自主性,就足以说明,建立在"万物一体"基础上的"民胞"精神是通过有限、超越有限的漫长道路上磨炼出来的,人并不是一下子达到这种高远境界。人类历史是如此,当今人们意识的发展也是如此。人类历史经历了原始社会、奴隶社会、封建社会以至如今,思想家们才大谈在黑格尔所讲的"相互承认"的"普遍自我意识"基础上发展起来的"互主体性"和人与人之间的平等对话;而就当今人们的意识来说,主奴意识仍在很多人的意识中占主导地位,平等对话往往还是犯忌讳之词,可见,超越有限之路是要在漫长的、忍受对立矛盾的痛苦中走过来的。黑格尔说,主奴意识的基础是"霸权"[①],这和"民胞"精神的基础是"万物一体"正好形成鲜明的对比。但我

---

① 参阅拙著《论黑格尔的精神哲学》,上海人民出版社1986年版,第39页。

相信，人们在超越有限的道路上必将战胜"霸权"而进入"万物一体"之境，尽管这条道路是漫长曲折的，是异常艰苦的。

四　超越有限是一种长期磨炼的过程

1. 中国传统哲学的超越之路包含磨炼

由此可见，我们所崇尚的"万物一体""天人合一"的境界既是高远的，又不是"奥秘的"。这种境界就在现实的、有限的事物之中，就在人与物打交道的具体活动之中和人与人的生活交往之中，就在人类社会历史的发展过程之中。只要人们不死盯住有限的、在场的东西，而放眼于不在场的东西，认识到不在场的东西也是现实的，是与在场的东西结合为一的，这无限广阔的境界就会出现在当前。所以"奥秘的"境界又是"公开的"——是人人都可企及的，当然，这需要经过艰苦的、长期的磨炼。中国儒家主张"去私"，庄子主张"心斋""坐忘"即"去智"，在他们看来，这些就是超越有限之路。其实，"私"也者，"智"也者，都是主客二分的产物，人不可能不生活在主客二分之中，不可能没有"私"（非指损人利己之私），不可能不要"智"（关于儒家是否绝对地否认私，庄子是否绝对地否认智的问题，兹不具论），问题在于既要经过"私"和"智"，又要从"私"和"智"中挣扎出来。"私"和"智"是有限的在场的东西①，而从中挣扎出来，看到不在场的东西，这就是超越有限，进入无限（再重复一句，这里的无限是指现实中时间之内的无穷进展）。有"私"有"智"而从中挣扎出来，这就有痛苦，有磨炼，所以超越之路意味着痛苦和磨炼之路，高远的境界与忍受痛苦是不可分离的。那种以为脱离红尘、不识不知就是"天人合一""万物一体"的圣洁清高的看法，把"天人合一""万物一体"理解为单纯的悠闲自在、清静无为的看法，是对超越的误解，这种所谓超越，实无可超越者、无可挣扎者，既无痛苦磨炼，也谈不上圣洁高远。

2. 黑格尔的"经验"概念的磨炼意义

我在上面所用的"磨炼"一词，其具体意义实指在意识发展过程中获取

---

① 关于普遍规律和概念之类的"智"是"恒常的在场物"这一点，我在其他许多地方已多次讲过，这里就不再论述了。

教训,相当于黑格尔《精神现象学》"导论"("序言"中也提到过)中所用的"经验"一词的含义。黑格尔《精神现象学》一书最初用的副标题是"意识的经验的科学",意思是,意识在自己的发展过程中认识到,原先以为是外在于主体的对象或客体,实际上是与主体同一的,也就是说,原先以为是真的,后来才认识到,那种认识是不真的,只有认识到客体与主体是同一的,才是真理。这种认识上的"转换"就叫作"经验"。其实,黑格尔的"经验"也可以说是一种教训,教训就是认识到原先以为是真的后来才知道是不真的。黑格尔在《精神现象学》中所描述的意识发展过程就是一个不断接受经验教训的进程:意识发展过程中的每一个阶段,在其当时,总自以为是真的,后来才知道此一阶段仍然是把客体看作是外在于主体的,因而是不真的,意识于是向前发展到下一阶段以克服这种主客的相互外在性与对立性;但下一阶段自以为是真理的认识,等到后来又认识到此种认识仍然没有克服主客的相互外在性与对立性,意识因而又不得不再向前发展……如此递进,以至最后达到主客的绝对同一即"绝对知识"。我称这一过程为"磨炼",就是取其不断地接受教训之意。黑格尔是集传统的主客关系思维方式之大成的哲学家,他强调通过意识的"经验"过程或者说通过认识上的不断"转换"过程所要达到的目标是主体与客体的最终的同一,即认识到所谓外在于主体的客体最终是与主体同一的。

3. 超越在场是不断磨炼的过程

我们参考西方现当代人文主义思潮的哲学观点,认为意识所经过的"转换"过程,或者说"磨炼",乃是要把死盯住在场的东西的观点,不断地"转换"为与无穷的不在场的东西结合为一的观点。这一过程也是漫长曲折的,而且是永无止境、无穷进展的,因为在场与不在场相结合的"万物一体"是无穷无尽的统一体,不是一个最圆满的所谓"真无限"的概念。且举黑格尔所用的杀死他人的野蛮观点到蓄人为奴的观点再到相互承认对方的独立自主性的观点为例。黑格尔是站在传统形而上学的立场上以此说明主客的对立同一,我则想以此说明如何从死盯住在场的观点发展到在场与不在场相结合的观点。杀死他人的野蛮观点乃是只看到在场的自我,完全抹杀自我存在背后的根源即他人。这种野蛮观点必然会使人接受一种教训:没有他人的生命与存在就没有自我。人们的意识于是发展到蓄人为奴的观点。蓄人为奴虽然是不公平的,但较之杀死他人毕竟在认识自我背后的不在场者方面前进了一步。主奴意识是一种霸权意识,这种人也是只盯住在场的东西,认为权势财富这些眼前的东西是最真实、最现实的,看不到隐藏在权势、财富背后不在场的根源是被统治者、被压迫者,他们才是真正的主人。霸权主义者在社会生活的进展过程中最终也会接受社会或历史的教训与惩罚,认识到他人和自我具有同等的独立自主性,意识的发展就这样进展到"相互承认""互主体性"以至人己一体的境地。"万物一体""民胞物与"的境界就是这样一步一步地通过不断接受教训和磨炼才达到的。超越之路是艰苦的,需要有自强不息的精神和勇气。

4. 人类思想史上对有限性的两次巨大超越

人类的思想史是一个企盼超越有限的历史:原始思维没有普遍性的概念,一切都用有限的、个别的东西来指示。① 普遍性概念的产生使人们从有限性和个别性的束缚中解放出来,是人类思想史上的一个巨大进步,是对有限性的第一次巨大的超越。但以柏拉图和黑格尔为代表的西方传统形而上学却标志着人类思想对普遍性概念的过分夸大,以致普遍性概念被这类哲学家们不同程度地抬高到超出时间之外和之上的抽象领域,这样的超越最终使哲学变得脱离现实和人生,令人望而生畏。现当代人文主义思潮的哲学家们批判了超时间、超现实的概念哲学,主张哲学的真理和人生的最高意义与价值就在时间性之内的现实世界之中,但又认为这种真理和人生意义不在于死盯住当前的在场的东西,而在于超越这种在场的东西的有限性,体悟到隐蔽在其背后的与之相联系的不在场的东西的根源性,体悟到在场与不在场的一体性。这种对有限性的超越不是从时间之内的现实物超越到非时间性的抽象概念王国,而是现实世界之内的超越,是不脱离现实的超越,这是人类思想发展史上的第二次对有限性的巨大超越,它使人们的注意力从抽象的天国回到具体的人间,把哲学和人生变得更具诗意。我在本书前面的章节中把前一种超越叫作"纵向超越",后一种超越叫作"横向超越"。我以为"横向超越"相对于"纵向超越"来说,是人类思想发展史上更进一步的大解放,探索"横向超越"的超越之路具有极其现实的意义。

---

① 参阅列维-布留尔:《原始思维》,丁由译,商务印书馆1981年版,第162—170页。

第二篇 审美观

"美学"(aesthetics)一词源于希腊文 *aisthesis*,意思是感觉(perception)。它首先由18世纪德国哲学家鲍姆嘉通(Alexander Baumgarten,1714—1762)在《关于诗的哲学默想录》一书(1735)中提出。1750年,他正式用Aesthetica称呼他关于感性认识的研究专著,中文译名为《美学》,亦译《感性学》。他关于Aesthetica的定义是关于感性认识的科学,比我们现在一般理解的审美意识的范围要广泛得多,只是由于鲍姆嘉通把感性认识与美联系起来,并用较多篇幅研讨了审美意识的问题,这才让后人把他的感性学等同于美学。美学这个学科的名称在历史上的出现是很近的事,从鲍姆嘉通算起也不过二百多年的历史,而且关于美学的研究对象也异说纷纭。尽管如此,我们仍然可以说,无论在东方、在中国,还是在西方,关于审美意识的美学思想却早已有之。中国在先秦,西方在古希腊都已有了美学思想。我这里所说的审美意识和美学思想都是指广义的,不仅包括古希腊文化的美,也包括希伯来文化的崇高(之美),不仅包括西方的美学思想,也包括中国的诗意境界,如此等等。它们彼此之间都是相通的。本书的这一篇标题没有定为美学,原因是不打算全面地介绍美学的各种定义、对象和思想内容,而只是想讲述我在第一篇中所讲的哲学基本思想和基本观点在审美观方面的体现。所以这一篇的目的不是要概论美学本身,而是要从审美观的角度对上一篇中提出的哲学基本思想和基本观点做进一步的申述。

第十一章
审美意识的在世结构：
人与世界的融合

本书第一章已经论述了人对世界的两种结构——"人与世界融合"与"主客关系"式以及这两者之间的关系问题。本章拟根据第一章中关于"人与世界融合"和"主客关系"的界定和观点，讨论一下审美意识，或者说，美感的问题。我们的基本观点是，按主客关系式看待人与世界的关系，则无审美意识可言；审美意识，不属于主客关系，而是属于人与世界的融合，或者说天人合一。

一 审美意识：人与世界融合的产物

1. 审美意识在于"天人合一"与"情景合一"

学者们一般都把审美意识放在主客关系中来讨论：有的主张审美意识主要源于主体；有的主张审美意识主要源于客体；有的主张审美意识是主客的统一。不管这三种观点中的哪一种，都逃不出主客关系的模式。其实，主客关系式的特点归根结底，在于把主体与客体二者都看成是两个彼此外在、相互独立的实体。主体的本质是思维，他是一个能思维——能认识的思维者或认识者。尽管按照主客关系的模式来看待人与世界的关系的各派哲学家们，没有一派不采取某种途径以求达到主客之间的统一,但这种统一都是在主客关系式的基础上达到的统一,即是说,都是主体对原本在主体以外的客体加以认识、思维的结果。

主客关系式就是叫人(主体)认识外在的对象(客体)"是什么"。可是大家都知道,审美意识根本不管什么外在于人的对象,根本不是认识,因此,它也根本不问对方"是什么"。实际上,审美意识是人与世界的交融,用中国哲学的术语来说,就是"天人合一",这里的"天"指的是世界万物。人与世界万物的交融或天人合一不同于主体与客体的统一之处在于,它不是两个独立实体之间的认识论上的关系,而是从存在论上来说,双方一向就是合而为一的关系,就像王阳明说的,无人心则无天地万物,无天地万物则无人心,人心与天地万物"一气流通",融为一体,不可"间隔",这个不可间隔的"一体"是唯一真实的。我看山间花,则此花颜色一时明白起来,这"一时明白起来"的"此花颜色",既有人也有天,二者不可须臾"间隔",不可须臾分离;在这里,我与此花的关系,远非认识上的关系,我不是作为一个植物学家去思考、分析、认识此花是红或是绿,是浅红或是淡绿,等等。我只是在看此花时得到了一种"一时明白起来"的意境,我们也许可以把这意境叫作"心花怒放"的意境吧。这个用语不一定贴切,但我倒是想借用它来说明这意境既有花也有心,心与花"一气流通",无有"间隔"。这里的心不是认识、思维,而是一种感情、情绪、情调或体验。我们说"意境"或"心境""情境",这些词里面都既包含有"境",也包含有"心""情""意",其实都是说的人与世界的交融或天人合一;审美意识正是一种天人合一的"意境""心境"或"情境"。中国诗论中常用的情景交融或情境交融,其实都是讲的这个道理。南朝梁刘勰《文心雕龙·物色篇》:"情以物迁,辞以情发。"这里已有情景合一的思想。唐皎然认为诗人的真性情须通过景才能表现,情景合一才能构成诗的意境。唐司空图主张"思与境偕"。明清之际的王夫之关于情景合一的理论更有系统性。他说:"情不虚情,情皆可景;景非滞景,景总含情。"(《古诗评选》卷五)这就是说,无景之情和无情之景皆不能形成审美意象。中国古典诗论中的情景合一说是中国美学思想中的一个重要组成部分。这里不打算在这方面做详细的论述。我倒是想举几个例子,具体说明为什么审美意识是天人合一、情景合一的产物。李白的《菩萨蛮》:"平林漠漠烟如织,寒山一带伤心碧,暝色入高楼,有人楼上愁。"山本无所谓寒,碧亦无所谓伤心,"寒山"与"伤心碧"皆因一个"愁"字而起,是"愁"的心情与"碧山"之境交融的一种情境或意境,也就是一种天人合一。我们不妨举李白另外两首诗为例,也许更能说明问题。《早发白帝城》:"朝辞白帝彩云间,千里江陵一日还。两岸猿声啼不住,轻舟已过万重山。"如果简单地把这首诗理解为描写三峡水流之急速,那就不过是按照主客关系模式对客体(三峡水流)的一种认识,未免太乏诗意,太乏审美意识。这首诗的意境主要在于诗人借水流之急速表现了自己含冤流放,遇赦归来,顺江而下的畅快心情。这里,水流之急速与心情之畅快,"一气流通",无有间隔,完全是一种天(急速的水流)人(畅快的心情)合一的境界,哪有什么主体与客体之别?哪有什么主体对客体的思维和认识?当然也无所谓主体通过思维、认识而达到主客的统一。李白的另一首诗《秋浦歌》之四:"两鬓入秋浦,一朝飒已衰。猿声催白发,长短尽成丝。"猿声通过一个"催"字与白发融为一体,这"催"字所表达的意境是猿声与白发的融合,也是一种天人合一的境界,远非主客关系所能说明。有趣的是,与前面一首诗相比较,似乎是,那首诗里的猿声与心情之畅快联系在一起,这首诗里的猿声却与暮年的慨叹联系在一起,这是否意味着审美意识仅只源于人的主观心情呢?我以为不完全如此。前一首诗里的猿声是在飞速的动态中听到的,"啼不住"者,舟行太快,余音未尽之意也,这正足以表现诗人的畅快之情。后一首诗里的猿声,虽未明言动静,但看起来似乎是在静态中听到的,静态中听白猿啼叫声,自然使人倍增愁绪。《秋浦歌》之二:"秋浦猿夜愁,黄山堪白头。"静夜中听猿声,当然更令人感到婉转凄绝。这两首《秋浦歌》里的猿声与"两岸猿声啼不住"的猿声显然不是完全一样的。从《早发白帝城》和《秋浦歌》的对比可以看到,审美意识或意境既非单方面的境或景,亦非单方面的情或意,而是人与世界、天与人"一气流通"、交融合一的结果。

2. "无我"—"有我"—"忘我"

人生之初,都有一个原始的天人合一或不分主客的阶段,在这个阶段中,谈不上主体对客体的认识,或者说谈不上知识,随着岁月的增长,人逐渐有了自我意识,有了主体与客体之分,因而也有了认识和知识,能说出这是什么,那是什么,这是人的成长过程之必然。但仅只认识到这是什么,那是什么,则无论你认识到的"什么"如何之多,无论你的知识如何之宏富,也不能说你是诗人,说你有诗意或审美意识。知道不可能代替审美意识。也许就因为人在日常生活中,出于日常生活的需要,过多地、过久地习惯于用主客关系的模式看待人和世界的关系,所以大多数人在一般情况下,都缺少诗意或审美意识,只有少数人才成为诗人和艺术家。这少数"优选者"的诗意或审美意识从何而来? 我想做一个简单的回答,就是超越主客关系式,达到更高一级的天人合一境界。谁多一分这样的境界,谁也就多一分审美意识。中国传统哲学之不同于西方传统哲学的一个特点就在于前者重天人合一,而后者重主客关系。也许就是因为这个缘故,中国成为一个公认的诗的国度。《老子》教人复归于婴儿,教人做愚人,其实不是真正的婴儿和愚人,而是超越了知识领域的高一级的婴儿或愚人,也就是超越了主客关系模式的天人合一境界。诗人可以说是高级的"婴儿"或"愚人"。《老子》的这套理论我以为不仅是一般的哲学观点,而且可以看作是一种美学理论。这个理论很可以说明审美意识之产生的根源。婴儿在其天人合一境界中,尚无主客之分,根本没有自我意识,这种原始的天人合一,我姑且把它叫作"无我之境";有了主客二分,从而也有了自我意识之后,这种状态,我且称之为"有我之境";超越主客关系所达到的更高一级的天人合一,应该说是一种"忘我之境"。审美意识都是忘我之境,也可以说是一种物我两忘之境。物我两忘者,超越主客之谓也。诗人都是忘我或**物我两忘**的愚人。所以审美意识的核心在于"超越"二字。这里要注意的是,超越不是抛弃,超越主客关系不是抛弃主客关系,而是高出主客关系,超越知识不是不要知识,而是高出知识。

二 审美意识的特点:超越性

我们平常说,审美意识有直觉性、创造性、愉悦性和不计较利害等等特点,其实,这些特点都可以用我这里所说的超越主客关系的超越性来说明。

1. 审美意识的直觉性

审美意识具有直觉性,但不能认为所有的直觉都是严格意义的审美意识,初生婴儿的直觉就是如此。任何对于事物的原始的感性直觉,如对于一片红色的感性直觉,对于一块坚硬的石头的感性直觉,其本身都不能构成审美意识。马致远的小令《秋思》:"枯藤老树昏鸦,小桥流水人家,古道西风瘦马。夕阳西下,断肠人在天涯。"这里的藤、树、鸦、桥、水、家、道、风、马等等,就其本身而言,都是感性直觉中的一些零星对象,无审美意识可言;即使把这首小令归结为"藤是枯的""树是老的""水是流动的""道是古的"等等认识上的述语,那显然也是极其平庸乏味、滑稽可笑的。这些述语不过是主客二分模式的产物。这首小令的诗意在于通过审美直觉的感性直接性表达了超越认识对象（不是离开或抛弃认识对象）之外的思致，即诗人的惆怅之情。小令所描绘的决非认识对象或事物性质的简单罗列，而是一幅萧瑟悲凉的情境。藤之枯、树之老、鸦之昏、桥之小、道之古等等，根本不是什么独立于诗人之外的对象的性质，而是与漂泊天涯的过客之凄苦融合成了一个审美意识的整体，这整体也是一种直接性的东西，是一种直觉，但它是超越原始感性直接性和超越认识对象的直觉和直接性。可以说，不经过原始直觉，不经过主客二分而认识到藤之枯、树之老，鸦之昏等等，不可能有审美意识；但要达到审美意识，又必须超越它们，达到更高的天人合一。

这里顺便谈谈思与诗或审美意识的关系问题。思属于认识。原始的直觉是直接性的东西，思是间接性的东西，思是对原始直觉的超越，而审美意识是更高一级的直接性，是对思的超越。如前所述，超越不是抛弃，所以审美意识并不抛弃思，相反，它包含着思，渗透着思。可以说，真正的审美意识总是情与思的结合。为了表达审美意识中思与情相结合的特点，我想把审美意识中的思称之为"思致"。致者，意态或情态也；思而有致，这种思就不同于一般的概念思维或逻辑推理。审美意识不是通过概念思维或逻辑推理得到的。所谓"形象思维"，如果说的是思想体现于或渗透于形象中，那是可以的；如果说的是思维本身有形象，这种流行看法我以为不可取。黑格尔说过，思想活动本身是摆脱了表象和图像的，思想是摆脱了图像的认识活动。① 黑格尔的说法是对的。我所说的"思致"不是一般流行的所谓"形象思维"。"思致"是思想—认识在人心中沉积日久已经转化（超越）为感情和直接性的东西。审美意识中的思就是这样的思，而非概念思维之思的本身。伽达默尔认为，艺术的象征就是感性现象和超感性意义的合一状态。这超感性的东西就是思，就是他所说的概念。但这种与感性现象处于合一状态的概念，我以为不是概念本身，而是已经转化为感情的东西了。

有一种说法，认为审美意识比逻辑推理更能认识真理。这个提法仍然有混淆主客二分模式和天人合一之嫌。审美意识本身是一种天人合一的境界，根本不管认识，不管认识论或符合说意义下的真理和非真理，审美意识中的思或诗人的思只是一种思绪，其中包含有观点和看法，这些，在审美意识中，在诗人那里，都是真挚的，但不可以作为认识论意义下的真理或非真

---

① 参阅拙著《论黑格尔的精神哲学》，上海人民出版社 1986 年版，第 56 页。

理来看待。虽然有的哲学家说审美意识能认识真理,但实际上他所说的认识不是指一般的科学认识或概念认识,他所说的真理也不是指一般的科学真理或规律,也许他们实际上是指的本体论意义下的真实。

前面说审美意识既经过对原始直觉的超越,又经过对思维和认识的超越,这两者的结合也可以说是原始的直觉性经过间接性达到更高一级的直接性。这里应该注意两点:第一,在实际的审美意识中,这双重超越并不是依时间先后次第进行的,而是一次完成的,诗人的意境并非在时间上先有原始直觉,然后进行思维和认识,最后再达到审美意识。第二,从原始的直觉性经过间接性达到高一级的直接性,这似乎就是黑格尔所讲的直接认识经间接认识再到直接认识的过程。但实际上,两者大不相同,黑格尔所讲的过程,其基础是主客关系的模式,他的原始直觉可算是原始的天人合一之境,但他的间接认识和最后达到的高一级的直接认识均属主客关系式的思想、认识。他说的高级的直接性是主体与客体的对立统一,是他所谓最高真理或最高认识。作为情与思或情与境相结合的审美意识,在他那里是作为真理和认识的一个低级环节来看待的。他主要是一个理性主义者,他把美视作理念、概念的感性显现,他所尊崇的是理念,是理性。我以为审美意识是要把思想认识转化为感情,而黑格尔则是要把感情提升为思想、概念;我以为天人合一(不是指原始直觉的天人合一)高于主客关系式,黑格尔则是要把天人合一纳入主客关系式(包括主客的对立统一公式)之内。

2. 审美意识的创造性

审美意识的创造性,简单一点说,就是指一次性或不可重复性。在主客关系的模式中,主体所认识的对象(客体)总是可以重复的。这是因为主客关系式所追问的问题是,"它是什么?"这个"是什么"必须是可以重复的,才有正确与真理之可言。如果我说它是如此,你说它是如彼,或者我今天说它是如此,明天说它是如彼,那就是没有认识到它究竟"是什么",也就是说没有真正的认识。但认识所要求的这个"是什么",正好不是审美意识所要追问的。审美意识是天与人的合一,情与境的交融。人在审美意识中能超越周围事物之所"是",发现其所"不是",能超越周围事物之常住不变性,发现其异常的特征。所以审美意识所见到的总是全新的,因而也是特异的,而这就是创造。姜夔《点绛唇》:"数峰清苦,商略黄昏雨。"这"清苦""商略"的意境,便是诗人的新发现和创造。主客关系式所告诉我们的不过是:黄昏时候,山雨欲来而已。但审美意识却远远超越了这个所是,而发现了其所不是,即"清苦""商略"的意境。不能把"清苦""商略"理解为诗人主观上强加的,那是一种肤浅之见。超越不是主观强加,不是简单的拟人化。这意境既不能说是客观的东西,也不能说是主观的东西,但它又是确实的、真实的东西,只有有审美意识的人才能发现它、创造它;至于只知主客关系式的人则不可能发现它、创造它。主客关系模式只能见到重复的、共同的东西,只有有审美意识的人才能发现这只能一次出现的奇珍。从这个意义上来说,相比之下,那一味沉溺于主客关系式的人,其生活未免太贫乏、太平庸了,而有审美意识的人真可说是有别人所没有的、所不能重复的享受。我们平常说的"美的享受",必然具有这样的特点,这也是"美的享受"的珍贵之所在。这里的关键在于"超越"。人不可能离开主客关系式,不可能离开认识,甚至可以说,一般人主要是按主客关系式看待周围事物(尽管人实际上都生活在天人合一之中),唯有少数人(一般人则只有在少有的情况下)能独具慧眼和慧心,超越主客关系,创造性地见到和领略到审美的意境。这也就是为什么诗人总是极少数,一般人只是偶尔才有点诗意或者一辈子从无真正诗意的缘故。科学家也可以有创造、有发现,但科学家作为科学家,其创造发现的意义不同于审美意识的创造发现。科学家创造、发现的结果仍然是可以重复的东西,规律、定理就是如此。

3. 审美意识的愉悦性

愉悦性是审美意识的另一特征。我这里用"愉悦性"一词主要是为了从俗。愉悦性一词似乎可以区别于快感一词,但实际上很难区别。一般流行的用法"美的享受",或者说得文一点叫作"审美享受",也许可以比较贴切地表达"愉悦性"的含义。且不去纠缠名词用语吧。我要说明的主要意思是,审美意识既非经验主义所说的生理上的快感,亦非理性主义所说的理性的概念。生理上的快感和理性的概念,或属于感性认识,或属于理性认识,总归都是主客关系式的认识的结果。审美意识不是这些,而是超越主客关系达到与周围事物交融合一境地的一种感受。这种感受是人的生命的激荡,人因这种激荡,特别是这种激荡得到适当形式的表现和抒发而获致一种精神上的满足感,这种满足感就是所谓"美的享受"。这种"享受"不是处于低级感性认识阶段的快感或痛感,也不是处于高级理性认识阶段的完善或不完善,而是它们的超越或升华。苏轼的《前赤壁赋》:"客有吹洞箫者……

其声呜呜然……舞幽壑之潜蛟,泣孤舟之嫠妇。"这里不是什么快感或痛感,也不是什么完善不完善,而只是诗人生命的颤动。在呜咽的箫声中,诗人的血脉似乎与幽壑之潜蛟、孤舟之嫠妇,以至与整个宇宙处于共振共鸣之中。诗人的这种感受就是一种"审美享受"。

4. 审美意识的超功利性

审美意识之不计较利害的特性也是超越主客关系式的表现。主客关系式关心客体的存在,而计较利害的实用性活动归根结底属于认识领域(指广义的认识,平常说的实践也包括在内),属于主客关系式,因而也关心客体的存在。欲望就是要占有存在、攫取存在。没有客体的存在,欲望就无法得到满足。审美意识则不关心存在,或者像康德所说的那样,对于对象的存在,采取淡漠的态度。这并不是说,审美意识完全起于人的主观意识,而只是说审美意识不过问对象的存在与否。我们说审美意识超越利害,从理论根源上说,就因为它超越了存在与否的问题,也就是说,它超越了主客关系式。《老子》里"昭昭察察"的俗人就是指一心沉溺于知识和欲望之人。"昭昭察察"就是过于精明计较之意。《老子》里"昏昏"的"愚人"则是指超越主客关系而有了天人合一境界的人,这种人超越了利害得失的干扰,故能"淡兮其若海,飂兮若无止",也就是不受具体功利之束缚而逍遥自得,这也就是有审美意识的人。陶渊明《饮酒》诗里的"一士长独醉,一夫终年醒",说的也是这个意思。"醒"者锱铢必较,斤斤于现实存在物,但得到的是生活的平庸和贫乏;"醉"者超越现实存在物,不论得失,但得到的却是美的享受。前者过于"昭昭察察",病在一个"醒"字;后者"昏昏沌沌",贵在一个"醉"字。看来,"醉"是审美意识的一个特点。

5. 审美意识的诸种特性都在于超越主客关系和认识

总之,审美意识的直觉性、创造性、愉悦性,以及不计较利害的特性,归根结底,都离不开对主客关系式或认识的超越。我并不认为审美意识与知识、真理相互对抗,并不认为天人合一与主客关系相互对抗,我认为前者是对后者的超越。超越主客关系,其实,也就是超越有限性:按主客关系的模式看待周围事物,则事物都是有限的,一事物之外尚有别事物与之相对,我(主体)之外尚有物(客体)与之相对。我在前面说主客关系是"有我之境",也就是指在我之外尚有客体限制我。可是在审美意识中,在天人合一中,一切有限性都已经被超越了,万物一体,物我一体,人不意识到自己之外尚有外物限制自己,所以我在前面把审美意识称为"物我两忘"或"忘我之境"。审美意识的这种超越颇似宗教上的超越:两者都是要超越有限,但宗教上的超越是人与神的合一,审美意识的超越是人与宇宙合一,与周围事物合一;宗教上的超越往往以灵魂不灭或轮回为达到永恒的途径,而审美意识的超越,既非灵魂不灭,也非轮回(尼采的永恒轮回究应如何看待,是一个复杂问题,兹不具论。我个人不赞成他的永恒轮回的思想),既非上帝的永恒,也非西方传统形而上学所谓超感性的抽象本质世界(即尼采所斥责的"真正的世界")之永恒,而是有限的人生与宇宙万物"一气流通"、融合为一,从而超越了人生的有限性。人在这种"一气流通"中忘了一切限制,获得了永生,就这个意义来说,人变成了无限的,即无限制的。当然,审美意识中的这种无限性,只是精神上的、理想性的,而决非肉体上的和生理上的。我想,艺术家们所谓对无限性的追求,应当做这样的理解。

超越不是一件易事,不是人人都能做到的,也不是经常能做到的。人们在日常生活中习惯于按主客关系式看待周围事物,所以要想超越主客关系,达到审美意识的天人合一,就需要修养。这里的修养就是美的教育。美的教育不是教人知识,而是教人体验生活,体验人生的意义和价值,锻炼在直观中把握整体的能力,培养超凡脱俗的高尚气质等等。所有这些,归结起来无非是教人超越主客关系,超越知识和欲望,复归(不是简单回复)到类似人生之初的天人合一境界,或者用《老子》的话来说,就是教人"学不学""欲不欲","复归于婴儿"。所谓诗人不失其赤子之心,其哲学理论基础在此。

三 审美意识给人以自由

1. 自由在于超越必然

哲学家们都认为审美意识给人以自由。康德说:"诗使人的心灵感到自己的功能是自由的。"[1]黑格尔说:"审美带有令人解放的性质。"[2]这引发我们提出一个问题:自由究竟来自认识还是来自审美?或者用《老子》的话

---

[1] Immanuel Kant, *The Critique of Judgement*, Oxford, 1952, translated by J. C. Meredith, pp. 191-192.
[2] 黑格尔:《美学》第一卷,朱光潜译,商务印书馆1979年版,第147页。

来说,究竟来自"学"还是来自"学不学"?我们平常说自由是对必然的认识,这就是主张自由来自"学"。但学得了知识,就等于获得了自由吗?我以为尽管认识必然性比盲从必然性要自由得多,但有了对必然性的认识,还得更进而有超越必然性的自由意识或境界。认识不等于境界,认识必然不等于进入自由境界。康德着重论证了自由境界之超越必然性知识的本质,对西方传统形而上学,做了一次冲击,但康德的自由境界具有超验的性质。黑格尔虽然承认审美有令人解放的性质,并力图让自由不脱离必然,但他的概念哲学最终还是把自由变成了永远不可企及的幽灵。要真正获得自由的意识和境界,则必须超出西方近代哲学史上自笛卡尔到黑格尔其中也包括康德的传统的主客关系模式。

主客关系式是以主客彼此外在为前提,主体受客体的限制乃是主客关系式的核心,因此,不自由便是主客关系式的必然特征。只有超越,才有真正的自由。原始感性的直觉认识中的悲痛、流泪是一种限制,一种不自由,但因一首诗、一出戏的感动而流泪、而悲恸,则是一种自由的享受。关键在于审美意识中的悲恸、流泪是原始感性直觉中的悲痛、流泪的超越,我们平常称之为"升华"。欲念中利害的计较给人以烦恼、痛苦,原因也是由于主客关系式给人以限制;即使是生理上的快感,也是一种限制,它不过是欲念的满足,而"欲壑难填",欲望与限制相伴而行。如能做到不"以物累形",不"以心为形役",那就有了自由,这里的关键也在于超越,我们平常称之为"超脱"。认识的结果只是关于必然性的知识,而审美意识的创造性则可以显示无限的可能性,这是一种不受限制的自由,一种最大的自由;这里的关键同样在于超越,所谓"游乎方外",除了超脱世事或利害之外,似亦包含无限可能性的意义在内。

总之,超越了主客关系,就会从欲念、利害以至整个认识领域里逻辑因果必然性的束缚下获得解放和自由,这就是自由的理论根据。我在前面把人生之初原始的天人合一境界叫作"无我之境",主客二分的自我意识叫作"有我之境",超越主客二分的天人合一叫作"忘我之境"。按自由的观点来看,"无我之境"既然无自觉,也就无自由的意识可言;"有我之境"是不自由;而"忘我之境"则是审美意识,是自由。

2. 审美意义上的自由高于道德意义上的自由

除审美意义上的超越之外,平常认为还有宗教意义的超越和道德意义的超越,因此自由除审美意义上的自由外,还有宗教意义上的自由和道德意义上的自由。我不懂宗教,宗教上的超越是否给人以自由,就我个人来讲,我至少持怀疑态度。道德上的超越是否给人以自由?康德用绝对命令解释道德,把道德放在自由的领域,固有一定的道理,但用"绝对命令"解释道德,毕竟是不现实的——道德总是受制约、受限制的。康德虽然想通过审美自由以克服感官世界与道德世界的二元论,但毕竟不如谢林明确地把艺术自由放在最高的地位。孔子注重"礼教""乐教",极力要把审美意识和仁义道德结合起来,反对无道德内涵的审美意识:"礼云礼云,玉帛云乎哉?乐云乐云,钟鼓云乎哉?"①他还说:对于仁义道德"知之者不如好之者,好之者不如乐之者"②。孔子似乎懂得一点审美意识高于认识和知识的道理,但他却想通过审美意识把封建道德原则变成心灵的内在追求,实际上破坏了审美意识的超越性,限制了人的自由。我这里决无教人不道德之意,但我以为审美意识的自由高于道德上的自由。一个真正有审美意识的人,一个伟大的诗人,都是最真挚的人,他们中有的人虽不谈论道德,甚至主张非道德(例如西方的尼采,中国的李贽),但他们的真挚,或者用李贽的话来说,他们的"童心",一句话,审美意识,使他们成为最高尚、最正直、最道德、最自由的人。光讲德育,不讲或不重美育,则很难教人达到超远洒脱、胸次浩然的自由境界。关于审美和道德的关系问题,本书在后面的章节中还要做进一步的讨论。

---

① 《论语·阳货》。
② 《论语·雍也》。

第十二章
审美意识的灵魂：惊异

本书的导论中已经谈到哲学开始于惊异。古希腊人惊异的是人与存在的契合、合一。这种以惊异为开端的哲学（尽管如前所述，那时还没有后来意义的哲学之名）本来就是具有审美意识的哲学，或者说是富有诗意的哲学，只是从智者派起，特别是从苏格拉底—柏拉图起，才开始脱离了审美意识或诗意的哲学。这种旧形而上学认为哲学靠结束惊异而完成其目的——对事物的本质的认识。本书所强调的是哲学与审美意识相结合、思与诗相结合的超越主客关系的哲学。这样的哲学和审美意识不仅把惊异看作是自己的开端，而且是贯穿到哲学和审美意识中的灵魂。

一 传统哲学与惊异的对立

1. 柏拉图：开哲学与惊异对立之先河

知与无知相对。人是怎样由无知到知的？如果处无知而不自知其无知，则不可能兴起求知欲，不可能有对知识的追求。一旦意识到无知，立刻就开始了求知欲。惊异就是对无知的意识，或者说是求知欲的兴起。"正方形的对角线的不可计量性对于一个不知其原故的人，是可惊异的。"①"一个有惊异感和困惑感的人,会意识到自己无知。"②所以惊异像牛虻一样,有刺激人想摆脱无知而求知的作用。亚里士多德正是在讨论知识——讨论探究终极原因的知识即哲学时谈到惊异的。惊异是求知的开端,是哲学的开端,——这个断语成了此后哲学工作者最熟知的成语之一。这句话的原文是这样说的:"人们现在开始并首先在过去开始做哲学探索,乃是通过惊异。"③我们平常笼统地把亚里士多德这句话理解为"哲学开始于惊异"就完事,而不再追问亚氏这句话为什么只说"现在"与"过去",而不提"将来"。美国教授、欧洲大陆哲学专家约翰·萨利斯敏锐地看到了这个问题。④ 他在征引了亚里士多德的那句话之后提出了疑问:为什么惊异只在知识追求的开始,而"不属于知识追求之所向的将来?"⑤原来亚里士多德认为知识追求必然引导到惊问开始时的"反面"⑥,即不再无知、不再惊异。这样,惊异在本质上就与无知联系在一起,"最终,知识与惊异相对立。尽管人是通过惊异才起而追求知识,但这个追求的最终结果却是消解惊异。归根结底,在知识中将没有惊异的地位……哲学将会是靠结束惊异而完成其目的"⑦。约翰·萨利斯所看到的问题及其对问题的这一分析,颇富启发意义。

惊异只属于哲学的开端吗?惊异与哲学的展开和目的是对立的吗?这是一个关系到哲学为何物的大问题。

柏拉图把世界分为可理解的世界和可感觉的世界,在他看来,哲学就是对外物的本质的知识性追求,哲学的目的就是"认识理念"。在柏拉图那里,惊异只是由于感性事物中对立面的混合、混杂所引起,或者说,是由于对立面的混合、混杂这样一种感性表象所引起,而在可理解的世界中,对立面则不再是混合、混杂在一起,而是梳理清楚了的,哲学也就在这里展开。⑧这也就是说,哲学的展开和目的不是惊异于感性世界的感性表象,而是在于

---

① 亚里士多德:《形而上学》第 1 卷 983a12—13,译自 John Sallis, *Double Truth*, State University of New York Press, 1995, 第 195 页。
② 同上书,982b12—13,译文同上书,第 194 页。
③ 同上。
④ John Sallis, *Double Truth*, p. 194.
⑤ Ibid., p. 195.
⑥ 《形而上学》,983a12;参阅同上书,第 195 页。
⑦ John Sallis, *Double Truth*, p. 194.
⑧ 参看柏拉图:《泰阿泰德》,154b—155d;《理想国》,第 7 章。

可理解的世界中关于对立面的疏理。在西方哲学史上柏拉图为把哲学的目的与惊异对立起来的观点开了先河。

2. 黑格尔:哲学超出惊异

自柏拉图以后,西方旧形而上学传统都把超感性的形而上的本体世界当作哲学追求的最高目的,哲学于是越来越远离了惊异。黑格尔在这方面是一个集大成者。黑格尔说:"希腊精神之被激起了惊异,乃是惊异于自然中自然的东西。希腊精神对这自然的东西并不是漠然把它当作某种存在着的东西就完了,而是把它视为首先与精神相外在的东西,但又深信和预感到这自然的东西中蕴涵着与人类精神相亲近和处于积极关系中的东西。这种惊异和预感在这里是基本的范畴。但希腊人并不停滞在这里,而是把预感所追寻的那种内在的东西投射为确定的表象而使之成为意识的对象。……人把自然的东西只看作是引起刺激的东西,只有人由之而出的精神的东西才对人有价值。"①这里,黑格尔显然是把惊异理解为只是激起精神的东西的开端,而不是对人真正有价值的、值得追求的目的即精神的东西本身。惊异只是处于意识刚刚从不分主客到能看到自然的东西与精神的东西"相外在"的初醒状态;换言之,惊异意味着刚刚从无自我意识中惊醒,至于真正清醒的状态,即"精神的东西"本身,则不属于惊异。

如果说上面的引文还只是代表黑格尔对古希腊人所说的惊异的理解,那么,下面的一段话就可以直接说明黑格尔自己对惊异的理解和观点。黑格尔在讲到认识过程的初级阶段"直观"(Anschauung)时说:"直观只是知识的开端。亚里士多德就直观的地位说,一切知识开始于惊异(Verwunderung)。在这里,主观理性作为直观具有确定性,当然只是未规定的确定性;在此确定性中,对象首先仍然满载着非理性的形式,因此,主要的事情乃是以惊异和敬畏来刺激此对象。但哲学的思想必须超出惊异的观点之上。"②黑格尔在这里再明显不过地表达了他自己关于哲学的目的不是惊异而是要超出惊异的观点。在他看来,惊异只属于直观这个初级认识阶段(他干脆把亚里士多德的惊异界定为直观的地位),一旦认识越出了直观的阶段,惊异也就结束了。而且黑格尔非常强调认识进展过程中的否定性的作用,

---

① Hegel·Werke,第12卷,第288—289页。
② 同上书,第10卷,第255页。

认为"推动知识前进的,不是惊异,而是否定性的力量"①。这就比亚里士多德更进一步,把知识、哲学的目的与惊异对立起来了。

3. 黑格尔:艺术超出惊异

黑格尔还扩大了惊异是哲学之开端的含义,认为不仅哲学,而且艺术、宗教,总之,"绝对知识"的三个形式都只是以惊异为开端,至于三者的展开和目的则都远离惊异。黑格尔说:"如果就主体的方式来谈论象征型艺术的最初出现,那我们就可以回想起那句旧话,即艺术意识一般和宗教意识——或者毋宁说是二者的统一——以至科学研究都起于惊异,尚未对任何事物发生惊异的人,生活在蒙昧状态中,对任何事物都不发生兴趣,任何事物都不是为他而存在,因为他尚未把他自己从对象及其直接单个存在中区分和解开。但在另一方面,不再有惊异的人,则已把全部的外在性……都看得清楚明白并从而使对象及其具体存在转化为在自身内的精神的自我意识的洞见。与此相反,人只有摆脱了直接的、最初的自然联系和欲望的迫切单纯的实际关系,从而在精神上从自然和他自己的单个存在中撤回并在事物中寻求和看到了普遍的东西、内在的东西和常住的东西,才会发生惊异。"②黑格尔这段话是在专门分析艺术的最初形式即象征型艺术的起源问题时说的。他认为,象征型艺术或者说整个艺术,起源于惊异,起源于人从不分主客的"蒙昧状态"到能区分主客、能看到外物的对象性的状态之间。黑格尔强调,惊异只是开端或起源,由此以往,艺术就进入"不再惊异"的阶段。因此,黑格尔认为"象征型的整个领域一般只属于前艺术(Vorkunst)"③,至于哲学,则不仅超越了艺术,而且超越了宗教。哲学把艺术特别是把作为艺术之开端的惊异远远抛到了他的最高范畴之后。

---

① John Sallis, *Double Truth*, p. 196.
② Hegel·Werke,第 13 卷,第 408 页。
③ 同上。

二　审美意识的惊异起于超越主客二分

1. "人天生都是诗人"源于从不分主客到区分主客之"中间状态"的惊异

关于审美意识或诗意的产生,我们平常有一句广泛意义的说法:"人天生都是诗人。"这当然不是说,人从母胎里呱呱落地之时起就是诗人。婴儿在尚无自我意识,尚不能区分主客,尚不能意识到外物时,不可能是诗人。只有在从混沌未分状态到能区分主客的过渡时刻才有惊异、惊醒之感而开始了诗兴。这也就是说,在此时刻之前不可能有诗兴;在此过渡时刻之后,就其处于明白地区分主客的状态这一方面来说,也没有诗兴。黑格尔把这种主客明白二分的态度称为"对于对象性世界的散文式的看法","但此种二分总是出现在较晚的阶段,而对真实的东西的始初认识则处于沉浸在自然中的完全无精神性和彻底摆脱自然束缚的精神性之间的中间状态。……总之,正是这种中间状态成为与散文式的理解力相对立的诗和艺术的立场"。① 任何一个人的意识发展过程都必须经历这样一个作为"诗和艺术的立场"的"中间状态"的阶段;也正是在这个意义上,我们才说"人天生都是诗人",或者说,每个人都有诗兴。

2. 真正的诗人境界或审美意识在于超越主客关系而激起的惊异

但人是否在意识发展到完全明白的主客二分或者说"散文式的看法"之后,就不可能再兴发诗兴呢?不是的。事实上,真正的诗人(不是广泛意义下"人天生都是诗人"的诗人)都是有清楚的自我意识、有自觉、有知识、能明白区分主客的人。但一般人在对世界能够采取明白的主客二分的"散文式的看法"阶段里,往往不再前进而停滞在这个阶段;而真正的诗人则通过教养、修养和陶冶,能超越主客二分的阶段,超越知识,达到高一级的主客浑一,对事物采取"诗意的看法",就像老子所说的超欲望、超知识的高一级的愚人状态,或"复归于婴儿"的状态,亦即真正的诗人境界。所谓诗人不失其赤子之心,就是这个意思。当然,真正的诗人只能是少数"优选者",不

---

① Hegel·Werke,第13卷,第410页,参阅黑格尔:《美学》第二卷,朱光潜译,商务印书馆1979年版,第24—25页。

可能要求人人做到。

"人诗意地栖居着",我想这句话不仅仅是指"人天生都是诗人",而且也指人皆可以经过教养、修养和陶冶而成为真正的诗人或成为真正有诗意的人。

人不仅在从无自我意识到能区分主客这一"中间状态"中能激起惊异,兴发诗兴,而且在从主客二分到超主客二分、从有知识到超越知识的时刻,同样也会激起惊异,兴发诗兴。两个阶段的诗兴皆因惊异而引起。如果说前一阶段的惊异能使人自然地见到一个新的视域或新的世界,则后一种惊异可以说是能使人创造出一个新的世界(当然,从广义上说,前一种惊异也可说是创造)。中国美学史上所说的"感兴",其实就是指诗人的惊异之感。"感,动人心也。"①"兴者,有感之辞也。"②心有所感而抒发于外,就成为艺术,其中也包括诗。儿童即使不经父母教导,也可以在听到音乐时手舞足蹈,这就是一种"感兴",属于上述前一种惊异;真正的诗人"感时迈以兴思,情怆怆以含伤"③,这种"感兴"属于上述后一种惊异。这后一种惊异是一种创造性的发现,诗人在这里超越了平常以"散文式的态度"所看待的事物,而在其中发现了一个新世界,好像是第一次见到一样,这就是创造。清叶燮说:"凡物之美者,盈天间皆是也,然必待人之神明才慧而见。"④事物还是原来的事物,但诗人因"感兴"——"惊异"而"见"到其中的"美",这是诗人之"神明之慧"所创造发现的新奇之处。新奇乃是惊异的结果和产物。

> 啊!惊异!
> 有多少美妙的造物在这里!
> 人类多么美丽!啊!鲜艳的新世界
> 有这样的人们住在这里!
>
> The Tempest V, i, 181—184;
译自 John Sallis, *Double Truth*, 第 193 页。

惊异终结之日,也就是新奇结束之时。

---

① 许慎:《说文解字》。
② 挚虞:《文章流别论》。
③ 夏侯湛:《秋可哀》。
④ 叶燮:《原诗·一瓢诗话·说诗晬语》,人民文学出版社 1979 年版,第 20 页。

三　缺乏审美意识或诗意的传统哲学的终结

1. 传统哲学是缺乏审美意识的哲学

西方哲学自柏拉图起，特别是从笛卡尔到黑格尔的近代哲学史，其占主导地位的思想是把主客二分——主体性当作哲学的最高原则，并从而发展出一套旧形而上学（尽管其中有各式各样的形式，甚至相互反对）。在这种形而上学家看来，个人的意识发展也好，整个人类思想的发展也好，都只不过是从原始的主客不分到主客关系的过程而已，他们似乎不知道有超主客关系的高一级的主客不分。旧形而上学哲学家所谓主客统一只是认识论上的统一，只是通过认识把两个彼此外在的东西（主体与客体）统一在一起，完全不同于超主客关系的有审美意识的"诗意的"境界。这也就是为什么黑格尔把"惊异"和"诗和艺术的立场"只限于从原始的主客不分到主客二分的"中间状态"的原因。惊异终止了，新奇也结束了，世界只是"散文式"的，人们最终能达到的只是一些表达客体之本质的抽象概念，就像黑格尔的由一系列逻辑概念构成的"阴影王国"。哲学成了（除了在开端之外）远离惊异、新奇和诗意的枯燥乏味、苍白无力、脱离现实的代名词。黑格尔虽然承认他的哲学体系的三部分中，以"精神哲学"——关于人的哲学——为最高、最具体的学问，而讲逻辑概念的"逻辑学"是片面的，这是他的哲学中颇有生气的方面，值得今人大书特书，但他的"精神哲学"中关于"绝对知识"的三种形式（艺术、宗教、哲学）的论述，恰恰是以远离惊异，远离艺术、审美的抽象概念为依归。

2. 诗意哲学的建立

黑格尔死后，以主客二分——主体性为最高原则的西方近代哲学基本上终结了，作为概念王国之王的"绝对理念"垮台了，惊异不再只是哲学的开端，而应该成为贯穿哲学之始终的目标和任务。这里的关键在于打破西方哲学史上长期占统治地位的以主客关系为最高原则的旧传统，建立超主客关系的有审美意识的诗意的哲学。尼采，特别是海德格尔，在这方面做了不朽的工作，对破坏旧形而上学，建立诗意哲学起了划时代的作用。

尼采大力批判了主体、主体性、主客二分和超感性的所谓"真正的世界"。他明白宣布应该"摒弃主体的概念"，摒弃"主体—客体"的公式。他斥责柏拉图抬高理念世界、贬低感性世界，是因为"柏拉图在现实面前是懦夫"。他明确主张艺术家比那些旧的传统形而上学哲学家"更正确",艺术家"热爱尘世""热爱感官",而旧形而上学者"把感官斥为异端",他们像基督徒一样"使人变得枯竭、贫乏、苍白"。①尼采提倡人应该"学习善于忘却,善于无知,就像艺术家那样"②,这也就是提倡超主客关系、超知识,以达到他的最高境界"酒神状态"——一种超越个体、与万物为一的、在更高基础上融主客为一的境界,但这种境界又不是超感觉、超时空的,而是现实的。尼采所贬斥的哲学和哲学家,实指旧传统形而上学和旧形而上学家,他有他自己的哲学,他的哲学所追求的是艺术的境界、诗的境界。这样,在尼采这里,审美意识不再先行于哲学,而是哲学的目的。从此,哲学从"理念世界""自在世界""绝对理念"之类的"天国"回到了尘世,哲学变得有生气了。不过尼采由于矫枉过正,过分地贬低了主客二分和知识的地位,这是我们不能同意的。尼采是西方哲学史上后主体性——后主客二分哲学中的过激派。

四 惊异是哲学和审美意识(诗意)的灵魂

1. 哲学本质上应具有审美意识的惊异

旧形而上学的终结既然把世界还原为唯一的现实世界,惊异也就必然在哲学中占有更重要的地位。海德格尔在这方面做了非常精辟的、正面的论述,这也是他超出尼采的重要论点之一。海德格尔说:"说哲学开始于惊异,意思是:哲学本质上就是某种令人惊异的东西,而且哲学越成为它之所是,它就越是令人惊异。"③这就明确告诉我们,惊异不只是哲学的开端(且不谈海德格尔把希腊文的开端一词理解为开端的持续),而且哲学本身令人惊异;尤有甚者,越是真正的哲学,越令人惊异。海德格尔在《哲学何物?》的讲演中断言:"惊异是存在者的存在在其中敞开和为之而敞开的心境(Stimmung)。"④海德格尔认为惊异就是惊异于"人与存在的契合"(Entsprechen,"适应""一致""协和"),或者说,人在与存在契合的状态下感到

---

① 尼采:《悲剧的诞生》,周国平译,生活·读书·新知三联书店 1986 年版,第 331、364—365、361 页。
② 同上书,第 231 页。
③ Heidegger, *Gesamtausgabe*, 第 45 卷,第 163 页;转译自 John Sallis, *Double Truth*, 第 207 页。
④ Heidegger, *Was ist das-die Philosophie*? Pfullingen, Günther Neske, 1956, p.26.

惊异。原来在日常生活中,一般总是采取主客关系的态度看待事物,把自己看作是主,他人他物是客,彼此相对;一旦有了人与存在相契合的感悟,人就聆听到了存在的声音或召唤,因而感到一切都是新奇的,不同于平常所看到的事物,而这所谓新奇的事物实乃事物之本然。所以海德格尔说:"哲学就是与存在者的存在相契合。"①又说:"诗人就是听到事物之本然的人。"②海德格尔显然把哲学与诗结合成了一个整体,诗的惊异就是哲学的惊异,都是指人与存在相契合的"心境"或境界。惊异在海德格尔这里完全成了哲学和审美意识的灵魂与本质。海德格尔哲学的一个重要的有名的观点,大家都知道,就是自柏拉图以来,存在被遗忘了。其实,我们还可以替他补充一句,自柏拉图以来惊异也被遗忘了。海德格尔恢复了存在,恢复了惊异,从而也恢复了哲学的生气和美妙(Wonderful,令人惊异)(即海德格尔所说的"哲学本质上就是某种令人惊异的东西")。

2. 惊异使世界敞亮

这里值得特别提出的是,海德格尔认为,惊异不是指在平常的事物之外看到另外一个与之不同的令人惊异的新奇事物,他批评了这种对惊异的看法;他自己的看法是:"在惊异中,最平常的事物本身变成最不平常的。"③所谓"最平常的",就是指平常以主客关系态度把事物都看成是与主体对立的单个存在者(beings)。海德格尔认为以此种态度看待事物,存在不可能"敞开"。他的原话:"由于对意识的高扬(在近代形而上学看来,意识的本质便是表象),表象的地位与对象的对立也被高扬了。对于对象的意识被拔得愈高,有此意识的存在者便愈多地被排斥在世界之外。……人不被接纳到敞开之中,人站在世界的对面。"④反之,在"人与存在契合"的"惊异"中,同样的平常事物就被带进了"存在者的整体"(das Seiende im Ganzen),事物不再像平常所看到的那样,成为被意识人为地分割开来的东西,而显示了"不平常性",这种"不平常性"就是惊异所发现的。海德格尔进一步指出,正是这种"不平常性","敞开"了事物之本然——"敞开"了事物本来之所是。

---

① Heidegger, *Was ist das-die Philosophie*? Pfullingen, Günther Neske, 1956, p. 23.
② Heidegger, *Gesamtausgabe*, 第 39 卷, 第 201 页, 译自 *Reading Heidegger*, Indiana University Press, 1993, 第 185 页。
③ Heidegger, *Gesamtausgabe*, 第 45 卷, 第 166 页; 译自 John Sallis, *Double Truth*, 第 208 页。
④ 《海德格尔诗学文集》,成穷、余虹、作虹译,华中师范大学出版社 1992 年版,第 98 页。

所以只有在超主客关系的"人与存在契合"的"惊异"或"心境"中,存在才能"敞开"。① 当代德国海德格尔哲学专家克劳斯·黑尔德(Klaus Held)教授说:"惊异使世界变得好像是第一次出现的","惊异使人的经验回复到了新生婴儿一样,世界的光亮才刚破晓"。② 黑尔德的比喻和体会很像是老子所说的"欲不学""学不学",亦即超知识、超欲望而"复归于婴儿"的思想。要达到这种"惊异"或"心境"的关键在于把平常的主客关系的态度转化和提升为"人与存在相契合",或者说得简单一点,关键在于超越主客关系,这里的超越是指对同一现实事物的态度的变换。

海德格尔对惊异的看法,和文学家是一致的,只不过是文学家没有做那么多的哲理分析。柯勒律治说:"渥兹渥斯先生给他自己提出的目标是:给日常事物以新奇的魅力,通过唤起人对习惯的麻木性的注意,引导他去观察眼前世界的美丽和惊人的事物,以激起一种类似超自然的感觉;世界本是一个取之不尽、用之不竭的财富,可是由于太熟悉和自私的牵挂的翳蔽,我们视若无睹、听若罔闻,虽有心灵,却对它既不感觉,也不理解。"③ 文学家柯勒律治的这段话如果用哲学家海德格尔的哲学语言来概括,那就可以这样说:世界本是一个人与存在相契合的整体,在这个整体中,事物的意蕴是无穷的,只因人习惯性地以主客关系的态度看待事物,总爱把事物看成是主体私欲的对象,人对这样观察下的事物熟悉到了麻木的程度,以致受其遮蔽,看不到这平常事物中不平常的魅力,看不到其中的美丽和惊人之处。海德格尔一反西方旧形而上学,把哲学和诗结合在一起,所以他关于惊异是在平常事物本身中发现其不平常性的观点和论述,与诗人、文学家不谋而合。

任何一个哲学家,即使是主张以主客关系——主体性为最高原则的哲学家,其本人实际上也都有自己的"与存在相契合"的境界。如果我们的哲学家都能像诗人创作诗作一样,创作出表现个人独特境界的新颖的、"令人有惊异之感"的哲学作品,那该是一幅多么美妙而令人惊异的景象啊!人类的生命和生活本来就是美妙而令人惊异的(wonderful)。

---

① Heidegger, *Gesamtausgabe*,第 45 卷,第 168—169 页。
② Klaus Held:《基本情绪和海德格尔对当代文化的批判》,载 John Sallis, *Reading Heidegger*, Indiana University Press, 1993,第 294 页。
③ 《十九世纪英国诗人论诗》,刘若端编,人民文学出版社 1984 年版,第 63 页。

第十三章
典型说与显隐说

关于美的本质和特征,在西方美学史上有各种不同的学说,如摹仿说,认为美是对现实事物的摹仿,柏拉图的美学理论就是如此;和谐说,认为美在于和谐,古希腊毕达哥拉斯、赫拉克利特都持这种观点;形式说,认为美与功利无关,是对象的合目的性的单纯形式,康德是持此说的突出代表;理念说,如柏拉图认为理念是"美本身",是一切美的东西的根源,黑格尔提出"美是理念的感性显现";客观说,认为美是客观事物的属性,如亚里士多德主张美在现实世界之中,是把零散的东西结合成为统一体;主观说,主张美的根源在人的主观方面,如休谟认为美没有客观标准,它只存在于鉴赏者个人的心中,康德亦认为美在于人心而不在于事物的存在,克罗齐认为美是人心的力量;狄德罗首创"关系说",认为美在于事物内部的关系:人与人、人与物、物与物的关系;实践说,马克思主张美是人类社会实践的产物;典型说,认为美是同类事物中的普遍性,孟德斯鸠以及其他许多古典美学家大多持此说,如此等等。我在这里不一一讨论这些学说,只想从西方传统哲学到现当代哲学转向的角度,提出两种最具代表性的学说即典型说与显隐说来加以论述。或者倒过来说,本章之所以专讲典型说与显隐说这两种美学上的学说,目的是为了进一步申述第一篇中所讲的从传统哲学到现当代哲学的转向。

一　典型说及其哲学基础

主体—客体关系要求作为主体的人把本来外在于主体的客体作为对象来加以认识,从感性认识到理性认识,最终认识到特殊事物所共有的普遍性即本质、概念,从而能说出某事物是"什么"。这"什么"就是各种特殊事物的本质、概念。例如,当认识到或者能说出某物是"桌子"时,这里的"桌子"就是各种特殊的桌子的普遍性,是它们的本质、概念。可以说,"什么"乃是主—客式所要达到的目标,主—客式由此而崇尚理性、概念,故如前所述,这种哲学又叫作概念哲学。

西方传统艺术哲学基本上以所谓典型说为其核心,典型说就是以概念哲学为其理论基础的:典型就是作为普遍性的本质概念,艺术品或诗就在于从特殊的感性事物中见出普遍性、见出本质概念。柏拉图认为感性事物是概念("理念")的影子,而艺术品或诗不过是对感性事物的摹仿,因而是影子的影子,故他拒斥诗人、画家于他的国门之外。亚里士多德认为历史学家描述已发生的事情,诗人则描述可能发生的事情,因为诗所言说的大多带有普遍性,而历史所说的则是个别的东西。[①] 亚里士多德所说的普遍性就是典型,诗就是要写出典型。亚里士多德还把典型与理想联系起来,认为艺术品应当按事物"应然"的理想去摹仿,例如画美人就要画出集各种美人之优点的理想的美人。这种典型显然是以本质概念为依归,实源于柏拉图的"理念"。"理念"本来就有普遍性、理想性的意思,艺术品应以"理念"为原型来加以摹仿。西方近代流行的"典型"一词与柏拉图的"理念"有密切关系。康德虽然承认审美意象所包含的意蕴远非明确的普遍性概念所能充分表达,这比亚里士多德把诗人所描述的可能性限制在同类的普遍性范围之内的思想要前进了一步,但康德没有充分发挥这一思想观点,而且他的哲学中的"规范意象",显然未脱追求普遍性概念的窠臼。近代艺术哲学的典型观已经把重点转到特殊性,重视普遍与特殊的统一,但即使是强调从特殊出发的歌德,也主张在特殊中显出普遍,所谓"完满的显现"就是要显现出本质概念,这种艺术观走的仍然是概念哲学的旧路。西方艺术哲学中有所谓艺术摹仿自然的主张,不用说,是以自然为原型,以艺术品为影像的主—客

[①] 亚里士多德:《诗学》,第9章。

式的表现。黑格尔虽然批评摹仿说,认为摹仿说意在复制原物,而实际上摹仿总是"落在自然后面"①,但黑格尔所谓"美是理念的感性显现",仍然是要求艺术品以追求理念即普遍性的本质概念为最高目标;凡符合艺术品之理念的就是真的艺术品,尽管他也要求典型人物应是有血有肉的活生生的人。我国文艺理论界近半个世纪以来所广为宣讲的典型说,认为只有能显现一件事物之本质或普遍性的作品才是真正的艺术品,此种艺术观完全是西方传统典型说之旧调重弹,其理论基础是西方旧的概念哲学,它的要害就是把审美意识看成是认识(即认识事物的本质概念,认识事物是"什么"),把美学看作是主—客关系式的认识论。在三十多年前的那场美学争论中,有的参与者曾明确宣称,美学的哲学基本问题是认识论问题。这就充分点出了他们所崇奉的旧的艺术哲学的核心。

二 显隐说及其哲学基础

1. 超越主客关系的境域

黑格尔逝世以后的一些西方现当代哲学家如狄尔泰、尼采、海德格尔等人,都不满意传统的主—客式的概念哲学,而努力寻求一种超越主—客式、超越概念哲学的道路。这是西方哲学的一次新的重大转向。尼采认为世界万物不过是相互联系、相互作用、相互影响,根本没有什么独立的实体、本体或本质概念。海德格尔则明确地要求返回到比主—客关系更本源的境域,或者说是一种先于主客区分的本源。此境域我以为就是由普遍的"相互联系、相互作用、相互影响"(用尼采的话来说)"构成"的,每一事物(包括)每个人都是这种联系、作用、影响的聚焦点。借用佛家所讲的"因缘"来说,一事一物皆因缘和合而生,有直接与以强力者为因,有间接助以弱力者为缘,事物皆与其境域相互构成。这里没有任何二元之分,包括主客之分、物我之分。这万物一体的境域是一切事物之所以可能的本源或根源,它先于此境域中的个别存在者,任何个别存在者因此境域而成为它之所是。人首先是生活于此万物一体的"一体"之中,或者说天人合一的境域之中,它是人生的最终家园,无此境域则无真实的人生。但人自从有了区分主客的自我意识之后,就忙于主体对客体的追逐(无穷尽的认识与无穷尽的征服和占有)

---

① 黑格尔:《美学》第一卷,朱光潜译,商务印书馆1979年版,第53页。

而忘记了对这种境域的领会,忘记了自己实际上总是生存在此境域之中,也就是说,忘记了自己的家园。

2. 显隐说的审美意识要求回复到人与万物一体之本然

诗意或者说审美意识,就是要打开这个境域,获得一种返回家园之感,也可以说,就是回复或领会到天人合一、万物一体。人自脱离母胎以后,先总是有一个短期的不分主客的无自我意识的阶段,然后才区分主客,产生自我意识,至于领会到万物一体、天人合一,从而超越主客二分,则是有了审美意识的人或少数诗人之事。黑格尔青年时期曾经把艺术、审美意识置于哲学、理性概念之上,到了他的哲学成熟期则反过来把哲学、理性概念置于艺术、审美意识之上。他在阐述其成熟期的这套理论时曾明确地把主客"二分"的态度看成是"对于对象性世界的散文式的看法"而与"诗和艺术的立场""相对立"。① 从黑格尔这里也可以看到我国三十多年前关于美是主客二分关系的观点之陈旧。黑格尔贬低艺术,他是主客式的散文哲学家,而非诗人哲学家。在以黑格尔为代表的主—客式的旧形而上学者看来,真实的世界只能是"散文式的",人们最终能达到的只是一些表达客体之本质的抽象概念。哲学成了远离诗意的枯燥乏味、苍白无力、脱离现实的代名词。海德格尔一反黑格尔集大成的主—客式的主体性哲学,强调对"人与存在的契合(Entsprechen)"的领悟或感悟,认为人一旦有了这种感悟,就是聆听到了"存在"的声音或呼唤,因而感到一切都是新奇的、"令人惊异的",都不同于按平常态度所看待的事物,而这所谓新奇的事物,实乃回复到天人合一、万物一体的事物之本然。所以海德格尔说:"诗人就是听到事物之本然的人。"② 海德格尔显然把哲学和诗结合成了一个整体。

3. 显隐说在于说明事物"怎样"从隐蔽处显示自身

旧形而上学家的概念哲学要求说出事物是"什么",与此相对的是,新的哲学方向则要求显示事物是"怎样"("如何")的,也就是要显示事物是怎样从隐蔽中构成显现于当前的这个样子的。"什么"乃是把同类事物中

---

① Hegel·Werke,第13卷,第410页。
② Heidegger, *Gesamtausgabe*, 第39卷,第201页;译自 *Reading Heidegger*, Indiana University Press,1933,第185页。

的不同性——差异性、特殊性抽象掉而获得的一种普遍性,"怎样"则是把在场的东西和与之不同的、包括不同类的不在场的东西综合为一,它不是在在场与不在场之间找共同性。这里的"怎样"不是指自然科学如生物学、化学等所研究的动植物怎样生长、化合物怎样化合的过程,而是从哲学存在论的意义上显示出当前在场事物之背后的各种关联,这些背后的"怎样"关联,并不像自然科学所要求的那样需要出场和证实。例如,一座古庙基石上的裂痕所显示的,是隐蔽在它背后的千年万载的风暴的威力以及与之相联系的无穷画面。从梵·高(Vincent W. van Gogh,1853—1890)画的农鞋显示出隐蔽在它背后的各种场景和画面即各种关联:如农夫艰辛的步履,对面包的渴望,在死亡面前的战栗,等等。正是这些在画面上并未出场的东西构成在场的画中的农鞋。总之,"怎样"说的是联系,是关系(显隐间的联系或关系),或者用佛家的话说,是"因缘",而不是现成的东西——"什么"。这些关联的具体内容就是"何所由""何所去""何所为""何所及"之类的表述关系,表述相互纠缠、相互构成的语词。例如前面提到过的酒壶的例子,如果按照传统形而上学,酒壶由泥土做成,是壶形,可以盛酒;如此,就说明了酒壶是"什么"。但是按照海德格尔的观点,酒壶的内涵更重要的是在于它可以用来敬神或增进人与人之间的友谊或者还可以借酒浇愁,等等。这样,就从显隐之间的各种关联的角度显示了酒壶是"怎样"构成的,酒壶的意义也就深厚得多。从这里也可以看到,把美学看成是认识论,把审美意识归结为把握"什么"的认识活动,这种旧的艺术哲学观点该多么贫乏无味,多么不切实际。

4. 显现与隐蔽的共时性

"怎样"的观点,说明显现与隐蔽的同时发生和不可分离性。对一件艺术品的欣赏,乃是把艺术品中显现于当场的东西放进"怎样"与之相关联的隐蔽中去,从而得到"去蔽"或"敞亮"的境界。倒过来说,"去蔽"或"敞亮"就是把隐蔽的东西带到当场或眼前。离开了"怎样"与之相关联的隐蔽,根本谈不上在场的"敞亮"。也可以说,是"怎样"打开了"敞亮"。所以海德格尔一再申言,宁要保持着黑暗的光明,不要单纯的一片光明,一千个太阳是缺乏诗意的,只有深深地潜入黑暗中的诗人才能真正理解光明。只要我们能把在场的东西放回到不在场的隐蔽处,我们就可以领略到诗意无穷。我们不要希求从这无穷的诗意中找到一个什么人生的最终的根底、答案或结论以规避我们对无穷性的追逐(这里所说的追逐完全不是指对知识的无穷追逐,而是一种无穷的玩味),当然,我们更不要希求从这种无穷的诗意中得到某种训诫式的教条。这无穷的玩味本身就给我们以美的享受和精神上的满足,因为隐蔽着的诗意乃是无穷尽的未看到的、未说到的东西对看到、说到的东西的一种"许诺"或"预示"。① 这"许诺"或"显示"是无声之声,或者强名之曰"天听",唯有能领会诗意的人才能与这种"许诺"或"预示"相契合——才能聆听到这种声音而感到愉悦,通常人或没有诗意的人对于这种声音充耳不闻。德里达说:"诗人坚定地聆听原始地、本能地发生的东西以及一般如其所'是'的东西。"②"诗人的耳朵所听到的这'是'","乃是按照古希腊'是'这个词所表示的'集合'之意"。③ "是就是集合。"④ 诗人所聆听的就是在场与不在场之"集合",是一即一切,一切即一,是敞亮着又同时隐蔽着的东西。

诗意或艺术品的审美意义所隐蔽于其中的不可穷尽性和不在场性,乃是我们的想象得以驰骋的空间和余地。一首诗或一件艺术品留给我们的这种想象空间越大,它的意味也就越深长,其审美价值也越高。而且,这想象的空间之大小和内容,或者说,潜入黑暗的深度,会随着各人的水平而异。一个毫无审美意境的人,再好的艺术品也激发不起他的想象。他只能盯住一点在场的东西。

西方传统的形而上学和艺术哲学之弊就在于割裂"敞亮"与"隐蔽",把"敞亮"抽象化、绝对化而奉单纯在场的永恒性(本质概念就是永恒的、单纯在场的东西)为至高无上的东西。海德格尔所代表的新的艺术哲学方向就是要强调隐蔽对敞亮、不在场对在场的极端重要性。美的定义于是由普遍概念在感性事物中的显现转向为不出场的事物在出场的事物中的显现。

---

① Otto Pöggeler, *Heidegger's Path of Thinking*, p. 233.
② John Sallis, *Reading Heidegger*, Indiana University Press, 1993, p. 185.
③ Ibid.
④ Ibid., p. 184.

三 真理的场所——艺术品

在场与不在场、显现与隐蔽相互构成的境域是万物之本源,也就是说,不在场的、隐蔽的东西是显现于在场的东西的本源。按照这种新的哲学方向和观点来追究一事、一物之本源,则需要从在场者追溯到不在场者,而不是像旧的概念哲学那样到抽象的概念中去找本源,这里的不在场者不是概念,而是与在场者一样具体而现实的东西。哲学由旧方向到新方向的转变就这样把人从抽象的概念王国转向具体的现实王国,由天上转向人间,由枯燥、贫乏、苍白的世界转向活生生的有诗意的生活世界。人本来就是诗意地栖居在这大地上。这样,哲学本身就是艺术哲学。通常把艺术哲学(或者用我们通常所用的术语来说,美学)看成是哲学的一个分支的看法应该说是过时了。

1. 科学技术不能显示事物的隐蔽性

按照这种新的方向和观点,文艺作品不再是以写出具有普遍性的典型人物、典型性格为主要任务,而是要求通过在场的东西显现出不在场的东西,从显中看出隐。只有在显隐相互构成、人与世界相互构成的整个联系、作用、影响之网络中,在此本源中,才能看到一事物的真实性。诗不简单是个人情感的表达,而是引发(或者用老子的话来说)、"反"回到作为本源意义的境域,也就是看到真理。所以海德格尔说,有诗意的艺术品乃是"真理的场所"。真与美在海德格尔看来,是一而二、二而一的东西。前面第六章中所讲的去蔽说的真理,其实就是这里所讲的艺术的真、诗意的真、审美意识的真。例如一块顽石的"顽"性(坚硬、沉重、块然、粗蛮、古朴等等[①]),就是一种"自我隐蔽""自我封闭"的性质,这种性质并不能靠科学技术显示出来:我们诚然可以用计量的方式来把握石头的沉重性,这似乎是对石头做了精确规定,但计量的数字终究不等于、也不能代替石头的沉重性本身,也就是说,不能让石头的沉重性本身显现出来。同理,对石头颜色的波长所做的定量分析也不能代替石头的颜色本身,不能显现石头的颜色。总之,无论科学怎样精细又精细地对石头进行对象化的观察实验,石头的"隐蔽"的根本

[①] Heidegger, *Gesamtausgabe*, 第 5 卷, 第 7 页。

特性仍不能"显现"。① 通过技术把石头制成可供使用的器具例如石斧,是否可以把石之"隐蔽"性"显现"出来呢?也不能。使用一物,意味着消耗该物,使用石斧意味着消耗石头,这里的关键不在于斧之石性(stoneness)而在于它的有用性、服务性(serviceability),正因此,随着科学技术的进步,石头制成的斧已为金属制成的斧所代替。石头可以被金属所代替,说明石之"隐蔽"的特性仍然没有"显现"出来。②

2. 只有艺术品能显示事物的真理

与科学技术对待石头的情况不同,石头在艺术品中,其"自我隐蔽"的本性(顽性)就确实显现出来了。例如一座石庙之石,就显现了它的隐蔽的特性。海德格尔说:石庙这一艺术品"展开了一个世界而没有让材料(即石——引者)消耗掉";石庙倒是让石头"第一次在世界中显现出来","让石头第一次按石头之本然显现出来",让石头在石庙这一艺术品中"显现其为石头",更简捷一点说,就是第一次显现了石之"顽"性或者说石之"自我隐蔽""自我封闭"的本性。③ 试看"石庙之矗立"既"显现了在它上面肆虐的风暴的威力",同时又"在其对风暴威力的抗拒中"生动而具体地"显现了石之沉重和自我支撑"的本性。④ 从另一角度来说,石的这种"顽"性在石庙的艺术品中敞开了一个"世界":"石的光彩和闪烁使白昼之光、天空之宽广、夜之黑暗第一次出现。"倒过来说,这第一次出现的"世界"是石庙这一艺术品中之石所显现、展开出来的。海德格尔由此得出结论说:天空的空间原是不可见的,但"石庙的矗立却使不可见的空间成为可见的"⑤。海德格尔关于石庙的这些描述和论述告诉我们:顽石一旦进入了艺术品,就恰恰由于其"顽"而显现出一个生动具体的景象("世界"),也可以说,在艺术品中的顽石,正因其"顽"而"通灵",当然,这里的"通灵"不同于小说传奇中所说的通灵之意,而是指"顽"所显现出的"世界"之生动具体性。大概也就是因为这个缘故,尽管今天由于科学技术的进步,钢材、玻璃、水泥建成的摩天大楼已遍布全球,人们不再用石头建筑大厦,但总还是想欣赏顽石而回到古代

---

① Heidegger, *Gesamtausgabe*, 第 5 卷, 第 33 页。
② 同上书, 第 32 页。
③ 同上。
④ 同上书, 第 28 页。
⑤ 同上书, 第 28 页。

的石庙建筑那里去。①

按照常识的理解,石头的光彩和闪烁是"由于阳光的恩赐而放射出来的",是先有天空、白昼和黑夜等自然现象,然后才有艺术品石庙之光彩和闪烁,但海德格尔却颠倒了艺术和自然的常识上的关系,认为是先有了石庙这艺术品,然后,它才使天空、白昼、黑夜等真实地显现出来——使它们"成为可见的"。由此类推,雕刻的神像这一艺术品要比神的肖像更容易显现神本来的样子,前者"让神自己出场"。② 海德格尔据此而得出结论说:"正是石庙之矗立,才第一次给予事物以神色,给人以对其自身的看法。"③换言之,只有艺术品才照耀出人和万物之本然,才使万物"升起"并"发生"(Aufgehen)。

西方传统的艺术观认为,艺术作为摹仿乃是从属于自然的。这种观点自柏拉图以后就占有优势。黑格尔批评了摹仿说,反对艺术对自然的从属地位,他认为艺术是精神的感性表现,艺术之美产生于精神,因而高于自然。但是正如美国哲学教授约翰·萨利斯所指出的:"黑格尔式的颠倒只不过从另一角度重建了艺术的次性地位,而不是根本取消艺术的次性地位:艺术虽不再次于自然,但次于精神。……海德格尔的颠倒则不同:它不是由精神的概念来规定的,而是如海德格尔告诉克雷默·巴多尼(Krämer Badoni)的那样,是由'真理的本质之规定中无底的差异'来规定的。海德格尔所颠倒的既不是自然简单地先于艺术,也不是精神简单地先于艺术……甚至也不是真理先于艺术……艺术乃是真理在其中发生的诸方式之一,虽然不是唯一的方式,并且,真理并不先于它的发生而存在。"④简言之,真理、真实性在艺术品中能得以发生,是艺术品使事物显现其真实面貌,显现其真理,是艺术品提供了真理得以显现、照耀的场所。就像前面所说的,是石庙的艺术品第一次使天空、白昼、黑夜最真实地、最生动具体地显现出来,第一次使之"成为可见的"。陶渊明的诗:"采菊东篱下,悠然见南山。山气日夕佳,飞鸟相与还。"这里似乎都不过是在说一些自然景象,但实际上陶渊明不是为了简单地描写自然美,这幅景象是诗人与自然合一的整体,它已化成显现"真意"("真理")的艺术品。"此中有真意,欲辨已忘言。"这里的"真意"不

---

① John Sallis, *Stone*, Indiana University Press, 1994, p. 112.
② Heidegger, *Gesamtausgabe*, 第5卷, 第29页。
③ 同上。
④ John Sallis, *Stone*, pp. 107-108.

是通常所说的同美(和善)相对峙的科学认识或理论活动意义下的真理,而是类似海德格尔所说的"显现"或"去蔽"状态。"此中有真意",就是说秋菊、东篱、南山、飞鸟之类所敞开的世界,是一个美的、有诗意的世界,是一个个艺术品,而此美、此艺术品又显现着最真实、最本然的东西。《庄子·渔父》:"真者,所以受于天也,自然不可易也。故圣人法天贵真,不拘于俗。"这里的自然似可解释为本然之意。陶渊明所说的"真意",可以说是一种艺术的真实、审美意义的真实。诗作和艺术品似乎是把我们从已经习以为常的现实中抽离出来而置入梦幻之中,但实际上,诗人、艺术家所言说的才是最真实的,它比日常生活的现实更真实,比单纯的自然之物更真实,这种真实是一种更深刻意义下的真理,甚至如某些思想家和诗人所说的那样,缺乏诗意和艺术修养的人倒是生活在梦幻中。在真正的诗人和艺术家面前,顽石也会为之"点头"的。

3. 在艺术中回到人生的家园

人和其他任何事物一样,原本植根于隐蔽的无穷尽性之中而与之合一,这合一的整体就是人生的家园。自从有了自我意识从而能区分主体与客体之后,人一般地就把事物当成外在的客体、对象而加以认识、加以占有和征服。人在这种认识、占有和征服的不断追逐的过程中反而觉得失去了万物一体的庇护,失去了家园。人于是又总想回到自己植根于其中、出生于其中的整体和家园中去,从中找到最终的庇护。如果说主客关系式的生活方式是一种开化的生活方式,那就可以把我们对整体和家园的思慕看成是一种对原始的向往。大概就是因为这个缘故,文明人总欢喜回到自然的原始中去,而且文明程度越高的人越有这种爱好。久居钢筋水泥和玻璃建成的高楼大厦中的人们之所以不辞劳苦要到高山雪峰上去赏玩,从深层来看,这不是为了欣赏黑格尔所批评的自然之美,也不是为了把握黑格尔所推崇的美的概念或理念,毋宁是自觉不自觉地出于一种归根寻源、思慕人生家园的感情。高山雪峰不是经过文明开发了的钢筋水泥和玻璃制成的,而是最原始的顽石之巅,它下面坐落在坚实的大地上,上面直指无垠的天空,象征着万物的根源(例如恩培多克勒所说的"四根":火、水、地、气)的集合点[①],人在这里似乎回到了家园。我们是"顽石"之子,是"大地"之子,是它产生出我

---

① John Sallis, *Stone*, pp. 15-16.

们,也永远看护着我们,直至死后。人为什么一般爱在死者的墓地上立一块石头以作纪念?这墓石不仅是为了埋葬死者,而且更重要的是它有着庇护死者不因时间而湮没的象征性意义。① 顽石和高山雪峰在诗人眼里不是单纯的自然之美,而是有诗意的艺术品。

这里需要特别说明的是,强调隐蔽、思慕家园、回复到与万物合一的整体,决不是要提倡回到自然,反对文明,决不是要回到主客关系以前的原始状态(无论就个人来说,还是就整个人类思想发展的道路来说)。这在事实上也是不可能的。我们的中心意思无非是要在艺术中超越主客关系,以回到人生的家园,回到前面所说的"顽石""大地"所表示的隐蔽的无穷尽性(我们所说的"整体",乃是一个无穷尽性的整体)之中。这里的关键在于艺术修养或美的陶冶和教育。可以说,人生的家园只有在艺术中、在审美意识中,或者更确切地说,在诗意中才能到达。

四 中国古典诗论的"隐秀"说

1. 对我国文艺理论观点的一点评议

隐蔽的东西的无穷尽性给我们带来了对艺术品的无穷想象——无穷玩味的空间。过去,我国有的文艺理论家认为,只要从个别事物中写出和看出普遍性,这就为我们提供了言有尽而意无穷的艺术哲学上的根据。其实,如前所述,一种普遍性概念所界定的事物范围无论如何宽广,总是有限度的;我们从这种艺术作品中所能想象——玩味的,充其量只能是与此个别事物同属一类的其他事物,因此这种艺术品给人留下的可供想象——玩味的可能性的余地显然也是有限度的,而不是无穷的。新的艺术哲学方向要求从显现的东西中所想象——玩味的,不仅冲破某一个别事物的界限而想象——玩味到同类事物中其他的个别事物,而且冲破同类的界限,以想象——玩味到根本不同类的事物。两相比较,真正能使我们想象——玩味无穷的艺术品显然是后者而非前者。莫里哀的《伪君子》倒是写出了典型人物或者说同类人物的普遍性特点,而不是某一个别的精确画面,但它给人留下的想象——玩味的空间并不是无穷的。

尤有进者,旧的典型说在崇奉普遍性概念的哲学指引下,总是强调把现

---

① John Sallis, *Stone*, p. 18.

实中不同人物的不同性格作集中的描写:写英雄就把现实中各种英雄的性格集中于英雄一身,写美人就把现实中各种美人的美集中于美人一身,于是艺术作品中的人物、性格都被普遍化、抽象化了,虽然也能在一定限度内给人以想象和启发,但总令人有某种脱离现实之感。新的艺术哲学方向所要求显示的在场者背后的不在场者,与在场者一样,仍然是现实的、具体的东西,这样的艺术作品所描写的人和事和物也都是活生生的、有血有肉的具体现实,而非经过抽象化、普遍化的东西。当然,它也不能是对具体现实的照搬,否则,就不能给人以想象和玩味了。

2. 中国古典诗的一个特点:意在言外

中国古典诗在从显现中写出隐蔽方面,在运用无穷的想象力方面,以及在有关这类古典诗的理论方面,实可与海德格尔所代表的艺术哲学交相辉映,或者用人们当前所习用的话来说,两者间可以实行中西对话、古今对话。

刘勰《文心雕龙·隐秀篇》云:"情在词外曰'隐',状溢目前曰'秀'。"他所讲的隐和秀,其实就是隐蔽与显现的关系。海德格尔的艺术哲学——显隐说未尝不可以译为隐秀说而不失原意。文学艺术必具诗意,诗意的妙处就在于从"目前"的(在场的)东西中想象到"词外"的(不在场的)东西,令人感到"语少意足,有无穷之味"。这也就是中国古典诗重含蓄的意思。但这词外之情、言外之意不是抽象的本质概念,而仍然是现实的,只不过这现实的东西隐蔽在词外、言外,未出场而已。抽象的本质概念是思维的产物,词外之情、言外之意则是想象的产物,这也就是以诗的国度著称的中国传统之所以重想象的原因。元稹的《行宫》:"寥落古行宫,宫花寂寞红。白头宫女在,闲坐说玄宗。"诗中的一个"在"字用得很妙,它点出了白头宫女的在(场),却显现了(在想象中的显现)昔日宫中繁华景象的不在(场),从而更烘托出当前的凄凉,然而后者只是言外之意、词外之情,既是隐蔽的,却又是现实的,而非抽象的普遍性概念。柳宗元的《江雪》:"千山鸟飞绝,万径人踪灭。孤舟蓑笠翁,独钓寒江雪。"这首诗所描写的画面真是状溢目前,历历可见,可谓"秀"矣。但如果仅仅看到这首诗的画面,显然还不能说领会到了它的诗意。实际上这首诗的妙处就在于它显现了可见的画面背后的一系列不畏雨横风狂而泰然自若的孤高情景。这些情景都在诗人的言外和词外,虽未出场,却很现实,而非同类事物的抽象普遍性;虽未能见,却经由画面而显现。当然这首诗的"孤舟""独钓"之类的言辞已显露了孤高之意,有不够含蓄之嫌,但这只是次要的,其深层的内涵仍然可以说隐蔽在言外、词外而有待人们想象。柳宗元的另一首诗云:"渔翁夜傍西岩宿,晓汲清湘燃楚竹。烟销日出不见人,欸乃一声山水绿。回看天际下中流,岩上无心云相逐。"(《渔翁》)此诗的前四句本已通过一幅历历在目的画面令人想象到渔翁那种悠闲自在的境界,但作者偏要在最后用"无心"这样的概念来做一概括,反而了无余味,因为前四句让人想象到的那种人与自然合一的高超境界,可以引起许许多多的生动画面,决非渔翁的"无心"所可以简单概括的。这首诗之所以遭到后人批评,实因其缺乏"隐秀"之意,当然,从这方面来说,白居易的许多诗作之概念化的毛病就更多了。

诗人之富于想象,让鉴赏者从显现的东西中想象到隐蔽的东西,还表现在诗人能超出实际存在过的存在,扩大可能性的范围,从而更深广地洞察到事物的真实性。我们通常把这叫作夸张。李白《秋浦歌》之十五:"白发三千丈,缘愁似个长。"这里的极度夸张,其实就是想象的一种极端形式"幻想",按胡塞尔的说法是一种对实际存在中从未出场的东西的想象。白发竟有三千丈之长,此乃实际世界中从未有过的,诗人却凭幻想,超出了实际存在的可能性之外,但这一超出不但不是虚妄,反而让隐蔽在白发三千丈背后的愁绪之长显现得更真实。当然,诗人在言词中已经点出了愁字,未免欠含蓄,但这当另作评论。一个毫无想象力的人也许会凭感觉直观和思维做出白发一尺长或两尺二寸长这类符合实际的科学概括,但这又有什么诗意呢?如果说科学家通过幻想,可能做出突破性的发现和创造性的发明,那么诗人则是通过幻想以达到艺术的真实性;如果说科学需要幻想是为了预测未来(未来的未出场的东西),因而期待证实,期待未出场的东西的回答,那么,诗意的幻想则不期待证实,不期待未出场的东西的回答,它对此漠不关心,而只是把未出场者与出场者综合为一个整体,从中显示出审美意义和审美价值。

杜甫《春望》:"国破山河在,城春草木深。"司马光《续诗话》对这两句诗做了深刻的剖析:"古人为诗贵于意在言外,使人思而得之……近世诗人,唯杜子美最得诗人之体,如'国破山河在,城春草木深。感时花溅泪,恨别鸟惊心'。'山河在',明无余物矣;'草木深',明无人矣。"从司马光的剖析中可以看到:"山河在"和"草木深"都是"状溢目前"的在场者("秀"),但它们却显现了不在场("隐")的"词外之情"——"无余物"和"无人"的荒凉景象。值得注意的是,这里的显现是想象的显现,想象中的东西仍保留其隐蔽性,只有这样,这两句诗才有可供玩味的空间。若让想象中的东西在言词内出场,把杜甫的这两句诗改成为"国破无余物,城春无人迹",那就成了索然无余味的打油诗了。杜甫的这两句诗是中国古典诗中重言外意的典型之一,司马光的赏析则深得隐秀说之三昧,可与海德格尔显隐说的艺术哲学相呼应。像杜甫这样的由在场想象到不在场的中国古典诗,显然不是西方旧的典型说所能容纳的,其所给人留下的想象空间也不是按典型说所写的艺术作品所能比拟的。

总括以上所说,我以为从主客关系的在世结构到超主客关系的在世结构,从重在场(显)到重不在场(隐),从典型说到显隐说,乃是当今艺术哲学的新方向。把中国的隐秀说和中国古典诗词同西方现当代艺术哲学联系起来看,则虽古旧亦有新意,值得我们特别加以重视并做出新的诠释。

五 超越在场与功利追求

1. 超越在场的审美态度高于功利追求

从重在场(显)到重不在场(隐)的转化,决不意味着不需要对在场的东西的功利追求。功利追求不等于功利主义。功利主义是把功利追求当作第一位的,而我们则一方面主张人离不开功利追求,一方面又强调以审美意识,特别是以显隐说的审美态度超越在场的东西,从而超越功利之心。梵·高的农鞋在不能超越在场的常人眼里,黑漆漆,破旧不堪,完全是一双无用之物,毫无价值可言,因为常人看事物,或者说以常人的眼光看事物,目的在于攫取在场的存在者,而不在场者或隐蔽着的不可穷尽性只是虚幻的、不可攫取的东西。常人的眼光是缺乏或较少想象力的。反之,一个能超越在场的东西、富于想象力的鉴赏家则如康德所说,"它对一对象的存在是淡漠的"①,实际上也就是对于在场者是淡漠的。有的美学家认为审美对象具有"虚幻性",或者说,审美对象是"虚幻的时间",其实,更确切地说,审美对象是不在场者的潜在的出现,是隐蔽着的敞亮,是时间诸环节的自身越出。"虚幻"一词未免容易引起虚构的误解,实际上,审美对象正是在事物隐蔽处——在事物所隐蔽于其中的不可穷尽性中显示、敞亮其最真实的面貌。审美对象并不是一般事物以外的另一种特殊事物,它乃是任何事物的最真实的面貌,或者说,是在真实性中的事物。

---

① 康德:《判断力批判》上册,宗白华译,商务印书馆1985年版,第46页。

功利追求是对在场者的直接攫取或索取的追求,所以功利追求似乎对人最切近,所谓切身利益,就是此意;超功利以审美态度对待事物,似乎是"把它的对象推向远方"①,是与对象拉开距离。但人为什么在功利追求之余又总觉得有失去家园之感?这就是因为事物不是单纯在场的东西,而是与隐蔽的不可穷尽性"集合"在一起、纠缠在一起的;只有这种"集合"才使事物具有真实的意义——具有海德格尔所说的"天地神人四合一"的意义,也类似中国人所说的"天人合一"的境界,人正是生活在这样"集合"的家园中。超越在场,一方面是与对象拉开距离,另一方面却正是回到自己最亲近的家园。家园比功利追求更重要。

2. 哲人、诗人的鸽子应乘着气流在天地之间飞翔

我们也不要片面地相信只有悠闲才能作哲学思考的古老说法,不要以为审美意识就是虚静自在。任何人不能没有功利追求,不能不过日常生活,不能不作常人,哲人、诗人亦复如此。哲人、诗人不同于常人之处在于:常人安于功利追求和日常生活,哲人、诗人则既作功利追求,过日常生活,而又总想从中挣脱出来。哲人、诗人的生活是"常"和"非常"的交织与同时发生,而这又是一种更充实、更真实的生活。在我们今天的时代,哲人、诗人更应该是热爱生活的人,而不应该是专事静观和旁观的人。情况也许是:我们越深入火热的生活,我们就越需要哲学,需要审美,需要有诗的意境。让我们回想一下康德所说的鸽子吧。柏拉图的"理念"的鸽子幻想在真空中更自由地向天空飞去,但没有空气的支持,没有大地的支持,飞翔终成泡影,鸽子也许会坠入柏拉图的"洞穴",在影子中爬行。我以为,真正哲人、诗人的鸽子应该既不安于作洞穴中的爬虫,也不要为真空的自由所诱惑。哲人们、诗人们还是做一只现实的鸽子吧,在天和地之间乘着气流飞翔!②

---

① 席勒:《审美教育书简》,冯至、范大灿译,北京大学出版社1985年版,第131页。
② John Sallis, *Delimitations*, Indiana University Press, 1995, pp.15-16.

第十四章
审美意识:超越有限
——再论典型说与显隐说

上一章还只是一般性地从在场不在场的角度论述美学中的典型说与显隐说,本章则是着重从在场的有限性(有穷尽性)和不在场的无限性(无穷尽性)的角度论述摹仿说、典型说和显隐说。典型说直接由摹仿说发展而来,上章已顺便提到摹仿说。摹仿说所讲的被摹仿的东西的有限性比典型说所讲的典型的有限性更显而易见,故本章还要多谈一点摹仿说。

一 理 论

1. 艺术不是对有限事物的简单摹仿,而是以有限显现无限

我们平常看一件事物,只是盯住眼面前的"在场的东西",对于"不在场的东西",我们一般地就不予理睬,至少在初看时是这样,我把这叫作以有限的观点看待事物。所谓有限,就是有限定的范围之意,有限显然意味着它之外还有别的东西限制着它,范围着它。艺术上的摹仿说就是一种以有限的观点看事物的明显例子:摹仿说认为,艺术品就是对有限的在场事物的简单摹仿,摹本越是与有限的原本相似,就越具有真实性,而这种真实性就是艺术性。摹仿说把例如绘画看成就像机械地照相(不包括有艺术修养的摄影家地照相)一样,仅仅摹仿那点有限的在场事物,至于被摹仿的事物的深层内涵则是简单的摹仿所不予理睬的,就像机械地照相不能摄入对象背后隐蔽于其深层的东西一样。

其实,每一事物、每一被摹仿的东西,或者把摹仿一词扩大一点来说,每一被描绘、被言说的事物,都是宇宙间无穷联系的聚焦点或者说集合点;正是这种集合才使一事物成其为该事物,才使得存在者(beings)得以存在(Being)。这样,我们也就可以说,每一事物、每一被摹仿、被言说的东西,都是一个涵盖无限关联的宇宙,此一事物之不同于彼一事物的特点,只在于此一事物是从此一独特的集合点集合着全宇宙的无限关联,彼一事物是从彼一独特的集合点集合着全宇宙的无限关联,这就是为什么同一个宇宙中能容纳无穷的、各具特色的千千万万种事物的道理,也是每一事物的深层内涵远不止于简单摹仿说所认为的那样只是有限的在场者,而是包含不在场的无限关联在内的道理。把这个哲学基本观点应用于艺术,则一个真正的艺术家在摹仿、描绘、言说一事物时,就不应只是对有限事物做简单的摹仿或再现,而应该是表现它所包含的无限关联,这才是它的深层内涵。

宇宙间的无限关联首先是人与物的关联。艺术品都是人与物交融合一的产物。这里的人不仅指一般的人,不仅指人类社会历史,而且包括作家个人在内。即使是自然美,也具有这样人物交融或物我合一的性质。

按照这样的观点看事物,我想可以称之为以无限的观点看事物。艺术的本质就是以无限的观点看事物。艺术乃是以有限的事物显现无限,以有限言说无限。艺术表面上似乎离开了有限事物,实际上却更深入事物本身,即更深切地彰显了有限物本来就蕴涵着的深层内容。艺术更接近事物的真实。

我们平常说,艺术的特点是表现。我以为,表现不同于简单的摹仿之处就在于表现与被表现的有限事物之间的区别性,反之,简单的摹仿都是强调摹本与原本的同一性。表现不是复写,是对原本的扩充。伽达默尔说:"艺术一般来说并在某种普遍的意义上给存在带来某种形象性的扩充(einen Zuwachs an Bildhaftigkeit)。语词和绘画并不是单纯的摹仿性说明,而是让它们所表现的东西作为该物所是的东西完全地存在。"[①]这就是说,有限事

[①] 加达默尔:《真理与方法》第1卷,洪汉鼎译,台北时报文化出版有限公司1993年版,第204页。

物在艺术表现中得到了它的完全的、真实的存在。只可惜伽达默尔没有指出"扩充"的具体内容是什么。我所谓的扩充,很明确地是指与有限事物之存在紧密相关的无限关联。

2. 艺术品所显现的是人人共同生活于其中的唯一无限性宇宙

艺术品是人与物的交融,其中包括作家个人的特点在内,这并不意味着艺术品是主观唯心主义的东西。作家个人的特点只不过是指他从其所立足的独特的"集合点"反映着宇宙的无限关联,而无限关联的宇宙是唯一的,此作家和彼作家都处于这唯一的无限关联之中。换言之,各个作家的各不相同的艺术作品只是他们各自"集合"(显现)同一无限关联的角度和方式不一样的表现。为什么一个真正的艺术作品在经历了久远的时代以后仍然会对人具有魅力?这魅力的源泉就在于艺术超越有限而显现了唯一宇宙的无限内涵,从而使后人对它具有共通感,尽管后人对古代艺术品的领悟与古人的领会又是不相同的。反之,如果一件作品只是简单地复写某有限事物,不越有限事物之雷池一步,则此作品不过是一个摹本,毫无引人玩味之处。何故?原因就在于有限的东西总是转瞬即逝的,它不可能产生永恒的魅力。还是举海德格尔所讲过的梵·高画的农鞋为例,这个例子虽然已被引用得烂熟了,但它最能说明问题。这幅画之所以具有魅力,在于它超越了有限,它不是对农鞋这个有限物本身的复写,而是凝聚、显现了与农鞋相关联的无限画面,如农人在寒风凛冽中艰辛的步履,对面包的渴望,在死神面前的战栗等等。所有这些,都是人们(包括作者与观赏者、古人和今人)所共同生活于其中的世界之真实的关联;任何一个稍有审美意识的人都会对这些关联产生共通感,从而在这幅画前流连不忍离去。反之,如果一幅农鞋画只是有限的农鞋的机械复写,则不会给人留下超越有限的想象空间,不但没有任何艺术魅力,而且会令人产生厌弃之感。

由此可见,真正的艺术品,包括一般的文学作品在内,与其所描绘、言说的东西之间的关系决不是简单的摹本与原型的关系。真正的艺术品只能是把原型当作一个跳板,艺术家由此有限的跳板跳进宇宙无限关联的深渊中去,从而也让鉴赏者"听到无底深渊的声音"(德里达语),或者也可以说,让宇宙的无限关联通过艺术品而闪现在鉴赏者面前。艺术品的表现之本质在于"无底深渊"的闪现,而不在于有限的原型是如何如何。换言之,艺术品不在于指向某有限之物,而在于它的表现本身就具有自足自主的权利。①这自足自主的权利相对于有限的原型来说是自足自主的,但又有其自身的来源,即来源于唯一宇宙的无限性。这唯一性就能保证艺术品不是主观唯心主义的,而是人人都能共同感觉的;但这唯一性又能容纳不同作家、不同艺术品异彩纷呈的差异性。

我这样看待艺术品与其所描绘、所言说的有限东西之间的关系,并不是要抹杀有限东西的地位。其实,被艺术品所描绘、所言说的东西本身虽然是有限的,但一经艺术的描绘、言说之后,它就超越了自身而与无限结为一体,从而闪现了无限的光辉:有限的东西成了无限的东西的闪光点,或者倒过来说也一样,无限的东西正是通过有限的东西来闪现自己的光辉,从而具有魅力,为人所喜爱,这就叫作美。有限的东西因无限的东西而成其为自身之所是,无限的东西因有限的东西而闪现自身。离开了有限的东西,无限的东西是不可见的,而美的特征正在于可见的显现之中。可以说,无限的东西必须在有限的东西中而赋予自身以形体(embodiment),或者说找到自己的"化身"。柏拉图曾经指出,善(和真)必须在美的庇护之下而闪光,而为人所爱。② 美的东西具有把可理解的东西("理念")与现象加以中介的功能。当然,我这里所说的无限,绝不是指柏拉图的抽象概念,而是指与有限的现实物相统一的无限的、然而同样现实的东西,或者说,是指在场与不在场的统一。

说艺术品显现了有限物背后所深藏的无限关联,显然这并不意味着要像科学家和历史学家那样去追踪和证实这无限的关联。这种看法不过是把审美意识当作一种认识过程。本书前面已经谈到,审美意识不是认识,美学不是认识论。这里所谓以有限显现无限也不是要做出种种对无限关联的科学的或历史的证明和论证,而是指对有限与无限、人与物交融为一体("万物一体")的一种体悟和感受。梵·高的画只是让我们想象到深藏于画面背后的无限关联而进入一种"万物一体"的境界之中,我们在这里因见到了无限的光辉而感受到美的喜悦。中国人所谓"神往",也许就是指这种对无限光辉的向往与欣羡之情。如果认为这幅画的诗意不过是引导我们去探索

---

① Kenneth Maly, *The Path of Archaic Thinking*, State University of New York Press, 1995, p.176.
② Plato, *Philebus*, 64e; *Phaedrus*, 250d.

农夫为何艰辛至此的各种社会的、历史的关联,那显然有失诗情画意的真谛,即使产生了这种效果,那对于诗意之本质来说也只能是附属的。

其实,任何一件富有诗意的作品都能引导我们进入人与万物交融合一、有限与无限相统一的境界,所谓"物我两忘"或者西方人说的"狂喜",就是对这种诗意境界的一种描述。这种境界在不同的作品中展现出多姿多彩的形式,其为以有限见到无限的光辉则一。中世纪把我们平常称之为美的东西叫作有限美,有限物之美来源于神性,神性是无限美。如果把神性代之以无限的万物一体之境界,我倒是很同意有限美源于无限美的提法,我的意思是,有限的东西之能成为美的东西,在于它表现了无限的东西的深层内涵,使人达到"万物一体"的境界。

3. 艺术品所显现的无限性包括因不同时代和不同人的观赏、参与而引起的无限自我扩充

也应当看到,艺术品之超越有限物的特点,不仅如前所述一般地是指其显现有限物之深处的无限关联的含义,而且包括其在不同观赏者那里以及在不同时代中不断更新、丰富和深化自身的内容的含义。

艺术品所显现的无限关联,一方面是人人共同生活于其中的唯一的世界,因此,艺术品能为不同的观赏者包括不同时代的人所喜爱;另一方面,艺术品本身的内涵(艺术品所显现的无限关联)在不同条件下、不同境遇中(包括不同的观赏者和不同的时代)又以不同的形式而展露自身,因此,我们又可以说,艺术品总是随着不同的条件和境遇的变迁而不断地重新规定着自身。不同的观赏者、不同时代的人都参与了艺术品本身,从而使艺术品不断地自我扩充——这也是艺术之为超越有限、扩充原本的一层意义。

一个历史学家如果简单地不断重述某一历史事件,必然会引起人们的腻烦与厌弃。但一个艺术品,包括富有艺术性的历史剧,则虽一再展示、一再重演,而仍能持续地为人所欣赏、所喜爱,原因就在于艺术品所显现的无限关联,既是人人所共同感受的东西,又是随着时代的不同、观赏者的不同,甚至表演者本人的不同而不断更新自身、超越自身的东西。这叫作艺术的"现时性"。其所以具有"现时性",就因为艺术所显现的不是有限物。有限物总是转瞬即逝的,只有无限的东西才是常青的。

一幅有艺术价值的肖像画,关键不在于它与被画的本人如何相像,因为被画的本人是有限之物,而对有限之物的摹本或复写总是要过时的,是没有

"现时性"的。肖像画的艺术价值在于它显现了它所隐藏的无限关联,给人留下无穷的想象空间,而不同时代的人、不同的观赏者可以在这个广阔的空间里任意驰骋,得到自己独特的美的享受。艺术的"现时性"使艺术品能随时随人(不同的时代、不同的观赏者)而展示不同的姿容。我们可以根本不认识被画的本人,或者从未见过他的照片,但他的肖像画(如果是一幅具有艺术价值的肖像画)仍能深深地吸引住不同的观赏者,原因就在这里。

更能说明问题的是宗教画。一幅宗教画,你能说它以什么有限物作为原型供人们对照吗?但它凝结了不仅无限多的宗教观念,而且凝结了无限的世俗关联,我们后世人都生活于其中,它以不同的姿容展现在不同人的面前,它的"现时性"吸引着古今各种不同的人们,甚至包括不信宗教的人。原因还是在于它所表现的东西是无限的。

4. 典型所显现的无限的有限性和显隐说所要求显现的无限的无穷尽性

我们所讲的审美或艺术在于以有限显现无限,与西方传统美学所讲的以有限显现无限有根本的区别。传统美学所要显现的无限一般地说是指普遍性概念,指超感性的抽象本质或理念,所以它的基本观点是典型说,即通过感性的具体物(有限物)写出具有普遍性的典型(无限物);我们所说的无限是指当前在场物背后所深藏的无限关联,这种观点重在通过在场的东西显现不在场的东西,这里的不在场的无限不是抽象的概念,而是具体的现实世界,只不过这被显现的具体现实世界隐而未显而已。如果说传统美学所说的超越有限一般地是要求由个别(有限)见普遍(无限),那么,我们这里所说的超越有限则要求由显现(有限)见隐蔽(无限),由在场(有限)见不在场(无限)。正如本书前面已经讲过的,这里所说的在场的、有限的东西,其含义不仅指感性的个别的东西,而且包括理性的普遍的东西在内。在场的东西可以是单纯感性的东西,也可以是感性物与理性物相结合的具体统一物,但这种具体统一物的背后还有隐蔽着的无限关联,它们也是感性的东西与理性的东西的具体统一物。所以,我们这里所讲的超越有限、超越在场,不仅是指超越感性的东西,而且包括超越感性的东西与理性的东西的具体统一物。事实上,作为一个既有感性又有理性的人,其所面临的当前在场的东西,很少情况下只是单纯感性的东西,而往往是两者相结合的具体物,现实就是感性物与理性物的有机统一。一个根本没有凝结着思和理的直观中在场的东西,也不可能显现出隐蔽在其背后的无穷关联,不可能引发人们的无穷想象。梵·高画的农鞋如果没有凝结着画家本人的思,怎能引发人们由此而想象到农人的艰辛步履,对面包的渴望,甚至对社会现象的反思等等呢？其实,越是凝结着深刻的思的直观,也越能激发人们对不在场者的无穷想象。康德以前,自苏格拉底—柏拉图以后,西方传统哲学一般把感性的东西(the sensible)与可理解的东西(the intelligible)分裂开来,康德看到了想象在二者间的中介作用,他通过想象把二者结合为现实的东西。西方有的专家如美国著名哲学教授约翰·萨利斯甚至认为,在康德那里,感性的东西与可理解的东西之分都落入感性现实世界之内。① 其用意无非是强调感性现实的东西中渗透着理性的东西。我们所说的有限的在场者与无限的不在场者都是这样渗透着理性物的感性现实。

  明白了上述的道理,就可以知道,一个最简单的艺术品,例如一朵花的画,固然可以通过艺术家的描绘给人以想象的空间,这是超越有限的在场者之一例;同样道理,即使是内容非常复杂的艺术作品,包括史诗、戏剧之类的文学作品,这样的作品明显地不是单纯感性的东西,而是感性的东西与理性的东西相结合的东西,但只要此作品是真正具有诗意或文学意境的,则它所言说的东西本身背后仍然有未言说的东西供人玩味,这未言说的东西不是简单的感性的东西,而是感性的东西与理性的东西的具体统一物。一部伟大的小说,例如我在第三章中讲"横向超越"时所举的《红楼梦》的例子;《红楼梦》中所说出的东西,内容十分丰富,当然是感性的东西与理性的东西的统一,但人们之所以提出有说不完的《红楼梦》,决不是在《红楼梦》已说出的东西的范围内转来转去。说不完者,主要是因为在《红楼梦》已说出的东西中还隐藏着无尽的具体现实的东西能供人玩味无穷。《红楼梦》所言说出来的故事情节无论多么复杂,也是有限的,但其所深藏的、未说出来的意蕴却是无限的,是说不完的。《红楼梦》所说出来的东西本身是感性的东西与理性的东西相统一的具体现实,后世的赏析者们所说不完的东西也是感性的东西与理性的东西相统一的具体现实。传统的典型说所讲的以感性有限物显现理性无限物,乃是把人的注意力从现实引向抽象的概念世界,人们达到了最高的理念,就有"至矣尽矣"之感;我们这里所讲的美学观点则是要把人从现实引向现实,然而这现实的天地广阔无垠,意味无穷。这就是显隐说的优越性。

---

① John Sallis, *Delimitations*, Indiana University Press, 1995, pp. 10, 172.

为什么有的作品有人物、有故事情节,什么"名言之理""经生之理",也讲得不少,而且不能说没有把感性的东西与理性的东西结合起来,但就是不能让读者或观众产生些许回味,人们只不过停留在它所言说的东西本身,看完了也就一切都完了。这样的作品的弊病就在于它没有超越有限,给人留下想象的空间和余地,或者即使留下了想象的空间和余地,但也是很有限度的。例如典型说也主张提供想象的空间和余地,但它只要求显现普遍性概念,它所提供的想象空间和余地便只限于普遍性概念之内,或者说只限于在该典型之内,因而是有限的。我们所讲的以有限的在场显现无限的不在场都包含普遍性概念于其自身,而无限的不在场的东西是无穷无尽的。典型即普遍性概念,仍然是在场的东西,只不过是一种"恒常的在场"。只要是在场的东西,就是有限的,因为在场的东西之外还有不在场的东西。因此,我们所讲的超越有限的在场物,就意味着超越了普遍性概念或典型的范围,而进入了典型说无法相比的广阔的想象空间。典型或普遍性概念所提供的想象空间总是恒定的,我们所讲的想象空间是无穷尽的。显然,这种对有限性的超越比典型说对有限性的超越前进了一大步。《红楼梦》也塑造了如林黛玉、贾宝玉、王熙凤等等许多典型,这是《红楼梦》的艺术性和诗意的一个方面,但说不完的《红楼梦》难道就只限于在它所塑造的各种典型上面说不完吗?真正讲来,大家所说不完的,更多地不在于各式各样的典型,而在于由《红楼梦》言说的东西(有限的东西)中所引发、所启发的东西(无限的东西),例如对人生意义的品味,这些东西原来隐蔽在《红楼梦》所言说的东西之中而成为《红楼梦》所蕴涵的深厚内容和无尽的诗意,人们所说不完的正是这些。说不完的《红楼梦》应能给我们的艺术哲学以启发:艺术性、诗意不在于再现现成的有限存在(包括实际发生的哪怕多么复杂的历史事件或故事),也不在于再现普遍性概念(典型),而在于由现成的有限的存在出发,通过想象,引发和表现一个意蕴无穷的新世界,从而让我们有限的人在无限中追寻。这种追寻不是绝对完满性的实现(那是根本不现实的),而是永无止境的前进过程。伽达默尔认为艺术作品的意义是永远不可穷尽的,人永远不可能把一件真正艺术品的意义"掏空"。理解、解释是一个开放的过程。我想,这也就是人们在艺术品面前流连忘返、徘徊不能离去的原因,人们面对在场的艺术品,正是在向隐蔽处无止境地追寻。

二 历 史

1. 古希腊的摹仿说及其扩展

人首先是一个有限的存在,但他又向往无限。人的自我实现的过程就是由有限向无限扩展的过程,但这种扩展并不是脱离有限,也不可能脱离有限。说人首先是一个有限的存在,意思是说,他首先是物质存在,首先呈现于他面前的东西是感性的东西,而这些都是有限的。但人不同于一般动物之处就在于他不甘心停止于有限的范围之内,他总想超越有限,这种超越的意识实即审美意识或诗意(诗意是美的艺术的总精神)。

人的最原初、最简单的超越意识是摹仿,摹仿即再现,乃人之天性,每个幼儿都喜欢游戏就是一个例证,游戏与摹仿是密切联系在一起的。摹仿在这里是指摹仿现实的事物。按亚里士多德的说法,人们在看到摹仿的东西与原来的现实事物惟妙惟肖地相似时会产生快感有两层原因:一是由于从摹仿的东西中领悟、推断出原来事物是什么而产生的快感;一是摹仿的处理技巧、着色等等令人对智力的运用感到惊异而产生的快感,此二者乃诗意的起源。但二者并非如某些人所解释的那样是平等并列的,按照英国新黑格尔主义者鲍桑葵的分析,这里的"第二个'原因'是用来解释第一个原因的"[①]。把两者联系起来看就可以见到,摹仿虽然是原来事物的再现,但就观赏者从中领悟、推断出原来事物的意义以及就对摹仿的技巧、智力的运用感到惊奇来说,这种再现也是对现实事物的有限性的某种程度的超越。

但摹仿的超越是极其初步的,它距离有限还很近很近,而距离无限还很远很远。古希腊的思想文化尚处于人类的童年时期,古希腊艺术就常被称为摹仿性艺术。例如神的雕像在古希腊人眼里几乎就很难说是无限的神秘力量的象征,而似乎是看得见的某个有限的现实人的肖像。所以,古希腊艺术的摹仿一般只限于对有限的现实事物的摹仿。当然,我们也不要把这种看法作绝对化的理解,古希腊艺术也是有一定的理想性和象征意义的。与古希腊这种摹仿性艺术相应的是,古希腊哲学家们的理论也流行摹仿说,而不重视艺术的创新方面;柏拉图关于艺术只是摹仿现实事物而非摹仿真实的理念(这里只是就柏拉图明确表现出来的主导的理论观点而言)从而断

[①] 鲍桑葵:《美学史》,张今译,商务印书馆1985年版,第77页。

言艺术低级的理论就是一个最突出的例子。柏拉图虽然说理念是美的，但这种意义下的美不是艺术的美、诗意的美，而是与哲学上的真同义的。当然，有两点仍然是不可忽视的：第一，柏拉图毕竟提出了摹仿是事物的形象而非事物本身，这就在艺术观上提出了一个审美形象的概念，为以后的美学理论奠定了一块重要的基石；而审美形象也正是我前面所说的对有限的现实事物的一种超越；因为审美形象不关心现实事物所具有的效用意义和感性欲求的满足。第二，柏拉图提出了想象在摹仿中的作用，想象乃是摹仿的心理媒介。尽管我们根据现当代人的观点，批评柏拉图把想象纳入"原本—影像"的旧公式，①但从历史发展的观点来看，他关于想象的作用的思想，毕竟也是超越有限性的一个步骤，尽管只是初步的。

亚里士多德仍然认为美的艺术是摹仿的艺术，但首先，摹仿一词所包含的飞离有限的意义在上引关于摹仿给人以快感的两层原因的论述中表现得很充分了。不仅如此，亚里士多德甚至认为，摹仿的艺术如雕刻、绘画、诗歌等，即使被摹仿的对象本身并不给人以快感的时候，经艺术家描绘的该事物的形象却能给人以快感，因为人们可以从中领悟、推断到此形象即是彼事物，并对智力的运用、技巧的处理产生惊异之感。② 摹仿之超越有限事物的意义在这里得到了更深层的表述。更重要的是，当我们读到亚里士多德《诗学》第9章中关于"诗比历史更富于哲学意味和更严肃"的那段人们经常引用的话时，我们就更能清楚地看到，亚里士多德已经大大地扩展了摹仿的内涵，他所讲的艺术摹仿不是简单地摹仿现实事物的形象，而是要把有限的现实事物加以普遍化和理想化，用他本人的话来说，就是"按照事物应该有的样子去摹仿"。③ 显然，摹仿的概念在亚里士多德这里更远地超越了有限性的束缚，而且为西方美学理论由古代过渡到近代开辟了道路。但亚里士多德所谓按应该有的样子去摹仿，仍然是以有限的现实事物为标准，他并没有从根本上脱离古希腊摹仿说的窠臼。④

公元3世纪古希腊最后一个伟大思想家普罗提诺（Plotinus，205？—270）针对柏拉图的摹仿说，明确指出，艺术不是摹仿有形的东西，而是深入

---

① John Sallis, *Double Truth*, State University of New York Press, pp. 170-189.
② 亚里士多德：《修辞学》1371b4。
③ 亚里士多德：《诗学》，第25章。
④ John Sallis, *Double Truth*, State University of New York Press, 1995, p. 173.

到"理性"。一件美的东西是由"理性"流出来的。普罗提诺的"理性"实质上是非理性的。从超越有限的角度来看,他的美学观点对古希腊摹仿说有一定的突破性,但普罗提诺的整个哲学观点是对柏拉图思想的运用和发展,仍属古希腊的范畴。

2. 中世纪对古希腊摹仿说的超越

中世纪的圣托马斯·阿奎那认为美属于形式因,它不像善那样使欲念得到满足,它在善之外而高于善,美的形式的"光辉"来源于无限的上帝,因此,从有限事物的美可以窥见上帝的无限美。可以看到,托马斯在认定美超出有限的感性欲念方面,在认定有限事物之美象征无限的精神方面,都远超出了古希腊摹仿说的范畴,这是超越有限的审美意识的一大进展,对于以康德为代表的关于美只关乎形式不关乎概念、欲望和外在目的的西方近代美学思想产生了很大的影响。

托马斯的从事物之有限美窥见上帝之无限美的理论观点,与基督教教义的实际情况是相应的,这种实际情况与古希腊神话形成一个鲜明的对比。谢林对于这一点讲得很清楚。谢林指出,在古代神话中,神的姿容被描绘得令人没有更多的想象余地而遗漏了神的无限性的广度和深度,所以希腊神话可以说是在有限性之内表现无限。反之,基督或圣母玛利亚则令人想象到无限多的宗教观念,其所包含的意义之无限性并非有限的感性形象所能充分表达,却可以被暗示,所以基督教教义可以说是使有限屈从于无限,或者说是无限压倒有限。[①] 谢林说的无限非有限所能充分表达却可以被暗示,正是与托马斯从有限美窥见上帝的无限美的思想相符合的。

3. 典型说在西方近代美学史上的主导地位

古希腊哲学尚无主客之分,从古希腊哲学结束到近代,则逐渐形成了主客关系的思维方式,从而在近代哲学中出现了唯理论与经验论两种思潮。这两种思潮在康德那里汇集成一个整个近代哲学的问题,即怎样使有限的感性现实世界与无限的理性世界相结合?这个问题体现到美学领域就是有限的感性事物如何显现无限的理性、理想而成为令人愉悦的?这也是康德所面临的问题。

---

① 参阅鲍桑葵:《美学史》,张今译,商务印书馆1985年版,第416—417页。

康德不仅系统化了前人如托马斯等所提出的美不涉及有限的感性欲念之类的思想,而且突出地提出了理想美以无限的理性为基础的观点。他的"美的理想"中所包含的两个因素不是中世纪基督教的上帝,而是"审美的规范意象"和"理性观念"。"审美的规范意象"是指同类事物的共相,"理性观念"是指永恒、自由、灵魂、上帝(不是基督教的上帝),还有坚强、宁静等经验界的观念;"理性观念"的感性形象是"审美意象","审美意象"能激发人从有限的感性现实上升到无限的超感性的理性世界,从而达到一种超越有限的自由。康德的这个思想为以后黑格尔关于美是理念的感性显现说开辟了道路。从康德这里可以看到,近代美学关于有限的感性事物只有在表现无限的超感性事物的意蕴时才是美的观点,鲜明地代替了古代的摹仿说。典型说在近代美学史上占了主导地位,康德的美学思想标志着近代人在超越有限的意识方面,比起古代来向前跨越了划时代的一步。

德国美学家席勒(Friedrich Schiller,1759—1805)认为在人身上存在着两种相反的要求——两种冲动:一种是"感性冲动",它"产生于人的自然存在或感性本性",这种冲动所感觉到的只是个别的、受他物限制的(有限的)东西,这样的人是一个只抓住现实性、只有感性物欲的人。人还有第二种冲动,即"理性冲动"(又叫"形式冲动"),"它产生于人的绝对存在或理性本性",这种冲动要求从时间上流逝着的个别东西之中见出和谐、法则(包括认识中判断的法则和实践中意志的法则)与永恒性。前一种冲动显然把人"束缚于有限的感性世界",后一种冲动驱使人"通向无限的自由"。席勒断言,当人受第一种冲动支配时,存在是有限的,当人受第二种冲动支配时,存在是无限的。① 完全被"感性冲动"支配的人是没有文化教养的人,但文化教养在培养"理性功能"的同时也要维护"感性冲动"②,也就是说,人为了发挥自己的精神作用,并不需要逃避感性物欲,只有两者的统一才是最高的独立自由。"人不只是物质,也不只是精神。"③单纯的"感性冲动"使人受自然的感性欲求的强迫,是一种"限

---

① 席勒:《审美教育书简》,冯至、范大灿译,北京大学出版社1985年版,第11、12、15封信。
② 同上书,第13封信。
③ 同上书,第15封信。

制";单纯的"理性冲动"使人受法则(包括意志上的法则如义务)的强迫,也是一种"限制"。人性的完满实现则要求把两者结合起来,要求超出有限以达到无限的自由,这就是人身上的第三种冲动,席勒称之曰"游戏冲动"。席勒所说的"游戏冲动"不止于单纯的轻佻的嬉戏。"游戏冲动"的意思就是不受强迫、不受限制的自由活动,这也就是审美意识。"美是游戏冲动的对象。"①这样,美也就可以说是物质与精神、"感性冲动"与"理性冲动"的"结合"。人性在"游戏冲动"中、在"美的直观"中就得到了"完满实现"②。席勒由此得出结论说:"只有当人在充分意义上是人的时候,他才游戏;只有当人游戏的时候,他才是完整的人。"③这也就是说,只有审美的人才是真正自由的人,才是完全的人。这个基本观点用席勒所用过的另外一种表达方式来说就是,美乃是"无限出现在有限之中",乃是在与有限感性物的"结合"中上升到无限的自由。席勒把这种境界称之为最崇高的人性的实现。④ 席勒还指出了近代诗人之不同于古代诗人的特点。席勒认为,古代人是从无限下到有限而获得自身的价值,近代人则是从有限不断地接近无限而获得自身的价值。古代诗人除了素朴的自然和感觉以外,再没有其他的范本,只限于摹仿现实,所以"古代诗人的力量是建立在有限物的艺术上面";而近代诗人重在对事物进行沉思,强调理想、观念,所以"近代诗人的力量则建立在无限物的艺术上面"⑤。席勒似乎看到了两者各有片面性而想把两者统一起来,但他对此未做进一步的说明。

谢林(Friedrich W. J. von Schelling,1775—1854)提出了一个关于美的总定义,即美是"以有限的形式表现出来的无限"⑥。不过,谢林认为这一定义的近代意义不同于古代的意义。就古代而言,这一定义的意思是把无限缩小为有限;就近代而言,这一定义乃是指无限的内涵远比有限深而且广,因

---

① 席勒:《审美教育书简》,冯至、范大灿译,北京大学出版社1985年版,第15封信。
② 同上。
③ 同上。译文转引自《十九世纪西方美学名著选》德国卷,复旦大学出版社1990年版,第159页。
④ 席勒:《审美教育书简》,冯至、范大灿译,北京大学出版社1985年版,第25封信。
⑤ 李醒尘主编:《十九世纪西方美学名著选》德国卷,复旦大学出版社1990年版,第168—170页。
⑥ 鲍桑葵:《美学史》,张今译,商务印书馆1985年版,第412页。

此，有限不能充分表达无限而只能向往无限，或者说只能对无限的深广内涵起暗示作用。这也就是说，按古代的意义，有限更多地保留了感性的有限性；按近代的意义，则有限更远地超越了自身而分享了无限的理想性。① 可以看到，谢林的超越有限的审美意识与浪漫主义色彩远远超出了康德的观点。

把无限的深广意义看作是有限所不能充分表达而只能为有限所向往和暗示，这一思想最确切的表达，我以为是崇高，崇高正是对无限的东西的崇敬，因此，崇高应是超越有限的审美意识的高峰。席勒认为诗歌能产生崇高感，我想就含有这样的意思。但西方近代美学理论并没有把崇高和美真正统一起来，康德就是一个明显的例子。黑格尔虽然比康德进了一步，承认崇高也是一种美，但他把崇高列为低级的象征型艺术。我主张把美和崇高打通。从摹仿到崇高，是有限超越自身而向无限扩展的过程，这整个过程都是审美意识的发展，崇高是其高峰，它并非处于美之外，而是美的延续。崇高的特点在于有限自身的力量与它所向往的东西（无限）虽不相称（不能充分表达无限）却仍然为之英勇奋争的精神，这种精神令人敬仰，故谓之崇高。黑格尔只看到有限的感性形象不足以表现无限，于是贬低崇高，他显然忽视了崇高之激发有限者向着无限者奋进而令人敬仰的方面。这样看来，崇高之美不是平静和悠闲，而是一种经受得住痛苦的超越。人生的最高境界不是原始的、素朴的悠然自得。我们应该强调和提倡崇敬、仰慕无限的精神，而不要仅仅停留于优美的意识。关于这个问题，以后还要做较详细的论述。

黑格尔关于"美是理念的感性显现"的著名定义是西方近代美学理论的一个总结，他在这一定义的总的理论指导下体系化、具体化了近代关于美是以有限表现无限的基本思想：在黑格尔那里，理念是一个由有限到无限的漫长的发展过程，美是无限的，但它与无限的理念在有限的感性中的显现过程紧密联系在一起。近代美学理论中各种形式的（谢林的、席勒的、康德的，以至推得更早一点，托马斯·阿奎那的）关于以有限表现无限的观点在黑格尔这里都更加具体化而成为一个过程、一个体系，而且黑格尔更加突出了无限之超感性、超时间的性质。尽管黑格尔本人强调理念是一个"具体普遍"，尽管有些新黑格尔主义者为黑格尔辩护，说黑格尔的理念不是抽象

---

① 鲍桑葵：《美学史》，张今译，商务印书馆1985年版，第412页。

的,但从总体上来看,从黑格尔死后西方现当代的主要思潮的角度来看,他的理念实质上是抽象的。黑格尔的整个哲学包括他的美学把人的注意力引向抽象的概念世界,他的艺术低于哲学、艺术必须被扬弃的观点就是一种表现。谢林的"绝对",席勒的"理想",康德的"理性观念",当然更不用说托马斯·阿奎那的"上帝",都以不同方式、在不同程度上表现了他们的无限的超感性的性质。

4. 现当代的显隐说对传统典型说的超越

西方现当代哲学的主要特点之一就是反对近代哲学的这种抽象性。许多现当代哲学家主张只有在时间中的现实世界,所谓超时间、超感性的永恒世界只不过是抽象的产物。他们也主张超越有限的东西,但他们认为,不仅在时间中转瞬即逝的感性事物是有限的,而且那种所谓超时间、超感性的理性(理念)世界也是有限的。他们所讲的超越有限,就是指把有限的在场者与无限的(无穷无尽的)不在场者综合为一个整体。把这种观点运用到美学领域,于是产生了现当代美学的新观点特别是海德格尔的显隐说。显隐说也可以用近代美学的一般术语说成是一种以有限显现无限的美学观点,但现当代的显隐说,已大大超越了近代的观点。这里的无限如前所述,不是近代典型说所强调的抽象概念,而是与有限同样具体的无穷尽性;这里的有限也包括概念在内。超越有限的审美意识从近代到现当代,显然跨出了从抽象到具体、从天上到人间的又一次划时代性的一步:如果说从古代到近代的超越有限的意思是指超越感性,是指从摹仿具体事物进展到创造典型,实即超越到抽象的超感性世界,那么,从近代到现当代则不仅是指超越感性,而且是指超越理性,是从有限的在场者(包括"永恒的在场者")超越到无限的(无穷无尽的)不在场者。古代和近代都以在场者为先、为重,属于现当代哲学家们所鄙夷的"在场形而上学";而按现当代的观点,艺术的目的则重在显现隐蔽的不在场的东西。近代美学以感性与理性的结合为人性的完满实现,实际上是在感性与理性之间兜圈子,不脱"在场形而上学"的老框架。

第十五章
审美价值的区分

一 黑格尔论艺术价值的区分

1. 语言的艺术(诗)具有最高的审美价值

一般对艺术的分类,大多是以有形与无形、无声与有声、无言与有言为标准,例如建筑、雕刻、绘画属于有形,音乐和诗属于无形;建筑、雕刻、绘画属于无声,音乐与诗属于有声;建筑、雕刻、绘画、音乐(这里的音乐指不包括歌词在内的乐曲)属于无言,诗属于有言。至于这些艺术门类的审美价值之高低,则众说纷纭,各有千秋。黑格尔的艺术分类是哲学家和美学家中最系统、最详尽、最明确的。他的分类标准也是人所共知的,即以精神与物质的适合程度,或者说以精神战胜物质的程度为划分艺术门类高低的标准:一种艺术门类愈受物质的束缚,精神活动的自由愈少,则愈低级;反之,一种艺术门类愈不受物质的束缚,愈显出精神活动的自由,则愈高级。据此,从建筑、雕刻、绘画到音乐、到诗,便是一个物质性的束缚愈来愈少,精神性的自由愈来愈强的过程,因而也是各种艺术门类由低级到高级的过程:建筑是最具物质性的,是艺术中最低级的门类;诗以语言为媒介,是最少物质性的,属于艺术中最高级的门类。黑格尔的这种分类标准,若按有形与无形、有声与无声、有言与无言的划分,则可以说是无形高于有形,有声高于无声,有言高于无言。例如音乐不占空间,只占时间,是无形而有声的,它高于占平面空间的有形而无声的绘画,更不用说它高于立体的同样是有形无声的建筑和雕刻;又如音乐与诗虽然都是有声的,但诗之不同于音乐的特点在于诗是语言的艺术,而音乐则是非语言的艺术,故诗高于音乐。显然,黑格尔在他的艺术分类中,不仅表达了精神超出物质的基本思想,还表达了一个与之相联系的重要观点,即语言高于形体,也高于一般的声音;语言比起形体和一般的声音来,最能表达精神性的东西(当然是指在艺术的范围之内)。语言的艺术(诗)所保留的最后的物质性的东西是声音(至于占有平面空间的绘画和立体空间的建筑、雕刻所具有的物质性的东西,在语言的艺术中则是早已被扬弃、被转化了的),这一点是与音乐共同的。但在黑格尔看来,音乐里的声音能直接引起人们的内心感情,而诗里的声音则转变成了语言,声音成了表示观念和概念的符号,它是间接地通过观念和概念而引起人的内心感情。语言高于单纯的声音之处在于它运用它所特有的观念、概念之类的精神性媒介(声音只是起辅助作用的媒介),通过语言文字的具体陈述,能把精神内容的丰富性、特殊性更明确地、更具体地表现出来,而不是像音乐所表现的内心生活那样还只是一般性的和隐约模糊的。

  黑格尔把语言看成是比起建筑所用的(例如)大理石、雕塑所用的石膏、绘画所用的颜色、音乐所用的声音来最能具体明确地表达精神内容的丰富性和特殊性,这一点是值得重视的。由此出发,似乎可以达到人与万物皆因语言而存在、而有意义的西方现当代哲学的结论,因为按照黑格尔的基本思想观点,整个世界万物是一个精神性的整体,或者用黑格尔自己的术语来说,是"绝对精神",而语言既然是精神内容最完善的表达,那么也就可以由此推论到,世界万物的存在及其意义是与语言有密切联系的,虽然还不能说必然得出海德格尔所谓"有语言的地方才有世界"[1]的结论。诚然,黑格尔也已认识到人最内在的东西是语言:"语言已经渗透到了一切对人来说是内在的东西之中,渗透到了一切使人成其为自身的东西之中。"[2]黑格尔这段话颇接近海德格尔的"人的存在基于语言"[3]或者说"语言先于存在"的论断。但黑格尔并未对他自己的这一思想加以发挥,他也没有达到世界万

---

[1] Heidegger, *Erlaeuterungen zu Hoelderlins Dichtung*, Frankfurt a. M., 1971, S. 38.
[2] Hegel·Werke,第5卷,第20页。
[3] Heidegger, *Erlaeuterungen zu Hoelderlins Dichtung*, Frankfurt a. M., 1971, S. 38.

物皆因语言而敞开和有意义的结论。他认为音乐、绘画、雕刻、建筑皆因不是语言而居于比诗低级的地位,就能说明这一点。

2. 黑格尔不懂一切艺术品皆有语言性和诗性

世界万物都具有语言的性质,没有离开语言的独立存在,或者说,没有语言性之外的自在世界,这个观点不仅为西方现当代人文主义思潮的哲学家们所倡导,而且某些英美分析哲学家也在不同程度上,以不同方式接受这种观点。在一个人与万物融合为一体的世界之中,不仅人有语言,而且万物皆有语言性,只不过人以外的万物所作的是"无言之言"。所以,艺术作品都有语言性。

黑格尔把有形体的建筑、雕刻界定为低级的艺术门类,说明他不懂得建筑、雕刻艺术亦有语言的艺术即诗意的本性。至于黑格尔所谓比建筑、雕刻更高的绘画和音乐,在我看来,则更能显现其语言艺术或诗意的本性:例如现代的抽象画,着重通过点线的宽窄,组织的疏密,运笔的轻重、缓急、顺序以及色调的微妙变化,以形成优美的旋律和节奏感,这就像一幅有形无声的绘画转化成了无形而有声的音乐,而音乐乃是最接近于语言艺术(诗)的。许多西方著名的抽象画家如弗雷德里克·莱顿、马克·罗斯科等,他们的画都既是有形无声的画,又是无形有声的音乐,他们都力图通过画出来的音乐以表现诗意的境界。至于中国画所强调的画中有诗,当然更能直接说明绘画的语言艺术性。

中国思想传统除强调画中有诗外,也强调诗中有画。黑格尔也看到他所谓高级艺术门类包含低级艺术门类,例如他也看到了诗中有画、诗中有音乐、音乐中有画,但他没有看到他所谓低级的艺术门类如建筑和雕刻中也包含高级的艺术门类——语言艺术(诗)的本性。诚然,黑格尔也曾经断言"诗是普遍的艺术",因为诗最需要"想象"(Phantasie,想象不是一般的单纯的观念本身[Vorstellung als solche],而是经过艺术处理的观念),而想象是一切门类的艺术所共有的基础。① 但在诗里,想象却要求用语言和语言的美妙组合把观念表达出来,而不是用大理石、石膏、颜色和音乐的声音来表达。所以,归根结底,在黑格尔看来,诗的语言性是其他低级的艺术门类如建筑、雕刻、绘画、音乐所没有的。

---

① Hegel·Werke,第 13 卷,第 123 页;及第 15 卷,第 230—231 页。

尤有进者,不仅一切艺术门类的艺术美都具有语言艺术的本性,即使是自然美也有这种本性。在人与万物交融合一的世界里,美的自然也是言说着的,尽管是无言之言。我决不否认离开了人仍然有自然,但问题在于自然如何显现于人面前:不同的自然物对人作不同的言说;同一自然物对不同的人也作不同的言说;对于一个没头没脑的人,自然物就不言不语;对于一个毫无审美意识的人来说(一般地说人皆有高低不同程度的审美意识),自然不显现为美,或者说不存在自然美;对于各种不同的审美趣味的人来说,同一自然物显现为不同的自然美,这也就是说,同一自然物对于不同审美趣味的人作不同的言说。飞沙走石这样的自然物,按黑格尔所谓无机物无自然美的观点来看是不能有美的,但按我们的观点来看,飞沙走石也是可以有语言艺术之美的。

关于一切艺术品都有语言性以及诗性的问题,本书将在下面的几章中做专门的论述。这里要着重说明的是,审美价值高低之分,或者说,艺术美的价值之高低,主要不在于各艺术门类所使用的媒介之不同(如建筑、雕刻、绘画利用有形的石头、石膏、颜料,音乐利用声音,诗利用语言),而在于一切艺术都是以有限表现无限、言说无限,或者说是超越有限;而高低的区别就在于超越有限的空间之大小,或者说,艺术品审美价值的高低在于给人留下的想象的空间之大小,在于诗意的境界之高低。

二 超越有限性的程度决定审美价值的高低

1. 一般的美与诗意境界之区分

无论艺术美或自然美,都有一个共同的、必要的条件,这就是,美的东西都具有形式的恰当性,如匀称、和谐、整一、部分与整体的恰当关系、比例的适当等等,用古希腊人爱用的一个词汇来说,就是多样性的统一或多样性与统一性的结合。这条原则既适合于各种门类的艺术美如建筑、雕刻、绘画、音乐和诗,也适合于自然美,如一朵花的美、一个美人的美。总之,任何美都必须首先符合这个条件才有可能使人得到愉悦的满足,尽管多样性与统一性的结合在自然中、在各种艺术门类中表现的方式千差万别、各不一样。但是,仅仅符合这个必要条件,是否就穷尽了美的深层内涵呢?换言之,美的核心是否就是多样性与统一性的结合呢?显然不是这样。我们平常用的美学概念中的美或审美意识中的美,实在用得太宽泛了:美玉、美目之美叫作美,美妙之美也叫作美,甚至物我两忘的诗意境界也叫作美。其实,美玉、美目之美只不过是平常所说的漂亮的意思,远不足以涵盖物我两忘的诗意境界。凡符合多样性与统一性相结合之条件的东西都可以在不同形式下、在不同程度上具有漂亮之美的特性,但诗意的境界决不只是漂亮之类的言辞所可以界定的。美学或审美意识这类名词术语,大家都用习惯了,我不想在这个问题上多费笔墨,我只是主张把漂亮、好看之类的意义下的美与诗意的境界区分开来。我的具体目的在于,所谓"美学"应重在提高人的境界,而远不止是讲漂亮、讲好看之学。如果有人硬要坚持"美学"就是讲漂亮、讲好看、讲娱乐之学,那我倒是愿意把着重讲提高境界之学不要冠以"美学"之名。

提高境界,关键在于突破人的有限性的束缚,而这就需要艺术。艺术都是以有限表现无限、言说无限,或者说,就是超越有限。这个道理,前面已作了论述,这里主要就超越有限的空间之大小谈艺术价值和诗意境界的高低之分。

2. 摹仿处于艺术价值的最低层次

人的自我实现的过程就是由有限向无限扩展的过程。人之最原初、最简单的扩展意识是摹仿。自然物之美,其中包括美人之美,都是有限的存在,但一经人的摹仿,它就成了再现的艺术。就摹仿只是摹仿自然物的形象而脱离了它的存在而言,就摹仿的处理技巧以及从摹仿的形象中可以领悟、推断出原来的事物是什么从而产生愉悦之感而言,摹仿就是对自然物的有限性做了一定程度上的超越。如果说由多样性与统一性的结合所产生的愉悦性的美感是人最初步地参与到自然物中或者说是人与物最初步的交融合一的产物,那么,摹仿则是人与物更进一步的交融合一。有了摹仿,人的审美感才有可能超越多样性与统一性相结合的形式美而进入美的深层内涵。所以摹仿的艺术品具有最初步的审美价值。但摹仿毕竟是最原初的超越有限。我们在听一般的口技时会感到一种愉悦,但它毕竟是对有限存在的摹仿,虽然也有一定的审美价值,却由于它距离有限存在太近,只能属于艺术中的低层次,更谈不上与交响乐相比拟。摹仿当然不只是指摹仿简单的物,也可以是指摹仿有情节的故事。对现实的故事情节依样画葫芦式地照搬,就是一种简单的摹仿。按照摹仿说的理论,艺术品摹仿得越像原型,就越具有艺术性。但是我们平常却说艺术应高于现实,意思就是说艺术不能停留于简单的摹仿,摹仿只是艺术的起源,或者说只是诗的起源。

3. 典型具有较高的审美价值和诗意

比摹仿艺术更高一级的艺术是通过感性的有限事物以表现(言说)理性的普遍性概念,而普遍性概念就是无限,这就是通常所说的典型说。典型说主张写出现实事物所蕴涵的理想或理念,这比起摹仿的艺术来显然大大超越了有限,为我们提供了广阔的想象空间。西方许多哲学家和美学家往往称它为诗的特性。亚里士多德说:"诗比历史更哲学、更严肃,因为诗所说的大多带有普遍性,而历史所说的则是个别的东西。"①亚里士多德所说的普遍性就是典型,诗意就是在有限的个别的东西中见出无限的普遍性。康德对诗的称赞也与诗能表现普遍性概念密切相关:"在一切艺术中,诗是占首位的。……诗开阔人的胸怀,它使想象力自由活动,从而在与一个既定的概念范围相符合的无限多样可能的形式中,提供一种形式,此形式把概念的表现同非语言所能确切表达并从而提升到审美理念的丰富思想相结合。"②这段话的意思说得通俗点就是,诗的特性在于,从一特定的普遍性概念所属的无限多样的感性形象("形式")中选择("提供")一种形象,以表现普遍性概念,并通过这一形象想象这一普遍概念范围内其他相关的无限多样的形象。黑格尔也采取同样的基本观点:"诗总应是提取有能力的、本质的、有特点的东西,而这种富于表现性的本质的东西正是理想性的东西(das Ideele),而不是单纯在手的、现成的东西。""在诗的艺术中所表现的总是普遍的表象(die allgemeine Vorstellung),它区别于自然的特殊性。""艺术作品诚然不单纯是普遍的表象,而是其特定的赋形,但是艺术作品作为来自精神和来自精神的表象因素的东西,必然贯穿普遍性……""艺术作品的任务就是抓住对象的普遍性。"③我国文艺理论界近半个世纪以来也大多采取这种典型说,认为诗意或艺术性就在于以有限事物表现无限性的普遍概念或典型,而这就算是言有尽而意无穷,给鉴赏者留下了最广阔的想象空间。持这种观点的人似乎认为诗意的或艺术的境界到此就至矣尽矣,无以复加矣。但是,艺术或诗是否只要表现了普遍性概念就达到了艺术或诗意的最

---

① 亚里士多德:《诗学》,第9章。
② Immanuel Kant, *The Critique of Judgement*, James Greed Meredith 英译本, Oxford, 1952, 第191页。
③ Hegel·Werke, 第13卷, 第220、219、217页。

高境界呢？这是否就算是实现了艺术的最高价值呢？说得更具体一点，以感性有限事物表现普遍概念，是否就充分超越了有限呢？

前面的章节中已经谈到，典型说所讲的让人想象和玩味的空间显然是有限度的。人们常说康德的"审美意象"有高度的概括性，能以有尽之言（有限的感性形象）表现无穷之意（理性的理念），能引人从有限到无限，使人获致自由之感。但是，上引康德对于诗的赞美的那段话，尽管强调了诗的想象力所提供的"形式"（感性形象）能表现普遍性概念、能暗示无限多样可能的其他"形式"，然而他也很有分寸地注意到这普遍性概念是"既定的""有范围的"，因而是有限的。康德的"审美意象"说意在说明诗意在于从有限到无限，但他没有意识到他的这段说明中包含了超越他自身的理论观点，即以有限表现普遍概念的艺术或诗意仍然是有很大的局限性的，它远未能充分超越有限。

4. 以在场显现不在场的"意在言外"的艺术具有最高的审美价值和诗意

比表现典型或普遍概念更高一级的艺术，我以为应是以在场显现不在场即显现隐蔽的东西的艺术。这是最高意义的诗意境界，具有最高的审美价值。中国传统诗论所强调的言有尽而意无穷，就是这种境界最简明生动的描绘。这里的无穷之意不是抽象的、超感性的东西，不是西方传统哲学和美学所要求显现的普遍性概念，这言外的无穷之意（即隐蔽的东西）和"状溢目前"的"有尽之言"（即显现的东西）是同样具体的。这种以"有尽"表现（言说）"无穷"的诗意境界，是中国传统美学思想的基本观点，叫作"意象"说。清初叶燮说："诗之至处，妙在含蓄无垠，思致微渺，其寄托在可言不可言之间，其指归在可解不可解之会；言在此而意在彼，泯端倪而离形象，绝议论而穷思维，引人于冥漠恍惚之境，所以为至也。"①这段话很清楚地告诉我们，诗意的最高处在于引人从有形有象有言的东西（有限）中进入无形无象无言、无穷无尽、永无止境的（"无垠"）"冥漠恍惚之境"；前者是显现于当场的，后者是隐蔽的、不在场的，言在显现的有限，而意在隐蔽的无限，这无限的隐蔽物就"含蓄"于显现出来的有限物之中。王国维在评价姜夔的词时说过一段似乎是给"意境"下定义的话："古今词人格调之高，无如白石。惜不于意境上用力，故觉无言外之味，弦外之响，终不能与于第一流之

---

① 叶燮：《原诗·内篇》，见《清诗话》，上海古籍出版社 1978 年版，第 584 页。

作者也。"(王国维《人间词话》卷上)可见,第一流的诗在于有意境,而意境就是要让人感到有"言外之味,弦外之响"。

值得特别注意的是叶燮关于诗中"必有不可言之理,不可述之事,遇之于默会意象之表,而理与事无不灿然于前者"的论述,①它提出了无论显还是隐都包含有事与理的诗意结合,而非脱离具体事物之理或抽象的普遍性概念。王国维似亦认为"言外之味,弦外之响"(即隐蔽的、留给人们想象的空间)不是抽象的概念,而是生动具体的东西,他所讲的"隔"与"不隔"的区别或亦可作此解:他引证欧阳修《少年游》词的上半阕后说:"语语都在目前,便是不隔。"(《人间词话》卷上)联系王国维在别处所引"隔"与"不隔"的诗例观之,也许在他看来,越是具体生动的东西便越是"不隔",反之,就是有不同程度的"隔"。王国维还明确主张,"诗词中之意,不能以题尽之"(《人间词话》卷上),"题"总是意味着确定的或概括的东西。不过,这里不是专门研究王国维美学思想的地方,就不再做详细的讨论了。

中国美学思想所讲的"意象",都与"意境"以至"境界"有密不可分的联系,叶燮的"冥漠恍惚之境"就是一种高远的诗意境界,是"诗之至处";它的哲学本体论基础是我在前面所说的"万物一体"即显隐之综合为一。这种能引人进入此种境界的艺术,比起摹仿性艺术和显示典型之艺术来,我以为应居艺术之最高峰。② 把这种境界与平常所谓漂亮、美丽、娱乐意义之下的美相提并论,显然降低了境界的意义。中国传统美学思想虽然也讲到漂亮、美丽、娱乐意义之下的美,如宋朝之美、美言不信之美等,但居于中国美学思想之中心地位的是"意象""意境"乃至于"境界"。我以为我们今天的美学应继承中国的这一思想传统,以提高境界为指归。德国18世纪的音乐家乔·弗·亨德尔说过:"如果我的音乐只能使人愉快,那我感到很遗憾,我的目的是使人高尚起来。"③我以为整个艺术乃至美学的最高目的也应是"使人高尚起来"。

---

① 参阅陈望衡:《中国古典美学史》,湖南教育出版社1998年版,第1011页。

② 各种艺术作品之间有价值高低之分,而在某同一作品中,特别是在内容比较复杂的同一作品中,则可以是高低不同的艺术层次都统摄于一体,例如《红楼梦》就既有简单事实的描述,又写出了各种典型,而《红楼梦》的最高艺术价值或诗意则在于它从整体上通过其所言说出来的故事情节让读者想象和体悟到无穷的人生意味和高远的境界,而这是隐蔽的、未说出来的。《红楼梦》把各种简单的事实描述和典型都融会于这显隐的意象之中。

③ 转引自宗白华:《康德美学原理评述》,载康德《判断力批判》上卷,商务印书馆1964年版,第220页。

5. 崇高是美的最高阶段

怎样使人高尚起来，单靠一般地提高优美的审美意识是远远不够的，我以为最重要的是提高诗意的境界，特别是崇高的诗意境界。人们谈起崇高，似乎觉得其在天上，太玄远，但是人正是需要向往天上的玄远，才得以在地上生存和追求。崇高是有限对无限的崇敬感，正是它推动着有限者不断超越自身。

古希腊美学家朗吉努斯（Cassius Longinus，213—273）是最早把崇高作为审美范畴而加以描述的人。他区分只有"说服力"和"只供娱乐的东西"与具有"感动力"的崇高精神。朗吉努斯关于"我们所赞赏的不是小溪小涧"，"而是尼罗河，多瑙河，莱茵河，尤其是海洋"①的那段话就能把人引向对伟大的、不平凡的崇高形象的敬畏之感：崇高具有气魄和力量。他在描述崇高的风格时说："崇高风格到了紧要关头，像剑一样突然脱鞘而出，像闪电一样把所碰到的一切劈得粉碎，这就把作者的全副力量在一闪耀之中完全显现出来。"②崇高确如精诚所至，金石为开，无怪它有激励人奋争向上、勇于献身、勇于创造的巨大威力。朗吉努斯引证《旧约·创世记》里的话："上帝说要有光，于是就有了光"，以此作为崇高的突出例子。这对于不信上帝的人也会有很大的启发意义：先必须"要有"，然后才"有"。从"要有"到"有"，是精神的崇高的威力创造出来的。但是朗吉努斯只是对崇高的表征做了简单的描述，未能对崇高的本质做出理论的分析。

18世纪英国思想家、美学家博克（Edmund Burke，1729—1797）明确把崇高与美区分开来，认为崇高感是痛苦和危险引起的一种夹杂着快感的痛感，美感则是由爱引起的快感。他认为崇高感的主要心理内容是惊惧，引起惊惧感的对象多种多样，其中包括无限和晦暗不明。他说："凡是引起我们的欣羡和激发我们的情绪的都有一个主要的原因：我们对事物的无知。等到认识和熟悉了之后，最惊人的东西也就不大能再起作用。……在我们的所有观念之中最能感动人的莫过于永恒和无限；实际上我们所认识得最少的也就莫过于永恒和无限。"③博克论崇高的要点之一，就在于看到了崇高

---

① 转引自朱光潜：《西方美学史》上卷，人民文学出版社1985年版，第114—115页。
② 同上书，第112页。
③ 同上书，第243页。

是对无限和晦暗不明的东西(实即隐蔽的东西)的惊惧感,他没有看到崇高对象令人崇敬的特性。

康德把崇高对象理解为超过感官或想象力所能把握的无限大的整体和一种威力,此威力不仅指自然所施于人的威力,而更重要的是包括人能胜过自然、不屈服于外来暴力的意识,即人的勇气和自我尊严感。这就使崇高对象不仅具有博克所说的令人惊惧的特性,而且具有令人崇敬的特性。康德在讲威力的崇高时,主要是以道德意义下的勇敢精神作为令人崇敬的例子。康德关于崇高的论述中,包含着崇高以无限为对象和崇高具有道德意义等合理的思想(尽管他讲的无限大是体积的无限大,尽管他认为美依存于道德、低于道德),值得我们重视。康德说:"真正的崇高不能容纳在任何感性形式里,它所涉及的是无法找到恰合的形象来表现的那种理性概念;但是正由这种不恰合(这是感性对象所能表现出的),才把心里的崇高激发起来。"①崇高意味着有限不足以表达无限之意。

黑格尔更明确地说:"崇高一般是一种表达无限的企图,而在现象领域里又找不到一个恰好能表达无限的对象。无限,正因为它是从对象性的全部复合体中作为无形可见的意义而抽绎出来并使之变成内在的,因而按照它的无限性,就是不可表达的,超越出通过有限的表达形式。"②尽管黑格尔把崇高仅仅当作他所认为的初始艺术形态即象征型艺术的特征,但他从有限与无限的差距的角度来界定崇高的观点却是很深刻的。人只有在意识到自己的有限性之时,才会对无限的精神性的整体产生崇敬之心;也只有从崇敬无限的精神性整体的观点出发,人才会努力超越自己的有限性,不断奋进,不断创新,不断献身。缺乏这种崇敬感的人,不是一个真正有审美意识的人,也不是一个真正有责任感的人。欧洲中世纪占统治地位的美学思想,有很多观点非我所能赞同,但它所包含的崇尚无限美的思想,是值得吸取的。我以为我们不仅应该把希伯来文化精神的崇高与希腊文化精神的美结合起来(康德并没有做到这一点),而且应该把崇高看成是美的最高阶段,正如朗吉努斯所说,我们不只是欣赏小溪小涧的柔媚,更赞赏尼罗河、多瑙

---

① 康德:《判断力批判》第 23 节,译文录自黑格尔:《美学》第二卷,朱光潜译,商务印书馆 1979 年版,第 79 页。
② 黑格尔:《美学》第二卷,朱光潜译,商务印书馆 1979 年版,第 79 页;译文根据 Hegel·Werke,第 15 卷,第 467 页略作改动。

河、莱茵河,尤其是海洋的伟大。

6. 超越有限的目标——万物一体的崇高境界

与美相结合的崇高美究竟是一种什么样的境界呢?这里涉及崇高的一种新的理解,这种理解是西方近代美学中所缺少的,却早在3世纪的朗吉努斯那里有所论述。朗吉努斯的主要思想是讲崇高的宏伟气魄和令人惊羡的方面,但鲍桑葵却引证了一段他认为"朗吉努斯没有真正肯定地抓住任何明确的崇高观念"的一段话:"当一段文字中充满了弦外之音、味外之味的时候,当我们很难、简直不可能使注意力离开它的时候,当它在记忆中印象鲜明、经久不灭的时候,我们就可以肯定,我们升高到真正崇高的境界了。"鲍桑葵在引证之后还补充说:"朗吉努斯很明白,含蓄和余韵是和崇高密不可分的。"① 朗吉努斯虽然没有把这种观点充分展开,但主旨还是清楚的,它与中国古典诗重含蓄、重余味的意境是一致的。鲍桑葵虽然认为朗吉努斯的这段话有违崇高的气魄宏伟之本意,但他似乎又意识到余味无穷与气魄宏伟这两种含义之间的某种联系。鲍桑葵在引证这段话之后紧接着说:"或许,我们可以说,作者(按指朗吉努斯)差不多快要在一定程度上认识到:崇高有赖于心灵做出努力或反应来同气派宏大或力量无穷的气象展开某种竞争。在这种努力或反应中,主体觉得自身肯定有了比通常经历的更深刻的精神力量。"② 鲍桑葵的这几句分析似乎指引我们体会到,在对一个在场的东西玩味无穷之际,实际上也就是在无穷地追寻隐蔽的宏伟气象。鲍桑葵所谓同"力量无穷的气象展开某种竞争",颇有些类似"欲与天公试比高"的宏伟气魄。如果情况真的是这样(我倾向于这样看),那么,美学上的显隐说或者中国的隐秀说,也可以说是与崇高的观念紧密相联的。在场与不在场、显现与隐蔽构成一个万物一体之整体,而这样的整体不是封闭的、黑格尔式的"真无限",它是无止境地流变着的真正的无限。审美意识中"不在场者"在"在场者"中的显现实际上就是通过想象力把在场与不在场结合为一体,人能在审美意识中体悟到与万物一体,这就是一种崇高的境界。我们通常总爱把万物一体的境界理解为一种恬静、淡远,或者说得不好听一点,理解为一种冷漠。其实,对万物一体的体悟是与宏伟气魄意义下的

---

① 鲍桑葵:《美学史》,张今译,商务印书馆1985年版,第140页。
② 同上。

崇高联系在一起的。崇高也不是高傲、自负,那是一种"虚假的崇高"①。我在前面说过,人生的最高境界不应是悠闲自在,而是经受得起痛苦的超越。万物一体的崇高正是这样的境界,它是超越有限的意识所无穷追寻的目标。

---

① 鲍桑葵:《美学史》,张今译,商务印书馆1985年版,第140页。

第十六章
两种哲学,两种语言观

一 西方古典哲学到现当代哲学的转向

1. "人类自恋"的三次冲动

人不同于其他万物,人有精神性,因此,人总有一种超越其他万物、企图摆脱物质性或者说超越有限、奔向无限的内在冲动。这种内在冲动的过程表现在西方哲学史上就是几次哲学转向的运动。

第一次转向是柏拉图《斐多篇》中苏格拉底所说的,从在个别的具体事物中寻找当前具体事物的根源转向为在"心灵世界"(即"理念")中寻找当前具体事物的根源,这一转向标志着人类超越物质性和有限性而突出精神性和奔向无限性的第一步。但苏格拉底—柏拉图的"理念"是独立于人的精神意识而存在的。近代哲学的创始人笛卡尔提出了"我思故我在"的命题,明确地建立了近代哲学中人的主体性原则,从而进一步推进了人类超越物质性和有限性而突出人的精神性和奔向无限性的内在冲动,这是西方哲学史上的第二次转向。康德沿着主体性哲学的方向,更进一步把先验性看作是必然性知识的来源,这是人类内在冲动过程中一个新的里程碑,也可以算作西方哲学史上的第三次转向(胡塞尔就是这样看的)。不过,我还是想把康德哲学归入从笛卡尔到黑格尔的近代主体性哲学的大范畴之内。黑格尔是主体性哲学之集大成者,他完善了主体性哲学,他的"绝对精神"或"绝对理念"是绝对的主体,实际上是把人的主体性夸大到至高无上、登峰造极的神圣地位。人类企图超越物质性和有限性的内在冲动在黑格尔这里可谓达到了顶点,但这个顶点也是它走下坡路的起点。黑格尔死后,他的绝对主体被一些现当代哲学家们从各种角度撕得粉碎。西方现当代人文主义思潮的哲学,其主要特征之一就是批判以黑格尔为代表的主体性哲学。

2. 对"人类自恋"的三次打击

其实,在西方思想史上,伴随着这种突出精神性主体的内在冲动过程的,还有另一种与之相反的思想运动:首先是哥白尼关于人所居住的地球不再是宇宙中心的理论;后来是达尔文发现的关于人类由动物演化的理论;再往后是弗洛伊德的精神分析学所发现的关于无意识对于自我意识或主体意识的重大作用的学说。这三种理论是对"人类自恋"的三次打击。[①] 我以为这三次打击也可以说就是对突出精神性主体的内在冲动的反击,是对主体性哲学所标志的人类中心论的反击。三次反击所构成的思想运动,说明三次哲学转向所标志的内在冲动再也不能一意孤行地继续下去了。当精神性主体在人的内在冲动驱使下被抬高到无以复加的地步,一种返回到物质自然和现实生活的反向运动就开始了:人们愈来愈倾向于否认超越感性之外的绝对主体,人不能作为主宰一切的主体而君临于客体之上。

3. 哲学从天上回到人间

由黑格尔集大成的传统形而上学,即主体性哲学,基于内部的和外部的原因而走向终结。黑格尔死后的西方现当代哲学,特别是欧洲大陆人文主义思潮的哲学,流派纷呈,各有己见,但大体上都以强调超越主客关系,主张人与世界融为一体(海德格尔的"此在与世界"的关系就是一种主客融合论)为指归。西方现当代哲学的这一思想基本观点是整个西方哲学史上继笛卡尔、康德之后的又一次大转向。胡塞尔在《欧洲科学的危机》一书中自称他的现象学是这次转向("革命")的开创人。胡塞尔不仅像康德那样认为认识形式或范畴的客观性来源于主体性,而且把认识内容的客观性也建

[①] 参阅弗洛姆:《弗洛伊德思想的贡献与局限》,申荷永译,湖南人民出版社1986年版,第153—154页。

立在主体性的基础之上,他主张认识对象在认识活动中构成自身,这实际上就是说,对象是在人与物的交融中构成的。正因为人与物的交融构成对象,正因为物必须在其与人的交融中显现其自身之所是,所以在胡塞尔看来,超越于人之外的独立外在的东西是无意义的,因而也不是他所谓"自明的""被给予的"或"直观的"(这是胡塞尔现象学不同于传统主体性形而上学的重要特点之一,后者把客体看作是与人的主体相互外在的)。换言之,人与物的交融构成整个有意义的世界,并使整个世界处于"被给予的直观"之内。胡塞尔由此而排除传统形而上学所主张的"超越",认为这种"超越"就是承认离开人而独立外在的东西的意义。胡塞尔的这种哲学观点开始把人的注意力从传统主体性形而上学所主张的抽象的超感性概念世界拉回到人生活于其中的现实世界即"生活世界"中来,哲学从过去那种苍白无力、枯燥乏味的贫困境地开始走向了与诗意相结合的境地。但胡塞尔毕竟还只是一个现当代哲学的开创人物,他的现象学哲学本身还包含许多传统的主体性哲学的旧框框和印迹。他的哲学中所蕴涵的许多连他自己也不明确其重大意义的开创性观点突破了他的现象学哲学自身。胡塞尔在不少地方谈到事物的"明暗层次"的统一,谈到事物总要涉及它所暗含的大视野,这实际上意味着在场的事物("明")都出现于由其他未出场的事物("暗")所构成的视域之中,意味着胡塞尔不同意传统形而上学以"永恒在场的"超感性概念为万事万物之根底的观点,而主张在场的与不在场的具体事物结合为一体。只不过胡塞尔的这些思想尚未有明确的阐发,胡塞尔仍然经常强调"在场"的优先地位。法国当代哲学家德里达批判了胡塞尔以"在场"为先的观点,并发掘、补充和发展了胡塞尔现象学所暗含的关于在场与不在场结合为一体的观点。

把在场的具体物与不在场的具体物结合为一体的现当代哲学观点,是对于自苏格拉底—柏拉图至黑格尔的传统形而上学所主张的那种抽象的概念哲学的反对,也是对苏格拉底—柏拉图以前基本上不分感性世界与超感性世界,不分主体与客体的哲学观点的某种回复(一种在高级基础上的回复);而从中西哲学比较的角度来看,则又可以说是与中国传统的人与万物一体或天人合一说(这里的"天"也如前所述,是取其自然或万物之意,而非指意志之天或封建义理之天)以及易老思想的某种接近,尽管二者间有时代上和历史阶段性的差异。

西方现当代的哲学转向既反对单纯地把人抬到至尊的天的地位,但又不是把人下降到低级的动物本能的水平,而是使哲学回到天与人的结合,回到人与世界的融合,亦即回到现实的人间。这一哲学转向使西方人不再像自笛卡尔到黑格尔的主体性哲学那样过多地注重人与自然的斗争,过多地注重寻找普遍性,过多地注重认识(知),轻视人的情感和意欲,而转向重视作为知情意结为一体的人与人之间的相异性,重视每个人的独特性,从而重视人与人之间的相互沟通、相互理解的研究。精神科学,或者说,关于人的学问,被提到比自然科学更受注目的地位。当前,在我国学术界,有一种观点仍然执着于把精神当作自然、把人当作物一样看待,专心致志于寻找普遍性而忽视个人的独特性和人与人的相异性和相互理解的研究,这是否有辱人的尊严呢?

二 语言学转向

对精神科学研究的重视和对人与人之间如何相互理解的研究的重视,必然导致对语言的哲学研究的重视。

1. 世界由于语言而敞开

西方传统哲学到现当代哲学(或者粗略地泛称为"后现代哲学")的转折点是语言学转向,从此以后,哲学所讨论的重点问题大体上由主客关系转向语言与世界的关系,由主客关系的观点转向人与万物融合的观点。从前,旧形而上学的认识论把人看成是进行认识的主体,世界万物是被认识的客体,于是语言被看成是反映天地万物的工具和镜子,天地万物无语言,或者说,不能言,只有有意志的人才有语言,才能言。现在则不然:人既是对世界的开放,同时又是世界本身的显现,人与世界融合为一体,融合的关键在语言,语言使人与世界相融相通,语言开启了世界,建构了世界,或者说,世界由语言而敞开,而有意义。离开语言,便没有世界,事物也就没有了意义。海德格尔说:"语言是存在的家","有语言的地方才有世界";同样,"人的存在基于语言",因为人的世界是语言建立的。这样,我们也就可以说,在人与世界相融相通的"一体"之中,任何事物都是言说着的,当然,这里的言说是无言之言,并且只是对于多少有诗意的人来说才如此(每个人都或多或少地是有诗意的)。例如石头本身无语言,块然无"空无",因而也无敞开状态。但石头的艺术品,例如石庙建筑,却是发生在语言的敞开之中的,它和一切其他形式的艺术品(包括造型艺术品)一样,富有诗意地言说①,使我们不再以主客关系式的日常态度对待石头,而是使石头以反日常的姿态显现出来,让石头诗意地言说着。所以只有有诗意的人——诗意地言说着的人,才能贪图和欣赏石头艺术品所言说和敞开的世界,可以说,石头在艺术中,在能欣赏艺术品的、有诗意的人的心目中,是通灵的,反之,在毫无诗意、毫无艺术修养的人的心目中,石头只能是冥顽不灵的。一个有诗意的人登上雪山高峰,不只是为了游山玩水、变换生活方式,甚至也不只是简单地为了欣赏大自然,更重要的是把雪山高峰当作一种富有诗意的艺术品(一切艺术品都富有诗意)来看待的。严格讲来,自然离开了人,是没有意义的。岩中花树,"你未看花时,此花与汝心同归于寂"。"寂"者,无意义之谓也。所以自然本身无所谓美。自然美作为美实际上是一种艺术美,它是自然与人合一的整体,在这里,自然(作为美)已转化成了一种艺术品。"你来看此花时,则此花颜色一时明白起来。"这"一时明白起来"的"此花颜色"乃是人与自然合一的艺术品和艺术美。伽达默尔也说过:"能被理解的存在就是语言";"没有语言性之外的'自在世界'"。这样,语言便由先前作为主体(人)的工具而反映和再现客体的地位转变为"先在"的地位:不是人说语言,而是语言说人;语言言说在先,语言所言说的世界超越了人,人之言说(包括人之诗的言说与思的言说)不过是"应和"语言之言说;语言的言说是"道言"(die Sage),我们人作为说者只能是"谦然任之"(Gelassenheit)的依从者,因此,我们人的言说应对语言言说"感恩"。

总之,在人与万物融为一体的现实生活世界之中,语言是世界的意义之寓所,每个个人所说的语言(言语)来源于作为世界意义之寓所的语言,前者(言说)是有言之言,后者是无言之言,前者之所以能发生,是由于对后者的聆听。

2. 语言独立于主体和对象的出场

传统的语言观总是按照常识的看法,认为书写的东西是口头语言的符

---

① 尽管石建筑之类的艺术品不同于狭义的诗作(语言诗作,Poesie),不能言说,但由于真理首先发生在语言中,语言诗作是广义的诗(Dichtung)中的最原始的一种形式,所以石建筑之类的艺术品是在语言诗作所敞开的空间之内发生的,即是说,石建筑之类的艺术品也诗意地言说着(Heidegger, *Gesamtausgabe*, 第5卷,第62页),只不过是一种无言的言说。

号,语言只是说话的主体的活动,总是涉及说话者或作者。这一基本观点,早在亚里士多德的《解释篇》的第一节(16a)中就已得到明确的表述。海德格尔和德里达认为这种传统语言观"与主体性形而上学有不可分离的联系"。"在海德格尔的论题中,语言不能归结为说话者的活动,它毋宁需要(按照最简单的公式来表达)对某种言说的东西的聆听,而这某种东西是它在人类语言中发出声响以前就言说着的。"① 海德格尔本人说过:"说源于听。"它是对我们言说着的语言的一种聆听。因此,说并非同时是一种听,而乃预先就是一种听。这种以不显现的方式对语言的聆听先于其他各种聆听。我们不仅仅是言说语言(the language),而且我们从语言中言说(Wir sprechen nicht nur die Sprache, wir sprechen aus ihr)。② 德里达从另一角度表达了与海德格尔相似的观点。德里达批评了胡塞尔关于语言表达或意谓总是指向他人的体验而他人的体验对于说话者又不能"直观在场"的观点,他发展了胡塞尔所暗含的而又超出其自身的观点,认为语言表达可以独立于一切"直观在场的东西":既独立于感性对象或客体的"直观在场",也独立于某个主体(说话者)的"直观在场"。③ 这也就是说,没有说话者或作者之前,早已有了语言。这种语言是没有说话人的语言。

  海德格尔和德里达关于无说话主体的语言的观点,是对传统的主体性形而上学的背离。主体性形而上学又被称为"在场形而上学",其特点之一是把最真实的存在看作只是在场的东西。海德格尔和德里达都批评单纯在场的观念。海德格尔所谓"在手的东西"(Vorhandenheit, presence-at-hand)就是与单纯的看或直观相关的一种现成的在场。他认为比"在手的东西"更根本、更具基础性的是"上手的东西"(Zuhandenheit, readiness-to-hand),即人与之打交道的东西,或者说,人所操作、使用的东西(而非单纯的看或直观着的东西)。"在手的东西"是与主体对立的、预先摆在主体面前的客体,但海德格尔认为任何事物首先是"上手的东西",或者用我们中国哲学的语言来说,首先是人与之交融在一起的东西,而"上手的东西"总是涉及隐藏在其背后的东西,并非单纯在场的东西,它的意义指涉着一个作为参考系的整体。这也就意味着,语言表达的意义不在于单纯的"直观在场",而

---

① John Sallis, *Delimitations*, Indiana University Press, 1995, p.140.
② M. Heidegger, *Unterwegs zur Sprache*, Pfullingen: Verlag Günther Neske, 1959, S.254.
③ John Sallis, *Delimitations*, p.142.

总是在场与不在场的东西相结合的整体。这种意义下的语言,就是一种先行于某个说话人或某个作者所说的语言之前的无言之言。借用庄子的话来说,我想强名之曰"大言"。"大言炎炎"(《齐物论》),意谓"大言"如燎原之火,照亮一切,使万物具有意义。

德里达从另一角度指出了单纯在场观念的局限性。德里达指出:胡塞尔所谓与"语言意指"严格分离的"前表达经验的层次"(即语言表达所指向的他人的体验,这种体验对于说话者是不能直观在场的),是一种单纯感性的在场,这种在场的"现在"并不是孤立的、静止的,而是与过去、未来有着本质联系的。它不是先有一个出场(在场)的"现在",然后与过去、未来相联系;实际上,这种联系原来就是一个出场的"现在"之构成因素,这也就是说,没有单纯的自我同一的出场(在场)。德里达在《言语与现象》一书中把这种"现在"的特殊复杂性用"重复"的概念来称谓和说明,其要点是,"现在"在下述两种意义下包含一种重复的运动:(1)当前出场的"现在"包括先前的"现在"的重复,这就是保留、记忆;(2)当前出场的"现在",即出场的形式,其本身是理想性、观念性的并从而是无限地可重复的。① 这种重复的特征被德里达称为"印迹"(trace),又称"延异"(différance)。根据这种"延异"的观点,封闭的在场就被解构了,即是说,语言表达或意谓的作用不要求达到单纯直观在场的目标,不要求达到一个现成的固定不变的在场物,而成为独立于言说者或作者的在场以及独立于对象的在场的流变不居的东西。德里达所谓独立于主体与对象的语言,也颇类似上述海德格尔所说的人与世界相融合、在场与不在场相结合的整体的语言。

海德格尔与德里达的语言观,撇开二者论证的角度不同之外,其共同的思想倾向都是强调人与万物融合为一的宇宙整体能作无言之言。这种语言独立于说话人或作者的语言,前者通过后者而发出有言(有声)之言。显然,这种语言观的哲学基础是万物一体论(借用中国哲学的术语来说),它与传统语言观之以主客关系论和主体性哲学为基础,正好形成鲜明的对比。

其实,英美分析哲学家也有人认为世界具有语言的性质,没有离开语言

---

① John Sallis, *Delimitations*, p. 143;并参阅德里达:《声音与现象》,杜小真译,商务印书馆1999年版,第81—86、127—131页。我所提到的德里达的《言语与现象》一书即杜译《声音与现象》。

的独立存在。例如蒯因(W. V. O. Quine,1908—2000)的"本体论的承诺"就是把本体论问题归结为语言问题,他认为一事物的存在取决于它所纳入其中的语言概念的体系。但有一点根本不同的是,蒯因的"本体论的承诺"是建立在约定论的基础之上的,它与主客关系的思维模式结合在一起。在蒯因那里,世界的言说对人而言并不是先在的。

三 语言意义的转换

1. 语言的意义由指向感性对象和抽象概念转换为指向无底深渊的世界

主客关系式的主体性形而上学沿袭柏拉图主义的方向,把世界分裂为感性世界与超感性的概念世界、现象的事物与本质的事物("真正的世界")。在这种哲学观点的指引下,语言表达的意义被归结为由说话的主体指向客体:或指向感性的对象,或指向抽象的概念,总之,都是指向在场的东西,前者是变动不居的在场,后者是永恒的在场。由于这种语言观以要求在场为意义的根本条件,所以,没有任何对象的语言,或不符合逻辑概念的语言,在它看来,都是无意义的,例如"一座金山"或"方形的圆"就被看成是无意义的。①

传统形而上学的终结和现当代的现象学否定了超感性的抽象概念世界,要求人们专心致志于具体事物本身及其自我显示,这样,事物的意义就不在于由此一事物的表面现象指向所谓"真正的世界"或抽象概念,也不在于由此一事物指向彼一事物,而在于指涉一事物所一向源于其中的万事万物本身之整体,或者用海德格尔的话来说,在于指向"世界"。所以,要理解某事物,就要参照"世界"这一"敞开的参照体系"(an open system of references)②,而不是参照抽象的普遍性概念或某一个别的事物,这就叫作"从事物自身理解事物"(to understand it *from itself*)或"自我显现"(self-showing)③。这样,语言表达也就得到了重新的界定:语言的意义不是指语言要去表达独立于语言的某确定的对象或某确定的概念,而是(用海德格尔的说法)事物从中显现自身的"漂流着的世界",是作为 Dasein 之 Da 的"言

---

① 德里达:《声音与现象》,杜小真译,商务印书馆1999年版,第7章。
② John Sallis, *Delimitations*, pp. 164-165.
③ Ibid.

说"(Rede),亦即"世界"之展露口。①

对于这种意义下的语言来说,某个具体对象的"直观在场"是不需要的,作为某一类对象的永恒在场的概念也是不需要的,它所需要的是一切存在者(beings)之"集合",这"集合"就是"是"(Being)之本意。换言之,"是"(Being)集合着一切:在场的,不在场的,显现的,隐蔽的,而且这一切是无穷无尽、没有止境的。语言言说着这无底深渊的一切②,同时也言说着存在者的真正内涵——言说着存在者之所是。但是,我再重复一句,它并不需要某个具体对象或某个概念。正是在这种意义下,没有任何可能的感性对象的"直观在场"的语言,仍然是有意义的。③

2. 诗的语言可以独立于感性对象和抽象概念的出场

其实,诗的语言之不同于非诗的语言的特点之一,就在于它容许甚至偏重无直观在场的语言的意义。李白《秋浦歌》之十五:"白发三千丈,缘愁似个长。"三千丈的白发显然没有直观在场的可能,但它把不在场的、隐蔽的愁绪生动具体地展露(显现)出来了,鉴赏者通过"白发三千丈",可以在不在场的无尽空间中驰骋自己的想象而玩味无穷。叶燮的《原诗》曾举杜诗"碧瓦初寒外""晨钟云外湿"等诗句为例,生动鲜明地说明了不符合逻辑概念的语言亦可以有丰富的意义。且花点篇幅节录其中两段以见叶燮的分析之精彩:"'碧瓦初寒外'句,逐字论之,言乎外,与内为界也。初寒何物,可以内外界乎?将碧瓦之外,无初寒乎?寒者,天地之气也,是气也,尽宇宙之内,无处不充塞,而碧瓦独居其外,寒气独盘踞于碧瓦之内乎?寒而曰初,将严寒或不如是乎?初寒无象无形,碧瓦有物有质,合虚实而分内外,吾不知其写碧瓦乎?写初寒乎?写近乎?写远乎?使必以理而实诸事以解之,虽稷下谈天之辨,恐至此亦穷矣。然设身而处当时之境会,觉此五字之情景,恍如天造地设,呈于象,感于目,会于心。意中之言,而口不能言,口能言之,而意又不可解。划然示我以默会相象之表,竟若有内有外,有寒有初寒,特借'碧瓦'一实相发之。有中间,有边际,虚实相成,有无互立,取之当前而

---

① John Sallis, *Delimitations*, pp.164-165.
② Jacques Derrida, Heidegger's Ear, 载 *Reading Heidegger*, Indiana University Press, 1993, pp.163-218。
③ 德里达:《声音与现象》,杜小真译,商务印书馆1999年版,第7章。

自得,其理昭然,其事的然也。……凡诗可入画者,为诗家能事……若初寒、内外之景色,即董、巨复生,恐亦束手搁笔矣。天下惟理、事之入神境者,固非庸凡人可摹拟而得也。"叶燮这段话的意思无非是说,"碧瓦初寒外"一句若按逻辑的道理(叶燮所谓"名言之理")分析,则于理不通,不可解("使必以理而实诸事以解之,虽稷下谈天之辨,恐至此亦穷矣"),但这一不符合逻辑之理或者说不符合逻辑概念的语言,却诗意盎然,使人"觉此五字之情景,恍如天造地设,呈于象,感于目,会于心"。再举一段关于"晨钟云外湿"一句的分析:"以晨钟为物而湿乎?云外之物,何啻以万万计,且钟必于寺观,即寺观中,钟之外,物亦无算,何独湿钟乎?然为此语者,因闻钟声有触而云然也,声无形,安能湿?钟声入耳而有闻,闻在耳,止能辨其声,安能辨其湿?曰云外,是又以目始见云,不见钟,故云云外,然此诗为雨湿而作,有云然后有雨,钟为雨湿,则钟在云内,不应云外也。斯语也,吾不知其为耳闻邪?为目见邪?为意揣邪?俗儒于此,必曰'晨钟云外度',又必曰'晨钟云外发',决无下湿字者,不知其于隔云见钟,声中闻湿,妙悟天开,从至理实事中领悟,乃得此境界也。"钟声与湿相联,声中闻湿,颇与德里达所谓"方形的圆"相似,不符合概念,无直观在场,然而"妙悟天开,从至理实事中领悟,乃得此境界"。叶燮由此得出结论说:诗的语言虽亦言理,但此理非"可言可执之理",而乃"不可言之理"。"可言可执之理",乃"名言之理",逻辑概念之理。此种理,无诗意的人,"人人能言之"。诗人之言则为"不可言之理"或称"不可名言之理",斯为"至理"。正是这种"至理"才能达于诗意的境界。

总之,诗的语言既可以不需要具体的某个感性对象之在场,例如"白发三千丈"或"一座金山";也可以不需要符合普遍性概念的东西之在场,例如"声中闻湿"。叶燮对于这两个方面的不在场做了简明的概括:他把无具体感性对象之在场的事物叫作"不可述之事"或"不可施见之事",把没有普遍性概念之永恒在场的道理叫作"名言所绝之理"或"不可名言之理"。"不可施见"或"不可述"就是无具体感性直观对象之意,例如三千丈的白发就是"不可施见"的;"不可名言"或"名言所绝"就是不可用通常的逻辑概念衡量之意,例如入耳而有闻的声与只与触觉有关的湿相联,就是"不可名言"的。诗意语言的"事"或"理",若按毫无诗意的"俗儒之眼"观之,则"于理何通"(逻辑概念上讲不通),"于事何有"(没有感性直观中的对象)?真所谓"言语道断,思维路绝"了。然而诗意语言之事理乃是"幽渺以为理,想象以为事",例如三千丈的白发就是想象以为事,声中闻湿就是幽渺以为理,此种事理能"引人于冥漠恍惚之境",此决非无诗意的凡夫俗子所能至也。

这是否意味着诗的语言是可以完全脱离现实世界、凭空乱想乱说的呢?不然。非诗的语言要求有"可征之事"(即要求有对应的感性直观对象),有"可言之理"(即要求有符合逻辑概念的道理),这都是拘泥于"在场"的观点(如前所述,前者是变动不居的在场,后者是永恒的在场),但诗的语言是集合在场与不在场、显现与隐蔽的无穷尽的东西于一点而产生的意义,所以它虽然一方面不要求单纯在场的东西,但另一方面,它又不是脱离世界的,世界是由在场与不在场、显现与隐蔽的无穷尽的东西构成的。"声中闻湿"以单纯在场的概念衡之,声的概念不容许有湿的概念,湿的概念不容许有声的概念,声与湿各自坚执着自己的单纯在场的特性,所以按照这种"在场形而上学"的观点,"声中闻湿"这样的语言是无意义的。但从在场与不在场、显现与隐蔽相结合的观点来看,"声中闻湿"则能达于"妙悟天开"之境界,此种境界就是一种对无底深渊的聆听。叶燮《原诗》中所谓"能实而不能虚,为执而不为化"之"理",实即"在场形而上学"之理,"实"者,在场也,"虚"者,不在场也,"为执而不为化"者,执着于界定的东西而不容许有变异性之意也。与此相反的"理",叶燮则赞扬它"至虚而实,至渺而近"。实与虚相结合,近与渺相结合,正可以说是在场与不在场、显现与隐蔽的结合。"妙悟天开"的境界就在这两者的交会处。德里达说:"语言可称为在场与不在场这个游戏的中项。"①我想,这里所说的语言,就其本质而言,应是诗的语言。叶燮《原诗》中的话:"诗之至处,妙在含蓄无垠,思致微渺,其寄托在可言不可言之间,其指归在可解不可解之会。"②这里的"之间""之会"亦未尝不可以解读为在场与不在场的"交会处"或德里达所说的"中项"。至于完全脱离世界、凭空乱想乱说的语言,如德里达所举的例子"绿色是或者"③,则丝毫没有集合在场的东西与不在场的东西之意,是真正无意义的语言④,这种语言与诗的语言毫不相干。

---

① 德里达:《声音与现象》,杜小真译,商务印书馆1999年版,第10页。
② 叶燮《原诗》中的这几句话虽系出自"或曰"之口,但属于叶燮本人所赞许之列。
③ 德里达:《声音与现象》,杜小真译,商务印书馆1999年版,第7章。
④ 德里达区别"方形的圆"与"绿色是或者"两种不同的语言,认为前者虽无直观对象之在场,但它是富有意义的,后者则是全然无意义的。但他主要是从语言学的角度进行分析的。

四 "大言"与"小言"

1. "大道"不作"小言"之言

独立于感性对象和概念的"语言言说"颇有点类似庄子的"大道""大言","人的言说"有点类似"小言""人言"。"大道""大言"对于"小言""人言"来说,是"先在的"。所谓"道本无言",其深层含义是说"大道"不作"小言"之言,或者说得更具体一点,"大道"非"小言"所能言者,而不是说"大道"根本不能言。"小言""人言"是概念式语言,不能离开在场的东西。凡言说感性中不可能出场的东西或不符合逻辑概念的东西,在"小言""人言"看来,就是胡言。反之,"道言""大言"是要把在场与不在场的"一体"显示出来,是要显示着、言说着无底深渊,是要表达事物从中显现其自身的"漂流着的世界"。可以说,这是一种超概念式语言,亦即诗的语言。王船山所谓诗"以神理相取","神"(或"天德")能"合物我于一原","彻于六合,周于百世"(《正蒙注·太和篇》),不能以"名言"出之(《古诗评选》卷四),实际上就是说"道言"不能以概念式语言("名言")来言说,只能以诗性语言来言说。由此看来,"人言"只有当其言说诗性语言时,才可以通达"道言",才可以还原为"道言"而与"道言"合一。

按照海德格尔的看法,"语言本身从根本的意义上说是诗"[①]。但通常人们所说的语言已经异化、堕落成了概念式的语言,所以通常的"人言""小言"不能通达"道言""大言"。

日常语言和科学语言的"小言"是否就完全无助于"大言"呢? 对于概念式的"小言"来说,"道言"或"大言"确实不言、不可说,但这类语言(概念式的语言)却可以"反映""折射"(伽达默尔语)或"指出""意味"(维特根斯坦语)那"不可说"的"道",也就是可以"间接地烘托"(不同于"诗意地直接言说")那"不可说"的"道"。关于这个问题,我在这里不想多说。

2. 知觉中的东西言说着"道言"

我在这里想多花点篇幅来说明的是关于个人知觉中的东西是否可以用语言表达的问题。我之所以要谈这个问题,是因为有一种观点认为语言

[①] Martin Heidegger, *Holzweg*, Frankfurt a. M.: Vittorio Klostermann, 1980, S.61.

的言说或"道言""太抽象","太形而上",不如谈人的现实知觉中的东西更为"实在"。因此,对于持这种观点的人来说,我主张应着重谈知觉中的东西是可说还是不可说的问题。在我看来,这个问题首先涉及对"实在"的理解。我不同意所谓"道言"不实在或太形而上的看法,但这里不是争论这个问题的场所。无论如何,知觉中的东西是可说还是不可说,这的确是一个值得研究讨论的问题。

个人的知觉是主观的、私有的、单一的,我的知觉不可能转让给你,让你也得到完全同样的知觉。这是因为语言是普遍的、公共的,不可能指称私人的、单一的东西。语言分析哲学家们讲了很多关于这个问题的理论,企图说明指称单一的东西的可能性,但最终都摆脱不了普遍无法达到单一这个困境,以致有分析哲学家如莫汉蒂(Jitendra Nath Mohanty)不得不多少靠近一点海德格尔,在超越纯理论的实践关系中,寻求单一性。①

个人知觉是否能用语言表达的问题,应与如何看待个人知觉的问题联系起来考察。

把个人知觉中的东西看成是一个单纯在场的东西,一个没有人的实践参与其中的孤立的东西,则它本身是空洞的、无意义的,因而就像黑格尔所说的"感性确定性"那样,是任何语言所不能表达、不能与之同一的。黑格尔认为语言所言说的普遍性概念高于"感性确定性",而我们这里所谈的问题却与黑格尔相反,正是要捕捉"感性确定性"中的单一性。如何捕捉?

莫汉蒂的观点大体上是这样的:知觉中单一的东西不是孤立的,它实际上存在于一个宽广的领域中,此单一的东西正是在此领域中显现自身;现实的人并不只是与此单一的东西打交道,而是与整个宽广的领域打交道(莫汉蒂认为这整个领域就是"实践")。概念式的语言乃是把整个领域不断地、一步一步地向单一的东西这个中心缩小和限定,语言对这个领域所作的限定越多、越细,则语言的普遍性与知觉中的单一性之间的鸿沟就越接近于被填平,也就是说,语言越接近于表达了个人的知觉,越接近于与知觉中的单一性同一。但是只要把主体与客体对立起来,认为客体独立于主体,而语言硬要作所谓"客体的表达",则语言普遍性与知觉单一性之间的鸿沟永远

---

① J. N. Mohanty, *Phenomenology and Ontology*, Martinus Nijhoff Hang, 1970, p.83.

不可能完全填平,两者"不可能完全无区别"。① 莫汉蒂似乎看到了,语言要想与其所指称的单一性事实同一,此事实本身必须就是主体与客体的融合。他说:当人们说某事物壮丽时,"壮丽的事实就只是在某说话者如此说的意义下是事实";"在此,正是语言构成事实。"②莫汉蒂的这一观点有点类似海德格尔的,他自己也明确说过:他的论点"部分地证实了海德格尔的论点"③。但莫汉蒂把某物壮丽这样的语言叫作"主观的语言",以区别于那种表达独立客体的"客观的语言"。④ 莫汉蒂并不真正懂得有意义的世界本身必然是主体与客体的融合,他仍然站在主客关系式的立场,认为"主观语言"所指称的事实不过是私人主观的东西。

我们不妨换一个角度来讨论个人知觉和语言的关系问题。莫汉蒂看到了知觉中单一东西所显现于其中的整个宽广领域,即看到了不在场的东西,这是比较深刻的。但他的目的还是要缩小整个世界领域,甚至要缩小到某个个人的"主观语言",以捕捉到唯一的、单一的东西,捕捉到这单纯在场的东西。我们为什么一定要死死盯住单纯在场的东西呢? 我们何妨把方向倒过来:不是从整个领域向在场的单一性东西缩小,而是由在场者向整个领域即向不在场的东西扩大、延伸,以至于把这整个领域,把握在场与不在场、显现与隐蔽相融合的整个"天人合一"的境界。这样,知觉中的在场者就显现了隐蔽在其背后的不在场者而具有无穷的意味,我们由此也就可以通达于"道"或"存在",而聆听到"道言"或"存在的声音",所谓知觉中单一的东西就不再是任何语言都不能与之同一的私人感觉,不再是无言的冥顽不灵之物,而成了有言的灵物,"道"通过它而言说,它的言是诗意的言。前面说到,概念式语言把客体当作与主体分离的对象,因而不可能完全填平语言与知觉中单一事物之间的鸿沟;反之,诗的语言所言说的是主客融合的整体,是一种"天人合一"的整体,在这里,事物与语言不可分离,语言使该事物成为该事物,所以语言能与其所言说的事物同一。

海德格尔说:"在庙宇和阿波罗的雕像中尽管没有语言作为材料被运用、被'作成',但这一事实完全不足以证明这些'作品'——就其为作品而

---

① J. N. Mohanty, *Phenomenology and Ontology*, Martinus Nijhoff/The Hague, 1970, p.67.
② Ibid., p.69.
③ Ibid., pp.70-71.
④ Ibid., p.68.

言——并非本质上缺乏语言。……雕像和庙宇在敞开中立于与人作无言的对话之中。如果没有无言之言,那么……凝视着的神就决不会显现雕像的神色和外貌;庙宇如果不在语言的敞开领域中,它也决不会作为神的住处立在那里。"① 一块石头,你硬要死死盯住它,把它作为孤立的认识对象,用概念式语言说它是这样是那样,都说不到点子上,因为它与主体对立,其本身无言无语,冥顽不灵。但石头的艺术品如石庙、石雕像,则因其为主客融合的整体,它显现了隐蔽在其背后的无穷画面和意境,就会"立于与人作无言的对话之中"。这里的石头诗意地言说着,也可以说,只有在这里,才算是显示了或捕捉到了此石头的真意和真理。

"道言"并不离开个别的诗作和艺术品。任何个别的单一性事物,只要你把它当作离开了主体的客观认识对象,当作单纯的在场者,它就是僵死的;诗人把它放到主客融合的境界中,放到在场与不在场、显现与隐蔽相结合的整体领域中,它就以他自己独特的方式诗意地言说着。古希腊石庙以一种方式言说着"道言",梵·高画的农鞋以另一种方式言说着"道言";此石头以此种方式言说着"道言",彼石头以彼种方式言说着"道言"。诗意地言说的方式无穷多样,其为"道言"一也。

中国古典诗作和艺术品在作无言之言方面,是极具特色的。古典诗重言外之意,便是一例。言外之意就是通过言内所及的在场的东西显现出或言说着隐蔽在背后的无尽的画面。"国破山河在,城春草木深"(杜甫《春望》),其诗意就在于通过言内所及的在场的东西"山河在"与"草木深",而言说隐蔽在背后的"无余物"和"无人"的凄凉景象。有人认为言外之意是截取最有启示性的东西,而略去无启示性或少启示性的东西。所谓有启示性的东西,我以为是指能把隐蔽的东西显现出来的东西,例如"山河在"能显现("启示")"无余物"的景象,"草木深"能显现("启示")"无人"的景象。但"无余物"和"无人"却并不是无启示性或少启示的东西,言外之意是显与隐的结合与斗争,不是简单的取舍关系。

有人把言外之意的言与意对立起来,认为意本不言。实际上,意虽然是隐蔽的不在场的东西,但意能通过在场的言内之物而言说自身——显现自身,它能作无言之言。"无余物"和"无人"的凄凉景象正是通过"山河在"与"草木深"而言说自身——显现自身的,就像海德格尔所讲的千年万载的

---

① Heidegger, *Gesamtausgabe*, 第 54 卷, 第 172 页。

狂风暴雨的压力(不在场者)通过古石庙之石(在场者)而言说自身——显现自身一样。

还可以举一个中国的建筑为例。北京的天坛是中国艺术的瑰宝,它不仅是一座建筑,也是一首古典诗。美学家杨辛先生告诉我们,天坛从南到北是一个由低向高的上升运动,把人的视角引向天之"崇高";天坛建筑突出圆的造型,圜丘、皇穹宇、祈年殿都是圆形,而且在每一建筑中又形成很多同心圆,把人的视角引向天之"圆融";天坛建筑采用蓝色琉璃瓦,并大面积种植柏树,把人的视角引向天之"清朗"。他由此得出结论说:"天坛是以实衬虚,一切导向虚空。""天坛建筑的妙处正在于以有限的建筑实体唤起无限的想象。"①所谓"以实衬虚",据我的理解,就是通过在场的建筑实体显现出隐蔽的虚空("天")。在天坛这一群体建筑中,圜丘、皇穹宇、祈年殿、蓝色琉璃瓦和翠柏等等都是在场的东西,是"实",天之"崇高""圆融""清朗"都是不在场的东西,是"虚",这个伟大艺术品之美妙和诗意就在于它让隐蔽在背后的不在场的东西——天之"崇高""圆融""清朗",通过出场的东西——圜丘、皇穹宇、祈年殿等等生动地显现出来。我们平常对天如何高、如何圆、如何清,只有很抽象的理解,但通过天坛的建筑,我们却非常具体地看到了天之"崇高""圆融""清朗"。平常人只能从表面上看到天坛建筑之"实",因为他们只能看到在场的东西,诗人则从天坛之"实"洞见其"虚"——洞见到隐蔽的、不在场的东西。用海德格尔的话说,这就是让平常认为"无言"的天坛建筑"言说者"("显现者")天的"崇高""圆融""清朗"。天坛对平常人无言以对,但对游览天坛的诗人来说,却"立于与人作无言的对话之中"。

---

① 杨辛:《论天坛审美》,《中国紫禁城学会论文集》第1辑,紫禁城出版社1997年版。

第十七章
语言的诗性与诗的语言

一 语言的诗性

1. 精神科学重在研究个人的独特性如何为他人所理解

人们一般总以为认识就只是寻求普遍性,愈是撇开特殊性、个别性,就愈具有理论的高度。这种思维方式主要源于自然科学:在实验室里,为了得到普遍的、可以不断重复的效果,各种具体的特殊性和个别性都要加以排斥。这种思路移植到人文社会科学,于是在人类的精神现象中,在社会历史领域内,也产生了寻找像自然现象中必然性规律一样的社会历史规律的要求。随之而来的往往是:人的个性被抹杀了,人与人之间的相互理解、相互承认被阻挠了,整个社会陷入紧张的剑拔弩张的困境。

其实,人文社会科学,或者用狄尔泰的语言来说,精神科学,固然不能说无普遍性和规律性可寻,特别是就人的精神与自然有联系的方面而言,但是精神科学更重要的任务则是讨论人与人之间的社会交往和相互理解的问题。人之不同于物的特点之一在于人的精神性及其与之密切相关的个体性。物无精神性,因而也无个性,物与物之间没有社会交往和相互理解的问题;而人则不然,每个人都有每个人的独特的个性,但又不能离开全体社会而孤立地生活,因而就产生了不同的个性之间如何沟通的问题。如果说,在自然科学那里,重要的问题是如何使个体性纳入普遍性,那么,在精神科学这里,问题则侧重于如何使普遍性适合个体性,说得更具体通俗一点,就是如何让个人的东西通过普遍的东西而得到他人的理解,或者说达到一种共识。精神科学的这一特征及其与自然科学的这种区别,狄尔泰早已有所论及①,只是没有做出上面这样明确的陈述。

个人的东西之所以为他人所理解并产生共识,其可能性的基础或根据何在?个人的东西通过什么途径为他人所理解并产生共识?狄尔泰对这两个问题都有自己的回答。

2. "万物一体"保证人与人之间相互理解的可能性

狄尔泰说:"理解首先产生于实践生活的兴趣。人们在这里被指定于相互交往之中。他们必须彼此理解。一个人必须知道另一个人愿意做什么。"②狄尔泰把作为相互理解之基础的实践生活的共同体叫作"共同性的领域"(Sphäre von Gemeinsamkeit):"每一个体生活的表现,在客观精神的范围里,都代表一种共同的东西。每一个词,每一个句子,每一个表情或套话,每一个艺术作品和每一个历史活动,都只是由于一种共同性(Gemeinsamkeit)在其外在表现中与理解相结合,才是可以理解的。个体的人总是在共同性的领域中体验着(erlebt)、思想着和行动着,并且只能在其中理解着。"③显然,狄尔泰这里所用的"共同性"一词不是指不同人在属性上的抽象的相同性或同一性,而是指人人都生活于其中、交往于其中的唯一的生活集体或共同体。狄尔泰认为正是这唯一的共同体保证了人与人之间的相互理解,包括相互间的同情:"相互理解使我们确信存在于个人与个人之间的共同性(Gemeinsamkeit)。个人与个人是通过共同性而相互结合在一起的,在此共同性中,休戚相关或相互关联,同类关系或亲缘关系都彼此联系在一起。这种相互关联和同类关系贯穿于人的世界的领域之中。此种共同性表现在理性的同一性之中,表现在感情生活的同情之中,表现在伴随应该的意

---

① *Wilhelm Diltheys Gesammelte Schriften*, Ⅶ. Band, Verlag von B. G. Teubner in Leipzig und Berlin, 1927, pp.191-228.
② Idid., p.207.
③ Ibid.·, pp.146-147.

识而产生的义务与权利的相互牵制之中。"①狄尔泰在这里所讲的"共同性"有类似我们中国人所讲的"万物一体"之处。"万物一体"讲的不仅是人与人息息相通、休戚与共,而且包括人与物、物与物的一体相通。狄尔泰的"共同性"则是直接地讲人与人的一体相通。我主张把道德意识建立在万物一体及同类感的基础之上,我的这一主张与狄尔泰有契合之处,只是狄尔泰更多地讲人与人之间的一体相通("共同性")。如果说我所强调的万物一体是"民胞"和"物与"二者的统一,狄尔泰的"共同性"则可以说主要是讲"民胞"(狄尔泰的道德观,本书略而未谈)而不侧重讲"物与"。但是,为什么不可以把作为理解之基础的人类"共同性"更扩大为"万物一体"呢?也许狄尔泰只考虑到人与人的交往媒介是语言,而人与物无语言可通。但是这样考虑问题显然有片面性。在人与万物融为一体的世界里,不仅人与人有语言交往,而且人与物也有语言交往,只不过物对人做无言之言罢了。狄尔泰实际上也看到了人与万物融为一体,例如他说:"在不同成效由之而出的稳定的基底中,没有东西是不包含我的生活关系的。正如这里的一切都存在着一种对我的态度,同样,我的现状也经常按照物(Dinge)和人对我的关系(态度)而改变。根本没有什么人和事物(Sache)对于我仅仅是对象而不包含压力或推动力,不包含努力的目标或意愿的责任,不包含对重要性、需求的考虑和内在的亲近或抗拒、疏远和异己。"②"一种无限的生活丰富性乃是在个人的个体存在中由于其与环境的关系,其与他人和物的关系而展开的。但是每一个别的人都同时是诸多联系的交叉点,这些联系贯穿于个人之中,产生于个人,但又超越于其生活之上……"③上引这些话说明在狄尔泰那里,在人与人的生活关系中,事物不是离开人而独立的简单对象,而是能指示人的意向的,是与人融为一体的,也只有这样,事物才能得到理解。但是,狄尔泰的注意力仍然重在人与人之间的交往和相互理解以及语言媒介在这里的重要性,他一再强调的是,语言是沟通人与人之间或者说主体间性的基础。所以,中国人所强调的万物一体的思想,在狄尔泰那里,可以说只有部分的表现,他也不重视万物皆有语言性,从而也不重视对自然

---

① *Wilhelm Diltheys Gesammelte Schriften*, Ⅶ. Band, Verlag von B. G. Teubner in Leipzig und Berlin, 1927, p.141.

② Ibid., p.131.

③ Ibid., pp.134-135.

的审美鉴赏。

尽管狄尔泰的思想有上述局限性,但他毕竟对语言在人与人相互沟通、相互理解的功能方面进行了深刻的分析,他的分析对我们所关心的为什么日常语言具有诗意本性的道理有很大的启发意义。

3. 语言一般皆有诗性

在狄尔泰看来,日常语言的结构有这样一种特性:它既能保持个人的独特性,又能使个人与他人取得共识,取得相互认同。用我在讲"相同与相通"的那一章中的术语来说,就是日常语言既能维持各个人的"不同一性"("不相同"),又能使人与人相通。说得更通俗一点就是,日常语言具有使个人的东西可以传达给别人从而达到相互理解的结构。

每个人都是无限联系的交叉点,每个人的独特性都包含着他所生活于其中、交往于其中的无限联系的共同体,语言表达若与具体的生活联系相脱离,若"不依赖于时间或个人之差异性",则说话的人所说出的东西与听话人的理解是"同一的""没有转换的",这无疑当然会保证理解的"完全性"①,例如,数学上的语言。

但是,日常的语言表达总是受具体的生活联系的制约,受"共同性"的制约,说话人与听话人处于具体的环境关系之中,于是隐蔽于当前出场的言辞背后的无穷的"生活关联的隐暗背景"(der dunkle Hintergrund des Lebenszusammenhanges)和"丰富的内心生活"(die Fuelle des Seelen Lebens)②会掺杂到日常语言之中,使日常语言不得不通过一些非口头的东西而暗示出未说出的东西,例如面部表情、说话的语气、说话时的姿态以及行为。(狄尔泰把这些概括称之为"生活表现"[die Lebens-aeuβerungen]的第二种形式和第三种形式,即"行为"[Handlungen]与"经历表达"[Erlebnisausdruck]。第一种形式是单纯的语言表达,即"概念和判断,思维产物"。③)它们都能和日常语言结合在一起,使日常语言得以表达说话者个人所处的独特的无限联系的交叉点,即是说,得以表达说话者个人的东西。日常语言所

---

① *Wilhelm Diltheys Gesammelte Schriften*, Ⅶ. Band, Verlag von B. G. Teubner in Leipzig und Berlin, 1927, p.205.

② Ibid., p.206.

③ Ibid., pp.205-207.

包含的诸多暗中示意的东西构成日常语言的组成部分,它们使日常语言具有指向未说出的东西的特点和功能。不过这些能暗中示意的东西是在个人与他人生活的共同体中形成的,因此,只要是在这个共同体中生活的人都能理解其所表达的个人的内心生活及其背景。日常语言就这样具有使个人的东西通过生活共同体而为他人所理解的结构。狄尔泰并没有把这样的思想观点像我这里所表述的那样做出明确的表达,但这里的基本思想观点应该是属于他的。

我在这里所要着重指出的是,狄尔泰所指明的日常语言具有暗指未说出的东西,从而能使个人独特的东西得到他人理解的特点和功能,正是语言的诗性之所在。

伽达默尔所讲的"语言的思辨性"的论点,阐述了语言都有从说出的东西中暗示未说出的东西的特点,这个特点就叫作语言的诗性,这也就是说,语言一般皆有诗性。伽达默尔说:"说出的都在自身中带有未说出的成分",说出的与未说出的"具有答复和暗示的关系"[1];语词的有限性与语言整体是紧密联系、相融相通的,人讲话时所处的"生动现实性"就表明人所讲出的有限话语使附属于其上的"意义整体","在发生作用"[2],这也就是伽达默尔所谓"语言的思辨性"。甚至分析哲学家如维特根斯坦、奥斯汀(J. Austin,1911—1960)、塞尔(J. Searle)等人也大讲说话时的语境,认为一个语句的意义以语境为转移,这语境颇有类似伽氏所讲的"未说出的意义整体"和"讲话时的生动现实性"之处。当然,分析哲学家们的思维模式主要是主客关系式,他们所讲的语境属于与主体对立的客体,不同于海德格尔与伽达默尔所讲的"隐蔽"与"意义整体",因而缺乏诗意。

尽管日常语言,由于在场与不在场总是融合在一起,"说出的"总是带有"未说出的"成分因而具有一定程度的诗性,但日常语言毕竟未能发挥语言的诗性而不同于诗的语言。诗的语言具有最强的"思辨性",它从说出的东西中暗示未说出的东西的程度最大、最深远,而一般的非诗的语言毕竟未能发挥语言的诗意之本性。这就像我们平常说的,人在某种意义下皆为诗人,皆有诗意,但一般的人并非都是真正严格意义下的诗人。

---

[1] 加达默尔:《真理与方法》第 1 卷,洪汉鼎译,台北时报文化出版有限公司 1993 年版,第 583 页。

[2] 同上。

那么,诗的语言,究竟有什么特点以区别于非诗的语言呢?

二 诗的语言与非诗的语言的区别

1. 执着于当前在场者与聆听"异乡"的声音

人们一般都是从感性与理性的二元对立中来区分诗的语言与非诗的语言。这样的区分虽也符合实际,但未说到深处。从存在论的角度来看,世界、真理是在场者、显现者同其背后的不在场者、隐蔽者的融合,也是人与世界的融合。概念式语言的存在论上的根源是站在主客关系的立场上,以在场者之显现为语言的本质,而排斥、抹杀不在场之隐蔽的作用。反之,诗的语言(严格说来是语言的诗性)的存在论根源在于人与世界的融合,重视不在场者,一心要把隐蔽的东西显现出来。所以,诗的语言的特性就是超越在场的东西,从而通达于不在场的东西,用海德格尔的话说,就是超越"世界"而返回"大地"。

我们的日常生活过多地执着于当前在场的东西,科学技术也是如此,往往遗忘了隐蔽的东西,即使偶尔记忆起来,也只是把它当作"异乡"。但诗人却正是要聆听这"异乡"的声音,诗的语言可以说就是对"异乡"的召唤。"道言""大言"乃是通过诗人的诗的语言,把来自海德格尔所谓"存在""无""神秘"或德里达所谓"无底深渊"的声音释放出来。如果说平常生活中的用语往往只盯住个别的在场者,那么,科学语言就可以说是只盯住普遍的、永恒的在场者,即概念、理念、同一性之类的东西。面对一株春暖发芽的杨柳,一个普通农夫和科学家与诗人所言说的东西就大不相同:农夫会说,杨柳活了,今夏我可以在它下面乘凉;科学家会说,杨柳发芽是气温回升的结果;这两种人都是盯住客观的在场的东西,一个是个别的在场者,一个是普遍永恒的在场者。诗人则会说:"忽见陌头杨柳色,悔教夫婿觅封侯。"(王昌龄《闺怨》)甚至一个有诗意的小孩也会说:"妈妈,杨柳又发芽了,爸爸怎么还不回来?"诗的语言把隐蔽在杨柳发芽背后的离愁活生生地显现了出来,这离愁不是简单的感情发泄和简单的心理状态,而是一种情景交融、主客(人物)交融的审美境界。

语言分析哲学家奥斯汀把言语行为分为三类:

(1)"以言表意的行为"(locutionary act)——即用语言表达某种思想观点的语言行为;

(2)"以言行事的行为"(illocutionary act)——即用语句施行某种行动的语言行为；

(3)"以言取效的行为"(perlocutionary act)——即用语言取得某种实际效果的语言行为。

奥斯汀的三类语言行为应该说概括了全部日常语言和科学语言，所有这些都是一种只盯住在场的东西的语言行为，而不具有把隐蔽的东西显现出来的特性。奥斯汀虽然强调某种语言行为要与其语境或说话的场合相结合，但那只是出于让某种语言行为适当而有效的考虑，其所在意的对象，正是该种语言行为本身所讲出的在场者。奥斯汀所说的语境或场合，表面上没有出场，实际上却也是出场的东西。

塞尔在"以言行事的行为"中专门列入了"表情式"一类的语言行为，例如祝贺、哀痛、抱歉之类的言语均属之。我们当然不能认为单纯的表情式语言就是诗性语言。对单纯的某种心理状态的描述，和对单纯的某种物理事物的描述一样，都是把客体与主体分离、把在场者与不在场者分离的日常语言或科学语言。

总之，日常语言和科学语言的特点就是以主体与客体关系为前提，把在场与不在场、显现与隐蔽割裂；而诗的语言的特点则是二者的融合。

2. 抽象性语言与一次性语言

与此相联系的是，诗的语言的特点还在于诗具有独特性、一次性。奥托·波格勒(Otto Pöggeler)在解释海德格尔关于诗和思的关系时说："思维的说"与"诗意的说"，或者说，"思维"与"诗化"，"它们之接近在于两者因各自言说的特性而保留着相互的区分。海德格尔用公式化的简明语言说：'思想家言说存在，诗人给神圣的东西命名。'……诗人所作的是给神圣的东西的要求以一种直接的回答，给神圣的东西'命名'，而思想家不能自命做到这一点。……相反，思维必须拒绝对神圣东西的要求作直接的回答"。[①] 所谓"命名"，乃是指独特性、一次性，只有诗人才可以在诗意中独特地、一次性地，亦即创造性地直接把握到真意，思想家用逻辑的、推理的语言，总是只能把握到一些普遍性的、抽象的东西，对真意或境界只能间接地去把握。这就是诗与思、诗的语言与概念式语言的又一区别之处。

---

① Otto Pöggeler, *Heidegger's Path of Thinking*, p. 227.

三 中国古典诗的语言的特征和要求

刘勰《文心雕龙·隐秀篇》:"情在词外曰'隐',状溢目前曰'秀'"(出自《隐秀篇》的佚文)。刘勰所谓词外之情(即言外之意),实际上就是我上面所说的诗的语言具有暗示未说出的东西的特点之意。刘勰的这两句话可以说最简明扼要地概括了诗的语言的本质。中国传统诗论和传统哲学爱讲"言不尽意","言有尽而意无穷",这并不是说中国传统思想否认或怀疑语言的表达能力,就像有的学者所认为的那样。其实,"言不尽意"和"言有尽而意无穷"恰恰是重视诗的语言不同于一般非诗的语言之区别的表现,恰恰说明了诗的语言乃是以说出的东西(即"有尽之言")暗示出未说出的"无穷之意"(我们说的言外之意,主要不是指抽象的概念或道理,而是指具体的意境,其中也包括"词外之情")。如果语言根本不能表意,那还有什么诗的艺术可言呢?中国是一个诗的国度,所以也特别重视发挥语言的诗性,重视用诗的语言表达(严格说是暗示)无穷之意。中国古典诗水平之高下,主要不在于说出的东西,例如辞藻之华丽与否,而在于说出的言辞对未说出的东西所启发、想象的空间之广度和深度。

中国古典诗的语言所具有的上述基本特性,具体地说有以下四点:

1. 言约旨远

第一,言约旨远。

诗的语言不能像平常说话或科学的逻辑论证那样铺陈展开,它要求用尽量少的语言表达尽量多的内涵,所谓"言约旨远"(《世说新语》),"语少意足,有无穷之味"(洪迈《容斋随笔》),"语少而意广"(陈师道《后山诗话》)等等,都说的是这个意思。魏庆之编《诗人玉屑》引述了《漫斋语录》的这样一段话:"诗文要含蓄不露,便是好处。……用意十分,下语三分,可几风雅;下语六分,可追李杜;下语十分,晚唐之作也。用意要精深,下语要平易,此诗人之难也。"我们当然不必拘泥于这些比喻性的具体数字,也不必认为从四言诗到五言诗到七言诗是一个距离"言约旨远"的水平愈来愈低下的过程。这段话无论如何指明了诗的语言的一个特点:为了要含蓄不露,暗示较大的未说出的东西的空间,说出来的言辞一定要量少而含金量大。否则,就成为无诗意的散文了。唐庚的《唐子西文录》称赞杜诗之含蓄深远说:"过岳阳楼,观杜子美诗,不过四十字尔,气象宏放,涵蓄深远,殆与洞庭争雄,所谓富哉言乎者。……杜诗虽小而大……""小"者,词量少之谓也;"大"者,含义深远之谓也。王力先生曾以杜甫《春日忆李白》中的两联为例具体说明了诗的语言的这一特征:"诗词是最精练的语言,要在短短的几十个字中,表现出尺幅千里的画面,所以有许多句子的结构就非压缩不可。……例如杜甫的《春日忆李白》中两联:'清新庾开府,俊逸鲍参军。渭北春天树,江东日暮云。'若依散文的语法看,这四句话是不完整的,但是诗人的意思已经完全表达出来了。李白的诗,清新得像庾信的诗一样,俊逸得像鲍照的诗一样。当时杜甫在渭北(长安),李白在江东,杜甫看见了暮云春树,触景生情,就引起了甜蜜的友谊的回忆来。这个意思不是很清楚吗?假如增加一些字,反而令人感到是多余的了。"①

但仅仅词量少,并不足以暗示未说出的空间之深远,"言约"一条并不足以保证"旨远"。这说出的少量语言还必须具有更积极的特点,才能达到"旨远"的目标。

2. 象征性与暗喻性

第二,象征性和暗喻性语言。

它以表示具体事物或具体实景的语言暗示(象征)深远的意境。法国当代著名哲学家利科(Paul Ricoeur)认为,"语言的神奇性正是在于:语言是利用象征的特性玩弄'指明—隐藏'的双重方向的运动的魔术——语言在'指明'时就包含了一种新的'隐藏',而在'隐藏'时又包含了再次指明的可能性"②。利科这段话是就一般语言的特性而说的,至于诗的语言,我想当然更具这种象征性特色。中国古典诗中有以单个的语词为象征的,例如以松柏象征坚贞;也有以全诗为象征的,例如张九龄的《感遇》:"江南有丹橘,经冬犹绿林。岂伊地气暖,自有岁寒心。可以荐嘉客,奈何阻重深。运命惟所遇,循环不可寻。徒言树桃李,此木岂无阴。"这就是以丹橘及其经冬不谢的具体形象,象征诗人高洁的品格,从而使读者理解诗人个人的内心生活。中国人无论古人还是今人,都有共同的传统背景,生活于一个古今一体的"共同体"中,所以即使是今人也能理解丹橘的品质,从而使古人张九

---

① 王力:《诗词格律》,中华书局 1962 年版,第 133—134 页。
② 高宣扬:《李克尔的解释学》,台北远流出版公司 1990 年版,第 158 页。

龄的个体性的东西得到今人的理解和同情。张九龄的《感遇》，可以说全诗都是用象征性语言暗示更深远的意境或情意。又如王维的《终南别业》："中岁颇好道，晚家南山陲。兴来每独往，胜事空自知。行到水穷处，坐看云起时。偶然值林叟，谈笑无还期。"全诗写的是实情实景，非常形象，然而这些富有象征性和暗喻性的语言却指向一个没有说出的物我两忘的境界，让读者能心领神会，恍若身临其境（关于上引两诗的象征性和暗喻性语言的区别，本书从略）。

当然，并非所有的中国古典诗都以象征性和暗喻性语言见长，但象征性和暗喻性语言在中国古典诗中却是常见的现象，尽管在程度上有所不同。这种语言构成了中国古典诗的一个重要特色。

黑格尔也曾提到，东方诗人爱用具体的图像和暗喻的方式使人兴起对所写对象之外的与其本身有联系的东西的兴趣，也就是说"把人引导到另一境域（in ein andre Element），即内容本身的显现或别的相近现象（in andre verwandte Erscheinungen）"①。黑格尔还以此作为诗与散文意识的区别：散文意识注重所写对象本身的特性以及对此对象的内容及其意义的精确、鲜明和可理解性；诗则注重形象及其所引发的背后与之有关联的领域，因此，人们可以用散文对诗做不同的解释。② 散文是凭知解力表述真理；诗是用形象显现真理。③ 黑格尔对诗的这一特点及其与散文的区别的说明，对中国古典诗也有一定的意义，只是黑格尔从西方古典的概念哲学和西方古典美学的典型论出发，把诗所写的东西背后的境域或真理只理解为理念、概念、典型，而中国古典诗所暗喻的未说出的领域则主要不是抽象的理念、概念，而是具体的深远的意境。

3. 画意性

第三，画意性语言。

上面已经谈到诗的语言应是表示具体事物或具体实景的形象性语言，这一点实际上已涉及画意性语言，但单纯形象还不等于就是画意。例如，前引张九龄的《感遇》虽然用的是形象性语言，但比较缺乏画意，而《终南别

---

① Hegel・Werke，第15卷，第281页。
② 黑格尔：《美学》第三卷下册，朱光潜译，商务印书馆1979年版，第61页。
③ 同上书，第24—25页。

业》则是一首画意很浓的诗。"行到水穷处,坐看云起时。偶然值林叟,谈笑无还期。"这四句诗,虽然是语言而非绘画中的线条、颜色和人物姿态,但这样的语言却具有触发人的想象和联想的特点,让鉴赏者在头脑中产生一幅"状溢目前"的生动画面,"状溢目前"在这里就是有线条、有颜色、有人物姿态之意。

需要强调的是,我这里所讲的画意性语言,并非指单纯描写景物的诗,而是指画意的背后还隐藏着深远的境界。王维的《终南别业》,就既是诗中有画,而又在画的背后隐蔽着一种悠然、空寂的境界。陶渊明的《饮酒》:"采菊东篱下,悠然见南山。山气日夕佳,飞鸟相与还。"表面上是一首描写田园山水的单纯写景的诗,但仅仅这样来看待这首诗,则显然未能真正领略其诗意。这几句诗在描写"人境"的现实田园景物时,却隐蔽着语言文字所未说出的超现实的情趣和理想境界。所谓"象外之象,景外之景",应是此意。我还可以在此再补上一句:"画外之画",或许更能直接表达我的看法。中国古典诗中有不少描写景物、注重形似的好诗,但中国传统美学思想或诗论却更加崇尚画意与深远的境界相结合的诗,崇尚有神韵的诗,而不是崇尚单纯形似的诗。

4. 音乐性

第四,音乐性语言。

语言是有声音的,与音乐有共同之处,音乐比起绘画来更接近语言,因此,诗的语言之具有音乐性也比它之具有画意要更为直接。

诗的语言的画意性在于提供空间上同时并存的事物的外在形象,使语言所未说出而又暗指的精神境界更加鲜明,但仅仅画意性语言还不足以表达时间上先后之承续,不足以暗指精神境界的节奏性,这就需要语言的音乐性。

人与万物一体,息息相通,真正高远的精神境界也必然是这息息相通的整体之显现,它本身不但有画意,而且有节奏,有音乐性,它是回旋荡漾、波澜起伏、时而高扬、时而低沉的。因此,诗的语言也必然具有这种以节奏为基础的音乐性,从而使诗中已说出的语言能暗指未说出的深远境界的节奏和音乐性。黑格尔也曾说过,人的内心生活是回旋往复、震颤不停的,因此,音乐适合于表现内心生活的这一特点。"通过音乐来打动的就是最深刻的主体内心生活；音乐是心情的艺术，它直接针对着心情。"①"音乐凭声音的运动直接渗透到一切心灵运动的内在的发源地。所以音乐占领住意识，使意识不再和一种对象对立着。"②即是说，"在音乐里"，"主客的差别却消失了"，达到了一种完全忘我的境地。③ 中国古典诗所讲的四言二二、五言二三、七言四三的格律以及押韵、平仄、双声词、叠音词等等都是诗的语言音乐性的表现，而且这种音乐性都是和诗的语言所暗示的意境、内心生活相配合的。例如崔颢的《黄鹤楼》："昔人已乘黄鹤去，此地空余黄鹤楼。黄鹤一去不复返，白云千载空悠悠。晴川历历汉阳树，芳草萋萋鹦鹉洲。日暮乡关何处是，烟波江上使人愁。"诗人吊古思乡之情悠悠久长，押十一尤的韵最为恰切，如用仄韵则显然不妥帖。反之，岳飞的《满江红》："怒发冲冠，凭阑处，潇潇雨歇。抬望眼，仰天长啸，壮怀激烈。三十功名尘与土，八千里路云和月，莫等闲，白了少年头，空悲切。"这首词用短促的入声韵（这首词用的是互相通用的六月和九屑的韵），则正好表现其悲壮忠愤之情，如用平韵则不能与这种情感相配合。又如李清照的《声声慢》："寻寻觅觅，冷冷清清，凄凄惨惨戚戚。"首句连叠七字，顿挫凄绝，仿佛可以听到诗人感情波澜起伏的心声。若非语言的音乐性效果，何能至此？

我在前面讲画意性语言或音乐性语言与意境、境界或内心生活的关系时总是用"暗示""暗指"之类的字眼，意思是：画意性语言或音乐性语言，毕竟不是绘画本身或音乐本身，所以诗既不能代替④绘画，像绘画那样直接提供一种占空间的外在图像，也不能代替音乐，像音乐那样达到非语言所能直接表达的境地，但画意语言或音乐语言都是诗的语言，这种语言的特点就是凭借它可以想象、玩味那种深远的意境、境界或内心生活，所谓"暗示""暗指"就是想象、玩味之意。也可以说，诗的语言就是一种能触发想象、玩味的语言。日常语言、散文式的语言都具有这种诗性，但不及诗的语言所具有的诗性之强和显著，日常语言和诗的语言，其间虽有区别，但很难作明确的划界。

---

① 黑格尔：《美学》第三卷上册，朱光潜译，商务印书馆 1979 年版，第 332 页。
② 同上书，第 349 页。
③ 同上书，第 332 页。
④ "不能代替"并不意味着绘画或音乐比诗更高，我这里完全无意讨论绘画与诗或音乐与诗的高低问题。

第十八章
美与真善

哲学家们几乎都肯定真、善、美三者是统一的,但如何统一?三者之中孰为先孰为后?其间的主从关系如何?对于这些问题,各个哲学家、各个时代有各不相同的观点,而且这些观点之不同是与时代性、与人们对人生的意义和历程的看法紧密相联的。

一 古希腊时期

1. 实际兴趣重于审美兴趣

古希腊的思想文化尚处于人类的童年时期,人们更重视日常实际生活的兴趣,对美的衡量标准往往深受现实的事物以及与意志、欲望联系在一起的道德观念即真与善的制约。哲学家们虽然以摹仿说的形式(审美意识的低级形式)对美同真与善做了区别,但事物的现实性和道德观念(真和善)却对美起着主导作用,真和善居于优先地位。

2. 美从属于真

古希腊艺术常被称为摹仿性艺术,摹仿性艺术的特点就是摹仿现实事物,现实事物是衡量艺术的标准。正是根据这个标准,柏拉图才贬低艺术,因为它是对现实事物的摹仿,而现实事物又是对理念——真理的摹仿,艺术成了对摹仿的摹仿。所谓"同真理隔三层"说就是此意。① 亚里士多德扩展了先前的摹仿的一般含义,认为艺术应摹仿事物的普遍性和理想性,而不是简单摹仿现实事物的形象。因此,就美与真的关系而言,亚里士多德比起柏拉图来倒是更深入了一步。但在亚里士多德这里,仍然是真对美起主导作用,尽管他认为诗的真实比历史的真实更哲学。按照摹仿说的观点来看艺术美,美显然是低于现实事物的东西。

3. 美从属于善

摹仿性艺术也必然使艺术美受善的制约:摹仿就是再现,艺术既然是现实事物的再现,那么,道德的现实事物再现于艺术品中就是道德的,不道德的现实事物再现于艺术品中就是不道德的,艺术上的再现以实际生活中的善与不善来衡量。苏格拉底认为美的标准就是效用,对人有效用价值的就是美,没有效用价值的就不是美。这样,苏格拉底就把美放在从属于道德上的善的地位。善总是与人的意欲效用联系在一起的,当然不能把善理解为功利主义,就非功利主义这一点而言,美和善一样不是服务于外在目的的手段。柏拉图把艺术美看作是服务于和从属于善,这一点也是很明显的。柏拉图断言:为了要把握善本身,需要通过美的东西,"尺度和比例处处都是和美与德行同一的"②。美的东西是善的显现,美因其本身有闪光、为人所爱,从而诱人从善,美追求善。③ 柏拉图虽然承认有不以道德为目的的艺术,但他又认为这种艺术很难与道德分开,而且道德艺术高于不以道德为目的的艺术。亚里士多德更明确地把美界说为善:"美是一种善,美之所以能引起快感,正因为它善。"④

---

① 我们不能像有一种意见所认为的那样,说古希腊哲学家把美同善、同真混淆起来,而应该说,古希腊已有不同于真和善的意义下的美——艺术美的观念。我们亦不能把柏拉图的观点完全归结为简单的摹仿说。当柏拉图说理念是美时,那里的美乃是与真同层次的(不能说是同义的),因此,虽然柏拉图大谈艺术美,但他贬低艺术美。在柏拉图看来,只有哲学家才能爱理念之美,诗人和艺术家所爱的美(艺术美)低于理念之美。柏拉图又认为具体的艺术品之美具有能使人上升到理念之美的功能,美在真(理念)和现象之间起着中介的作用。

② 柏拉图:《斐莱布篇》,64e5。

③ 参阅 Kenneth Maly 编:*The Path of Archaic Thinking*, 1995, State University of New York Press,第 174 页;并参阅加达默尔:《真理与方法》,洪汉鼎译,台北时报文化出版有限公司 1993 年版,第 609 页。这里且不评论伽达默尔本人对柏拉图关于美的地位的看法。

④ 亚里士多德:《修辞学》,1366。

4. 古希腊美学已区分了审美兴趣与实际兴趣

不过,古希腊艺术也有其区别于真和善的独具的特点,正是这种特点使艺术品具有比被摹仿的现实事物更多的意义。与此相应的是,古希腊哲学家从理论上肯定了审美兴趣有不同于实际兴趣之处。例如,柏拉图强调艺术品所表现的是事物的形象,而非实际事物本身,后者是"对象","对象"不同于"形象"。而且,古希腊人一般都认识到美在于多样性统一的感性表现,这是不涉及促进道德上的善和增加真理的程度的。也就因为这个缘故,古希腊哲学家们大多重视几何图形和比例,认为这些乃是美本身的体现。柏拉图在《大希庇阿篇》①中还区分了审美感官与非审美感官,这也说明他看到了审美兴趣不同于实际兴趣的独特之处。亚里士多德也承认"善和美是有区别的"②,他认识到审美兴趣所带来的快感不同于实际兴趣的快感,但他在这方面的论述是模糊不清、摇摆不定的。③

从总体上看,在古希腊,摹仿性艺术占统治地位,审美兴趣深受实在和实际兴趣的制约,美从属于真和善,具有独立意义的专门的美学尚未建立起来。亚里士多德把人的活动分为三种:认识(面对最高真理)、实践(伦理道德和政治)、创造(艺术:包括人工制作和我们所说的艺术)。三者之中以认识为最高,真和善主导着美。这似乎代表古希腊思想的主流。

二 中世纪到文艺复兴时期

1. 普罗提诺:神是真善美的统一

公元3世纪的思想家普罗提诺认为,神是真、善、美的统一,神既是真又是善也是美。艺术不是简单摹仿有形的现实事物,艺术之美乃是来源于从神那里流出的理性,因而艺术创造了比现实事物更多的东西,这就突破了摹仿说,把艺术看得比现实事物更具有真理性,"真就是美"。艺术分享了神性,因而"美也就是善"。他主张美的东西在于形式而不在于物质,这个论断包含了把审美兴趣从现实的意志、欲望、效用中分开来的观点。在普罗提

---

① 柏拉图:《大希庇阿篇》,297—298。
② 亚里士多德:《形而上学》,1078a。
③ 鲍桑葵:《美学史》,张今译,商务印书馆1985年版,第83—84、100页。

诺的思想中,美不像先前的哲学所主张的那样深受道德上善的制约。当然,普罗提诺的这种观点是与禁欲主义联系在一起的。普罗提诺是古希腊最后一位伟大的思想家,他的哲学源于柏拉图,但与基督教教义有密切关联,更接近于中世纪的美学思想。

2. 阿奎那:美属于"形式因"

中世纪一般把美与善紧密联系在一起,不过圣托马斯·阿奎那有他自己独特的观点,他继承了普罗提诺关于美来源于上帝的基本思想,他认为对称之美不在于它本身,而在于对称是神性的象征。他虽然也承认美与善不能分离,但他更强调二者的区别,因为善涉及感性欲念,而美涉及认识和真,属于"形式因"的范畴。美在他看来是能领悟事物之秩序和结构整体的感官即视觉和听觉的对象,而非涉及欲念的感官即味觉与嗅觉的对象。他甚至主张"美在善之外和善之上"[1]。当然,这不意味着他崇尚艺术品,艺术品是人造的,不及上帝所造的自然事物之美那样更能显示真。

文艺复兴时期的思想家们在真、善、美的关系问题上,意见比较庞杂,大体上说来,较多地认为艺术品之真在于摹仿现实事物的普遍性与理想性,主张以道德上的善衡量艺术上的美。这一时期的思想观点与古希腊有些类似。

总体来看,整个中世纪到文艺复兴甚至到康德以前,审美意识虽然继续发展着,但仍然缺乏专门系统的美学研究。

三 近 代

1. 康德以前:美仍从属于真和善

近代哲学在康德以前,不管是唯理论还是经验论,其所关心的中心问题是认识论和人的自由问题,或者说是真和善的问题。法国思想家布瓦洛(Boileau Despreaux, 1636—1711)主张艺术品要以理性为衡量标准,美与真同义。布瓦洛说:"只有真才美,只有真才可爱。"[2]所以他认为艺术必须抓住永恒的普遍性,要创造典型。这样,想象在他的美学思想中就没有地位。

---

[1] 托马斯·阿奎那:《神学大全》,第2篇第1部分第27节。
[2] 布瓦洛:《诗简》,第9章。

被称为"美学之父"的鲍姆嘉通(Baumgarten, 1714—1762)也把美与认识直接联系起来,但他较多地强调感性认识,他认为"美是感性认识到的完善",他实际上还是把理性认识中的真在感性认识中的表现看成为美。当然,鲍姆嘉通也还把美同与欲求相关的善联系起来。

2. 康德:力图凸显美的首要地位

从古代经中世纪到近代,真正把美提到首要地位并做出专门系统的美学研究的哲学家是康德。康德认为自然界的秩序和道德领域的秩序有其同一性,这就是审美意识,审美意识能体悟到自然界的必然性和道德自由之间的超感性的统一。① 从这个角度看,美高于真和善,美不再受自然和道德的束缚。有一种意见以为康德把美看成只是自然界必然性与道德自由之间的桥梁,于是断言康德主张善居于美之上。这种一般流行的看法是值得商榷的。桥梁可以理解为居间的意思,但在康德这里似应理解为统一二者的更高的范畴。当然,正如大家都很熟悉的,康德认为美是道德秩序的象征,这应该说是他没有摆脱古希腊的善主导着美的思想痕迹。康德的美学从总的意图上看似乎是极力强调美之不同于真和不同于善的独特处,从而凸显出专门的美学领域。

3. 席勒:"审美的人才是完全的人"

席勒认为,视艺术高于实际兴趣,乃是文明人的标志。一个完全的人、有文化教养的人,是"审美的人",或者说是"游戏着的人"。"游戏"不是指轻佻的嬉戏,而是"自由的活动"之意。席勒的这一论断最能代表西方近代意识之重审美兴趣的特点,这和古代柏拉图所代表的观点是大不相同的。席勒把人的发展分为"物质状态""审美状态""道德状态"三个阶段,如果要把物质状态下感性的人变成道德状态下理性的人,"唯一的途径是先使他成为审美的人"②。人们似乎可以根据这里的说法推断席勒是把道德放在第一位,审美放在第二位。但联系席勒总的美学思想来看,则这种看法是表面的:席勒明确地把"审美意识"即他所谓"游戏冲动"看作是"感性冲动"与"理性冲动"的统一。他认为单纯的"感性冲动"使人受自然的感性物

---

① 鲍桑葵:《美学史》,张今译,商务印书馆1985年版,第367—369页。
② 席勒:《审美教育书简》,冯至、范大灿译,北京大学出版社1985年版,第23封信。

欲的强迫,是一种"限制",单纯的"理性冲动"使人受理性法则(例如作为道德法则的义务)的强迫,也是一种"限制",人性的完满实现要求把两者结合起来,即超越(不是抛弃)有限以达到无限、达到最高的自由。席勒认为这就是人身上的第三种冲动即"游戏冲动"。"游戏冲动"的深层内涵是指不受强迫、不受限制的自由活动,这也就是"审美意识"(当然,这里所谓不受强迫、不受限制,与无法无天、任性胡为毫不相干)。席勒对此曾做了较详细的解释。他说:"在审美直观"中,由于感性现实与理性法则的结合,一方面,感性事物和人的欲望不至于因缺乏理性尊严而变成至高无上的东西,另一方面,理性法则例如道德义务也不至于因缺乏感性欲望而令人有强迫接受之感。这样,在"审美直观"中,单纯的"感性冲动"或单纯的"理性冲动"所给人的限制、强迫感"都被排除了"。席勒由此得出结论说:只有"审美的人""游戏着的人"才是获得最高自由的人,才是完全的人。① 从这里也就可以看到,在席勒的思想中,美其实居于统一真和善的地位。席勒所谓美是由感性到道德理性的"路径"的看法,与康德把美视为自然必然性与道德自由间的"桥梁"的看法有相似的意义。

4. 谢林:"审美直观"居于哲学的最高层次

谢林认为"理智直观"是哲学家们特殊的精神所需要的,却缺乏客观性,常人不会有这样的直观;"审美直观"乃是"理智直观"的客观化,因而具有客观性,易为常人所接受。艺术与哲学的区别就在这里。谢林断言,他的先验哲学的整个体系的最高层次是"审美直观",美比真要高。

5. 黑格尔:美高于善而低于真

黑格尔把道德放在"客观精神"即有限的精神领域,把艺术与宗教、哲学一并放在无限的精神领域,显然,他是把艺术美置于道德上的善之首,这是他视审美兴趣高于实际兴趣的表现,和康德有相似之处。但在无限的精神领域范围内,他却把哲学放在高于艺术的位置,这说明他置真于美之首,美受真的主导。正是因为这个缘故,黑格尔对艺术美及其发展的过程,完全是用认识和概念由低级到高级的发展过程来解释的,他把美转化成了理性上的真的变形:美是感性面前的真(就像真是理性面前的理念一样)。这

---

① 席勒:《审美教育书简》,冯至、范大灿译,北京大学出版社1985年版,第15封信。

样,他对美的理解实际上是缺乏诗意的。事实上,他在具体分析人的意识发展过程时曾明确断言,诗意的惊异之感只是在人从不分主客到能区分主客的"中间状态"时才发生,过此以往,人则完全处于"散文式的"意识状态。黑格尔的散文意识决定了他的整个哲学只能是散文式的,他以真的意识抑制了美的意识,哲学变成了枯燥的概念体系。

6. 近代美学的主要趋势:审美兴趣高于实际兴趣;美高于善而仍受真的制约

总起来说,视审美兴趣高于实际兴趣,美高于善,乃是近代思想的主要趋势,也是近代之不同于古代的一个特点。前面已经提到席勒的看法:人在多大程度上,视审美兴趣高于实际兴趣,人就在多大程度上是一个有文化教养的人。席勒的这一观点与古代到近代美的地位逐渐提高的实际过程是相符合的。人类精神文化的发展史似乎是一个越来越超越实际兴趣、越来越提高审美兴趣之地位的过程。

西方近代哲学以主客关系的思维方式和主体性原则为主导,主体在客体之外而又凭着自己的主体性,通过感性认识和理性认识,能认识客体,把握客体的本质,达到一种超感性的世界。根据这一哲学基本观点,西方近代美学上的诸种派别大多是在各不相同的方式下以感性显现理性为美,或者说是以感性与超感性的理性的统一为美的基本原则,因此,西方近代美学所了解的美一般是与超感性的抽象概念世界不可分离的,这种观点当然可以溯源到古希腊。西方传统形而上学所了解的真,一般都是抽象的本质概念。把这种抽象性的哲学观点带到美学中来,便使美受到真的制约,造成了美的抽象性。这同中国传统哲学以情景合一为美的观点正好形成鲜明的对比。情景合一中的景也好,情也好,都是现实的具有感性的东西,中国传统哲学和美学思想中一般缺乏超感性的抽象概念这个因素,中国古代讲这种意义的真的哲学也是较少的,即使中国人所讲的"神似"的"神",也不是西方超感性的概念。

四 现当代

1. 美居于比真更高的地位

西方现当代哲学家大多反对传统形而上学崇尚超感性的抽象概念,与此相应,在美学方面也反对所谓美是以感性的东西显现超感性的东西的传统观点。以海德格尔为代表的现当代"显隐说"就是这种传统美学观点的一个主要对立面。①"显隐说"主张美不在于超越感性,以感性的东西显现超感性的抽象概念世界,而在于超越在场的、具体的东西从而以在场的具体的东西显现不在场的然而同样具体的东西。现当代哲学所主张的审美的超越,不仅像传统美学观点所主张的那样只是超越感性中具体的东西,而且也包括超越感性与理性的具体统一物。这种超越不是超越到抽象的概念世界中去,而是从具体的东西(包括感性与理性的具体统一物)②超越到具体的东西中去,只不过前者出场(出场),后者未出场(不在场)而已,所以,这种超越也可以说是对于非当前的东西的一种追寻。

审美超越所依靠的途径,如前所述,是想象。由于隐蔽的、不在场的东西是无穷无尽的,所以,在审美意识中,在场的艺术品所提供给我们的想象空间便是无穷无尽的,这也就是真正的艺术品之所以能令人玩味无穷的原因。西方现当代的"显隐说",与中国刘勰"隐秀说"所讲的意在词外、言有尽而意无穷的中国古典诗的特点颇有类似之处。

中国传统哲学讲"万物一体"。"万物一体"不是黑格尔的"绝对理念",不是用最普遍的概念概括一切事物的意思,而是指无穷无尽的具体事物之间的相通相融。天地万物本来是一气相通的无尽的整体,也即是说,"万物一体"乃存在之本然。我们平常直接接触到的只能是在场的东西,但我们可以凭着想象力,把无穷尽的未出场的万事万物与当前在场的东西综合为一体,这也就是我们对"万物一体"的一种体悟,或者说是达到了"万物一体"的境界。西方现当代的"显隐说"主张的以在场者显现无穷尽的不在场者的美学观点,如果借用中国的术语来说,也可看成是通过在场者以达到

---

① 我在这里没有提到意大利美学家克罗齐,他把审美意识放在精神活动的最初阶段,即感性认识的最低阶段——"直觉"中,审美意识不依存于概念(真)和道德(善),直觉即艺术,其所表现的是个人的瞬间的情感。克罗齐由此而强调"艺术的独立自主性"。这是和西方传统美学中关于美与实际兴趣相联系的观点、美与善与真相联系的观点大异其趣的。克罗齐完全抹杀了概念或理性因素在审美意识中的地位,完全摒弃了美与实际兴趣的联系(我们主张美超越实际兴趣,但反对抛弃实际兴趣),把美完全降低到感性认识的地位,这并不符合人类精神文化发展的实际,也不能代表现当代审美意识发展的总的趋势。

② 康德曾通过想象的综合能力把理性认识中的纯概念与感性直观中的东西综合为具体的而非抽象的统一物。美国的欧洲大陆哲学专家约翰·萨利斯由此而断言,康德把古代的感性与理性之分纳入和限制到具体的感性世界之内(John Sallis, *Delimitations*, Indiana University Press, 1995, p. 10;并参阅 Kenneth Maly 编: *The Path of Archaic Thinking*, p. 172)。

"万物一体"的境界。刘勰"隐秀说"的存在论上的根据就是"万物一体"。

任何一个事物,都处于"万物一体"之中,因此,一事物的真(理)不应像西方自柏拉图到黑格尔的传统形而上学所主张的那样,到抽象的普遍性概念中去寻找,而应将它放在"万物一体"之中去寻找,这样获得的真(理)才不是抽象的,而是具体的。现当代"显隐说"的美学观点告诉我们,正是从在场的东西中显现出与之相联系的不在场的东西,才能看出一个在场者的真(真实面貌);反之,把在场者与不在场者割裂开来,则只能得到抽象的东西,而达不到在场者的具体真理。从这个意义上来看,我们完全有理由说,正是审美意识才能使我们达到一事物之真。海德格尔断言,真正的艺术品乃是真理发生的场所。信然。美在这里显然比真更优越,美高于真而又包含着真,并且,这里的美和真都是具体的。西方现当代哲学在提高美的地位方面,比起近代哲学来无疑跨出了时代性的一步。

2. 从古至今,美的地位日益提高

大体上说来,在古希腊,实际兴趣重于审美兴趣,美较多地受善的制约。中世纪轻视艺术美,但中世纪的审美意识是很强烈的,圣托马斯认为美高于善,只是他的这种思想是与禁欲主义相联系的(善总是与意欲有关),中世纪关于美与善的地位的看法可以看作是由古代到近代的一个过渡阶段。在近代,哲学家们大多认为审美兴趣高于实际兴趣,美高于善,康德、席勒、谢林、黑格尔基本上都作如是观。近代美学一般地说,美较多地受真的制约。在现当代人文主义思潮哲学家那里,特别是在海德格尔那里,美明显地居于比真更高的地位,这是大不同于近代乃至古代的地方。从古至今,美的地位愈益提高的过程反映了人们的精神境界和文化教育提高的过程。

五 真善美统一于"万物一体"

1. "万物一体"集真善美于一体

我以为,"万物一体"既是美,又是真,也是善:就一事物之真实面貌只有在"万物一体"之中,在无穷的普遍联系之中才能被认识到(知)而言,它是真;就当前在场的事物通过想象而显现未出场的东西从而使人玩味无穷(情)而言,它是美;就"万物一体"使人有"民胞物与"的责任感与同类感(意)而言,它是善。"万物一体"集真、善、美三位于一体,人能体悟到"万物

一体",就能产生一种令人敬爱、仰慕的宏伟气魄和胸怀。人们经常谈论真、善、美的统一,究竟统一于什么?如何统一?我想"万物一体"应该是最好的答案。

2. 对"万物一体"观的分析与概括

但这里所讲的"万物一体"的境界,绝非一蹴而就的。它的内容包括从重实际兴趣到重审美兴趣的跨越,包括对主客关系思维方式和主体性原则的超越,包括从感性认识到理性认识的飞跃以及对感性与理性的超越,包括对在场与不在场的理解,包括对想象力的新的解释和对超越在场的意识的重视,如此等等。总之,这里所谓的"万物一体"的内容与意蕴是在西方经过了从古到今几千年来的思想发展过程以及哲学与美学的理论研究过程才逐步丰富起来的。我这里只是借用中国的"万物一体"来概括西方现当代所达到的在场与不在场相结合的整体观点。中国的"万物一体"的思想虽然比西方在场与不在场综合为一的观点早了几千年(这一点是非常可贵的),却是非常简单、非常素朴的,尽管也包含了上述思想理论的某些火花和闪光,但它们都没有得到明确的、充分的说明以及逻辑上的细致分析和论证。中国虽然是一个诗的国度,但在传统思想中儒家占统治地位,儒家基本上是重善更甚于重美,儒家对"万物一体"的理解不同于老庄,儒家往往把美置于善的制约之下;同时,中国传统的"万物一体"——"天人合一"思想的素朴性与直观性的特点妨碍了我们对这个诗的国度里的实际诗意(审美意识)、艺术品做充分的理论反思,因而比起西方来缺乏专门系统的美学研究;此外,中国传统哲学较少主客关系的思维方式,其对真的理解较少追求普遍性、规律性的内涵,"万物一体"的思想中缺乏主体对客体的征逐精神。据此,我以为,中国的"万物一体"一方面可以说为人类思想史上真、善、美的真正统一提供了可贵的基石,但另一方面仍有待于开发和阐发,有待于我们在此基础上吸取西方哲学思想的优秀成果,建立起自己的宏伟大厦。

第三篇 伦理观

伦理学(ethics)一词源于古希腊文 *ethikos*,有风俗习惯、性格等含义。19世纪末严复借用日本的译法,将此词译为伦理学。亚里士多德首创 *ethikos* 一词,写了最早的伦理学著作《尼各马可伦理学》。该著相传是亚氏之子尼各马可根据亚氏讲稿和谈话整理而成。一般认为西方伦理学自此就从哲学中分化出来而成为一门独立的学科。古希腊时期,苏格拉底、柏拉图有以至善为主要研究内容的学说。亚里士多德认为伦理学是研究人的行为和品性的科学。在希腊化时期,出现了伊壁鸠鲁派的幸福主义和斯多亚派的禁欲主义两种伦理学说。在中世纪,宗教神学认为道德起源于神的启示,恶源于"原罪",推行禁欲主义。在近代,思想家们大多把现实利益作为道德的基础,反对禁欲主义,出现了利己主义、功利主义的伦理思想,还有康德的自律伦理学,黑格尔的整体利益观,费尔巴哈的幸福论等伦理理论。现代西方伦理学说名目繁多,观点多变,大体上有:(1)主要流行于英美的、受实证科学影响的分析伦理学派如直觉主义伦理学、语言分析伦理学;(2)主要流行于欧洲大陆的、受人文科学影响的"形而上学"的流派,如存在主义伦理学;(3)沿袭基督教神学的伦理思想,如新托马斯主义、新正统派伦理学。西方伦理学的主要论题是:(1)什么是善和至善?这方面的研究又被称为道德价值论;(2)什么是正当的行为?什么是符合道德的品性?什么是义务?人应当履行什么义务?

在中国,以儒家为代表的伦理思想体系在两千多年的封建社会里一直居于统治地位。中国传统伦理思想的一个重要特点是它和哲学、政治思想结合在一起,宋明以后,理学家们更力图把哲学变成伦理学。中国传统伦理思想的主要论题是:(1)关于道德的根源和本质、人性的善恶、道德评价的标准等问题;(2)道德的最高原则如义利之争、理欲之辨;(3)道德修养、人生意义等问题。

和上篇的思路一样,本篇也没有标题为伦理学,也不打算概述伦理学本身。本篇的目的仍是从伦理观的角度对第一篇中提出的哲学基本思想和基本观点做进一步的申述。

第十九章
审美意识与道德意识

一 哲学史上的道德观

1. 西方传统哲学导致轻视感情欲望的道德观

西方传统哲学从柏拉图到黑格尔的主流思想,是以追求超现象的本质、超感觉的理念、超特殊性的普遍性为哲学的最高任务,认为无论从审美、道德、真理的角度来看,普遍性优于特殊性,本质优于现象,理念(理性)优于感觉(感性)。理念是一切特殊的东西的真理之所在,它是最真实的;美的理念是一切美的东西的本质、范型和理想;善的理念是一切善的行为的本质、范型和理想。

从道德意识方面来看,按照这种观点,则轻视感官快乐和物质幸福,压抑感情欲望,是其必然后果,最终甚至走向禁欲主义的道德观。

苏格拉底所谓"道德即知识"中的知识,是与感觉中的特殊东西相对立的普遍概念,即理念,是单纯思维中的东西,只有不灭的灵魂才能把握到它。"苏格拉底把思维的普遍、真实的内容与偶然的特殊的内容对立起来。"① 在他看来,欲望、兴趣、爱好之类的自然方面都应排除于善之外,善是不能教、不能学的。哲学家须全力关怀灵魂,而尽量摆脱肉体。

---

① Hegel·Werke,第 18 卷,第 472—473 页。

我们还可以从亚里士多德对苏格拉底—柏拉图式的道德观的批评中更清楚地看出其轻视欲望和功利方面的特点。亚里士多德说："苏格拉底关于道德的定义不是完全正确的,因为他把道德变成了一种知识(ἐπιστμίη),这同样是不可能的,因为一切知识都与一种理由(λόγος)相结合,而理由又只在思维之中,……他抛弃了灵魂的非逻辑的——感性的——方面,亦即欲望和习惯。"黑格尔在以赞赏的口吻引证亚氏这段话之后,把亚氏所说的"非逻辑的方面"明确解释为"现实化环节",认为苏格拉底—柏拉图式的道德定义忽视了欲望、兴趣之类的现实性。①

欧洲中世纪基督教的禁欲主义,大部分是苏格拉底—柏拉图式的二元论哲学和道德观的发展。

近代哲学创始人笛卡尔的主客体二分或物质精神二元论,可以说是由柏拉图开端,经过基督教哲学而进一步发展和完善起来的近代形式下的柏拉图主义,只是笛卡尔不太关心伦理道德,"没有很大的道德热忱"②。除了在《论灵魂的激情》一书中简单地从心理学和生理学的角度强调要用思想、智慧支配感情,做感情的主人之类的话语外,笛卡尔没有从人伦关系和道德意识的立场上阐发自己观点的专门性伦理学著作。

与笛卡尔不同,斯宾诺莎大谈伦理学,而且斯宾诺莎是一个无神论者。但斯宾诺莎崇尚单纯普遍的实体,贬低以至否定特殊的、个别的东西。这种观点表现在他的道德观方面就是要求人的认识和意愿以唯一普遍的实体——神为依归,人应该以对必然性的认识来控制情感,从而获得自由,这就是"对神的理智的爱"。这样,人的自由便与肉体的欲望处于对立状态,一切感性的东西对于向往神来说都是一种限制,而这正是神学所要求的。当然,斯宾诺莎没有把神理解为精神,而只是理解为实体,这却是与基督教神学大不相同的,罗素认为斯宾诺莎的道德观"可能还不足构成宗教信仰"③,是有道理的。斯宾诺莎认为人皆有自利心,但斯宾诺莎不是利己主义者,他甚至更多地强调要控制私欲,抑制情感,以至消解情感、断灭情感。"对神的理智的爱"在他的道德观中是首要的,他实际上是要把认识必然性的冷静与对宗教的神秘热情结合起来。斯宾诺莎所讲的道德的崇高性仍然

---

① Hegel·Werke,第 18 卷,第 474 页。
② 罗素:《西方哲学史》下卷,马元德译,商务印书馆 1976 年版,第 94 页。
③ 同上书,第 106 页。

过于抽象、过于狭隘和枯燥。

康德认为没有自由就没有道德,欲望、冲动、嗜好等卑下的欲求对意志来说是不自由的,意志的自由就是人自身所具有的普遍性的道德原则,人的行为只求符合这种普遍性而没有任何别的外在目的。康德由此而提倡为义务而尽义务,提倡道德行为不计效果。康德在理论理性中强调概念要与感性直观相结合才能够成为知识,但在道德的实践领域里却反对任何感性杂质。康德所谓道德与幸福相结合的至善,只是在彼岸世界中才能实现。康德哲学中的二元论思想使他在道德观方面也陷入了二元论。康德谴责柏拉图的理念是幻想离开空气而能自由飞翔的鸽子,然而他自己所讲的实践理性最终也成了他所讥笑的"柏拉图的鸽子"。

费希特也不满足于感性中个别的东西,而要追寻最原始的东西或"原始的事物本身"①,这就是他的"绝对自我"。"绝对自我,是万事万物的根源,需要靠理智直观"来把握;所谓"理智直观"中的东西,实际上是一种广义的理解中的东西,它与感性中个别的东西相对立。费希特的这套理论是一元论,但这种一元论实际上是对苏格拉底—柏拉图式的二元论的变相继承。② 费希特认为。"绝对自我"是道德意识的我,是"善",一切所谓客观的事物皆以"绝对自我"即"善"为目的而存在,我们的最高原则就是为达到此"善"而尽义务。"绝对自我"创造万物,这创造活动是自由的道德性活动。此种活动的本质就是克服障碍——克服感觉世界的阻力的斗争。"绝对自我"越能征服感觉中的物欲,就越能得到自由。

黑格尔不同于康德、费希特,他反对抽象的为义务而尽义务的观点,认为理性应与情欲相结合。在这方面,黑格尔对康德的关系颇有些类似亚里士多德对柏拉图的关系。因此,黑格尔盛赞亚里士多德指责苏格拉底—柏拉图的道德定义中缺乏非逻辑即非理性的环节如感觉、感情、冲动、激情等,而把善仅仅看作是普遍性。但是黑格尔把道德看成只是达到"绝对精神"的一个较低的环节,他最终还是认为理性高于情感,普遍性高于特殊性,他明确赞扬亚里士多德的道德定义中"理性的东西占统治地位"和道德应"抑制热情"的观点③。

---

① John Sallis, *Delimitations*, Indiana University Press, 1995, p. 205.
② Ibid.
③ Hegel·Werke,第19卷,第223页。

和上述自苏格拉底—柏拉图到黑格尔的传统主流思想相对立的,还有功利主义的道德观,功利主义从功利出发讲道德,实乃把功利看得比道德高,我不同意这种观点。

2. 卢梭置道德于人己一体的同类感基础之上

和传统主流思想相对立的,还有卢梭的道德观,其中包含有很重要的合理的东西。

卢梭反对旧传统哲学对理性的无比崇尚,他把道德放在人的自然感情的基础之上,认为人与人一体相通,因而人天生就有同类感,看到同类受苦,很自然地就产生同情心和共鸣,这是人的普遍的感情,是先于理性——思维而存在的。人的道德意识来自同情心,是由自爱而扩大为爱他人,这不是通过理性而是诉诸同情心("良心")才达到的。每个人都要生活,都要为自己谋幸福,但每个人也因此而不假思索地、自然而然地、不计较个人利害地希望他人有幸福,这就是道德。原始人为了自我防卫而伤人,那并不是因为他知其为恶而为之,"与其说原始人是邪恶的,毋宁说他们是粗野的"。原始人不知道什么是善,所以也谈不上恶,他们"对邪恶无知"。但人的这种自然同情心"对于人类全体的相互保存起着协助作用","在自然状态中代替着法律、风俗和道德"①。人之有自私和恶,恰恰源于文明、制度和理性,人应当排斥这些,以"恢复"和"召回""同情心""良心",恢复原始的人己一体之同类感。

卢梭的道德观有很多可取之处,例如:(1)他把道德意识建立在天生的自然感情基础之上,认为人皆有爱同类的天性,而不像柏拉图主义那样一味诉诸理性,这既使道德意识有一个自然天生的坚实根据,有如"绝对命令"所具有的那种普遍性和终极性,又使道德意识不立足于抽象的理念世界而区别于"绝对命令";(2)他承认人皆有自己的欲望,自己的具体生活,而又有自发的、不需要经过推理和思索的为他人谋幸福的同类感,这既不同于一些功利主义者认为善行出于为私人谋利益的观点,又不脱离功利;(3)他认为恶念可以使人忘掉原始的同类感,但应该把它"召唤回来""恢复过来",等等。卢梭的缺点是缺乏理论上的分析和论证,认为科学、文明、社会制度、理性使人产生私心和恶念,是道德的对立面,应当加以排斥,这显然是不切

---

① 周辅成编:《西方伦理学名著选辑》下卷,商务印书馆1987年版,第114、109、113页。

实际的。

3. 儒家的人己一体的道德观

卢梭把道德意识建立在人天生有同类感的基础之上的思想,颇与中国儒家的性善说例如孟子所讲的"人皆有不忍人之心",王阳明所讲的"一体之仁""根于天命之性",有相似之处。重要的不同点是:(1)儒家把天性看成与封建道德的"天理"是一回事,这在卢梭那里是没有的,儒家的这种观点应当受到批判。(2)儒家没有卢梭谴责文明、回到自然的主张,卢梭在这方面当时就受到伏尔泰的攻击,也是我们所不能接受的;但儒家认为私欲起于耳目之官,人应"去人欲",才能依义理而行,这也是不能接受的。(3)卢梭由于明确反对理性而与西方传统的主流思想相对立;中国儒家由于重"天理",则与西方传统之重形而上的理念有某种相似之处。(4)卢梭排斥文明,似乎也有禁欲主义的色彩,但卢梭要求恢复原始的情感,他不是禁欲主义者;儒家的存天理、去人欲与西方传统形而上学都滑向禁欲主义。但不管儒家为了恢复"一体之仁"而主张"去人欲"也好,卢梭为了"召回良心"而主张排斥理性排斥文明也好,他们都认为人与人同为一体,因而人皆有天生的原始的同类感,应当加以恢复,这一点则是一致的,也是我所主张和赞同的。我们今天道德意识比较差的主要表现之一,就在于缺乏这种同类感。西方自柏拉图到黑格尔的传统主流思想已被宣布过时以后,这一基本观点乃是我们把道德意识从抽象的理性王国下降到现实的人间的一个关键。但为什么一定要排斥理性与文明,而简单地恢复这种自然的、固有的同类感呢?为什么一定要灭人欲,恢复到一种人为的封建义理的王国呢?我以为,我们所需要回复的,是要回复到一种既有理性、文明,又有人欲,还能超越它们而在更高的基础上保持原始的同类感的领域,这就要求我们把道德意识之基的同类感建立在万物一体的本体论基础之上,要求达到超道德意识的审美意识的领域。

二 审美意识超越道德意识

1. 无道德意识—道德意识—超道德意识

人与天地万物"一气流通",融为一体。王阳明在《大学问》中谈到,人因能以天地万物为一体,故能对同类之人"有怵惕恻隐之心",甚至对不同类之有知觉者和无知觉者亦能"有怜悯之心""有顾惜之心"。除去王阳明的"一体之仁"有封建义理之意，可以暂且撇开不说外，他把人的原始的同类感和道德意识建立在万物一体的本体论基础之上，这是值得赞许的。卢梭也有万物一体的思想，但不及王阳明之明确。

万物一体，不仅指物与物一体，而且指人与物一体，人与人一体。为方便起见，我在这里把他人、他物都概括称为客体，把与之相对的自我称为主体。人生之初，都有一个自我与他人、他物不分（主体与客体不分）的阶段，我在本书第二章中借用中国哲学的术语称此阶段为"原始的天人合一"。在此阶段中，人因不能区分主客，故无自我意识，与禽兽没有多大差别；从道德的角度来说，尚无善恶之分，无道德意识。卢梭说："野蛮人之所以不是恶的，正因为他们不知道什么是善。"我们虽然不能把野蛮人简单地等同于初生婴儿，但大体说来，野蛮人确实处于主客尚未分清、善恶尚不分明的阶段。我们可以说人类原始的同类感是道德意识的基础，但还不是道德意识。卢梭说，自然同情心"在自然状态中""代替道德"，"代替"就意味着还不是。由此可见，简单地说人性本善或人性本恶，都是不恰当的。卢梭有时违背他自己的分析而有所谓性善的说法，不能不说是他的混乱之处。儒家明确主张性善，认为人天生就有封建的道德意识，只能说是虚构。我以为人知道什么是善，什么是恶，乃是超出了"原始的天人合一"阶段之后的事。

随着岁月的增长，人逐渐有了主体与客体之分，有了自我意识，因而也有了认识和道德实践，能说出这是什么，那是什么，并进而辨别什么是善，什么是恶。我反对禁欲主义或类似禁欲主义的思想，反对西方传统主流哲学把善放在超感觉的理念世界之中的观点，我以为道德上的善与欲望、功利不可分，与关心客观存在物、攫取存在物的主客关系式不可分。道德意识一方面为了满足功利追求而把外物当作自己需加利用的对象和工具，另一方面为了替他人谋幸福，又不能把他人当作服务于自己的手段。换言之，道德意识在人与物的关系方面，要求人占有物；在人与人的关系方面则要求为他人服务。这两方面的结合也就是道德与功利的结合。

显然，道德意识仍未脱离主客关系的阶段，仍有主客的对立。这不仅是说道德意识包含有功利追求，即关心存在物，攫取存在物，而且更重要的是说，道德意识总是表现为"应该如何如何"（"应然"）的意志要求，表现为主观性的内心的东西。道德意识并未真正达到人与天地万物一体的境界。

我在第二章中谈到，审美意识比包括道德意识在内的整个主客关系阶段更高,它是人与世界关系或者说人对世界的态度的最高阶段,是一种比"原始的天人合一"更高的天人合一,它由"原始的天人合一"阶段经由"主客关系"阶段而在高一级的基础上回复到了天人合一即主客不分,因此,它可以说是"高级的天人合一"。它具有"原始的天人合一"阶段的特性:直接性或直观性、非知识性、非功利性、非道德性。间接性、知识性、功利性、道德性都源于对原始的天人合一的破坏和主客关系的建立。但审美意识又不等于原始的天人合一,它是经过主客关系的洗礼之后才达到的,所以它必须通过努力以克服和超越主客关系阶段所带给它的间接性、知识性、功利性和道德性。审美意识中的天人合一是一种高级的万物一体的境界,它不是间接的分析,不是知识的充实,不是功利的牵绕,不是善恶的规范;但它又不是同这些没有联系的,就像原始的天人合一阶段尚未发生这些一样,它包含间接性、知识性、功利性和道德性而又超出之,颇有些类似老子的"学不学""欲不欲"、超仁义和大智若愚的境界。

2. 审美意识高于道德意识

审美意识超越和优于道德意识之处有以下几点:(1)它不再像道德意识那样关心和攫取现实存在物,不再计较利害得失,而是对现实存在漠然置之,但又非禁欲主义。(2)道德意识总是预悬着或向往着一种目的,它总是出于一种"应然"的态度;审美意识就是现实,没有预悬的某种明确的目的来限制自己,它是完全自由的和自发的。(3)道德意识虽出于一心为他人谋幸福,但只要它停留在道德意识的领域,则己与人总还是有某种区别的,道德意识是在区分己与人的基础上再求两者的统一。所谓"无私奉献""舍己为人",从单纯道德意识的水平来说,并非指私与公无区分,己与人无区分;相反,正因为有区分,我们才赞誉这种无私之人、舍己之人在道德上的伟大。可是,审美意识的天人合一则根本超出了主客关系式的外在性,人与物、人与人又融合为一体。这是原始的"同类感"在高级基础上的回复与表现。这种天地万物与我为一体的境界虽然是超道德意义的,但它又是自然地合乎道德的。一个真正达到了这种境界的人,其为他人谋幸福的行为不仅仅是出于道德上的"应该",而更主要的是受他所处的这种崇高境界的自然的、直接的驱使。一个真正伟大的诗人是必然能够做出"无私奉献""舍己为人"的伟大德行的。而道德意识由于停留在"应该"和区分人己的领域,所以平常尽管在宣传了各种确应实行的道德教训之后,我们仍然很难达到提高道德意识的目的。道德意识中的"应该"总有其所以"应该"的根据；没有更高根据的"应该"，是没有保证的，是没有必然性的。神学家把这种根据放在对上帝的信仰上面，所以当前有人把道德意识低下的原因归之于缺乏宗教信仰；儒家把这种根据放在传统的封建义理之"天"（"天理"）的身上，认为其所以应该如此、不应该如彼，是由"天理"决定的，是"天命"，所以当前有人把道德意识低下的原因归之于传统封建天理的丧失；卢梭把这种根据放在原始的同类感之上，所以他把他那个时代道德意识低下的原因归之于原始的自然状态之破坏。我的看法是，把道德上"应该"的根据建立在审美意识即超越主客关系所达到的"高级的天人合一"之上，建立在高级基础上的对原始的万物一体的回复之上。只有加强人们审美意识的修养，才有可能提高道德水平。

3. 善是美的必然结论

在超主客关系的万物一体的境界中，人不仅对人，而且对物，都以人与万物一体相通来对待，于是人与万物（万物既包括物，也包括人）都处于一个无限的精神性联系的整体之中。无精神性的物本身是抽象的、无意义的。处于审美意识中的物（艺术品）之所以能与人对话、交流，就在于人与物处于精神性的统一体之中，处于人与世界的合一之中。实际上，人之所以能对人有同类感，能为他人谋幸福，也是基于这种精神性。审美意识，作为超主客关系的万物一体的境界，其所以包含道德意识，道理也在这里。王阳明的"一体之仁"，其中的"仁"字就是一种精神性，只不过王阳明是儒家，他把人的精神性与封建道德意识联系在一起，这是我们应该抛弃的。王阳明说："见孺子之入井，而必有怵惕恻隐之心焉，是其仁之与孺子而为一体也。"这就表示，人之所以对孺子入井而往救之，是由于精神性（"仁"）把人与孺子结为"一体"而"不见形骸、不分尔我"，也就是出于人与人一体相通的关系。反之，一个丧失了精神性的人，对人采取异己的态度，则见孺子入井而视若木石而无动于衷。王阳明还应用人与万物一体相通的关系，以说明"仁"不仅使人与同类者为一体，而且使人与不同类之物亦为一体。所以他说：见孺子入井而有怵惕恻隐之心，还只是人与人的"同类"关系，若"见鸟之哀鸣觳觫，而必有不忍之心焉，是其仁之与鸟兽而为一体也"，"见草木之摧折而必有悯恤之心焉，是其仁之与草木而为一体也"，"见瓦石之毁坏而必有顾惜之心焉，是其仁之与瓦石而为一体也"（《大学问》）。王阳明的草木瓦石之物皆有良知之说,与卡尔·海姆(Karl Heim,1874—1958)的泛心灵主义有相似之处;海姆认为任何一物都有生命、有心灵,故人可以在人与物之间建立人与人的关系。我们不赞成这类泛心灵主义,包括王阳明的物亦有良知之说。我们在前面谈到审美意识中人与物可以交流、对话,显然不是指物有心灵之意(海德格尔说的石建筑与人作无言的对话,决不是说石建筑像人一样有心灵),当然也就不能说物皆有良知。然而王阳明的"一体之仁"的思想,除去其封建道德内容以及物皆有良知之说,则其所包含的万物因精神性而结合为一体的基本观点是值得我们吸取的。

人与万物一体的关系是精神性的统一体之内的关系,这一点也是人对人的责任感和帮助他人谋幸福的道德意识的理论根据。所以在万物一体的审美意识中应包含人对人的责任感和为他人谋幸福的道德意识。善是美的必然结论,善包含在美之中。通常讲审美意识都大讲美的愉悦性的特征,以致有一种意见认为审美意识是不负责任的。这是对审美意识的片面理解。审美意识的本质在于人与世界的合一、人与存在的契合或者说人与万物的一体性;艺术品的诗意在于从有限的在场的东西中显现出无限的不在场的东西,有限与无限、在场与不在场是一个整体。正是这作为整体的存在支持着个人的生存,它是个人生存的源泉。面对这无限的整体或一体性,有限的个人总是从自己现有的地位出发,向有限性以外展望,不断地超越自身,为无限的整体或一体性而献身,这中间就包含着人对人的责任感。超越自身、舍弃自身、为他人尽责,实际上也就是使有限的自我融合于无限的整体中,参与到无限的整体中,以实现自我。人既融合、参与于人,也融合、参与于物,没有人与人、人与物的相互融合和参与,就达不到无限的整体或一体性,从而也没有人的自我实现。这样的自我实现,既是最高的美,也是最高的善,既是审美意识,也是道德意识,既有审美愉悦感,也有道德责任感。人生的意义也就在此。宗教信仰者常常教导人要感谢上帝的恩典,依我的理解,就是感谢这无限整体的存在对人的支持,没有它,人就是孤立无援的,任何对未来的希望都要落空,人生也就失去了意义。无限整体对人的支持,其中应包括人对人的支持;我们对无限整体的感谢也应包含对人的感谢。我不相信"原罪"的宗教意义,不相信宗教意义下的罪,但我们的确应该意识到有限与无限的差异,应该承认有限的人的生存离不开无限整体的支持这一事实。既然无限整体的支持包含人对人的支持,因此,如果人对人不负责任,那就是犯了道德罪。

三 西方一些思想家关于审美意识与道德意识的关系的论述

1. 康德论审美意识与道德意识

康德似亦有审美意识高于道德意识之意,例如他把审美意识看成是道德意识与认识之间的桥梁;他也谈到审美意识对于对象的存在持冷漠的态度,以及审美意识无预悬的概念和目的。但是康德最终又认为"理想的美"是道德精神的表现。康德断言,理想的美的最重要的因素是"理性概念","理性概念"就是人性的目的,即人的道德观念如慈祥、纯洁、刚强、宁静等等。凡能表现这些道德精神的人的形体,就是美的人的形体;只有人才有理想的美,因为只有人才按照理性概念决定自己的目的,才有道德观念。① 显然,康德最终还是主张道德意识高于审美意识,有道德才有理想的美,道德是美的根据。康德关于美的基本观点是他所谓的"符合目的性",即客观的东西符合主观的东西,属于主客关系模式,所以在他看来,艺术乃是按照人的理性要求来把客观的东西加以铸造,使之具有新生命。康德的审美观和他的整个哲学一样属于西方传统的人类中心论,他所要求的主客统一与我们所主张的"高级的天人合一"不是一回事。

2. 谢林论"审美直观"的首要地位

谢林一反康德的审美观,主张天地万物之本原或"绝对"乃是主体与客体、自我与非我、思维与存在、精神与物质的无区别或同一,人类的理论活动和实践活动包括道德实践在内都是后来从"绝对"中产生的,但它们总限于主客的二元对立,不能回过来达到"绝对",只有"审美直观"的活动才超越主客关系,重新回复到"绝对",即回复到主客不分的状态。在"审美直观"里,鉴赏者的自我与被鉴赏的非我融为一体,艺术品的创作者并无明确目的和目标,这种创作活动是意识与无意识的统一即"绝对"。谢林明确主张审美意识高于道德意识,审美意识是道德与功利的调解。日常生活中道德与功利的矛盾、理性与感情的矛盾,在谢林的艺术世界中都得到融合,谢林把艺术看成了解决日常生活中的困扰的救世主。他认为艺术与宗教同一,艺术高于用概念形式表现绝对的哲学:哲学思考必须采取"理智直观"的态

---

① 康德:《判断力批判》上卷,宗白华译,商务印书馆1964年版,第70—74页。

度,但"理智直观"总是具有概念性,它必须被客观化,以便被意识到、被经验到,而"理智直观的客观化就是艺术","在艺术品之中能给我们以绝对同一"。① "审美直观"高于"理智直观"。我以为,对于谢林所谓自然是可见的精神和自然具有目的性的思想,我们完全可以有异议,但他的艺术超越主客关系,艺术高于道德,艺术超出日常生活矛盾的观点,是值得我们赞赏和提倡的。

3. 荷尔德林论诗意的自由高于道德

德国诗人荷尔德林(Friedrich Hölderlin,1770—1843)明确主张"在想象力的自然状态背后有道德律,而在道德律背后又有自由律"。人们以为在自然状态中也有"本能的道德",这是一种"自然的纯洁",但实际上二者很难协调一致,如果没有自由律,这协调一致的状况是极不稳定的,是偶然的。"道德从来不能得到自然的信任。"自由律则可以在道德背后指使道德惩罚自然状态中的恶。自由在荷尔德林看来就是"诗的精神",它"创立一个自己的世界"②。荷尔德林的论述大多晦暗不明,但诗意的自由高于道德的基本观点还是比较清楚的。

4. 审美意识的崇高境界更能促进道德意识的提高

也许我们可以从古希腊学者朗吉努斯在《论崇高》中关于崇高的一段描述文字中,具体而生动地体会到审美意识的崇高境界及其对道德意识的巨大影响。"大自然把人放到宇宙这个生命大会场里,让他不仅来观赏这全部宇宙壮观,而且还热烈地参加其中的竞赛,它就不是把人当作一种卑微的动物;从生命一开始,大自然就向我们人类心灵里灌注进去一种不可克服的永恒的爱,即对于凡是真正伟大的,比我们自己更神圣的东西的爱。因此,这整个宇宙还不够满足人的观赏和思索的要求,人往往还要游心骛思于八极之外。一个人如果四面八方把生命谛视一番,看出一切事物中凡是不平凡的、伟大的和优美的都巍然高耸着,他就会马上体会到我们人是为什么

---

① 谢林(F. W. J. von Schelling): *Sytem des transcendentalen Idealismus*, Tubingen, 1800 年版,第471—472 页;参阅《先验唯心论体系》,梁志学、石泉译,商务印书馆1977 年版,第273—274 页。

② 李醒尘主编:《十九世纪西方美学名著选》,复旦大学出版社1990 年版,第291—292、298 页。

生在世间的。因此,仿佛是按照一种自然规律,我们所赞赏的不是小溪小涧,尽管溪涧也很明媚而且有用,而是尼罗河、多瑙河、莱茵河,尤其是海洋。我们对于自己所生的火不会感到奇怪,虽然它放出了纯净的光,能使我们惊异的是天上的明星,尽管它们时常被黑暗吞没。最使我们赞叹的莫过于埃得纳火山了,在它爆发的时候,从山底里喷出石头和整座峭壁的岩石,有时甚至还喷射出地底下所产生的火来,形成火的河。"①这简直是对天人合一的崇高境界的一段绝妙的描写,大有王船山的"合物我于一原","彻于六合,周于百世"②之慨。朗吉努斯还说:"不平凡的文章对听众所产生的效果不是说服而是狂喜,奇特的文章永远比只有说服力或是只能供娱乐的东西具有更大感动力。"③"狂喜"(ecstasy)就是一种合物我、忘己的人神状态,上述朗吉努斯关于崇高境界所描写的,就是这种"狂喜"状态。这决不只是道德意义或如某些人所认为的"人道主义"意义的崇高,这是审美的范畴,而不只是道德范畴。它并不预悬明确的道德目的或理性概念而只有道德上的"说服力",它把人的情感提升到了最高点而具有"感动力"。屈原怀瑾握瑜,宁赴常流而葬乎江鱼腹中,其爱国主义情操是源于他的合物我于一体的崇高力量的闪现,非简单的道德观念所足以涵盖。由此可见,提高道德意识,不能就道德而论道德,不能单凭道德说服,我们需要多提倡一点审美意识的修养和崇高境界的培养,也就是多提倡一点超主客关系的精神。这无疑比简单的道德宣传更难,但这是从道德"应该"所依据的更高层次上下功夫;我相信审美感染力必能代替宗教信仰和儒家的封建"天理"而起到促进道德意识的作用,当然,这种促进是自然的而非人为的。反之为道德而艺术,不会有真正高水平的艺术。

四　审美意识的超越性与现实性的统一

1. 精神发展的诸阶段往往同时交织在一起

按人的精神发展阶段之由低级到高级的顺序来说,人乃是先有"原始

---

① 转引自朱光潜:《西方美学史》上卷,人民文学出版社 1985 年版,第 112 页;李醒尘:《西方美学简史》,上海文艺出版社 1988 年版,第 53—54 页。
② 王船山:《正蒙注·太和篇》。
③ 转引自朱光潜:《西方美学史》上卷,人民文学出版社 1985 年版,第 109 页。

的天人合一",然后才有"主客关系"(其中包括认识、实践),最高的是"高级的天人合一"。但人在能区分主客从而达到明确区别于动物的意识水平以后的漫长岁月里,这三个阶段往往又是同时交织在一起的。有时是"原始的天人合一"占主导地位,这时,人主要表现为与一般动物无异;有时是"主客关系"占主导地位,这时人主要表现为求知欲、功利追求以至道德上的向往等等,个人的日常生活大多处于这种状态,人类中的大多数处于这种状态;有时是"高级的天人合一"即审美意识占主导地位。这时人主要表现为超越日常生活而处于自由、高远的境界,人类中少数"优选者"——诗人往往能处于这种精神状态,但是从人皆有诗意的广义的审美意义来说,人一般地皆有超主客关系的境界,只是在水平上有高低之不同,而且一般人在这方面达不到真正诗人的水平。

超主客关系必须通过主客关系。超主客关系的境界是由每个人所具有的认识、实践乃至每个人与世界上、社会上长期的千丝万缕的相互联系、相互影响、相互作用而形成的。境界可以随着个人的成长而不断变化,但一定的境界(不论其高低水平和形态如何不同)总是有意无意地指导着一个人的日常行为,包括道德行为在内。有某种境界,就有某种道德目标;境界的高下决定着道德意识的高下。

2. 审美价值决定道德追求和科学技术发展的目标

美国哲学家莫里斯(Charles W. Morris, 1901—1979)从指号学的观点出发,把言论的形式分为三种,即美学形式、科学形式和技术形式。"科学言论突出指号与对象的关系","美学言论以一种独特的方式强调指号结构本身","技术言论重视指号在使用者的实践中的效果"。他认为美学指号是形象,此形象让人从中直接感知其价值,而不关心它所可能指示的其他对象;科学言论的指号注重指号与对象是否符合一致,强调语言指号的证实性,目的在于预测未来;技术指号的目的在于促使人们实现价值而行动。因此,在莫里斯看来,人类的活动就是在审美意识中通过美学指号把价值显示出来,然后通过科学以预知行动的条件和后果,最后则是通过技术把价值实现出来。[①]这里且不去全面评价莫里斯的整套理论,我所感兴趣的是,他把

---

① 参阅车铭洲编,《西方现代语言哲学》,李连江译,南开大学出版社 1989 年版,第 103—105 页。

审美意识看得高于科学技术，科学技术服务于审美价值的实施，他的这一观点对我们颇有启发意义。

审美意识超越主客关系，不关心对象的存在，但它把天地万物（包括人与物、人与人、物与物的关系）聚焦于一点，形成一种指导着一个人的全部活动的力量和灵魂，此力量和灵魂在审美意识中尚非人所自觉树立的明确目的和目标。莫里斯没有谈到道德意识。我以为道德意识之成立，就在于把原无明确目的和目标的超主客关系的审美境界，按主客关系的思维方式，转换成一种明确的目的和目标（亦即某人心目中的"善"）而加以追求，也就是把审美意识中之"所是"转换成道德意识中之"应该"。莫里斯所说的"价值"，如果是指一种追求的目的和目标而言，似可作如是解。这也就是前面所说的为什么不同境界的人有不同的道德追求，境界的高下决定着道德水平之高下的原因。

由此我们还可以看到，超主客关系的审美意识貌似脱离实际，而从深层来看，它不仅能决定道德意识的水平，而且能促进科学、技术的发展，使科学、技术的发展有着明确的目标和动力。美的追求、道德的追求、功利的追求在这里统一起来了，这就是人类行为的综合。

3. 哲学的现实化即是诗化

超主客关系，或者说，超道德、超功利，在一般人心目中总显得不切实际、太迂腐。哲学在这方面的确有自己的责任。按照谢林的说法，哲学认识到超主客关系的天人一体必须通过直观来把握，但哲学所用的直观不是感性的，而是理智的，即总带有概念的抽象性而缺乏现实性，谢林称这种直观为"理智的直观"。就因为这个缘故，一般人的意识很难接近和把握哲学所把握的主客不分的融合体，哲学也因此而成了少数人的事业。但"审美的直观"则不同，它可以把哲学家所指的那种超主客关系的内在境界变成现实的——变成可以见到和听到的。哲学就这样由抽象的、观念性的东西转换成了具体的、现实的东西，超主客关系的境界也就变得容易为他人所接受和领会了。德国哲学史家宇伯威格（Friedrich Ueberweg）曾用通俗的语言，概括了谢林在这方面的思想，对理解本章的中心意思很有帮助："在艺术中，现实性的东西和观念性的东西完全相互渗透着。艺术，像哲学一样，把现象上相互敌对的东西调和在一起，但是，另一方面，艺术对于哲学的关系……必然也像现实的东西对于观念性的东西的关系。哲学家的必然目的是要求获得艺术的哲学,哲学家在这里就像在一面魔术般的有象征意义的镜子中一样看到他的科学的本质。"[1]我以为哲学要现实化,就必须诗化,也就是把哲学变成诗的哲学、艺术的哲学。中国传统哲学特别是宋明理学着力把哲学变成道德哲学,从而使中国传统哲学具有现实化的特色。我认为,审美意识高于道德意识,所以我主张把哲学变成诗化哲学,从而使哲学现实化,即如荷尔德林所说,"人诗意地栖居在这大地上"。

---

[1] Friedrich Ueberweg, *History of Philosophy*, New York, 1903, Vol. 2, p. 222.

第二十章
人与世界的两重性

当今的人类,一方面为自己不断征服自然所取得的巨大成就和进步而喜悦,一方面又为日益失去精神的自由和家园而苦恼,这一矛盾也许最能表现我们这个时代的特征。

我们的时代,过多地被自我中心论所控制:每个人都把自我看成是主体,其他都是客体,自我的活动就是使他人、他物对象化,亦即把他人、他物看成是我的对象:或者是我的认识的对象,或者是我的实践的对象,而最终是占有他人、他物。这样,自我与他人、他物的关系就无非是占有与被占有的关系。然而我们越是一心一意地把他人、他物当作对象,越是斤斤计较眼前的小小筹码,这些对象和筹码就越是侵蚀我们的精神,使我们人自身也被物化而失去主体的意义。

一 "被使用的世界"与"相遇的世界"

每个人都有自己的世界,这世界因人的态度而具有不同的性质。奥地利宗教家、哲学家马丁·布伯(Martin Buber,1878—1965)就曾按照人的生活态度把世界分为两重:一是"被使用的世界"(the world to be used),一是"我们与之相遇的世界"(the world to be met)。这种双重性既贯穿于整个世界之中,也贯穿于每一个人之中,贯穿于每一个人的生活态度与活动之中。布伯用"我—它"(I-It)的公式称谓前者,用

"我—你"(I-Thou)的公式称谓后者。布伯站在宗教的立场对二者做了很多解释,他的解释很精细,也很晦涩,甚至很多神秘之处,以至有人称他为神秘主义者,但我认为他的解释和思想仍包含有不少清晰可见、发人深思之处,我宁愿称他为诗人哲学家。

布伯所谓"我—它"的范畴实指一种把世界万物(包括人在内)当作使用对象的态度,所谓"我—你"实指一种把他人、他物看作具有与自己同样独立自由的主体性的态度,这是一种以仁爱相持、互为主体的态度,借用中国哲学的语言来说,乃是一种"万物一体""民胞物与"的态度。不过,布伯是一个宗教家,他把"我—你"的关系看作是人与上帝的关系的体现。布伯认为,人与上帝的关系乃是人性中最根本的东西,而他所处的那个时代却基本上不承认这种关系,因此,要恢复人性,就要承认这种关系在人生中的首要地位。布伯的宗教思想蕴涵着一个很重要的、可供我们吸取的观点:人不能把世界万物只看作是可供自己使用的对象,更重要的是,人应该以仁爱的态度、以"万物一体""民胞物与"的态度对待世界万物。中国思想界当前所发出的所谓"人文精神"丧失的哀叹,我以为实际上是对那种把一切都归结为使用对象的人生态度的批评。强调"人文精神",乃是要求人们以仁爱的态度或"万物一体""民胞物与"的态度对待自然和对待他人。大学里重理轻文的现象不过是片面地重实用或者说片面地把万物归结为使用对象的人生态度和哲学思想的一种表现。用布伯的宗教语言来说,"人文精神"的丧失乃是把"我—它"放在首位,把一切都看成是物或对象("它"),恢复"人文精神"就是要把颠倒了的事情再颠倒过来,把"我—你"的关系放回首位,也就是不要再把他人、他物看作是单纯的对象或物,而要首先把他们看作是和自己一样具有主体性的东西。

二 人生并非只是使用对象的活动

半个世纪以来,我们所广为宣传的哲学观点主要是要求主体认识客体、利用客体、征服客体,以达到"主客的统一"。这种哲学观点的要害就是把世界万物当作对象:认识的对象和征服的对象。所谓"驯服工具"论便是一个最极端、最典型的例子。用布伯的术语来说,这种哲学观点就是属于"我—它"的范畴:世界万物,包括他人在内,都不过是"它",不过是为我所用的对象。

世界万物只是我们的对象吗？以万物为认识对象和征服对象的活动就算是人类生活的全部内容吗？

布伯在《我与你》一书的开篇部分就明确地回答了这个问题："人生并非只是在及物动词的领域里度过的。它并不只是依靠以某物为对象的活动才存在着的。我知觉某物，我感觉到某物，我想象某物，我意愿某物，我感触某物，我思考某物。人生并非仅仅在于这些以及这一类的东西。所有这些，只构成'它'的领域。"① 布伯强调人生尚有另一更重要的方面，这就是"'你'的领域"，这一领域有着不同于"'它'的领域"的基础："当说到'你'时，言说者并没有把什么物当作他的对象。"② 这里的"你"不是指在某时某地出现的肉体的人。时空中某时某地的人和一般的某物一样受他物的限制和制约，是被决定的，是许多物中之一物。这里的"你"则不是指人之受他物限制和处于因果链条中和运数的旋涡中的方面，③ 而是指人之能做出自我决定的自由意志的方面。④ 人的这一方面（"我—你"关系中之"你"）归根结底是上帝，是人的神性，犹太人就是以"你"来称呼上帝的。布伯认为，只有这一方面才是"真实生命的摇篮"⑤。那种把"你"当作物一样来看待，把"你"当作欲望对象或期望目标来看待，一句话，把"你"当作手段的人，是不能与"你""相遇"的。只有通过"仁爱""仁慈"（Grace），我和"你"才能"相遇"。布伯所谓"相遇"，我把它理解为与人的灵魂深处直接见面。只有通过"仁慈"，通过"万物一体""民胞物与"的精神，才能与人的灵魂深处直接见面。一个只把别人当作利用的对象和手段的人，不可能与别人在灵魂深处直接见面，也就是说，不可能与别人"相遇"。"相遇"是赤诚相见，所以布伯特别强调"我—你"关系的"直接性"，也就是说，在我与你之间不掺杂任何具有意图和目的之类的中介。当代伦理学的一个重要概念是相互尊重。其实，只有我和你赤诚相见（"相遇"），才能做到相互尊重。与此相反，"我—它"的范畴则是以"它"为我所图谋的手段，是"间接性"。布伯在这里所反复申述的，正是要告诫我们，人生的意义不在于以他人、他物为手段（中介）的活动，而在于"我—你"之间的"直接性相遇"。"一切真实的生活

---

① Martin Buber, *I and Thou*, English Edition by Charles Scribner's, 1958, p.4.
② Ibid.
③ Ibid., pp.4,8,9.
④ Ibid., p.51.
⑤ Ibid., p.9.

乃是相遇。"(All real living is meeting.)①布伯的这一思想观点虽发表于20世纪初,但对于半个世纪以来片面地陶醉于主体认识客体和征服客体的我国思想文化界来说,仍应有振聋发聩的现实意义。"我—它"就是把一切都看成无独立自主的物,我倒是想用"人—物"的公式来称呼;"我—你"就是把一切都看成和自己一样具有独立自主性的人,我想用"人—人"的公式来称呼。布伯的思想启发我们:人不要把他人、他物只看成是物,而要用对待人一样的精神对待他人、他物。

三 人生的最高意义:万物一体的领悟或"我—你"之间的相互回应

1. 把一切都看成是使用对象的人只能生活在过眼云烟中

人们常常慨叹世事如过眼云烟,人生没有意义。我以为布伯关于过去和现在的分析可以对这种慨叹起一点消解的作用。

布伯断言,仅仅按照"我—它"公式把一切都看成是"它"(物、对象)而生活的人,是只有过去而无真实现在的人,换言之,一个人如果只满足于把事物当成对象,只满足于在经验中认识物和使用物,那么,他就只能生活在过去,他的生活便是缺乏现在的现实内容的,也就是说,是空虚的、无意义的,因为物、对象总是如过眼云烟、转瞬即逝的,总是过去式的。只有在"我—你"关系中看待事物或世事,事物或世事才不是过去的,而是现在的,这里所谓的现在,不是指通常意义下的时间点,而是指有充实内容的现在,是指在相互关系中永恒现存的东西。②"现在源于'你'的出现。"③因此,对于在"我—你"关系中生活的人而言,世事或事物是永存的(现在的),其人生意义是充实的。

2. "我—你"间的相互回应与"我—它"(主—客)间的相互限隔

布伯特别强调"我—你"关系中所讲的"关系"的相互性:"我们不要尝

---

① Martin Buber, *I and Thou*, English Edition by Charles Scribner's, 1958, p.11.
② Ibid., pp.8-12.
③ Ibid., p.12.

试去削弱来自关系的意义的力量:关系是相互的。"① 在布伯看来,"我—它"之间,只有"我"对"它"(物、对象)所施加的主动作用,没有"它"对"我"的主动作用。也就是说,"我"对"它"的活动是及物动词的活动,"它"对"我"没有"回应","它"完全是被动的。布伯认为,这就表明"我"与"它"之间没有进入"关系"的领域,即没有"相互性"。只有"我—你"才"建立起关系的世界"②,在这里,双方都是自由自主的,双方可以相互回应。③

"我—它"既然是"我"对"它"所采取的及物动词的活动,所以"我—它"范畴颇相当于西方近代哲学的"主体—客体"的思维方式。事实上,布伯自己也明确说过,在"我—它"范畴中,"主客间的限隔便建立起来了"④。正因为如此,布伯尽管认为在"我—你"和"我—它"中,一说到"你"或"它",就要说到"我",但只有"我—你"才能说是一个整体(the whole being),而"我—它"则"决不能说是一个整体"⑤。据此,我在下面谈到布伯的"我—你"关系时,也往往把它表述为"我—你的一体关系",实际上也就是人与万物一体的关系。

3. 对自然物亦可因人的"仁爱"态度而相互回应

当然,这样划分"我—你"和"我—它",并不意味着人与草木瓦石等物之间只能属于"我—它"的范畴,而人与人之间一律都属于"我—你"的范畴。"我—它"和"我—你"之别,不决定于人与自然物的区别,而决定于人对世界万物(包括对人)的态度。布伯在《我与你》一书中开宗明义就说:"按照人的双重态度,世界对人是二重的。"⑥这就是说,世界万物对人而言究竟是"它"还是"你",是物还是自由自主的东西,是单纯的及物动词活动的对象还是可以做出主动回应的东西,这要取决于人对世界万物的态度。如果把别人当作被利用的对象和工具,那就是把人当成了"它"⑦;相反,即使是一棵树,如果不把它仅仅当作观察和研究的对象,不仅仅看到它吸收空

---

① Martin Buber, *I and Thou*, English Edition by Charles Scribner's, 1958, p.8.
② Ibid., p.6.
③ Ibid., pp.124-137.
④ Ibid., p.23.
⑤ Ibid., p.3.
⑥ Ibid., pp.3,31.
⑦ Ibid., p.17.

气土壤的过程以及如何将它加以植物学的分类甚至把它单纯归结为一些数字公式等等,而是以"仁爱""仁慈"的态度对待它,那么,这棵树就不再是"它"而是"你",人和树就处于"我—你"的"关系"之中,树对于"我"而言就成了有"回应"、有意义的东西,而不是简单的"物"。①

4. 人生的最高意义在于对人与万物一体或"我—你"一体的领悟

"关系"及其"相互性",在布伯看来,就是"仁爱"(tenderness,"恻隐之心")。② 世界万物本来都处于"我—你"的相互关系中,都是相互回应的,用中国哲学的术语来说,就是"一气相通"、人与万物一体,这是一种"自然的结合"。把万物看成属于"我—它"的范畴,那是一种"自然的分离"③。采取分离态度的人乃是"把自己与同胞的生活割裂成了两个截然分开的领域"④。布伯的这些思想是以他的宗教观为基础的,但显然包含着与中国的"万物一体"特别是与王阳明的"一体之仁"的思想相近的成分。人生的最高意义不在于人己分立、物我隔离或布伯的"我—它"公式和西方近代哲学的"主客关系"式,而在于对布伯的"我—你"的一体关系的领悟,在于对超越主客关系的"万物一体"的领悟。

四 有"民胞物与"精神的人,能唤醒万物与之作语言交流

1. 人与万物皆可作语言交流

"关系"的相互回应需要通过语言,草木瓦石无语言,如何回应?在"人—世界"合一、物我交融的世界中,万物都是有意义的,草木瓦石亦可作无言之言,所以在诗人的诗意境界中,即使是一块顽石,也可以"点头"示意。⑤ 布伯的《我与你》一书也包含了类似我所说的这一思想观点,尽管他是从宗教的角度用宗教的语言来论述这个问题的。

布伯认为,无论我与自然物或者是我与他人,都以各自不同的方式通向

---

① Martin Buber, *I and Thou*, English Edition by Charles Scribner's, 1958, p.7.
② Ibid., p.28.
③ Ibid., p.24.
④ Ibid., p.43.
⑤ 参阅拙著《进入澄明之境——哲学的新方向》,商务印书馆1999年版,第12、14章。

"永恒的你"①。一切事物都在"你"(实为上帝)的光照之下。而只要有上帝的光照,有人与上帝之间的相互性或相互回应,则不仅人与人之间有语言交流和相互回应,而且在人与自然物之间亦有语言交流和相互回应。"在上帝的回应中,每一物,宇宙,都作为语言而显现。"②

2. "前语言门槛"

但是,布伯同时也申言,人与人之间的相互性和语言交流同人与自然物之间的相互性和语言交流是有阶段上的差异的。自然物作为自然物,是"和我们对立的","不能与我们相遇",但如我们不以物来对待自然物,而以"仁慈"之心视之为"你"而与之对话,这就接近了语言的门槛。③ 布伯说:"由于我们的态度,我们会唤醒某物容光焕发而从其自然存在过程中[转而]接近我们。"这样,"从石头到星星这一大的领域便都可以说是相互性的前门槛阶段"。④ 我以为,布伯所谓上帝的"仁慈"与我们中国人所讲的"民胞物与"的胸怀或高远的诗意境界未尝没有相通之处。一个有诗意境界的人或有"民胞物与"胸怀的人,也可以像布伯所说的那样,唤醒某物,使之容光焕发而与我们作语言交流的,即使它是无生命或无自我意识之物。

3. "语言门槛"

与"自然领域"中人与自然之间的相互性不同,"精神领域"中人与人之间的相互性则是"语言门槛"的阶段⑤或"语言形式中"的阶段⑥。

4. "大言炎炎"

实际上,语言的"前门槛阶段"是指无言之言,"进入语言门槛"的阶段是指有言之言。不管是"前门槛"阶段也好,或者是"门槛"阶段也好,无言之言也好,有言之言也好,只要采取"仁慈"的态度,则人与人或人与物之间都是精神的体现,都有相互间的回应或语言应答。"精神是语词。""实际

---

① Martin Buber, *I and Thou*, English Edition by Charles Scribner's, 1958, p. 6.
② Ibid., p. 103.
③ Ibid., pp. 6, 7, 126.
④ Ibid., p. 126.
⑤ Ibid., p. 127.
⑥ Ibid., p. 6.

上,语言并不居留在人这里,而是人位于语言中,是人从语言那里说话。""精神不在我,而在我与你之间。"①显然,布伯的观点与海德格尔等人关于不是人说语言而是语言说人的思想有相似之处,只不过布伯更强调语言、精神在我你之间的"之间"。庄子所讲的"大言炎炎"②("大言"如烈日,照亮万物),是否也可以延伸为这样的含义呢?布伯强调,"人要想生活在精神中就必须与自己的'你'对话"③。我想,中国思想界当前对所谓"人文精神"的呼唤,有必要从这里得到启示:人若能与自己的灵魂多做一点对话和应答,让"大言"如烈日当空,则所谓"人文精神"也就会多增加一分。布伯还说过这样一段话,很值得我们深思:"精神是人的根本。人是独特的个体,假如我们只把人当作自然的现象,就无法把握人的本质。"④

五 "我—你"关系的优先地位

1. "宇宙不曾限隔人,人自限隔宇宙"

布伯认为,"我—你"关系先行于"我—它"。"关系是最原始的。"(In the beginning is relation.)"原始人的语言""主要指示一种关系之整体"⑤。这也就是说,人在认识到自己是"我"而与"它"分离之前,本来是生活在"我—你"一体的关系之中的。人生之初,本无自我意识,人一旦意识到有我,他就进入"我—它"的范畴之中,把自己当作主体,把"它"当作对象或客体。例如当我说"我看见树"时,这就意味着我有了以树为对象的知觉,意味着有了"主体与客体之间的限隔"(the barrier between subject and object)⑥。如果借用陆象山的语言来说,这就叫作"宇宙不曾限隔人,人自限隔宇宙"⑦。"宇宙不曾限隔人"在这里是指"我"与"你"本处于一体关系中,"人自限隔宇宙"是指人因意识到了自我而产生了主客间的"限隔"。

---

① Martin Buber, *I and Thou*, English Edition by Charles Scribner's, 1958, p. 39.
② 《庄子·齐物论》。
③ Martin Buber, *I and Thou*, English Edition by Charles Scribner's, 1958, p. 39.
④ 引自刘小枫主编:《二十世纪西方宗教哲学文选》上卷,上海三联书店1991年版,第107—108页。
⑤ Martin Buber, *I and Thou*, English Edition by Charles Scribner's, 1958, p. 18.
⑥ Ibid., p. 23.
⑦ 《陆九渊集》卷三十四《语录》。

和布伯把"我—你"的一体关系看成先于"我—它"的基本思路一样,在西方现当代哲学家和神学家中,把超主客的统一体或者说(人与世界的)融合体作为自己思想的最高原则,几乎成了主导的思潮。尼采大力反对主体与客体的概念,强调主客融合的"酒神"状态;海德格尔贬低主客关系的思维模式,主张人与存在的"契合";雅斯贝尔斯(Karl Jaspers,1883—1969)把存在分为可以客观化为客体的领域、生存的领域(即不能作为客观对象的领域)和超主客的领域,即"大全"的领域,"大全"的领域最高;马塞尔(Gabriel Marcel,1889—1973)区分"神秘"的领域与"问题"的领域,后者可以客观地从外部去考察研究,前者则主客不分,只能从内部去亲身体验,主客的僵持对立应由二者的融合、交流来代替,俾能超越自我中心;蒂利希采取了海德格尔的基本思路,认为自我寓于他所属的世界之内,主体—客体模式以存在的基本结构"自我—世界"为前提,所以他明确断言,与主体对立的客体不能成为最高的、终极的东西,真正终极的东西只能是超越主客关系的;如此等等。姑无论这些人是把超主客的统一体引向审美意识(如尼采),还是引向宗教与审美的结合(如海德格尔),但他们把超主客的统一体视为高于主客关系的东西,则是一致的。

2. 人"不能死于""我—它"公式而不悟

人有了自我意识,进入"我—它"范畴或"主客关系",这难道是"我们命运的悲哀"吗?这种悲哀"起源于最早的历史"吗?布伯对这个问题做了明确的回答:"是的,就人的有意识的生活起源于最早的历史来说,诚然如此。但有意识的生活正意味着宣告人的自然形成。"[1]这也就是说,人进入自我意识,进入"我—它"范畴,乃是人生之必然。而且,人不能没有"我—它"或"主客关系"而生活,只有可供使用的物或对象才养活着人,使人得以生存。但是布伯强调,人不能"死于""我—它"范畴而不悟,人只有以"仁慈"之心关心他人他物,从而超越"我—它"范畴,进入"我—你"的一体关系中,人才能被理解,人与他人他物才不是异己的。[2] 诚然,"这种态度无助于维持你的生存","但只有它才可以帮助你瞥见永恒"。[3] "人不可能生活在单纯的

---

[1] Martin Buber, *I and Thou*, English Edition by Charles Scribner's, 1958, p.23.
[2] Ibid., p.32.
[3] Ibid., p.33.

现在(按:指'我—你'范畴——引者)中,……但人可能生活在单纯的过去(按:指'我—它'范畴——引者)中。……我们仅仅需要以经验与使用填满[生活中的]每一刻,但这样的时刻会停止发光发热。""没有'它',人不能生活,但仅仅靠'它'来生活的人不是人。"①一段多么透辟平实而又惊心动魄的警世之言!对于我国当前那些一味痴迷于实用,只知"以经验与使用填满生活中的每一时刻"的人来说,难道不是一副极其有效的清醒剂吗?

六 让科技事业充满"民胞物与"和"仁爱"精神之火与光

和布伯所处的时代类似,我们现在也正处于科技日益繁荣发达的时代,布伯所谓"它的世界"(the world of It)正日益扩大,"经验和使用的能力"(ability to experience and use)也正日益增长。② 我们今天所面临的这种文化思想景观,欧洲在我们之前早已达到了,布伯在20世纪初出版的《我和你》一书中就已经对这种景观做出了自己的评论:"经验和使用能力一代一代地不断增长,这是不可避免的。通常谈论精神生活的进步,就是取的这个意义。"但是,"这种所谓'精神生活'对于生活在精神中的生活来说,多半是一种障碍","因为经验和使用能力的增长主要是通过降低人们进入关系的力量,即削弱人们所唯一赖以生活在精神中的生活的力量而发生的"。"精神在于你和我之间"的一体关系,而不属于"我和它"。"人如果能回应他自己的'你',他就是生活在精神中。……只是由于他有力量进入关系(按:指进入'我—你'的一体关系——引者),他才能生活在精神中。"③布伯的这些话并不是要把"经验和使用的能力"与进入"我—你"一体关系的"力量"对立起来,并不是要把科技的发展与人的精神境界的提高对立起来。布伯在这里主要是描写一个历史事实:在历史上,过分重视科技方面的"经验和使用的能力"的发展,大多伴随着进入"我—你"一体关系的精神力量的削弱。我国当前不是也存在这种情况吗?人们所谓"人文精神之丧失"与布伯所谓进入"我—你"一体关系的精神力量之削弱,是很相似的。但是,正因为在布伯面前存在着这种历史事实,他才在《我和你》一书中反复申述这

---

① Martin Buber, *I and Thou*, English Edition by Charles Scribner's, 1958, p.34.
② Ibid., p.38.
③ Ibid., pp.38-39.

种状况的不合理。布伯并不否认科技上"经验和使用能力的发展"的意义,但他针对时弊,却更加强调要超越这种能力的发展而进入"我—你"一体关系的精神境界。他说:"'我—它'这个原始词并不是不幸","不幸的是,如果一个人让这个原始词掌握了统治权,那么,不断增长的'它'的世界就会盖过他而剥夺他自己的'我'的真实性。"①的确,"经验和使用能力的发展"是必要的,但片面地让其统治人,则人必然成为"丧己"之人。布伯说:"因果性在'它'的世界中的无限统治对于自然的科学秩序有其根本的重要性,但这并不会成为人的负担,人并不限于[生活在]'它'的世界,而是能够不断地走向关系的世界,在这里,'我'和'你'自由地在相互影响中彼此面对,这种相互影响既不是与因果性相联系的,也不具有因果性的特点。在这里,人既确实拥有他自己存在的自由,同时又确实拥有神(Being)的自由。只有认识了关系(按:指'我—你'的一体关系——引者)和认识到'你'的显现(presence)的人,才有做出决定的能力,做决定的人是自由的,因为他已接近了主。"②"因果性对确有自由的人并不是负担。他知道他的必死的生命本性摇摆于'你'和'它'之间,他意识到这一点的重要意义。"③布伯的这些话告诉我们,科学技术所讲的因果性、必然性是人生之所必需,但它又并不妨碍人做出自我决定的自由,人生就是"摇摆于"二者之间。问题的关键在于不要把因果性、必然性或"它"的世界放在统治人的地位,而是相反,应该把"我—你"的一体关系或自由的精神境界放在主导的地位。对于有自由的精神境界的人来说,"所谓必然性并不能吓住他",他能认识到自由与必然或命运是"相互回应"的,他能驾驭必然性,敢于面对它,也就是说,有超越必然性或命运的力量。"敢于对梦魇说出它的真名,就能有超越梦魇的力量。同样,敢于对'它'的世界说出它的真名,就能有超越'它'的世界的力量。"④这也就是说,超越必然就是自由。超越不是抛弃,而是一种主导的力量。这种力量(处于"我—你"一体关系中的精神力量)"能渗透到'它'的世界之中并使之变形"⑤。布伯的这一思想和尼采所主张的以积极肯定的态度和"爱"的热情对待必然性从而超越必然性,达到自由的思想,是相

---

① Martin Buber, *I and Thou*, English Edition by Charles Scribner's, 1958, p. 46.
② Ibid., p. 51.
③ Ibid., p. 52.
④ Ibid., p. 58.
⑤ Ibid., p. 100.

似相通的。① 布伯由此得出结论:"一个忽视一切由因果性决定的东西而能从深层做出决定的人'和'不在乎财物的人",是"自由的人",命运或必然性"不是他的限界,而是他的实现"。以这样的态度来看待命运或必然性,那么,原以为是"严酷的东西"(指必然性——引者)就会变得"充满了光",就像"仁爱"本身一样。② 我想,如果能让我国当今正蓬勃发展的科技事业充满"仁爱"和"民胞物与"的精神之火与光,那该是一幅多么美妙的文明景象啊!

---

① 参阅拙文《二十世纪中国哲学之回顾与展望》,《北京大学学报》1998 年第 6 期。
② Martin Buber, *I and Thou*, English Edition by Charles Scribner's, 1958, p. 53.

第二十一章
人类中心主义和民胞物与说

人类中心论(人类中心主义,Anthropocentrism)是西方哲学的一个专门术语,说的是以人为中心,人处于支配和统治的地位,自然物处于被支配和被统治的地位,人与物的关系是不平等的关系。西方自笛卡尔到黑格尔的近代哲学的"主体性"(subjectivity)原则和主—客关系的思维方式所采取的立场便是人类中心论。"民胞物与"说的是,不仅天下之人皆如我的兄弟,而且天下之物亦皆我的同类,我对他人他物均应像兄弟或同类一样对待。"民胞物与"虽语出张载的《西铭》,但这种思想观点及其哲学基础"万物一体""天人合一"说在整个中国传统哲学中具有普遍性,例如王阳明所讲的"一体之仁"就是一种典型的以"万物一体""天人合一"为基础的民胞物与的思想。"民胞物与"说与西方近代思想史上的人类中心论及其哲学基础主—客关系式是大不相同的,本章标题中的"民胞物与"包括人与人的关系("民胞")和人与物的关系("物与")两个方面,但本章的内容大部分谈人与物("物与")的关系,以便和人类中心论相对应。

一 中国哲学史上民胞物与和人类中心思想的统一

"万物一体"和"物与"的精神是否同人类中心论绝对对立?仁者以天地万物为一体,引物为同类,这是否就意味着仁者不应当为了自己的生存而征服自然、牺牲其他生命呢?① 换言之,主张"万物一体"和提倡"物与"的精神,是否必然要完全否定人类中心论呢?

1. 张载的民胞物与说

张载关于"民胞"的思想虽未消除人与人之间爱有差等之意,即是说,"民胞"含有程朱所申言的"理一分殊"之意,但"理一分殊"并非张载《西铭》之所强调,因为张载"民胞"说的重点在博爱而不在爱有差等("分殊")。关于"物与"方面,张载更无明确的论述,窥其大意,似乎也是强调物与人一体同类,而不重视二者之轻重差异。因此,从张载的民胞物与说中,尚难看出他已经意识到上述的问题。

2. 王阳明:人与自然物之间的轻重厚薄乃"良知上自然的条理"

王阳明比张载进了一步,他明确提出了上述问题,并做出了自己的回答,尽管他不可能使用"人类中心论"这样的西方术语。王阳明《传习录》:"问:'大人与物同体,如何《大学》又说个厚薄?'先生曰:'惟是道理自有厚薄。比如身是一样,把手足捍头目,岂是偏要薄手足?其道理合如此。禽兽与草木同是爱的,把草木去养禽兽又忍得。人与禽兽同是爱的,宰禽兽以养亲,与供祭祀、燕宾客,心又忍得。……盖以仁民爱物皆从此出,此处可忍,更无所不忍矣。《大学》所谓厚薄,是良知上自然的条理,不可逾越,此便谓之义。"②显然,在王阳明看来,"万物一体"与"物与"之"爱",同人为了维持自己的生存而"宰禽兽"的人类中心的思想和主—客关系式并不是绝对对立的,因为这里的"厚薄"乃"良知上自然的条理",也就是所谓"轻重厚薄……自有天然之中"③。王阳明的观点实际上是把人类中心的思想纳入万物一体思想之内或之下:人与物之间"轻重厚薄"这种不平等的关系乃万物一体之内的区分。所谓"天然之中"或"自然的条理"就是讲的事物之本然("天然""自然"),把人与物作主客厚薄之分亦是按事物之本然行事。

---

① 参阅冯友兰:《中国哲学史》下卷,商务印书馆1944年版,第960页。
② 王阳明:《传习录下》。
③ 王阳明:《大学问》。

3. 荀子、戴震关于"人最为天下贵"的思想

但王阳明只是笼统地谈到人与物之间的"轻重厚薄"是"良知上自然的条理",而没有对此做进一步的分析。荀子倒是早已对人与物的价值之高低做了细致的区分:"水火有气而无生,草木有生而无知,禽兽有知而无义,人有气有生有知亦且有义,故最为天下贵也。"①水火有质料而无生命,草木有生命而无知觉,禽兽有知觉而无道德意识,人则不但兼有质料、生命和知觉,而且有道德意识,故人在万物之中具有最高的、最卓越的地位("最为天下贵")。戴震似乎更进而根据人与物的地位之高低说明了人有宰制自然物的理由:"人之才,得天地之全能,通天地之全德。……智足知飞走蠕动之性,以驯以豢;知卉木之性,良农以莳刘,良医任以处方。圣人神明其德,是故治天下之民。"②人因其有其他自然物所缺乏的"智"与"德",故能使自然物为人所用。荀子和戴震虽然对人与物的价值高低做了比王阳明更为细致的分析,但从他们的论述中还不能看出人类中心论的思想如何与万物一体和"物与"的精神统一起来。

4. 程朱的"理一分殊"说

程朱的"理一分殊"说则不仅细致地分析了人与物的高低之分,而且明确了这种高低的分殊与万物一体的统一性。这是他们比王阳明和荀子、戴震高出一筹之处。"理一"是以万物一体立论,"分殊"是就人之异于和高于禽兽草木等自然物(以及人与人之间爱有差等)而言。在程朱看来,人与物虽是一体,但又有价值高低之分,两者是统一的。朱子说:"天之生物,有有血气知觉者,人兽是也;有无血气知觉而但有生气者,草木是也;有生气已绝而但有形质臭味者,枯槁是也。是虽其分之殊,而其理则未尝不同;但以其分之殊,则其理之在是者不能不异。故人为最灵。"③显然,程朱在说明万物一体、民胞物与和人类中心论思想的统一性方面比王阳明讲得更明确,更具理论性。

5. 万物一体、民胞物与说包容人类中心的思想

程朱和王阳明的学说启发了我们:万物一体和物与的精神似可包容人

---

① 《荀子·王制》。
② 戴震:《原善》。
③ 朱熹:《答余方叔》。

类中心的思想于其自身,是后者降低为前者的一个构成环节。当然,这也就意味着人类中心论不能按其原样保持于万物一体和物与的学说之中。万物一体和物与说大不同于人类中心论,但它仍然坚持人之异于和高于其他自然物的卓越地位。换言之,坚持人的卓越地位不等于说人可以任意支配和统治自然物,不等于是人类中心论,至少不符合西方哲学术语"人类中心论"的原意。中国学界有一种看法,认为中国传统哲学强调人的重要地位,因而便是一种人类中心论,这种看法是不确切的。人类中心论以人为主体,以物为客体,这种主—客关系的思维方式在中国传统哲学中远不占主导地位。

二 西方极端神秘主义者的非人类中心主义

西方现当代一些哲学家、神学家出于对人类中心论及其理论基础"主体性哲学"和主—客关系式的不满,对上述问题也有很多议论,尽管他们并不知道"民胞物与"这一中国传统哲学的术语。

1. 极端神秘主义者的非人类中心主义

有一些极端的神秘主义者,为了彻底否定人类中心论,竟然主张一切自然物都具有神圣性,都和人一样具有同等价值。例如德国的新教神学家莫尔特曼(Jürgen Moltmann)强烈谴责"不受限制的控制欲""驱赶着现代人攫取地球自然界的权力"并"依据权力(经济权力、财政权力和军事权力)的增长来衡量成长和进步"。他认为这种现象来自"现代人的上帝形象",现代人按照自己所理解的上帝的形象把自己看作"知识和意志的主体",而"把他的世界理解为需要面对、需要征服的消极的客体"。"人变得酷似上帝,不是通过善与真,不是通过忍耐与爱,而是通过权力和统治。""很长时间以来",人类"只看到了自然的一个方面,亦即有用的一面",而未看到自然的神圣方面,不知道"在大自然中处处都能看到'上帝的痕迹'",于是"自然得不到保护,任凭人类权力意志的摆布"。① 莫尔特曼对人类中心论的谴责和对主—客关系式的批判,切中现代文明的弊端,确有其积极的意义,但他

---

① 刘小枫主编:《20世纪西方宗教哲学文选》下卷,上海三联书店1991年版,第1759—1761、1765—1771页。

以自然中具有"上帝的痕迹"为根据来批判人类中心论和论证自然应得到保护,则是我们不能接受的,尽管他的宗教思想中未尝不包含某种中国人所说的"物与"或爱物的精神在内。

另一位德国哲学家、神学家阿尔贝特·施韦泽(Albert Schweitzer, 1875—1965)更明确地主张尊重一切生命而不去追问不同生命的不同价值,包括人与其他生物间的高低之不同。"生命本身就是神圣的东西。"因此,合理的伦理学应该"主张照顾一切生物以至最低级的生命现象"。按照这种原则行事的人,"当他夏天的夜晚在灯下工作的时候,他宁愿关起窗子,呼吸闷热的空气,也不愿见一个一个的飞虫烧焦了翅膀死在他的桌子上"①。

施韦泽从"人与存在合为一体"的哲学原则出发,认为每个人都是一个有求生意志的生命,他每时每刻都能"从自己内心的求生意志出发"体验到别的生命的求生意志,因而使自己的"内心充满了对存在于万物之中的神秘的求生意志的尊重心情"。这样,每个人内心里的求生意志便"与别的求生意志合为一体"了,而道德在施韦泽看来,也就是"对一切生物的无限广大的责任"。施韦泽的这套哲学和伦理学虽然是以宗教神学的观点立论,但与中国的天人合一、万物一体和"物与"精神确有相通之处,特别是与王阳明的"一体之仁"、草木亦有"良知"之说相近。②

2. 极端神秘主义者面临的问题

按照这种观点,将如何解释人为了满足自己的求生意志而不得不牺牲其他生命的现象呢?正如王阳明意识到这个问题一样,施韦泽也提出了这个问题,而且提得更具体、更明确。他对该问题的回答与王阳明有同亦有异。

"当献身于别的生命这一内心要求与忠于自己的生存这一必要性之间发生冲突的时候,尊重生命的伦理学将采取什么态度呢?"施韦泽就像王阳明一样承认这一矛盾的事实:"我也是逃脱不了求生意志的矛盾冲突的。我的生存同别的生物的生存以千万种方式发生冲突。毁灭生命和伤害生命这一必然性,我是逃脱不了的。当我走过一条僻静小道的时候,我的脚就得

---

① A. Schweitzer, *Civilization and Ethics*, 第2章,译文引自《尊重生命的伦理学》,载《哲学译丛》1966年第5期。

② 同上。

毁灭和伤害在这条小道上生活着的小生物。"施韦泽在承认这个事实之后,紧接着就对这种"可怕的必然性"和"必然矛盾"做了自己的解释与回答。他认为"保持和促进生命是善,而一切毁灭和损害生命的,不论是在什么样情况下发生,都是恶"。因此,在施韦泽看来,人为了满足自己的求生意志而毁灭和损害别的生命,虽然是不得已而为之的必然的行为,但还是应当承认这种行为是不道德的,人应当为此而"承担罪过"。人即使是为了治病救人而不得不在动物身上做试验时,也"必须就他们力之所及尽可能减轻动物的痛苦",因为这毕竟是"残忍行为"。① 施韦泽的这些解释与王阳明所谓"宰禽兽以养亲""燕宾客"虽于心不忍("心又忍得")而又是"不可逾越"的"良知上自然的条理"既有相近之处又有差异。王阳明承认人与生物之间有轻重厚薄之分,这种分殊合乎"良知",而施韦泽则明确申言残害其他生命的行为是不道德的行为,人在做这种行为时"不可感到良心无愧",施韦泽从伦理原则上否认了人与其他生物的高低之分。

3. 极端神秘主义者的非人类中心主义抹杀人与物的分殊

针对王阳明,我们可以提问:为什么"宰禽兽以养亲"合乎"良知上自然的条理",这里的轻重厚薄的标准何在? 针对施韦泽,我们可以提问:既然人与其他有生命之物同样是神圣而无价值高低之分,那么,人又有什么独特的权利为了自己的生存而牺牲别的生命呢? 这种不分价值高低的主张是否意味着否认了人类的卓越地位和尊严呢? 难道人以外的其他生物也是"道德主体"吗? 难道人为了自己的生存而不得不牺牲其他生命是不道德的吗? 我以为,万物一体和"物与"的精神并非指人与物一律等价,而是包含等级差异的,这种差异就在于人有自我意识和道德意识,而其他生物则无,人与其他生物的价值高低以及对其他生物的轻重厚薄的标准在此。正因如此,人才有独特的权利为了自己的生存而在不得已的情况下牺牲其他生命,这是有自我意识的、作为"道德主体"的人对于无自我意识的、"非道德主体"的其他生命所做的合乎道德的行为。王阳明的哲学思想指明了万物一体与人和物之间高低分殊的统一性,指明了人与物高低分殊是合乎道德(合乎"良知")的,惜其未指明这种分殊的标准在于有无自我意识和是否为

---

① A. Schweitzer, *Civilization and Ethics*, 第 2 章, 译文引自《尊重生命的伦理学》, 载《哲学译丛》1966 年第 5 期。

道德主体。施韦泽只强调人与物同等神圣,或者用中国哲学的术语来说,只强调"万物一体"和"物与",而忽视人与物的高低之分殊;尽管他承认人为了自己的生存而不得不做出牺牲其他生命的行为事实,但他由于忽视人的卓越地位而不能指明这种行为的理论根据。我们既主张万物一体和物与精神,又承认人与物的高低之分殊并论证了这种分殊的标准,两者是统一的。正因为论证了人与物之间价值高低之分及其区分之标准,所以我们认为人有权利、有理由为了自己的生存而牺牲其他生命;正因为主张万物一体和物与精神,所以我们又认为人应该尽量培育保护其他生命的意识,应该在不得已而牺牲其他生命时抱有同类感和恻隐之心,从而采取尽量减少其他生命的痛苦的措施。我认为我们的这些看法不能被等同于人类中心论,它乃是扬弃和超越了人类中心论,使其隶属于万物一体说之中。说它不等于是人类中心论,是因为我们虽然也主张人为了维持自己的生命而有必要牺牲其他生命,但是第一,从理论上讲,这样的行为是以万物一体的原则为根本的,人与物的高低之分是万物一体之内的区分;第二,从实践上讲,人不能随意采取牺牲其他生命的行为,而在不得已采取这样的行为时,应当抱有同类感和不忍之心,尽量减少其他生命的痛苦,而不是像人类中心论那样一味强调人对自然、对其他生命的征服与任意宰制。

三 超越人类中心主义与非人类中心主义

1. 人类中心思想应从属于万物一体和民胞物与精神

有一种观点,把人类中心论视为哲学和人生的最高原则,似乎天地万物只是为我所用的对象,人生不过是利用这些对象以维持自己的生存。正是这种观点促使人们一味宣扬主—客关系式和主体性哲学:人是主体,物是客体,哲学的目标就是主体认识和征服客体。于是主体与客体、认识与实践、思维与存在等成了哲学所唯一探究的范畴。

人的生活世界,或者说,人所生活于其中的世界不是绝对独立于人之外的抽象的"自在之物",它是人与物相互交融的产物。人固然可以把天地万物单纯地当作供人使用、任人宰制的对象,但从深层来看,人与天地万物不是对立的,而是一气相通、融为一体的,人对万物应有同类感,应当以仁民爱物("民胞物与")的态度相待。

任何一人一物都存在于一体之中,万物一体乃是最原始的。泰初本是一体,只是由于万物一体,一人一物的存在才有了支撑,或者换句话说,是万物一体创造了一个一个的人和一个一个的物。所以,作为有自我意识的人应该首先以民胞物与的态度对待他人和他物。这不是施舍,而是一种责任感,是一种被要求的自我意识。人之所以有权利以人为主体和中心而利用自然物,包括人以外的有生命之物,以维持自己的生存,乃是因为处于一体的万物合乎自然地有自我意识和无自我意识、道德主体和非道德主体的价值高低之分,这种区分是万物一体之内的区分,是"自有天然之中"。人类中心论应当从属于万物一体论。人有权利维持自己的生存,以便向着最高的人生目标前进。我以为这样的观点既是对人类中心主义的超越,也是对神秘主义的非人类中心主义的超越。

2. "物与"和"民胞"的联系

以上只是讲了人与自然物之间的"物与"关系,其实,在当前大家关心的可持续发展的伦理观方面,还有一个同"物与"相联系的人与人之间的"民胞"问题,而这正是某些非人类中心主义者所忽视的。当前的生态危机大多是由发达国家对发展中国家的资源掠夺造成的,这就导致了人与人之间贫富悬殊等不公正、不平等的现象。而且发展中国家所需要强调的是对自然物的开发和利用,而不是非人类中心主义。因此,我们主张发达国家应本着民胞物与的原则精神,有责任、有义务对发展中国家提供经济援助和技术援助。另外,"民胞"的精神不仅包括同代人之间的关系,而且应当包括代与代之间的关系。地球上的自然资源是全人类共有的,这全人类就既包括我们的上一代和这一代,而且应包括以后的子孙万代,他们都是我们的"同胞"。我们不但不能透支子孙后代的自然资源,而且要为子孙后代的自然资源提供各种积极的保护措施,这也是我们本着民胞物与的精神应尽之责。人与自然之间的和谐同人与人之间的和谐是紧密相联的,"物与"和"民胞"不可分离。

第二十二章
和谐相处：人与人，人与自然
—— 顺应与理解

一　和谐论的本体论根据——万物一体

1. 任何人和自然皆以万物一体为其根源

"本是同根生"原来说的是同胞兄弟为同一父母所生。其实，何止兄弟同根同源？不同群体、不同阶级、不同民族、不同语言的人也都是同根同源的。更进而言之，不仅人与人同根同源，而且人与自然、人与物、物与物也都是同根同源的。中国传统哲学所讲的"万物一体"，从本体论上讲应是此意。"万物一体"不只是一种境界，这种境界的基础和依据是本体论上的"万物一体"。所谓本体论上的"万物一体"就是指世界上的万物，包括人在内，千差万别，各不相同，但又息息相通，融为一体。每人每物都以这个"一体"为其根源，离开了这个"一体"，就没有任何人和任何物。本章所要着重讨论的问题是：人与自然如何不同而相通？人与人如何不同而相通？人与自然的相通相融和人与人的相通相融有什么区别？归结为一句话就是，人与自然如何和谐相处？人与人如何和谐相处？

2. 万物一体之爱包含矛盾斗争

"万物一体"包括人与人一体相通和人与自然一体相通

两种情况。王阳明在《大学问》中强调用"一体之仁"贯穿于人与人之中和人与自然之中，故"仁"不仅与同类之人（如孺子）而为一体，而且与有知觉之鸟兽而为一体，不仅与有知觉者为一体，而且与无知觉之草木瓦石而为一体。如果把王阳明的"仁"解释为无封建道德意义的爱，用爱或博爱来解释万物一体，把爱贯穿于万物之中，即不仅贯穿于人与人之间，而且贯穿于人与自然之间，我想，王阳明的"一体之仁"的理论是很深刻的。宇宙万物正是"爱"字把它们互相吸引在一起，融合为一体。许多学者正是从这一点出发把中国传统哲学的"天人合一"论或"万物一体"论突出地解释为和谐论。但问题是对这种和谐论作什么样的理解。有一种理解似乎是倾向于，不与自然做斗争，不去改造自然，就叫作与自然和谐相处；甚至把中国过去那种不重自然科学，甘心受自然宰制的状态称为中国人重和谐的美德而大加赞赏。在人与人的关系方面，这种和谐论实际上往往倾向于把封建的忠君观念移植到今天，认为这是一种和谐安定的社会因素而加以赞扬。

但是，万物一体之爱是否只意味着吸引、融合，而无排斥、分离？是否只意味着和谐而无斗争？人与自然之间的和谐难道是排斥斗争的吗？人与人之间的和谐难道是纯然无矛盾的吗？

万物不同而相通。这里说的是不同东西之间的相通，这就意味着互相融通为一体的东西之间包含有不同、有差异，因而也就有矛盾、有冲突、有斗争，绝对的纯之又纯的无差异是抽象的，实际上是不存在的。

二 人与自然的和谐相处

1. 人与自然的和谐相处不是没有斗争

首先就人与自然的关系来说。

人们都爱谈论与自然和谐相处，但人们在作这种谈论的时候，一般都不是主张当佛教徒，不吃有生命的东西，我想，这里就包含了人与自然的斗争。且撇开这一点不说，就说绿化环境、保护水土资源吧，这是人们经常作为人与自然和谐相处的例子来谈论的一个话题，但绿化环境、保护水土资源，谈何容易？其中包含多少改造旧的自然环境、与不利于人类生存的自然因素做斗争的劳动，这应该是不言而喻的事实。显然，与自然和谐相处的过程也就是一个不断地与自然做斗争的过程。人们只要稍一放松与自然的斗争，自然就不但不会与人和谐相处，而且会反过来报复人。中国长期受封建制度的束缚,自然科学不发达或不甚发达,人们在哲学思想方面不重视或不够重视主客关系的思维方式从而不重视发挥人对自然的主体性,因此中国人长期受自然的宰制与奴役,物质生活与经济生活处于低下的水平,这种情况难道能作为人与自然和谐相处的证明与说明吗?

2. 自然不理解人

我主张人和自然处于息息相通、相互融合的一体之中,但我所主张的"万物一体"论或"主客融合"论,不是万物有灵论或泛心灵主义,也不是王阳明的物亦有良知之说。哈贝马斯说过这样一段话:"自然界不像在相互承认的基础上,在对双方都具有约束力的范畴中,一个主体去适应另一个主体的认识那样,没有丝毫反抗地同主体赖以把握自然界的诸范畴相适应。社会主体同自然界之间'在工业中'建立的统一性,不可能消灭自然界的自律性以及与自然界的实在性联系在一起的、残留的不可消除的异己性(die Fremdheit)。作为社会劳动的相关者,客体化的自然界保留着两种特性,即面对支配它的主体,它自身的独立性和外在性。自然界的独立性的表现是,只有当我们服从自然过程时,我们方能学会掌握自然过程:这种基本经验存在于人们所说的我们必须服从的自然界的'诸种规律'中。……无论我们把自己支配自然界的技术力量扩展到何等地步,自然界永远保存着一个不向我们打开的实体内核。""社会劳动系统中的正常的生产过程,是人和自然界的一种综合形式。这种综合形式一方面把自然的客观性同主体的客观活动联系在一起,另一方面又不取消自然界存在的独立性。"①

人和人可以相互理解、相互承认,从而可以相互约束、相互适应。自然物则不然,自然物无心灵、无精神,它不能理解人从而主动地约束自己,使自己适应人。人无论怎样在劳动生产过程中发挥自己的主体性,发挥自己支配自然界的技术力量,以建立主客间的统一性,都不可能消灭自然界自身的规律,不可能消灭自然界的"自律性",人改造自然绝不是反对自然的规律性和必然性,而是服从和顺应自然的规律性和必然性。我以为所谓与自然和谐相处就是服从和顺应自然的规律性与必然性以改造自然物(与自然物做斗争),使自然物适应人。

当然,自然也有自然而然地适应人的方面,例如自然界的水与空气与土

---

① 哈贝马斯:《认识与兴趣》,郭官义、李黎译,学林出版社1999年版,第28页。

壤等等都是与人的生存相适应的,但水可以载舟,亦可以覆舟,自然可以适应人,也可以危害人,这就需要人能认识自然规律,掌握自然规律,以改造自然之不适应人的方面。

3. 与自然和谐相处的关键:对自然规律采取主动顺应的态度

自然界的规律性与必然性是按主客关系的思维方式来认识的。主客关系及其认识之所以可能,以万物一体为其本体论的基础和根据。万物一体是第一性的,主客关系和主体对客体的认识是第二性的,是在万物一体的基础上派生的。不承认万物一体,就不可能有认识。这就产生和引发了对规律性、必然性认识的态度问题。对于在主客关系中所认识到的规律性和必然性可以采取两种不同的态度:一是在万物一体的思想指导下主动积极地肯定规律性和必然性,或者用尼采的语言说,用"爱"的热情对待规律性和必然性,从而达到一种超越必然性的自由,这是尼采所说的强者的精神,也是中国传统哲学所讲的万物一体的精神。另一种态度是被动地屈从必然性,甚至对必然性采取敌视和仇视的态度,从而在必然性面前哀鸣叹息或怨天尤人,这是弱者的精神表现,也是把人与自然分离开来的一种与万物一体思想相违背的精神表现,采取这种态度的人是不自由的人。

由此可见,是主动顺应自然规律和必然性,还是反其道而行之,乃是人与自然能否相通相融、能否和谐相处的关键。中国的21世纪将是自然科学越来越发达、知识越来越占重要地位的世纪,因此,21世纪也将是一个加强改造自然,加强与自然做斗争的世纪,但也正因为如此,21世纪又将是一个更需要用万物一体的爱的精神、敢于主动肯定和顺应自然必然性的世纪,是一个越来越与自然相通相融、和谐相处的世纪。一个改造自然的科技力量越是发达的园地,必然也是自然越加适应人的绿洲。未来的田园诗人将不会是像陶渊明那样"箪瓢屡空,晏如也"的"无怀氏之民",而是坐在高精尖的科技园里也能进入万物一体、物我两忘的高远境界的积极进取之士。

三 人与人的和谐相处

1. 人能相互理解

自然物由于无精神性和心灵,不能理解人,不能约束自己,因而只能通过人对自然规律和必然性的认识和主动顺从以进入人与自然愈益相通相融、和谐相处的境地。和人与自然的这种情况相反,人与人之间则是有心灵者与有心灵者之间的关系。人可以通过理解他人而日益与他人相通相融,和谐相处。

人有自然的方面与精神的方面,人的精神方面与自然有联系,但又是超出自然的。人的自然方面可以按自然规律来加以探寻和研究,但人的超自然方面则不是简单地用自然科学所可以把握的。人的学问不能等同于自然科学。如果说自然科学的任务是寻找普遍性的规律和必然性,那么,人的学问或者说精神科学,其任务则应侧重于研究人与人之间的相互理解,研究人与人之间如何不同而相通,如何到达和谐相处之境地。

2. 和谐相处包含容忍和尊重他人的独特性

人与人能相互理解的基础在于人皆生活于和交往于一个共同体之中,长期的共同生活使得即便是个人所独有的内心状态也能通过日常语言所具有的暗示作用(即语言的诗性)为他人所领悟、所理解。这个道理狄尔泰早已有所阐发[①],我在"语言的诗性与诗的语言"一章中作了专门的说明,这里不再重复。我在这里所要着重说明的倒是这同一问题的另一方面,即相互理解所取得的共识或相通相融并不取消每个个人的独特性。这也就是说,人与人之间一方面通过相互理解而和谐相处,另一方面,和谐相处并非保持绝对一致,其中仍有差异和矛盾。因此,人与人之间的相互理解与和谐相处应包含对他人独特性的包容和尊重。

哈贝马斯的交谈伦理学发展了胡塞尔的"互主体性"(Intersubjektivitaet,又译"主体间性")的概念,用"互主体性"的概念阐明了人与人相通相融、相互理解的理论根据,但哈贝马斯过分强调"一致性"(Consensus),这是不现实、不切实际的。利科(Paul Ricoeur)不同意哈贝马斯片面讲"一致性"的理论,而强调相互理解中人与人的差异性。利科的观点很值得我们重视。

利科反对西方传统形而上学的抽象的主体概念,但他并不一般地反对主体,他认为主体是对他人、对"你"开放的主体,是在历史文化传统背景下自身经历着的主体,人之所以能意识到自身的同一性,是因为意识到了有"你"的不同一性。离开了"你"、离开了历史文化传统背景,主体就会变成

---

① *Wilhelm Diltheys Gesammelte Schriften*, Ⅶ. Band, Verlag von B. G. Teubner in Leipzig und Berlin, 1927, S. 120-152, 191-228.

抽象的。因此,利科特别注意人与人在相互交往和相互理解中要倾听他人、倾听"你"的不同意见。利科关于人与人之相通相融、和谐共处的思想是与不同一性或相异性紧密联系在一起的。①

其实,利科关于人的主体性或自身同一性与相异性的联系还可以扩大到人和文化历史传统背景以外,因为在我看来,人的自身同一性与相异性不仅与人和人类社会相联系,而且与宇宙万物相联系,人的主体乃是宇宙间千万种关联的交叉点。西方人毕竟缺乏中国人的"万物一体"的思想。

利科从人与人之相互理解同相异性密切联系的观点出发,对民主做出了一个独特的定义:"我想给民主下一个双重性的定义,首先是按冲突的概念来说,然后是按权力来说。就冲突概念来说,一个民主的国家不是主张消灭冲突的国家,而是创造一种程序让冲突得以表达并保持协商。在此意义下,一个法制的国家乃是一个组织起来的自由讨论的国家。……至于从权力的概念来说的民主的定义,我认为民主乃是这样一种形式的政体,在其中可以保障愈来愈多的公民参与做出决定的程序。因此,在这种形式的政体中统治者与臣民之间的间隙会不断缩小。"②利科的思想启发了我们:人与人要和谐相处,首要的是尊重他人的相异性和独特性,而不是消灭相异性,强求一致。用强求一致所得来的和谐相处、相通相融,总是脆弱的,不如通过承认他人的不同一性,反而更能得到相互理解、和谐相处。我们尤其不能把中国传统哲学所讲的和谐相处一味按封建统治者的立场解释成消灭相异性,我们应当学会在承认相异性、尊重相异性中求和谐。利科所用的"冲突"一词也许不易为我们所接受,其实,利科的思想实质已经表达得很清楚,"冲突"无非是"自由讨论""保持协商"。

西方当代伦理学说中的流行概念之一是"宽恕"。其实,宽恕就是承认他人的相异性和独特性。罪行则是一种极端的相异性。宽恕乃是对我们无法认同的差异性和独特性的承认。宽恕以差异性和独特性为其本体论的根据,所以宽恕不是出自怜悯。我们在对罪行进行惩治之余,也还要在更广阔的视域中分析罪行这一极端相异性和独特性之所以产生的客观原因。这样做,实际上也是一种宽恕。法国当代哲学家德里达近些年来就大讲宽恕这一伦理概念,其要旨略如上述。

---

① Paul Ricoeur, *From Text to Action*, Ⅱ, Northwestern University Press, 1991, pp. 227-245.
② Ibid., pp. 334-335.

3. 相互尊重和容忍不等于互不相涉

不过，从利科的思想观点中也可以看到问题的另外一面，即和谐相处、承认和尊重相异性并不是互不相涉，就像莱布尼茨的无窗户的单子一样只是靠"预定的和谐"使它们协调一致，而是不同人之间、统治者与老百姓之间自由讨论、平等对话，而自由讨论、平等对话就必然包含有争执或利科所说的"冲突"。争执（"冲突"）是不同的东西、不同的人相互作用所必不可少的，那种把和谐相处解释为互不相涉的看法是否认不同东西之间、不同人之间可以相互作用，否认不同者之间可以相通的形而上学观点，是抽象的、不切实际的。相通就有相互作用、相互干涉。处于当今以相互尊重相异性为特点的多元化社会里，为求得和谐相处而主张互不相涉、互不相通，是不可能的。

第二十三章
建立道德律的方式:对话与独白

一 从独白到对话

1. 从"主体性"到"互主体性"

前面谈到许多现代西方哲学家如尼采、狄尔泰等人反对主客二分,以致反对与之相联系的主体概念和主体性原则。其实,现当代哲学家中也有人觉得尼采、狄尔泰等人对近代哲学的批评太过分了。例如法兰克福学派的霍克海默(Max Horkheimer,1895—1973)、阿多诺(T. W. Adorno,1903—1969)就认为尼采、狄尔泰等人想取消主体,过分强调非理性,都是不应该的。他们则强调要恢复人的主体性,重视理性。但他们又受了尼采、狄尔泰等人的影响,反对西方近代哲学中抽象的理性主义,反对自然科学的方法,特别是反对那种企图使人文科学屈从于自然科学之统治的"传统理论",于是发展出了他们自己的"批判理论"。自然科学的方法主张排除人的参与,以追求所谓纯粹的客观真理,而"批判理论"则认为只有当事人参与到事物中去才能理解事物,对于人类社会的研究尤其应当如此。社会不是什么纯粹的客体,而是人生活于其中的世界,它不仅包含人的认识,而且包含人的情感和意志等,决不是干巴巴的自然科学规律所可以解释的。他们吸取了狄尔泰关于精神科学必须建立在"理解"的基础之上和伽达默尔把解释学看成是一种本体论的观点,采用解释学的方法以研究社会科学。但是霍克海默与阿多诺所代表的"前法兰克福学派"并没有具体地、特别是没有从哲学上说明如何发挥人的主体性问题以及如何展示人的理性普遍性问题。在这方面有独特建树的是"后法兰克福学派"的哈贝马斯。这里最主要的是指他把过去西方传统哲学对"主体性"的强调进而转化为对"互主体性"的强调,并以此维护人的主体性和理性的普遍性。

与传统哲学的主体性原则重人与自然的关系、重人对自然的斗争不同,现代西方人文主义思潮则转向人与人的关系,重人与人之间的交往与协调。狄尔泰等人反对"主体"概念和"主体性",其真实意图并不是否定人有主动创造性,实际上,他们是要由人对物的"主体性"转向人与人之间的"互主体性",只不过他们没有作这样明确的主张和表述。哈贝马斯的交谈伦理学也是要把哲学的重心由认识自然、征服自然的旧传统转移到人与人之间的相互交往和相互理解。

2. 康德的独白式与哈贝马斯的对话式

康德以"主体性"为自己哲学的主导原则,而且以道德主体性为最高的主体性,他的认识论以及他关于认识主体性的论述都不过是为论证道德主体性作前导。他的道德准则是如何建立起来的呢？康德的回答是"绝对命令"。他的道德哲学以人类具有共同的实践理性结构为根据,要人"只按照那个你可以同时意愿它变为一个普遍的道德律的标准去行事"。这就是说,当道德律对每一个个人,或者说,对每一个主体是普遍的时候,则这个道德律同样地对所有其他人、其他个体都有效,这也就等于说,每个人都可以把自己确定为普遍的道德律加在别人头上,这样的道德律是独白式地建立起来的。哈贝马斯不同意这样的方式,认为道德行为是人与人之间、主体与主体之间的相互交往,只有通过他们之间的交往、交谈、对话,才能达成共识,达成具有普遍性的道德律。所以在哈贝马斯看来,道德律是通过主体间的对话方式建立起来的。对话与独白是哈贝马斯的伦理学与康德伦理学乃至传统理论的一个重要区别。①

---

① 参见哈贝马斯:《道德意识和交往行动》(Moralbewuβtsein und kommunikatives Handeln),美因兹—法兰克福(Franlefurt a. M.)1983 年版,第 76 页。

3. 儒家的独白式与西方传统的独白式和哈贝马斯的对话式

这里不能不令我们想起中国儒家的伦理道德观。儒家无论是孟子的天人相通说，还是董仲舒的天人感应说，无论是朱熹的"与理为一"，还是王阳明的"心即理也"，都把封建道德律看成是无须经过主体间的任何交谈、对话即可确定的，这些道德律完全是"天"或圣人之"心"的独白的产物，而究其根源，则不过是封建统治者"天子"的独白的产物。

西方哲学史上道德律的建立方式大体上有下面几种类型：一是早期的宗教、神话；二是较发达的宗教，例如基督教的上帝；三是主体性形而上学所谓的最终根据，例如康德的"绝对命令"。所有这些都是独白式。哈贝马斯的交谈伦理学所提出的对话式，乃是对西方传统伦理学的一个大突破。哈贝马斯自己说他的交谈伦理学是康德式的，但那主要是就他和康德都强调道德律的普遍性而说的，如果就建立道德律的普遍性的方式来说，则一个是独白式，一个是对话式，实大相径庭。当然，哈贝马斯所主张的对话式和"互主体性"，在黑格尔关于意识间的互相承认的理论中和胡塞尔的"互主体性"概念中都已有其思想渊源，但哈贝马斯确实大大地发展了他们的思想。至于中国哲学史上道德律的建立方式，除了占卜与西方早期的宗教、神话大致属于同一类型之外，既缺乏宗教，也不讲主体性形而上学的最终根据，更没有哈贝马斯所倡导的对话式。中国哲学史上长期占主导地位的儒家方式是听从"天"的独白，这是不同于西方独白式的另一种形式的独白。道德律是"天理"，"天理"是天经地义的东西，不容许有任何交谈、商讨的余地。儒家哲学缺乏主体性原则，不承认每个人都是一个主体，更谈不上主体与主体之间的、商谈对话，谈不上"互主体性"。如果说承认主体，那也只是承认"天子"一个人是主体，这也就是黑格尔所谓"只知道一个人是自由的"[①]。在中国，要建立道德律的对话方式，必须清除根深蒂固的儒家的独白式传统。

---

① 黑格尔：《历史哲学》，王造时译，生活·读书·新知三联书店1956年版，第56页。

二 儒家的"万马齐喑"的伦理学与哈贝马斯的"交谈伦理学"

1. 哈贝马斯的"认知主义"伦理学

哈贝马斯的交谈伦理学是建立在理性的基础之上的,这是哈氏伦理学与康德伦理学的一个重要共同点,只不过康德所讲的实践理性是独白式的,而哈贝马斯所讲的理性则是个人与个人之间、主体与主体之间通过交谈,共同诉诸理性,以达到共识。哈贝马斯主张用道德的方式以解决各个个体或主体行为之间的矛盾来代替暴力的方式和强制的方式。道德行为是主体与主体之间进行真正的相互沟通、彼此理解的行为,在其中,双方通过自己所提出的理由作为论据,以达成共同接受、共同认可的规则或规范。这里,双方唯一服从的标准是理性—理由,而不是任何强制性的外在力量,所以这样达成的同意和一致是非强制性的,是合乎理性的。正因为如此,哈贝马斯明确地称他的交谈伦理学是"认知主义"和"主知主义"的伦理学。认知主义就是以理性为基础,而不以情感主义和直觉主义为基础;即使是个人的情感、爱好、欲望之类的非理性的东西也要建立其合理性的根据,使之具有普遍性。反之,"非认知主义"则认为道德规范是个人情趣,属于纯粹由主观方面决定的东西,无理性、理由和普遍性之可言。

2. "理想的谈话环境"的"假定"

哈贝马斯深刻地注意到,在实际生活中要求人们的交谈、对话只服从理性—理由而不受任何强制性因素的干扰(例如权势的胁迫、利害的引诱、社会舆论的偏见、不平等和不能自由发表意见的传统等等),几乎是不可能做到的事,因此,他把自己所提出的不受理性—理由以外的力量所左右的所谓"理想的谈话环境"称作交谈中的一种不可缺少的"假定"或"预期",这就是说,交谈、对话不一定就产生完全合乎理性——完全根据理由的一致和同意,但哈贝马斯强调,要达成这样的一致和同意,交谈、对话是唯一可行的途径。哈贝马斯的这个思想启发了我们,"理想的谈话环境"虽然在现实中几乎不可能找到,但这毕竟是一个合乎理性的理想。

3. 儒家的"庶人不议"

与哈贝马斯的这种理想相对照,中国儒家的创始人孔子的伦理政治理想则不然。孔子认为"天下有道,则庶人不议"①。这也就是说,不交谈、不对话("不议")是最高的伦理政治理想。孔子以后的整个儒家传统都继承了这个原则。当然,他们也推崇"谏君"和"纳谏",但孔子所讲的"君君,臣臣,父父,子子"那一套"正名"的思想,却决定了"谏君"和"纳谏"只能是君臣之间的一种不平等的对话,不是主体与主体之间的平等对话;这种对话的最后裁决者不是理性,而是掌握权力的君主,尽管开明的君主也讲一点理,但最终理仍然掌握在君主的手中。"九州生气恃风雷,万马齐喑究可哀"(龚自珍语)。一种"万马齐喑"的伦理学——一种排斥交谈、对话的伦理学,无理性的伦理学,与哈贝马斯的交谈伦理学——合理性伦理学正好形成鲜明的对比,说明中国的儒家伦理学缺乏主体性原则,更谈不上"互主体性";儒家的伦理学与理性伦理学背道而驰,既不能比拟为康德以"主体性"为原则的伦理学,更远远比不上哈贝马斯以"互主体性"为原则的伦理学。联系到中国儒家伦理传统的顽固性,我们把儒家拿来与哈贝马斯的伦理学对照一下,或许不算是迂阔而无意义的吧。

4. "仁"与"互主体性"的区别

有一种意见认为孔子的"仁"是对人的尊重,因而也是对人的主体性的承认,并引"己所不欲,勿施于人"②"己欲立而立人,己欲达而达人"③作为佐证。把孔子的这些话评价为对人的尊重,固无不当,但认为这就是孔子的"主体性"思想,则未免过分。孔子的"仁"是以自己为出发点,所谓"能近取譬"④,即是此意。孔子的思想诚然有其可贵之处,值得肯定。我们平常称赞的"人情味",也许就是孔子的"仁"的思想表现。但细察一下这种由近及远的"人情味",就不难看出,它是出自"自我"的施舍和恩赐,而并非出自对他人的"主体性"的承认,——对他人的独立自主的权利的承认,并非出自责任感。反之,"主体性"和"互主体性"的思想是肯定人皆有独立自主权,人与人之间的关系是两个独立的人之间的关系,而决不是施予与被施予、恩赐与被恩赐的关系。后者是主动与被动的关系,前者则是一种"互动"的关

---

① 《论语·季氏》。
② 《论语·颜渊》。
③ 《论语·雍也》。
④ 同上。

系。后者确能给人以"温暖",但"温暖"之余,却给人留下"欠债"甚至压抑之感,原因就在于不平等;前者似乎是"冷冰冰"的人际关系,但各人有自己的权利,彼此独立,相互平等。"仁"与"主体性""互主体性"的区别也许就是中国传统人际关系与西方传统人际关系的区别。

5. 墨子的"兼相爱"

这里对孔孟的"仁"的含义,是否分析得太牵强、太苛刻了一些呢?我们不妨把墨子的"兼爱"拿来与孔子的"仁"对比一下,也许能帮助我们更贴近地理解我上述的看法。墨子的"兼爱"有两个特点:一是爱无差等,不分远近亲疏。墨子说"兼以易别"①,"兼"就是不分人与己,不分远与近,"别"就是分别远近和人己。与之相反,孔子的"仁"则是爱有差等,由近及远,由己及人。故墨子主张爱应该"远施周遍","赏贤罚暴,勿有亲戚弟兄之所阿"②;而孔子则认为"父为子隐,子为父隐,直在其中矣"③。孔子的这个思想大概是中国人所谓"合乎人情"的一个具体表现吧,但我想这也是缺乏"主体性"和"互主体性"的表现。至于墨子的"兼相爱"则颇有"主体性"和"互主体性"的思想闪光,"兼相爱"之"相"与"互主体性"所讲的相互承认对方是独立的主体,有相通之处。难道我们不应该发扬墨子的"兼相爱"以冲击一下儒家父子相隐的传统吗?

"兼爱"的第二个特点是"交相利"。墨子的"爱"不像孔子的"仁"那样只是脱离物质利益的抽象道德观念,而是与物质利益紧密联系在一起的。墨子虽然也讲"仁",但他的"仁"的含义远不同于孔子的"仁"。墨子说"仁人之所以为事者,必兴天下之利"④,可见墨子是以利来解释仁。西方的"主体性"思想的一个重要含义就是强调认识自然、征服自然,使自然有利于人,所以从这方面看,墨子的"兼相爱"实在可以说包含有"主体性"思想的因素。

---

① 《墨子·兼爱下》。
② 同上。
③ 《论语·子路》。
④ 《墨子·兼爱中》。

三 理与情

1. 情的合理化

我们还是回到哈贝马斯的交谈伦理学的理性特征吧。哈贝马斯认为,通过交谈、对话所建立起来的合理性不仅包括道德规范,而且包括情感、欲望、兴趣等等在内。反之,按照康德的独白式,个人的情感、欲望、兴趣、爱好等特殊性的东西都必须排除掉,然后才能建立道德律的普遍性,也就是说,道德律只能建立在排除上述个人的特殊因素的纯实践理性基础之上,因为这些特殊的东西是不可能被普遍化的。可是哈贝马斯的交谈伦理学却恰恰主张,在通过交谈、对话以建立普遍的道德律时,个人的特殊因素都必须包括在内,都必须成为交谈、对话的内容。例如通过交谈、对话,大家同意建立某种公共的福利事业,这样就达到了个人情感、欲望、兴趣等等的普遍化与合理化,因为通过这样的方式建立起来的公共福利事业,是大家都根据一定的理由所支持的,至于某些具有极个别性质和私人性质的情感、欲望、兴趣等则通过妥协来解决。哈贝马斯的这套理论和想法,是否周全缜密,这个问题我不想讨论,我的兴趣在于它把个人兴趣等特殊因素都囊括在交谈、对话之内而加以普遍化、合理化这一基本观点。中国儒家所讲的存天理灭人欲,是一种与哈贝马斯的基本观点正好相反的思想。存天理灭人欲就是把个人的欲望、情感、兴趣等都排斥在普遍性、合理性之外,更不用说都要排斥在交谈、对话之外(因为在儒家那里,"天理"也是独白式地建立起来的)。倒是戴震的"理存于欲"和"达情遂欲"说有点接近哈贝马斯的上述观点。戴震说:"理也者,情之不爽失也。未有情不得而理得者也。""今以情之不爽失为理,是理者存乎欲者也。"①"天下之事,使欲之得遂,情之得达,斯已矣。……遂己之欲者,广之能遂人之欲;达己之情者,广之能达人之情。道德之盛,使人之欲无不遂,人之情无不达,斯已矣。"②戴震这些话多少有点哈贝马斯的意思:即私人之情与欲可以"广之"而同他人之情与欲达到普遍化与合理化,这种普遍的、合乎道德规范的理包含私人的情与欲在内而不使之有所"爽失"。戴震当然不懂得"达情遂欲"之"理"需要通过人与人之间的交

---

① 《孟子字义疏证》卷上。
② 《孟子字义疏证》卷下。

谈、对话方式才能获得。以戴震为代表的明清之际的"理存于欲"的思想只是中国近代思想的萌芽,我们不能要求它达到以哈贝马斯为代表的西方现当代哲学思想和伦理思想的水平。

有一种看法认为哈贝马斯关于私人情感、欲望和兴趣等应该普遍化与合理化的理论有极权主义之嫌,这当然是一种误解。极权主义所谓普遍的、共同的兴趣或利益是超乎个体之上的、与个体处于对立地位的东西,所以它可以起到压制个体性、灭绝个体性的作用;中国儒家所讲的独白式的"天理"就是如此:"理"高踞于"天"的位置而宰制人欲,甚至灭绝人欲。哈贝马斯所讲的个人情欲等等的普遍性则是通过主体与主体之间相互交谈、对话所达到的共识,这种普遍性、合理性就在个人与个人、主体与主体之间,类似戴震所说的"理存于欲"那样,它显然没有任何压制个体性与主体性之意。

2. 排斥情于理之外的两种方式

把个人情感、欲望和兴趣等排除在普遍的理之外,可以有两种方式:一是中国儒家的存天理、去人欲的方式,即将个人特殊性因素排斥在外而加以压制甚至灭绝;另一种是西方自由主义的方式,即承认这些特殊性因素在普遍的理之外的存在权,承认它们的相对性,认为它们既不可能被普遍化,也不应该把它们普遍化,因为个人的这些特殊性本来是个人的、主观的,原无客观性和客观标准可言,社会只需有统一的道德规范就可以了,至于上述特殊性则不应通过普遍化而加以压制。哈贝马斯的理论显然不属于自由主义的范畴。在自由主义者看来,只要把这些特殊性加以普遍化,就有限制或压制它们之嫌,哈贝马斯的交谈伦理学就有这种弊端。

3. 三种情理关系

这里所谈到的关于"情"(指情感、欲望、兴趣等等特殊性的东西)与"理"的关系显然在大体上可以概括为三种:一是"理"在"情"之上,"理"是独白式地建立起来的,它压制"情",中国正统儒家的"存理去欲"论属于这一种;二是"理"在"情"之中,"理"是通过交谈、对话建立起来的,"情"统一于"理",哈贝马斯的交谈伦理学属之,中国明清之际的戴震的"理存于欲"说有近似之处;三是"理"在"情"之外,"理"不管"情","情"不属于交谈、对话的内容,自由主义属之,康德的伦理学有近似之处。第一种关系以普遍性压制了个性,第二种企图把个性结合在普遍性之中,第三种是强调个性和多元性。在西方,哈贝马斯的伦理学正引起一些人特别是自由主义者的担心,主要担心它会压抑社会的多元性。在有着儒家传统的中国,哲学思想和伦理学思想究应走向何方?是对话还是独白?这是个严重的问题。

第二十四章
知行问题的道德含义与认识论含义

一 知行合一的道德意义

1. 中国的知行问题与西方的认识与实践

我们一提到知行问题,就想到认识与实践,并且认为认识就是指主体认识到客体、对象是什么,实践就是指改造世界、改造自然,使其为主体服务。但中国哲学史所讲的知行问题是否只是指这种含义呢?或者更具体地说,是否主要指这种含义呢?其实,这种含义主要来自西方哲学传统,至于中国哲学传统所讲的知行,不是指这种含义,而是指道德意义的知和道德意义的行。前一种含义的认识与实践问题是一个认识论的问题,后一种含义的知行问题是一个伦理道德问题。中国哲学传统所讲的知行问题主要是伦理道德问题,当然也包含认识论问题。把中国哲学史上的知行问题主要地当作认识问题来讨论,从而把中国哲学史上的知行理论主要地当作某种认识论来批判,未免文不对题,至少是不恰当的。

2. 王阳明的知行合一说是以往儒家关于知行不可分离思想的总结与发展

中国哲学史上占主导地位的儒家大都有知行合一的思想,尽管他们中间有的重知,有的重行,尽管"知行合一"的命题直至王阳明才明确提出。孔子反对"言过其行",孟子主张

"养"浩然之气,将善端扩而充之,"强恕而行,求仁莫近焉"①,都含有知行合一之意。程伊川虽然主张"以知为本",但认为"知之深,则行之必至,无有知之而不能行者,知而不能行,只是知得浅"②。这可算作王阳明知行合一说之先声。朱熹也讲知先行后,但仍认为知行不可分离:"知行常相须,如目无足不行,足无目不见。论先后,知为先;论轻重,行为重。"③王阳明更明确地提出了"知行合一"说。他认为知与行是一件事的两个方面:"知之真切笃实处,即是行;行之明觉精察处,即是知。知行工夫本不可离。"④他也认为知与行是一个过程,即所谓"知是行的主意,行是知的工夫。知是行之始,行是知之成。若会得时,只说一个知,已自有行在;只说一个行,已自有知在"⑤。如果说,王阳明以前的一些儒家还只是主张知与行两者不可分离,却仍然认为它们是有明确区分的两件事,那么,王阳明所明确提出的"知行合一"说则把知行合一的思想推进到了这样的地步:知与行不仅仅是不可分离的两件事,而且就是一件事物的两个方面,犹如手心之于手背,从这一面看是手心,从另一面看是手背,从"明觉精察"的方面看是知,从"真切笃实"的方面看是行,从一事之"始"看是知,从一事之"成"看是行。有一种看法,认为王阳明混淆了知与行,从而"知行不分"。这种看法并不符合实际。王阳明的"知行合一"说是对前人知行合一思想的发展,多少有点像斯宾诺莎把笛卡尔的精神物质的二元论发展成为同一实体的两个方面、两种属性的一元论的情况,我们不能说斯宾诺莎把精神与物质、思维与广延混为一谈,同样,我们亦不能说王阳明混淆了知与行,"知行不分","以知为行","销行归知"。

王阳明以前的一些儒家特别是程伊川和朱熹一派的理学家,其所谓知行虽然主要地仍然是指道德意义上的知行,但比起王阳明来,毕竟还包含有西方哲学传统所讲的认识论意义上的认识与实践的含义,所以他们关于知行问题的理论总起来说虽然还是以知行合一的思想为主导,但毕竟还包含有把知与行看作是两事而非一事的思想,因为认识论意义上的知与行即认识与实践,的确是可以发生知而不行(即有了认识,但不去实践)或行而不

---

① 《孟子·尽心上》。
② 《二程遗书》卷十五。
③ 《朱子语类》卷九。
④ 《答顾东桥书》。
⑤ 《传习录上》。

知的情形的。可是道德意义上的知与行则是紧密联系,不可须臾分离的。王阳明专从道德意义上讲知行,几乎不讲认识论意义的知行,所以在他那里,知与行相合一的程度达到了前人所未曾达到的最高峰。王阳明所谓"一念发动处,便即是行"①,更明显地是指道德意义上的行。若把它当作认识论上的问题,则诚如王阳明所说,"只因知行分作两件,故有一念发动,虽是不善,然却未曾行,便不去禁止"②。但此"一念"即是道德意义之"念",则念善便是道德,念恶便是不道德,故一念之初便已是行。道德意义之念即是道德意义之行,道德就是要讲动机("念")。王阳明的原话:"我今说个知行合一,正要人晓得一念发动处,便即是行了,发动处有不善,就将这不善的念克倒了。须要彻根彻底,不使那一念不善潜伏在胸中,此是我立言宗旨。"③可见王阳明"知行合一"说的"立言宗旨"就是有道德意义的。他虽然也提到学问思辩亦是行,但那种意义的行并不是它立论的主旨,而且他主要是为强调"工夫"之切实才说这番话的:"凡谓之行者,只是着实去做这件事,若着实做学问思辩工夫,则学问思辩亦便是行矣。"④王阳明从道德意义上明确提出"知行合一"说,把道德意义的知行作为"知行合一"说的"立言宗旨",正好抓住了以往儒家一贯偏重道德意义的知行问题的探讨和强调知行不可分离的思想的核心,可算是对中国哲学史上知行理论的一个总结和发展。

二 从天人合一到主客二分,从道德意义的知行合一到认识论意义的认识与实践

1. 道德上的知行合一与天人合一

"知行合一"与儒家的"天人合一"有密切的关系,可以说,知行合一就是为了达到天人合一的最高境界,知行合一是方法,是手段,天人合一是理想,是目标。

---

① 《传习录下》。
② 同上。
③ 同上。
④ 《答友人问书》。

孟子认为人之善端乃"天之所与我者",但必须扩而充之,"强恕求仁",也就是必须通过修养之行,"反身而诚",才能达到与天为一、与万物为一的天人合一境界,至此,人就可以成为最有道德的圣人。

程伊川强调"学者须是真知,才知得是,便泰然行将去也"。"人既能知见,岂有不能行?"知就是知理,而"理性本善",故"真知"也就是知"良知"。能知良知,知理性本善,则只要"循理而行"①,就可以达到"与理为一"的天人合一境界。

朱熹讲"知行常相须",其所谓知,就是知"天理",而朱熹所谓"天理"或"太极"的主要内容是"仁",也就是有道德意义的义理之天。他说:"义理不明,如何践履?"②所以朱熹和伊川一样,也认为循理而行即可达到"与理为一"的天人合一之境。

王阳明的知行合一说最明显地表达了它与天人合一说的密切关系。王阳明所谓的知是指良知,所谓行主要是致良知。人与天地万物原是一体,人之良知即天地万物之良知,人之心即天地万物之心。此心或良知又称"明德"或"一体之仁",人皆有之。③ 人与一切生物以至非生物皆息息相通,"一气流通",这是王阳明的天人合一说之主旨。王阳明认为,当人不为私欲所蔽时,人既能"自知"其良知,亦必能实行此良知,故"知行合一"之"本体"就是"天人合一"。但因私欲障碍,人往往不能实行其良知,知行分离,于是天人相隔,这既"不是知行的本体"④,也不是天人合一,不是天地万物一体之本然。只有"去其私欲之蔽,以自明其明德"⑤,亦即致良知——实行良知,才能"复其天地万物一体之本然"⑥,回复到天人合一,这也同时就是回复到"知行的本体"即知行合一。可见在王阳明那里,知行合一与天人合一已经达到一而二、二而一的地步:知与行合一则天与人合一,知与行分离则天人相隔。可以说,王阳明把中国儒家天人合一的思想与知行合一的思想以及二者间密切相关的思想都发展到了中国哲学史上的顶点。

王阳明以后,天人合一与知行合一的思想逐渐衰退,西方传统哲学中占

---

① 《宋元学案·伊川学案上》。
② 《朱子语类》卷九。
③ 《大学问》。
④ 《传习录上》。
⑤ 《大学问》。
⑥ 同上。

主导地位的主客二分思想在中国哲学史上也逐渐抬头。主客二分式的一个主要特点是主体与客体原本相互外在,彼此对立,而主体要通过自身的主体性,认识客体(认识)和改造客体(实践),从而达到主客的统一。这样,以道德意义为核心的知行合一的思想,也就逐渐为认识论意义的认识与实践的思想所代替。明清以后的哲学发展趋势大体上就是如此。

2. 认识论上的认识与实践和主客二分

王船山既有天人合一的思想,也有主客二分即所谓"能所"的思想,所以他既有道德意义的知行合一的思想,也有认识论意义的认识与实践的思想。而认识论在王船山哲学中占有比在前人哲学中更重要的地位,就如同主客二分思想在他那里占有比在前人哲学中更重要的地位一样。王船山明确反对程朱的知先行后说和王阳明的知行合一说,而主张"知以行为功"①,颇有强调实践在认识中的地位之意,当然,这里说的实践还不是指阶级斗争和生产斗争,而是指一般的日常活动和行动。

颜元提倡"事物之学",攻击程朱陆王的"主静空谈之学",他所主张的"习行"虽然仍以"习礼""习乐"为主,但他也从认识论角度强调实际活动在认识中的作用,他认为"格物致知"之"格"即"手格猛兽之格","格物"即"犯手实做其事"②,必须"手格其物,而后知至","必箸取而纳之口,乃知如此味辛"③。颜元实际上是形象地、具体地强调了实践在认识中的基础地位。

魏源公开反对天人合一和万物一体的思想,与此相应,他颇多主客二分的思想,着重从认识论角度谈知行问题,他强调"及之而后知,履之而后艰"④。

魏源以后的一些近代先进思想家如谭嗣同、梁启超等人也都不注重讲天人合一,他们强调"我"或"心之力",实际上就是强调西方传统哲学中的主体性思想,着重讲认识论,讲主体改造客体即实践的作用,尽管他们中有的人也谈知行合一,但那已不是重要的了。至孙中山则明确提出心物二元

---

① 《尚书引义》卷三。
② 《言行录》卷上。
③ 《四书正误》卷一。
④ 《默觚·学篇》,见《古微堂内集》卷一。

论,公开反对以王阳明为代表的知行合一说,提倡"知难行易"说。不管他的知行观有这样那样的可以指责之处,但无论如何,他摆脱了儒家主要从道德意义谈知行问题的旧传统,而专门从认识论角度谈知行问题,并强调实践的重要性,这是中国近代史上一些先进思想家向西方学习主客二分思想和主体性原则的一个总结和成就,是中国哲学史上的一大突破。如果说中国哲学史在王阳明以前是以天人合一和知行合一的思想为主流,那么,中国近代哲学史,或者说得早一点,自明清之际的王船山以后,则是一段学习和发展主客二分思想和以之为基础的认识与实践理论的历史。前者重道德修养,后者重科学认识;前者以王阳明为集其大成者,后者至孙中山而告一大的段落。

三 "知"哲学与"行"哲学

1. 儒家传统重"为道":"知"哲学与"行"哲学的统一

中国哲学史上占主导地位的儒家传统的知行合一思想决定了中国哲学史上的哲学家一般都要求把自己的哲学观点付诸实践,使哲学与实际生活,包括政治生活,打成一片,他们不单是讲哲学,而且要用哲学,身体力行。所以一般哲学家,当然主要是儒家,都集哲学与政治思想、伦理思想于一身,他们往往既是哲学家,又是政治家、道德家。儒家所讲的内圣外王最典型地说明了这一点。我很赞赏金岳霖对这个道理所做的概括:既有内在的圣智,就必然可以外在化为王者治国安邦之道,哲学思想必然可以在经国济世的活动中得到实现,哲学家必然要成为政治家。① 所以"一位杰出的儒家哲人,即便不在生前,至少在他死后",可以成为"无冕之王"。②

儒家哲人的这种特点不仅与知行合一思想直接相关,而且说到底还是他们的天人合一思想的表现。儒家的天人合一本来就是一种人生哲学。人主要地不是作为认识者与天地万物打交道,而是主要地作为一个人伦道德意义的行为者与天地万物打交道,故儒家的天人合一境界是一个最充满人伦道德意义的境界,在此境界中,哲学思想与道德理想、政治理想融为一体,个人与他人、与社会融为一体。这样,在儒家传统中,哲学与实际的政治生

---

① 见《金岳霖学术论文选》,中国社会科学出版社1990年版,第359页。
② 同上。

活、人伦生活合而为一,哲学家与实践的政治家、道德家合而为一,便是很自然的事情了。

2. 西方传统哲学重"为学":"知"哲学与"行"哲学的相对分离

和这种情况不同,西方哲学传统重主客二分,重对自然的认识与征服,重认识论与方法论,比起中国儒家传统来,较少重人生哲学。如果用"为道"与"为学"的术语来说,中国儒家传统是重"为道",而西方哲学传统则是重"为学"。重"为道"的哲学家必然把自己的哲学与人生、与生活紧密联系在一起,"按照自己的哲学信念生活"①;重"为学"的哲学家则比较脱离实际生活,处在实际生活之外,用金岳霖的话来说,"他推理、论证,但是并不传道。……他懂哲学,却不用哲学"②。也可以说,他"知"哲学而不"行"哲学,不身体力行。前者往往兼做政治家、道德家,后者则往往脱离实际,对哲学做学究式的研究,在自己的哲学推理和论证中自得其乐。这当然不是说西方传统哲学家不讲政治思想和伦理思想,相反,他们大都有自己系统的政治思想和伦理思想。但在大多数情况下,他们的政治思想、伦理思想或则与他们本人的生活虽有紧密联系,却与他们的哲学思想并无紧密联系,或则与他们的哲学思想虽有紧密联系,却与他们本人的生活并无紧密联系,他们都不像中国的儒家哲人那样,其政治思想、伦理思想既与哲学家的哲学思想紧密联系在一起,同时又与哲学家本人的生活紧密联系在一起,③甚至于哲学家与政治家、道德家,哲学思想与政治思想、伦理思想都是同一的。

西方哲学的这种特点大都表现在西方近代哲学史上。上面所说的西方传统哲学主要地也是指近代哲学。这仍然是由于上面已提到的主客二分式的发展所造成的。主客二分式和主体性是西方近代哲学的模式和原则,故上述特点在西方近代哲学史上表现得较普遍、较明显。古希腊的苏格拉底、柏拉图和亚里士多德就不是这样,他们的情况和中国儒家颇有些类似④,柏拉图的"哲学王"就很像中国儒家的"内圣外王"之王。

---

① 见《金岳霖学术论文选》,中国社会科学出版社 1990 年版,第 361 页。
② 同上书,第 361 页。
③ 同上书,第 359 页。我这里基本上采用了金岳霖在该书中阐发的观点。
④ 同上书,第 357—358、360 页。

3. 西方现当代哲学重"为道"的趋势

西方现代哲学家尽管仍然保持近代哲学史上的基本情况,但已经有接近中国传统的趋势。在这一点上,我倒是不完全赞同金岳霖的看法。金岳霖在《中国哲学》一文中认为西方现当代的哲学家与中国哲学家"大异其趣","中国哲学家都是不同程度的苏格拉底式人物。其所以如此,是因为伦理、政治、反思和认识集于哲学家一身,在他那里知识和美德是不可分的一体"。至于西方现当代,则"苏格拉底式的人物已经一去不复返","现代苏格拉底是再也不会有的"①。金岳霖的主要理由是求知有分工,"每个知识部门都取得了很多专门成就,要我们这些庸才全部掌握是几乎不可能的",所以我们"不必野心勃勃地要求某一位学者独立统一不同的知识部门"②。我以为分工明细固然使哲学家不可能再像苏格拉底那样集伦理、政治、反思和认识于哲学家一身,不可能使哲学家同时成为政治家、道德家,就像中国哲学的情况那样,但西方传统哲学之所以具有哲学或哲学家与实际生活(政治生活、伦理道德生活等)的联系不那么紧密的特点,其主要原因还是在于人对世界的态度问题。中国儒家哲人的天人合一与知行合一的思想态度决定着儒家既是哲学家又是政治家、道德家,西方近代哲学的主客二分的思想态度及认识与实践的理论决定着西方近代哲学家与实际生活有不同程度的分离的特点;至于西方现当代哲学中现象学和存在主义以至后结构主义思潮中的哲学家,则大反主客二分式,他们中的大多数人所提倡的实际上是类乎中国天人合一的思想(当然不是儒家式的天人合一),他们都把哲学思想与人的实际生活结合在一起,而人的实际生活在他们看来,不仅是认识自然、改造自然的认识活动与实践活动,也不仅是道德行为,而更重要的是人的感情、情欲等等,他们大都公开反对做书呆子式的、学究式的学者,反对那种把人看作是只有认识,只知向自然索取而没有感情、情欲,只知理性至上而无非理性因素的干巴巴的观点。克尔凯郭尔、尼采、狄尔泰、海德格尔、萨特等基本上都是如此。他们不一定全都像中国儒家哲人那样既是哲学家,又是政治家、道德家,但他们都关心实际生活,以至关心政治生活,他们的哲学都是不同形式、不同程度的人生哲学,他们也都要求身体力

---

① 见《金岳霖学术论文选》,中国社会科学出版社 1990 年版,第 360、361 页。
② 同上书,第 360 页。

行自己的哲学,要求"按照自己的哲学信念生活",这一点却是和中国儒家哲人非常相似的。尼采不就是由于践行自己的哲学信念而疯狂致死吗?尼采反对苏格拉底、柏拉图,主要是反对他们过分吹捧理性,吹捧知识,但就尼采哲学之紧密联系人生,紧密联系生活而言,则与苏格拉底、柏拉图有相通之处,尼采实际上是要超越以主客二分和主体性为模式和原则以及重认识的西方近代哲学而回复到古希腊的某种意义的天人合一的时代。海德格尔之向往前苏格拉底哲学也是一个明显的例子。萨特明确主张哲学应具有实践性,他本人就是一个实践家,一个身体力行其哲学的哲学家。看来,西方现当代哲学中现象学、存在主义等思潮,就其要求与人生、与实际生活紧密结合这一点来说,颇有以新的形式回复到古希腊哲学之势,也是向中国哲学靠拢的一种表现。也许西方现当代哲学中的分析哲学多有金岳霖所说的那种情况,但毕竟分析哲学不是西方现当代哲学之全部。当然,金岳霖也举了分析哲学以外的英国新黑格尔主义的例子,他认为新黑格尔主义者的政治思想与其哲学虽有内在联系,但与这些哲学家本人("只有格林除外")的联系却"非常外在"①。但金岳霖毕竟没有看到分析哲学和新黑格尔主义以外的现象学和存在主义哲学家们那种把哲学与实际生活紧密结合起来,并身体力行其哲学的特点。还是用"为道"与"为学"的术语来说吧。西方现当代的现象学与存在主义思潮反对西方近代哲学史上重"为学"的旧传统,颇有中国哲学史上的重"为道"的思想,故其哲学以及哲学家本人多与实际生活紧密相联。金岳霖说西方现当代哲学家"推理、论证,但是并不传道",这个说法未免笼统,其实,例如克尔凯郭尔、尼采就不搞甚至反对脱离实际生活的推理、论证,而着重"传道",只是这里的"道"不能理解为中国儒家之"道"。克尔凯郭尔、尼采不但"传道",而且身体力行其"道"。

四 道家既"知""道"亦"行""道"

西方现当代一些哲学家们所传的"道"或"天人合一"(借用中国哲学的术语来说)思想类乎中国道家式的"道"或"天人合一"(关于两者的区别,这里不打算论述)。道家的"天"和"道"是没有道德意义的,这和儒家的"天"和"道"具有道德意义特别是封建道德意义很不相同。道家讲在天人

---

① 见《金岳霖学术论文选》,中国社会科学出版社1990年版,第359页。

合一境界中达到超脱,他们乃是既要超脱功利,又要超脱仁义。道家的情况似乎证明天人合一的思想并不一定导致知行合一,并不一定导致哲学家及其哲学与实际生活紧密结合,似乎只有在儒家那里才有这种由前者导致后者的关系。这种理解实际上只是表面的。儒家的天主要是有道德意义的义理之天,它所讲的知行问题主要是道德问题,故由天人合一导致知行合一,非常明显,易于说明;道家否定天和道的道德含义,其哲学似乎是脱离实际行动和实际生活的,但仔细考察一下道家就知道,他们讲超功利、超仁义,却并不脱离实际行动和实际生活,他们并不是不关心社会政治生活的学究。超功利、超仁义也是一种实际行动和实际生活。道家也重"为道",只是不为儒家之道,至于道家轻"为学",则比儒家往往有过之而无不及。所以道家也不像西方传统的哲学家那样"推理、论证,但是并不传道",而是既传道,也身体力行其道。道家和儒家都属中国传统,道家哲人和儒家哲人一样都关心社会,关心政治,都把哲学与社会思想、政治思想紧密结合起来,都有自己的政治理想和社会理想,只不过道家的哲学和政治理想、社会理想是企图超功利、超仁义的,当然,道家不像儒家那样大都是政治家。《老子》:"法令滋彰,盗贼多有。"(第57章)"我无为而民自化,我好静而民自正,我无事而民自富,我无欲而民自朴。"(第57章)这些既是《老子》的哲学,又是其社会政治思想,可称作无为而治的社会政治哲学。《老子》还说:"小国寡民……甘其食,美其服,安其居,乐其俗。邻国相望,鸡犬之声相闻,民至老死,不相往来。"(第80章)这是《老子》的社会政治理想。可见《老子》有明确的社会政治思想,而且与其哲学结合成了一个有机的整体,只不过它是一种反传统的社会政治思想。庄子的逍遥游和齐物论的思想既是一种哲学,也是一种讲绝对平等自由、讲超功利、超仁义的社会政治思想。庄子妻死,鼓盆而歌,乃是庄子身体力行其哲学的一种表现。

老庄虽不谈知行关系,但实际上都主张不但要知"道",而且要行"道"。庄子说:"且有真人而后有真知。"[①]"真知"当然不是像西方哲学传统那样指认识自然,而是指悟"道",也就是以道观物,达到天人合一,以见物无不齐,物我不分。但要达到这种境界,需要修养,修养就是行。儒家的修养是道德修养,即"去私",这是儒家的行;道家的修养是"去知""忘我",这是道家的行。儒家要求通过行达到人与道德意义的义理之天合一,道家要求通

---

① 《庄子·大宗师》。

过行达到人与无道德意义之道合一。庄子讲"体道",也许就是指身体力行其道。

五　哲学与人生

哲学与实际的社会政治生活紧密相联,与哲学家本人的生活、行动紧密相联,这是中国哲学传统所走的道路;哲学与这些有不同程度的分离,乃是西方哲学传统所走的道路。中国哲学传统的老路一直保持到今天,似乎没有什么改变,"学哲学,用哲学",集哲学家、政治家,以及其他各种家于一身,仍为当今的风尚。至于西方哲学传统的老路,如前所述,似乎更多地存在于近代,而现当代西方哲学中则兴起了一种与之异趣的思潮。我以为哲学是关于人的学问,本不应自外于实际生活,哲学家本人也应按自己的哲学信念生活,否则,哲学便会失去自己的光辉和生命力,中国哲学传统的道路在这方面是值得继承的,西方现当代哲学中现象学和存在主义等流派把哲学与人生紧密联系起来的思潮也是值得我们吸取的。但是需要注意如下三个问题:

第一,中国儒家的义理之天必须打倒,儒家的天人合一与知行合一的道德含义必须清除,只有这样,我们才能既把哲学与实际生活紧密联系起来,又不致使我们的哲学与实际生活被一套封建道德生活与政治生活的教条所束缚。这是在儒家传统根深蒂固的中国这个国度里发展哲学所应注意的一个重要问题。

第二,哲学既然应当与实际生活紧密相联,那么,每个人的实际生活不一样,则每个人的哲学思想和哲学信念也不可能完全一样,这是一个不可否认的事实。不同的哲学思想和哲学信念可以通过彼此间的交往和讨论,或相互融合,或更进而加深其自身,发展自身,这都不是用外在的力量所能强求的。

第三,哲学虽然应与实际生活紧密相联,但这并不是说哲学与实际生活包括政治思想、伦理思想就没有区别。与西方哲学传统相比,中国哲学传统未免有些与实际的社会政治思想和生活搅混在一起了。就此而言,西方哲学传统把两者的距离拉得远一些,也有它好的一面,即可以使哲学得到更多、更深入的专门研究,不致出现集各种"家"于一身而对哲学并无深入的专门研究的哲学家。其实,把这样的人称为思想家也许更为合适。当今之世,求知为道,都有分工明细的特点,金岳霖所指出的这个事实是对的,我们不能因强调哲学应与实际生活紧密相联,就把哲学与实际的社会政治思想与生活不加区分地搅混在一起而不对哲学做专门的研究,搅混在一起的做法与看法确实是不合时宜的。

第四篇 历史观

历史意识,时间上过去、现在和未来的明确划分,在人类文明史上是很晚才出现的,在希腊历史学家那里才刚刚出现,但缺乏哲学的分析。对历史作哲学的分析是18世纪才有的,而历史的概念是在维柯那里才第一次成熟起来。

17世纪末18世纪初意大利哲学家G. B. 维柯(Giovani Battista Vico, 1668—1744)在《新科学》一书中最早在神意之外寻找历史发展的规律。18世纪法国哲学家伏尔泰第一次明确使用了"历史哲学"一词,意指人们不应把历史理解为史实的堆积,而应对历史做哲学的思考。从此,历史哲学便成为哲学的一个分支。在19世纪占主导地位的是思辨的历史哲学,主要探讨历史演变的规律。康德在《一个世界公民观点之下的普遍历史观念》一书中指出,人类历史具有合目的性和合规律性,人性在由自然状态进入社会状态过程中可以逐步得到完满的实现,这一实现过程就是人类历史。黑格尔在《历史哲学讲演录》中认为,历史不是一连串的偶然事件,而是理性自身发展的有规律的过程。这一时期,许多学者认为历史中存在着与自然规律一样的因果律,历史学与自然科学没有原则上的区别。第一次世界大战使思辨的历史哲学出现了新的变化。德国历史哲学家奥斯瓦尔德·斯宾格勒(Oswald Spengler,1880—1936)反对19世纪流行的历史进化观点,提出了文化比较形态学,认为世界历史由若干独立的文化单元组成,如埃及、印度、中国、希腊、罗马、阿拉伯、西方,每个文化单元都经历了大致相同的周期,即由发生、发达到衰落,人们可以预见历史的未来。第二次世界大战后,英国历史学家阿诺德·汤因比(Arnold Joseph Toynbee,1889—1975)继承和发展了斯宾格勒的理论,在《历史研究》中把人类历史分成26个文明单元,每个文明都经历兴起、生长、衰落、解体等阶段。文明是由于"挑战"与"应战"而兴起,文明的生长是由于少数人的创造性和多数人的摹仿,文明的衰落则是由于少数人变成统治者而失去创造性,多数人离心离德,起而反抗统治者,文明衰落的标志是"大一统国家的诞生"。

从20世纪初开始,思辨的历史哲学的主导地位逐渐为批判的历史哲学所代替。批判的历史哲学不再把重点放在解释历史事实上,而放在解释对历史的理解的性质上。其主要代表为狄尔泰、文德尔班(Wilhelm Windelband,1848—1915)、克罗齐、柯林伍德(Robin George Collingwood,1889—1943)、卡尔·波普尔等。他们强调历史学与自然科学的区别,倾向于否认历史有规律,否认历史可以预言。

和前两篇的思路一样,本篇的目的不是介绍历史哲学本身,而是论述第一篇中提出的哲学基本思想和基本观点在历史观方面的体现。

第二十五章
古与今

一 伽达默尔的古今融合论

1. 人与世界的融合和古与今的融合

太史公曰:"究天人之际,通古今之变,成一家之言。"(《报任安书》)在中国哲学史上,关于天与人的关系,有天人合一与天人相分两大类型,或者用西方哲学的思想和术语来说,有人与世界融合和主客(对立或二分)关系两类。我们平常讲天人合一与主客关系,往往只限于讲人与自然或人与物的关系,其实,这两种关系也适用于古和今、过去和现在的关系,适用于今人对待古人、现在对待过去的态度问题。把古和今、过去和现在看成是互相独立、彼此外在的东西,似乎存在着孤立的古或过去,孤立的今或现在,从而认为研究历史只不过是把古的、过去的东西当作外在的客体、对象来对待,这种态度就是主客关系的观点;反之,把古和今、过去和现在看成是一体的,没有孤立的古或过去,也没有孤立的今或现在,从而认为历史研究的最高兴趣就是要从古往今来的连续性和统一体中看待历史事件和历史人物,这就是人与世界融合的观点,借用中国哲学的术语,就可以说是一种天人合一或人与万物一体的观点。或者说得更确切一点,古与今、过去与现在的融合也可以算作人与万物一体或在场与不在场相结合的一种特殊形式。中国传统哲学所讲的天人合一(如果不管其中的天有时系指义理之天或意志之天等等含义)或人与万物一体,只讲主与客的融合,人与自然、人与物的融合,而不太讲古与今、过去与现在的融合,至少是不直接正面地讲这种融合。太史公所说的"通古今之变"应该说包含了这种融合,而且他的《史记》应该说贯穿了这种古今融合的历史观,但太史公算不上哲学家,他没有把这种观点提升为一种哲学理论和哲学系统。西方传统哲学中占主导地位的是主客关系式,现当代许多哲学家都力图打破主客关系式,而强调人与世界的融合或在场与不在场的结合,但他们也只是着重从人与自然、人与物的关系的角度讲这种融合。真正系统地从哲学上、从本体论上(而不只是在方法论上)讲古与今、过去与现在的融合,从而为历史研究开辟一个崭新的视野的,无疑当首推德国当代哲学家伽达默尔的哲学诠释学。

2. 历史研究的最高兴趣不在恢复历史原貌,而在理解历史事件的意义

伽达默尔指出,西方传统的观点总是认为,研究历史上流传的东西,其最高目的就是恢复过去的原貌("原本"),就是要求研究者"把自身置于"历史上流传的东西"这个他物中",即"把自身置于过去的处境中","在过去自身的历史视域中来观看过去"[①],只有这样,才能客观地理解历史上流传的东西。伽达默尔认为,这种一味想恢复历史原貌的观点,是一种"使异己性成为客观认识对象"的要求,是把历史上流传的东西加以"对象化"[②]。伽达默尔的意思实际上就是认为这种观点是一种主客关系的观点。所谓"异己性",意即把历史上流传的东西看成是与研究者(主体)互相外在的东西;所谓"使异己性成为客观认识对象",就是说,历史研究不过是把历史流传物当作认识对象,当作被认识的客体。

但是,历史上的东西是能够真正修复得了的吗?历史研究的最高兴趣就在于修复吗?

任何历史事件的发生,都有其经济的、社会的、文化的以及其他诸种细微的背景,事件与背景联成了一个有机的不可分割的整体,由于时间和历史的迁移,这些背景改变了,事件本身的面貌也随之改变,时间和历史的车轮

---

① 加达默尔:《真理与方法》,洪汉鼎译,上海译文出版社1992年版,第388、389页。
② 同上书,第390、361页。

不可能倒转,历史事件的本来面貌也不可能绝对地被复制和重现。① 黑格尔早已意识到了恢复历史原貌之不可能。他有一段很形象生动的说明:古代的艺术作品,现在已"缺乏当初由于神灵与英雄的毁灭的悲剧而产生出自身确信来的那股精神力量了。它们现在就是它们为我们所看见的那样,——是已经从树上摘下来的美丽的果实:一个友好的命运把这些艺术品传递给我们就像一个少女把那些果实呈献给我们那样。这里没有它们具体存在的真实生命,没有长有这些果实的果树,没有构成它们的实体的土壤和要素,也没有决定它们的特性的气候,更没有支配它们成长过程的一年四季的变换。同样,命运把那些古代的艺术品给予我们,但却没有把它们的周围世界,没有把那些艺术品在其中开花结果的当时伦理生活的春天和夏天一并给予我们,而给予我们的只是对这种现实性的朦胧的回忆"②。伽达默尔引证了黑格尔的这段话,以论证"一切修复之无效",并指责施莱尔马赫想重建历史原本的原来条件以修复历史原本的企图之"无意义"。③

当然,如果把历史研究仅仅归结为某历史事件发生的时间、地点之类的事实性考证或某历史人物的生卒年月的考证,或某种难读的铭文之辨认等等,总之,仅仅归结为可以用一些类似自然科学研究中的实证方法加以鉴别的事实之真伪的研究,那诚然可以说,原则上是可以恢复历史原本的面貌的,但这样的研究在历史研究中,一般说来,只能是一种初步的工作。即使对某个作品的作者本人之原来意图、目的和心理事实的甄别,也不能看成是历史研究的最高兴趣。我很同意伽达默尔的这一见解:"历史理解的真正对象不是事件,而是事件的'意义'。"④这就是说,历史研究的最高兴趣在于理解历史事件的"意义"。我以为这里的"意义"也应该包含古代艺术作品或文学作品的审美意义(而不是对作品的文字解读、注释和事实考证)。黑格尔在讲到古代艺术作品之所以不能修复时,也主要是指他所谓的古代艺术作品中那种"对神灵的崇拜"和"有生气的灵魂",由于"周围世界"的变迁而"没有了"⑤,以致"我们通过把这些东西(按:指'从树上摘下的果实',即保存下来的古代艺术作品)放回到它们的历史关系中去所获得的,并不

---

① Paul Ricoeur, *From Text to Action*, Northwestern University Press,1991, p.17.
② 黑格尔:《精神现象学》下卷,贺麟、王玖兴译,商务印书馆1979年版,第231页。
③ 加达默尔:《真理与方法》,洪汉鼎译,上海译文出版社1992年版,第218—219页。
④ 同上书,第422页。
⑤ 黑格尔:《精神现象学》下卷,贺麟、王玖兴译,商务印书馆1979年版,第231页。

是与它们活生生的关系,而是单纯的表象关系"。① 这就是说,古代艺术作品与它们原来所处的"周围世界"之间的"活生生的关系"即古代艺术作品原来显示的那种神灵崇拜的氛围和意义,是不可能再恢复了。伽达默尔在这里显然赞同黑格尔的意见。伽达默尔说:"正如所有的修复一样,鉴于我们存在的历史性,对原来条件的重建乃是一项无效的工作。被重建的、从疏异化唤回的生命,并不是原来的生命。"即使是"按其古老状况重新设立的建筑物,都不是它们原本所是的东西"。②

人们常说,历史研究者如能把自身置于过去的处境中,就可恢复和重现历史事件原来的意义。这种设想实际上是不可能实现的。人是历史的存在,他本身就是历史的浓缩物和沉积物,今日的历史研究者不可能摆脱和跳过他生活于其中的历史,而站在一个后无来者的所谓过去自身的处境中去看待过去。那种认为历史研究的最高兴趣只是恢复原本的观点,实际上是和那种按主客关系模式,脱离人、脱离现象而追求"物自身"("自在存在""自在之物")的抽象观点一脉相承的。"物自身"的观点表现在作品与读者的关系问题上,就是脱离作品与读者的内在联系而追求作品"自身";表现在古今的关系问题上,就是脱离历史原本与我们研究者之间的内在联系、脱离过去与现在之间的内在联系而追求原本"自身"和过去"自身"。古今的关系从某种意义上说也是作品与读者的关系,只不过是古代的作品与今天的读者的关系罢了,脱离前者与后者的内在联系而追求前者自身,所得到的只能是抽象之物。

黑格尔在否认了修复观点的有效性之后,曾为历史研究找到了一条出路,这就是扬弃对历史事件的"单纯的表象关系",把它提升到一种"较高的方式"即思维、概念的方式,也就是提升到哲学。在黑格尔看来,精神的本质或最高使命压根儿就不在于对过去事物的恢复(因为那是不可能的),而在于通过永远具有现在性的思维、概念,同过去的事物相中介、相沟通。③黑格尔的这种观点虽然超过了施莱尔马赫企图恢复历史过去的想法,但他一味抬高思维、概念的观点,却是抽象的,抹杀了历史的现实性。

伽达默尔超出了黑格尔,他虽然也主张恢复历史原本之不可能,主张历

---

① 加达默尔:《真理与方法》,洪汉鼎译,上海译文出版社1992年版,第220页。
② 同上书,第219页。
③ 黑格尔:《精神现象学》下卷,贺麟、王玖兴译,商务印书馆1979年版,第232页以下。

史研究的最高兴趣不止于"恢复",但他还主张我们可以把现在与过去、今与古沟通起来,融合起来,历史研究的最高兴趣就在于这样的沟通和融合,而且,这种沟通和融合不是像黑格尔那样在抽象的思维、概念中,在作为绝对精神的最高形式——哲学中实现,而是在时间的、历史的具体现实中实现的。

3. 人不可能离开"现在的视域"看待过去

伽达默尔指出,我们隶属于历史,永远处于历史的流变之中,不能一时一刻外于历史的流变,因此,我们不可能站在我们的处境的对面,把我们的处境当作外在的对象来认识,就像主客关系模式所设想的那样。据此,伽达默尔认为,我们现在的人在看待过去时,必然是从已有的历史处境中,或者说,从现在的视域中,去看待过去。但这是否意味着我们从现在的标准去看待过去,以今人之立场去衡量古人呢?这是否会陷入主观主义呢?这里的关键在于对"现在的视域"如何理解。

4. "现在的视域"与"过去的视域"结合为一的"大视域"

一种理解是把"现在的视域"与"过去的视域"分裂开来,前者是历史研究者自己现在生活于其中的视域,后者是历史事件和历史人物当时的视域,这两个视域是各自孤立的、彼此陌生的、异己的。按照这样的理解,那么,从现在的视域看过去,诚然会发生以今度古的主观偏见。我国历史学家陈寅恪说:历史研究者在解释古代史料之际,"有意无意之间,往往依其自身所遭际之时代,所居处之环境,所熏染之学说,以推测解释古人之意志。……其言论愈有条理系统,则去古人学说之真相愈远"①。陈寅恪这里所说的"依其自身所遭际之时代,所居处之环境",就是伽达默尔所说的脱离历史流变的孤立的现在视域。

为了矫以今解古、以今度古之弊,以便对历史上过去的事物有"真了解",陈寅恪主张"神游冥想,与立说之古人,处于同一境界,而对于其持论所以不得不如是之苦心孤诣,表一种之同情,始能批评其学说之是非得失,

---

① 陈寅恪为冯友兰 1949 年以前所著的《中国哲学史》(商务印书馆)一书所写的"审查报告",见该书,下卷书末。

而无隔阂肤廓之论"①。陈寅恪关于以今度古的指责是完全正确的。至于他所谓"与立说之古人,处于同一境界","具了解之同情"之说,则应做进一步的补充说明。对过去的视域(即"与立说之古人,处于同一境界"的"境界"),也可以像看待现在的视域一样,人为地割断历史,采取孤立的态度,以为存在着一种与后世隔绝的历史事物发生的当时的视域、一种"封闭的视域""一个与我们自身世界毫无关系的异己世界"。伽达默尔认为,这种"鲁滨逊的岛屿"只能是"虚构"。如此把自己置身于异己的他域之中的办法,不是古人与今人的对话、交流和沟通,而只是企图通过这种"手段"达到了解古人的立场、意见和想法的"目的",就像老师对学生进行"口试"一样,所以这种办法并不能达到理解古代事物(包括古人的学说)的历史意义的要求。② 上引陈寅恪那段话的前一半("神游冥想,与立说之古人,处于同一境界,而对于其持论所以不得不如是之苦心孤诣,表一种之同情"),虽然没有指设身于孤立的过去视域之意,但也只不过是要求历史研究者通过这种"手段"以达到了解和"同情"古人之所以如是"立说"、持论的"目的"而已。重要的问题是,陈寅恪那段话的后一句,"始能批评其学说之是非得失,而无隔阂肤廓之论",是否仅仅依靠"与立说之古人,处于同一境界",对其持论"具了解之同情"就可以达到? 看来,陈寅恪也许并无此意,他似乎只是把"与立说之古人,处于同一境界",对其持论"具了解之同情"看成是"批评其学说之是非得失"的一个必要条件。但无论如何,陈寅恪在这里未能指出,或至少是没有明确指出,要达到"批评其学说之是非得失"的目的,还需要什么样的更根本的条件。伽达默尔学说的一个重大突破就在于他指出了,历史研究的主要兴趣不止于知道人物本身的意图和想法,而在于理解历史事件(包括历史人物的思想学说)的意义(包括对古人学说之是非得失之批评),就像对作品的欣赏主要不止于知道原作者本人的用意,而在于领悟作品相对于读者的意义。伽达默尔还进一步指出了理解历史事件的意义的最根本的条件是什么。在伽达默尔看来,要理解历史事件的意义,或者要批评古人学说之是非得失,就决不能把过去的视域看成是与后世隔绝的一种封闭的、异己的视域,而应该从整个古今的连续、流变过程中看历史事件。

---

① 陈寅恪为冯友兰1949年以前所著的《中国哲学史》(商务印书馆)一书所写的"审查报告",见该书,下卷书末。

② 加达默尔:《真理与方法》,洪汉鼎译,上海译文出版社1992年版,第389—391页。

伽达默尔认为,孤立的现在视域和孤立的过去视域都只能是人为的抽象。从事历史研究,需要理解历史事件,而真正的理解总需要有一种历史视域。现实的、真实的(不是人为的、抽象的)历史视域只有一个,即融合古与今、过去与现在为一体的、有连续性的统一整体,这是一个由现在视域和过去视域有机地结合在一起的"大视域","一种唯一的视域"。① 这个"大视域"超出了现在的界限而上溯到过去,也超出了过去的界限而延伸到现在。

5. "大视域"中的现在沉积着过去

前面谈到对"现在的视域"有一个如何理解的问题,谈到今人在必然从"现在的视域"看待过去时是否会陷入以今度古的主观主义偏见问题。经过上述的一番分析,现在很清楚,对"现在的视域"做正确的理解,就是把它理解为"唯一的大视域"。按照这样的理解,则在现在中都沉积着过去,现在包含着过去的痕迹,因此,从"现在的视域"看过去,不会发生以今人的标准衡量古人的主观主义问题,这种主观主义只有在孤立地看待"现在视域"时才会发生,就像我在上面已经说过的那样。

6. "大视域"中的过去孕育着未来

另一方面,就"大视域"超出过去的界限而延伸到现在来说,这一点正说明过去的东西的真实意义要在后来和现在中展开。为什么人们通常都说,一件事情的真实意义往往要到它离开了当时的现实环境以后才显示出来?这就需要有一个"大视域"的观点。古代的东西决非"自在之物",它们总要在历史流传过程中显现自身、展开自身。"本文的意义超越它的作者,这并不只是暂时的,而是永远如此的。"②千秋功罪,自有后人评说。后人比前人更能理解前人,读者比作者更能理解作者。古与今的"时间距离"不是什么不可克服的障碍之物,不应该理解为不可逾越的鸿沟,而应该理解为展开、深化历史事件之意义的条件。那种认为历史研究只是弄清历史事件发生时的所谓"真相"和原作者、原历史人物本人的意图和目的的观点是片面的。

总之,宇宙整体也好,人类历史的整体也好,其每一瞬间都既隐藏

---

① 加达默尔:《真理与方法》,洪汉鼎译,上海译文出版社1992年版,第391页。
② 同上书,第380页。

着——负载着和沉积着过去,又隐藏着——孕育着和蕴涵着未来。只有这样看历史,古和今、过去和未来才是互通互融的。现在大家都在谈论今人和古人的对话,对话之所以可能的理论基础就在于这种古今相通论。平常大家都爱把由古到今、由过去到现在的时间发展看成是纵向的关系,但就我们在前面所说的由在场到不在场的关系而言,则可以说是"横向"的:今天在场的事物背后隐藏着昨天的不在场的事物;昨天在场的事物背后隐藏着尚未出场的后来的事物。这种古今融合的"大视域"显然也只有靠想象才能达到。历史研究者应该运用想象,从古今融合的观点研究历史,应该把过去的历史事件和人物放在其后的历史流变过程中从"大视域"中去理解。我国明清之际的思想家王船山的历史哲学为这种观点提供了一个有创新意义的范例。

二 王船山的"通古今而计之"的历史观

1. 以"势"为基础的"天"的视域

王船山历史哲学的中心概念是"势"。通俗一点说,"势"就是历史发展的总的趋势。"势既然而不得不然,则即此为理矣。"①王船山不像程朱理学家那样把"理"看成是最高的和离开具体事物而独存的,而是强调"在势之必然处见理"。"'势'字精微,'理'字广大,合而名之曰'天'。"②在这种合一中,"势"是更根本的。王船山强调,研究历史事件和历史人物,都要把它们放在这种以"势"为基础的"天"的整体中来考察。王船山的这个观点颇有些类似伽达默尔所说的置身于"唯一的大视域"考察历史事件和人物的观点。王船山既是哲学家,又是历史学家,他以丰富的具体的史实为例,对他的历史哲学做了卓有远见的说明。"秦以私天下之心而罢侯置守,而天假其私以行其大公,存乎神者之不测,有如是夫!"③"武帝之始,闻善马而远求耳。骞以此而逢其欲,亦未念及牂牁之可辟在内地也。"④秦始皇罢侯置守,他本人的原意是出于个人的统治;汉武帝派张骞出使西域,其本意是为

---

① 王船山:《读四书大全说》卷九。
② 同上。
③ 王船山:《读通鉴论》卷一。
④ 王船山:《读通鉴论》卷三。

了求珍马,这都是历史"真相"(关于张骞与"善马"事,王船山所说与历史真相颇有出入。这里只是就王船山的历史观点立论),单就历史人物本人的意图和目的而言,皆微不足道,无甚历史意义,但放在历史流变的整体中,放在"天"或"唯一的大视域"中来看,则秦始皇促进了国家的统一,汉武帝促进了东西方的交流,具有巨大的历史意义。又如王船山评唐肃宗自立一事,也是根据同样的观点:"肃宗自立于灵武,律以君臣父子之大伦,罪无可辞也。裴冕、杜鸿渐等之劝进,名为社稷计,实以居拥戴之功取卿相,其心可诛也。……肃宗亟立,天下乃定归于一,西收凉陇,北抚朔夏,以身当贼,而功不分于他人,诸王诸帅无可挟之勋名,以嗣起为乱。天未厌唐,启裴杜之心,使因私以济公,未尝不为唐幸也。"①历史事件的深刻意义和历史人物的巨大作用,远远超出了历史事件本身和人物自己的意图和目的,由此可见一斑。王船山这几段话里所说的假私以济公之"天"和"存乎神者之不测",都不可用唯心主义的或神学意味的天意或神意来解释,那是一种肤浅之见,王船山乃是要求人们从历史流变过程的整体来看待历史,他这里的"天"是他的整个历史研究的一种视域,就像伽达默尔的"大视域"一样。

王船山不仅作为历史学家举了许多历史事实来说明他的历史理论,而且作为哲学家,还进一步对这些历史事实做了哲学上的概括:"天欲开之,圣人成之;圣人不作则假手于时君及智力之士以启其渐。以一时之利害言之,则病天下。通古今而计之,则利大而圣道以弘。天者,合往古今来而成纯者也。……时之未至,不能先焉;迨其气之已动,则以不令之君臣,役难堪之百姓,而即其失也以为得,即其罪也以为功,诚有不可测者矣。天之所启,人为效之,非人之能也。圣人之所勤,人弗守之,则罪在人而不在天。"②"以一时之利害言之"就是从孤立的过去视域看历史;"通古今而计之"就是从"大视域"看历史,从一种宽广的视界("天")看历史。"天者,合往古来今而成纯者也。""天"是往古来今的流变的整体("纯")。王船山的这一概括与伽达默尔"唯一的大视域"的提法,一中一西,一古一今,可以互相辉映、互相发明。

---

① 王船山:《读通鉴论》卷二十三。
② 王船山:《读通鉴论》卷三。

2. "天因化推移"

历史发展的整体是历史地存在着的人活动于其中的东西,因此,它也是不断变迁的,而不是封闭的。从历史整体看问题,以"天"观物,或者以"大视域"观物,这并不是说,我们对历史事件和人物可以保持一种一成不变的、唯一的观点。随着历史的演进和古今的递嬗,我们对同一历史事件和人物的看法也会有所改变。王船山说:"天无可狃之故常","天之因化推移,斟酌而曲成以制命"。① 这就是说,观看历史的"唯一的大视域"也不是固定不变的,而是"因化推移"的。"唯一的"并非不变的。我以为只有这样,才能把握"通古今而计之"和"大视域"的真正含义。贺麟先生在《王船山的历史哲学》一文②中,把王船山的"天"与黑格尔的"理性的机巧"相比拟,并对此做了详细的分析,贺先生的论述很深刻,很有说服力,对我理解王船山的历史哲学很有启发。只是有一点贺先生没有谈到,即黑格尔的"理性的机巧"最终归结为"绝对理念""绝对知识",而王船山的"天"的概念则无追求最终的绝对之意。他虽然如前所述认为"天"是理势的合一,但他更多地强调"势"之发展变化。他的"势"是唐代柳宗元重"势"的思想之发展,与抽象的理是对立的,而黑格尔的"理"终究是抽象的。王船山的"通古今而计之"的"天"和伽达默尔的"大视域"始终不脱离时间,不脱离现实,而黑格尔的"绝对"是要求超出时间的,他认为时间概念是精神尚未完成的状态。

3. 王船山"通古今而计之"的历史观的意义

从"大视域"看历史,"通古今而计之",这对于西方传统来说,不是一件易事。西方传统的主客关系模式在对待古今问题上容易把历史上的东西看成是外在的对象,这对象是现成的、固定的,从事研究的人不参与其中。黑格尔虽然是辩证法大家,但他的绝对知识的思想仍不脱这种传统的窠臼。海德格尔打破了西方传统的桎梏,主张历史的、传统的运动与人对它的解释(和解释者)的运动两者间有着内在的相互作用和联系,我们参与历史的、传统的东西的运动过程,并规定着这种过程。伽达默尔继承和发展了海德格尔的思想,提出了上述的历史观点,对西方传统的历史哲学做了重大的突

---

① 王船山:《宋论》卷一。
② 载《文化与人生》,商务印书馆1947年版,第115—127页。

破。中国的天人合一的传统虽然很少正面地讲古今的合一,但古今合一的思想与天人合一的思想是一脉相通的,所以中国传统思想家比较容易具有古今合一的思想实质,王船山"通古今而计之""合往古来今而成纯"观点的提出比海德格尔和伽达默尔的历史哲学早了约三百年,不能不说与中西传统思维模式之不同有关。王船山说:"以实言之,彻乎今古,通乎死生,贯乎有无,亦恶有所谓先后者哉?无先后者天也,先后者人之识力所据也。在我为先者,在物为后;在今日为后者,在他日为先。"①王船山的这些话虽然还很含混,远不及伽达默尔历史哲学的论述之细致,但他的贯彻古今先后的观点却早已提得非常明确,其内涵之深厚尤有待于今之学者加以阐发。至于两千多年前太史公在他的《史记》中是如何贯穿他的"通古今之变"的历史观点的,则颇值得历史学家和哲学家共同努力,作为一个新课题来探讨。

4. 内在体验和参与的方法

西方传统的主客关系式决定了西方人重外在的认识而不重内在的体验的特点,这对于西方传统历史观难以像当代的伽达默尔所主张的那样从历史流变的"大视域"看历史,颇有影响。伽达默尔所强调的人"参与"到历史传统中、今人"参与"到古人中去的思想,实则类似中国传统哲学所讲的体验。(伽达默尔曾正面地评述过"体验"[Erlebnis],他认为,"体验"有非连续性与瞬间性,而他则同时强调历史性。这是另一问题,兹不具论。)伽达默尔生长在西方的历史传统之中,要想打破外在认识的旧框架,达到类似中国传统的内在体验的方式,必须花很大的破旧立新的功夫,这也就是他的著作之所以必须花大量篇幅,从各种角度、各个方面来说明"参与"(读者参与作品、观众参与游戏、解释者参与本文、今人参与古人,等等)意识的原因。这对于西方传统是一个震动。但王船山有中国天人合一的深厚的传统背景,他比较容易采用内在体验的方式以达到"通古今而计之""合往古来今而成纯"的历史观,尽管他的论述不像伽达默尔关于"参与"的论述那样详细、广阔。王船山说:"设身于古之时势,为己之所躬逢。研虑于古之谋为,为己之所身任。取古人宗社之安危,代为之忧患,而己之去危以即安者在矣。取古昔民情之利病,代为之斟酌,而今之兴利以除害者在矣。得可

---

① 王船山:《周易外传》卷七。

资,失亦可资也,同可资,异亦可资也。故治之所资,惟在一心,而史特其鉴也。"①设身处地,与古人同呼吸,共患难,就是一种"参与",一种内在体验的方法。伽达默尔所讲的"参与"是要使现在"内在于"过去,与过去"同在",通俗一点说,也是要求今人"自身置入"古人的处境。但伽达默尔所说的"自身置入于其他处境"和王船山所说的"设身于古之时势,为己之所躬逢",都不是要让今人处于一个与后世隔绝的、孤立的、异己的"过去时域"或"古之时势"之中。伽达默尔明确指出,在"自身置入"时,"不只是丢弃自己",同时,"我们必须也把自己一起带到这个其他的处境中",这样的"自身置入""既不是一个个性移入另一个个性中,也不是使另一个人受制于我们自己的标准,而总是意味着向一个更高的普遍性提升,这种普遍性不仅克服了我们自己的个别性,而且也克服了那个他人的个别性"。②伽达默尔这里所说的"更高的普遍性"实际上就是他所说的"大视域","自身置入"就是把自身置入"大视域"中,把古今沟通起来,而不是使古与今相互隔绝、彼此异己。伽达默尔此说,包括了我们平常说的设身于古人之处境,对古人的思想、意图具同情了解之意(只有在同一个"唯一的大视域"中,才有同情了解),但又远不止于此,伽达默尔更多地是强调,要在这样的"更高的普遍性"或"大视域"中看出历史事物在后世流传过程中所显示的意义和效果,用他自己的话来说,就是"效果历史"。王船山在讲"设身于古之时势,为己之所躬逢"时,虽然不可能像具有分析传统的西方当代哲学家伽达默尔那样,在经过细致分析后告诫我们,设身于古之时势,并非把"古之时势"理解为孤立的、封闭的视域,但王船山的思想实质仍然是要贯彻古今,让今人和古人同在一个"大视域"中,他所说的得失同异皆可资借鉴,就是明确地把古与今联成一体,而且多少包含了伽达默尔的"效果历史"的思想闪光点。

三 古与今之间的"紧张关系"

古今合一和天人合一、人与万物一体一样,都不是要追求一个无差别的绝对同一。中国的天人合一、人与万物一体并无意把人与天绝对等同起来,而主要是讲天与人相通,万物与人相通;董仲舒的天人相类,似有把二者等

---

① 王船山:《读通鉴论·叙论四》。
② 伽达默尔:《真理与方法》,洪汉鼎译,上海译文出版社1992年版,第391页。

同起来的意味,但不是中国传统哲学的主导思想,天人相通不是天人相同,实系讲不同的东西一气流通。同样,古今合一也不是讲古今无任何差别,而是讲古今虽不同,但又一气流通。正是这种一气流通才构成历史,如果彼此异己,互相孤立,则无历史可言。我们平常说今人与古人对话,这就暗含了古今一气流通的前提;无此前提,也就无古今对话的可能。但另一方面,这种一气流通既然是在互相有区别的东西之间进行的,那么,其中必然又存在着矛盾,用伽达默尔的话来说,就是存在着"文本与现在之间的紧张关系"①,即古今之间的"紧张关系"。这种关系,具体地说,就是前面已经提到的,在沟通古人与今人、融合过去与现在、从"大视域"的观点看历史事件和历史人物时,既要"丢弃自己",以便设想古人之处境,避免以今度古、以今解古,又要"不只是丢弃自己",而要同时"也把自身一起带到过去的视域中去",以便"理解"过去,避免古今隔离。这种既区别又结合的矛盾或"紧张关系",是一个理解历史的过程,也是包括理解在内的历史实在自身显示的过程。这也就是为什么研究历史应该是一种创造活动的原因。

---

① 加达默尔:《真理与方法》,洪汉鼎译,上海译文出版社1992年版,第393页。

第二十六章
传统与现在

一 传统的性质与形成过程

1. 传统的主要特征

一切传统都是过去的东西,单纯现在的东西还不能叫作传统,但并非一切过去的东西都是传统。可是过去确系传统的一个重要特征,我们不能离开过去与现在的关系而谈传统。

一切传统都是社会性的言行,都是一种既对言者、行者个人有意义,又指向他人的言行,但单纯的社会性言行并不都是传统。传统是具有社会整合性质的言行,具有使同一传统的群体凝聚在一起的稳定作用。

一切传统的东西都被认为是正当的东西而被群体所接受,但并非所有被认为是正当的东西都是传统。传统之被认为正当,是不需要经过论证的,或者说,传统之被认为正当,已经达到了无须论证和思索就为人们所接受的地步,它是天经地义、不容怀疑和议论的东西。当人们怀疑和议论某种传统之时,那就是该传统发生动摇之日;当人们认为某种传统是不正当的坏传统之时,那就是该传统行将被打破或部分地被打破之日,而在被打破之前,人们仍在不同程度上把它当作天经地义的正当的东西来接受。

和传统的这些特征相联系的是,传统都具有凝聚性、权威性以及信仰的性质,还具有耐久性、惰性、滞后性以及偏执性。

我这里不想也不可能穷尽传统的全部特征,更不想给传统下一个严密的定义。这里列举的,只是一般公认的特征。其实,根据我们对传统的不同看法,还可以提出传统的其他一些特征。但我的主要兴趣不单纯是传统特征的增列,而是要就传统在时间的流逝中所遭遇的情况,说明传统与现在的关系和意义,以及我们对传统所应采取的态度。

2. 传统的原本言行

相对地说,传统都有其原本,原本是传统的初发言行(所谓初发,当然也只有相对的意义,实际上,初发也有其先行的形成过程),既包括用文字或其他方式记载下来和固定下来的东西(书本、纪念物以及考古发掘的实物等等),也包括未用文字记载下来的言行。例如,如果我们把孟子看成是天人合一的哲学思想的奠基人,那么,中国的这种思想传统的原本就可以相对地说是孟子的天人合一思想。如果我们说温良恭俭让是中国人的传统,那么,《论语》上的"夫子之温良恭俭让"就是这种传统的原本。

世界无论在时间上、空间上,在意义的深度和广度上,都是无限的,但我们的任何言行,却只能在一个与世界上不可能预见的诸方面相割裂的、被孤立了的体系中进行。我们在做某种科学实验时,总是要假定"other things being equal",这就是说,这一实验是在限定某些条件下,在与世界其他诸方面相割裂的、孤立的条件下进行的。其实,不仅科学实验如此,我们人所采取的任何一种行动,也都是在假定"other things being equal"的条件下进行的,只不过日常行动所限定的条件,其范围更广,其变化的程度更小,其稳定性更强,其持续性更长罢了。举一个很小的例子,我们平常走路是在重力的条件下进行的,这个条件一般是不容易改变的,只有在太空失重的条件下,原来的条件才有改变,我们对平常走路的重力条件往往习而不察,自以为是无条件的,其实,我们平常走路的行动是在一个割裂了的、孤立的体系中进行的。总之,任何一举一动、一言一行,只能在有限的、孤立的体系中进行。同理,传统的原本言行也是在这样一种体系中采取的。这就决定了传统的原本言行的一系列特征:首先,它有其特定的原初行动者(包括发言人);其次,它有其特定的受动者(包括受话人);再次,它有其特定的现实环境(包括时代背景),我把这种特定的现实环境称作参照系。在传统的原本中,所有这些都是特定的、不能代替的。①

3. 传统形成的过程也是远离原本的过程

随着时间的推移和历史的进展,原本逐步逐步地被认为是具有权威性的、天经地义的、带有信仰性质的东西而为群体所接受,成为凝聚群体的力量,这样,原本也就逐步逐步地形成为传统。这里特别值得注意的是,传统逐步形成的过程也是一个逐步远离原本的过程,或者说,是传统的后续阶段远离先前阶段的过程。如果说中国天人合一的哲学传统发端于孟子,那么,从孟子起,中经董仲舒而至宋明道学,这一历史发展过程既是天人合一形成为传统的过程,也是远离孟子的天人合一之原本的过程。我这里所说的远离,其具体内涵是指原初行动者、受动者和当时的参照系已消失而成为过去。例如原初的说话人和受话人的"说—听"关系被代之以"作者—读者"的关系。这两种关系不是一回事:首先,原初说话人和受话人变了,二者所处的参照系也变了,后来读原本的读者与原初的作者所处的参照系是不相同的;其次,直接的面对面的谈话可以有相互间的交流,可以有问有答,"说—听"关系同时伴随一种"问—答"关系,但在原本行动以后的"作者—读者"关系中,读者与作者之间不可能有直接交流的"问—答"关系;再次,后来的读者对原作者的接受情况也不同于原初的受话人对说话人的接受情况。这样,传统在形成过程中就取得了相对独立于原本所处的参照系的自主性,相对独立于原初说话人的意图的自主性,相对独立于原初受话人的接受情况的自主性。② ——所有这些,都是我所说的远离的内涵。

4. 传统形成的过程又是不断扩大和更新原本内涵的过程

正是这种远离或自主性,打破了原本的限制,扩大了原本的范围,更新了原本的含义,一句话,越出了原本所处的狭隘体系。这里的关键在于解释。在新的参照系之下对原本做新的解释,这就是传统形成过程之所以造成远离原本或对原本的自主性的原因。任何一部写下来的作品,一旦公之

---

① 关于原初行动者、受动者和参照系等术语和相关的提法,是从利科(Paul Ricoeur)所著 *From Text to Action*(Kathleen Blamey 和 John Thompson 英译本,美国西北大学出版社 1991 年版)一书中引用和引申而来的。

② Paul Ricoeur, *From Text to Action*, p.17.

于世,它就是向广大的人群说话,不仅是向同时代人说话,而且是向后来人说话,作为受话人的读者不仅限于同时代人,而且有后来人。读者可以对写作的原本做出各不相同的回应,这些回应无论是赞成和接受的,或者是反对和拒绝接受的,都是根据读者自己所处的参照系对原本所做的新的解释。即使是对已形成为传统而为大家所赞成、接受以至达到信仰地步的东西,也有回应者自己的解释。可以说,传统的原本在形成为传统的过程中,不断地参照变化了的环境,在后来一连串的读者面前,展开一系列不断更新的世界。

写作的原本是如此,行动的原本也是这样。任何一种社会行动,都会留下历史的痕迹,作为传统的行动痕迹,其线条当然比一般未形成为传统的行动痕迹更粗一些、更重一些。传统的行动痕迹往往出乎原初行动者的预料,自有后来人的评说——解释。武则天的无字碑,其用意就在此。

5. 传统的偏执与更新

这样看来,解释的过程便是一个不断远离原本的过程,传统形成的过程本身便是一个传统不断更新、不断开放的过程。这样说,是否与传统的惰性、耐久性和偏执性相矛盾呢?不然。传统本来就具有两面性,它在形成和发展过程中,既因新的参照系与之相摩擦而不断更新自己,又因其偏执性而抗拒摩擦,力图使自身永恒化。可以说,传统既是摩擦的结果,又是对摩擦的抗拒。[①] 那种把传统一味看成凝固不变而无更新的观点是错误的、不符合史实的。中国的天人合一的思想传统,因受印度佛教的摩擦而更新了先秦的天人合一思想,成为宋明道学的天人合一观,不就是一个明证吗?其实,传统不仅由于在新的参照系之下的新解释而更新自身,它甚至可以由于参照系的巨大变动而被根本打破。这种打破传统的现象不能看成是不正常的偶发现象,而应当看成是传统发展的一种正常可能性和前途,也可以说,打破传统是对传统做新解释的一种特殊方式。

---

① 利科在《科学与意识形态》一文中说:"意识形态既是摩擦的结果,也是对摩擦的抗拒。"(Kathleen Blamey 和 John Thompson 所译 Paul Ricoeur, *From Text to Action*, 美国西北大学出版社 1991 年版,第 251 页)我以为利科关于意识形态的这一断语也适用于传统。

二　对待传统的正确态度

1. 对老传统应做新解释

有一种意见,总是有意无意地闭眼不看新的参照系,对传统不做新的解释,而照本宣科地搬用旧传统,认为只有这样才算是维护传统、发扬传统,才算是客观地对待传统。这种看法名为维护传统、发扬传统,实系扼杀传统的生命力,名为客观地对待传统,实系主观独断。

传统,确如我在开头说过的,总是过去的东西。凡属过去的东西,就其本身而言,是绝对确定了的、不可更改的,是封闭的。但如何对待过去、对待传统的问题,相对于过去了的传统本身而言,则是属于现在和将来的问题,因而是不确定的,是敞开的。就像一个有恶行的人,一旦有了恶行,这行为本身就再也不可能更改,它是确定了的。但如何对待这已经过去了的恶行,则是不确定的,是敞开的,是可以选择的;此人可以继续作恶,也可以从此洗心革面,作一个好人,何去何从,关键在于对已经过去了的恶行如何认识,亦即做何种解释(我这里举的是恶行的例子,其实,对待善行也一样)。对待传统亦复如此。我们应当根据新的参照系,对旧传统做出新的评价和解释,这样才能使传统展开为有生命的东西。尼采说过:"只有从现在的最高力量的立场出发,你才可以解释过去。"① 否则,传统就像其他任何过去了的东西一样,是一具僵尸。换言之,老传统而无新解释,老传统就会死亡。

传统的不断更新、开放的过程,也是传统不断壮大自身、丰富自身的过程。例如宋明道学的天人合一思想比起先秦的天人合一思想来,其内容和含义就要深广得多。这是因为传统的形成和发展一般地说不是后面的东西抛弃前面的东西,而是随着参照系的发展、更新以及对传统的相应的新解释,而不断地用新东西充实了自己,这种充实乃是后续的东西既包含了先前的东西,又扬弃了先前的东西。传统之所以能形成和发展,或者换句话说,传统之所以能成为传统并继续成为传统,就因为传统有从新的参照系中吸取营养、壮大自身,亦即对传统自身做新的解释的功能。某一传统现象一旦失去了这种功能,则这一传统现象会被迫消亡或自行消亡;某一民族的传统如果从整体上失去了这种功能,那也就失去了该民族的

---

① 转引自 Paul Ricoeur, *From Text to Action*, p.222。

民族性。

2. 对传统的新解释主要是指向当前

对传统做出新解释,是否就是主观呢?

对传统的解释至少可以分为三个层次,这三个层次不是截然分开的。第一层是对简单事实的考证,例如某历史人物生于某年某月某地区等等,那是不容许有不同解释的。符合史实的就叫作客观,不符合史实的就叫作主观。第二层是对原本内在关系、内在结构的分析和释义以及对原行动者或原作者与原参照系的关系的说明,这里的客观与主观之分,相对而言,也是比较确定的,基本上是由史实来证实的。这两层都有相对外在的东西作为区分真伪的标准,毋庸我们申述。这两层含义对传统的研究虽属必要,但并非最重要的。对于这两层含义的传统研究,可以采用自然科学研究的方法,但这只属于传统研究的低层次。如果一味吹捧考证之类的研究而不思前进,则必定流于守旧。

要紧的是第三层含义,即对传统意义和价值的评判。我所强调的解释,实际上主要是指这层含义。这里涉及传统之远离原本的特点,亦即相对独立于原初行动者的意图、原初受动者的接受情况和原本所处的参照系的自主性。正是这种远离或自主性给现在的人提供了重新解释传统的意义和价值的可能性和条件。而与此相反,前两层含义所讲的主要是原本所包含的特定的原初行动者、原初受动者和当时特定的参照系,谈不上对原本的远离和自主性,基本上是一些死的事实问题,很难留下新的解释空间。所以例如一个考证性质的结论,只要符合史实,就不可更改;如果有更改,那也只是由于发现原先的考证结论不符合史实。至于对传统的意义和价值的解释,则是一个新的参照系与传统的关系问题,离开了现在的参照系就谈不上对传统意义和价值的解释。所以对传统的新解释,其关键在于新的、现在的参照系,也可以说,对传统意义和价值的解释就是指传统在新的现在的参照系之下的意义和价值的评说。即使是我们平常谈论的原本在其发生的当时的意义和价值,实际上也离不开新的现在的参照系的角度,那种追求绝对原本的意识是不切实际的。原本已经过去了,当时的参照系已经过去了,就像人死不能复生一样,不可能恢复原本中的原初行动者和受动者以及当时的参照系,但原本的效应和作用、意义和价值却可以由后人根据新的参照系做出新的解释,从而完成传统的未竟之业。

原本总是指向当时的参照系;现在人对原本和传统的新解释也只能是指向现在的参照系。这样,我们也就可以说,解释历史传统的根本要义就在于指向现在,射向当前,谓之影射,亦无不可。正是影射,才使过去了的、已经确定了的东西生动起来,从而冲破旧的藩篱,开拓新的世界、新的未来。事实上,那种借维护传统之名行因循守旧之实的人,也是在搞影射,也是在指向现在,只不过他们把现在的实在——现在的参照系有意无意地看成是没有变化的旧世界,于是照搬旧传统,企图以此来巩固已经腐朽了的现实。我们所主张的新解释,则是指向活生生的、永远奔向未来的参照系。

3. 解释是传统自身的活动过程

传统决不止于原本本身,也决不止于某一确定的阶段。传统是一个历史过程,是一连串的对原本的解释、再解释。对原本的早期解释,对于后来的继承人来说,就是原本和传统;我们现在人对传统的解释,对于将来的继承人来说,又成了原本和传统。传统和解释是一而二、二而一的东西,二者都在原本内部,或者说得更确切一些,二者都是原本的活动过程。① 所以我们决不能把解释看成是对传统及其原本的主观附加之物,而应该把解释看成是和客观性密切联系在一起的。以为对传统做新的解释就是主观地对待传统,这种看法是把传统与解释对立起来,似乎传统可以外在于解释而独存,解释不过是对外在的东西的一种认识,这显然是一种主客关系式的认识论。利科指出:解释不是"对原本所做的活动"(the act *on* the text),不是"一种主观的解释过程",而是超出此种意义的解释,探索"一种客观的解释过程",此过程乃是"原本的活动"(the act *of* the text)。② 前者是狄尔泰所未能摆脱的西方传统观点,后者是海德格尔、伽达默尔等人的创新。前者把解释看成是主体的主观活动,后者把解释看成是构成传统的内在因素,是传统及其原本本身的客观活动。按照前一种观点,人对传统的认识处于外在关系中,人不能参与到传统中去,因而也无法使旧传统转化为创新的力量,旧传统也永远与我们保持古今的距离。按照后一种观点,则由于人对传统的参与,旧的、死的东西可以通过解释而成为新的、活的东西,远离我们的东西可以通过解释而化为贴近我们的东西。这里的关键在于解释所必然具有

---

① Paul Ricoeur, *From Text to Action*, p.122.
② Ibid.

的"现在"的性质,即前面一再申述过的现在的参照系与传统的结合。正是这种结合,在传统继承人面前展开一个新的、贴近自己的视域,一个新的世界。

4. 对传统的新解释不能脱离传统

显然,这种新的世界又决不是脱离旧的传统的。海德格尔和伽达默尔告诉我们:历史、传统先行于我和我的反思,在我隶属于我之前,我已先隶属于历史,隶属于传统。我们总是被抛置在现成的传统之中,传统是我们一切言行由之出发的始点,在对传统做解释和反思时,我们已经预先设定了传统。"解释,在作为解释者的活动之前,就是原本的活动。……对于解释者来说,解释就是把自己放在原本本身所支持的解释关系所指示的意义之中。"① 所以,我们不可能完全脱离我们所隶属的传统条件进行新的解释;即使是打破旧传统,也不可能完全脱离传统条件。更具体地说,我们现在的人所处的新的参照系虽然如前所述不同于传统及其原本所处的参照系,但这新的参照系与旧的参照系之间又有其历史连续性和贯通性。我们现在人的视域虽然不同于古代人的视域,但现在的视域包括其自古至今的形成过程,脱离过去的、孤立的现在视域是没有的。这就是为什么同一群体虽有古今新旧之分,但又有其相同的特征以区别于其他群体;这就是为什么同一群体内的不同成员对传统的解释虽言人人殊,但又有其相同的传统背景以区别于其他群体的成员。正是由于这个缘故,我们对传统的解释就不可能是不受条件限制的。哈贝马斯所主张的不受限制的交往,只能是一种理论,事实上是办不到的。他的意识形态批判也必须以对传统、对文化遗产的创造性解释为基础。

5. 对传统的新解释是一个受限制与打破限制的斗争过程

既要对传统做新的解释,又要受传统的条件限制,这就说明,对传统做解释乃是一个受限制与打破限制的斗争过程,是一个新旧斗争的过程,或者也可以说,是传统自我批判、自我审定的过程,而当现实的参照系发生剧烈变动时(如时代的转折、与其他群体的广泛交往等等),这种斗争就更加尖锐,更加激烈。随着历史的不断发展,我们对传统的解释、再解释不可能有

---

① Paul Ricoeur, *From Text to Action*, p. 122.

一日终止，新旧斗争和受限制与打破限制的斗争也不可能有一日消失。我们应当摒弃那种一提到发扬传统就是发思古之幽情、维护旧东西的陈腐观念，而应当强调如何从旧传统中敞开一个新世界。这种敞开一方面是由传统出发，一方面又是展现未来。出发点是既定的，前景则是无限的。这才是我们对待传统所应采取的正确态度。按照我们对传统的这种看法，则一般地说和就传统的整体来说（不是就某一具体的传统现象来说），传统既有凝聚本群体的偏执性，又有与其他群体相融合的开放性；既有保持自身的同一性，又有不断更新的创造性。

6. 由谁做出新解释？群体成员间的平等对话还是君临于群体之上的精神实体

这里摆在我们面前的一个进一步的问题是：一个群体的传统究竟是一个独立的精神实体呢？还是一个群体诸成员间的相互作用、相互联系之网呢？这个问题，从理论方面讲，是由黑格尔的"客观精神"与胡塞尔的"主体间性"的对比提出来的；从实践方面讲，是由我国历史上反动的封建统治者借维护传统之名而行封建专制之实的治国之术引起来的。这个问题也是对待传统的态度问题的一个侧面。

黑格尔认为，关于个体性与普遍性的结合问题，有两种根本对立的观点：一种是"从实体性出发"，以普遍性为基础和出发点；一种是"以单个的人为基础"。黑格尔主张前一种观点，反对后一种观点。[①] 他把整个社会看成是一种精神性的统一整体，这就是他所谓的"客观精神"。尽管黑格尔申言客观精神是具体的，不脱离个体性的，但他归根结底把客观精神实体化为君临于群体的诸个体成员之上的神圣不可侵犯的东西，从而压制了个体。胡塞尔不同于黑格尔，他反对把单个个体凝结为和实体化为君临于个体之上的客观精神，而主张用"主体间性"代替"客观精神"。在他看来，社会群体乃是诸独立的个体或主体之间相互作用、相互联系之网，没有什么独立于诸个体之上的抽象力量来主宰个体。这样，群体成员的行为的主动权就归属于群体成员或个体自己，而不属于高踞于群体成员之上的主宰。[②]

显然，如果把黑格尔的观点应用于传统，则传统就会被看成为君临于群

---

① Hegel·Werke,第 7 卷,第 305 页。

② Paul Ricoeur, *From Text to Action*, pp. 244-245.

体成员之上的精神实体,群体成员没有通过相互交往、相互交流以解释传统的权利,只有少数统治者或唯一的君主才是传统的化身,他们可以利用传统的偏执性以压制传统的开放性,利用传统的同一性以压制传统的创新性。中国历史上反动的封建统治者们就是这样来看待传统的。例如儒家的封建天理的传统,就是一种被实体化了的、被客观化和绝对化了的、高踞于个体之上的精神主宰,天子则是天理的化身,天子以天理的名义杀人,就像戴震所指出的那样,人们连怜惜被杀者都不可能。中国要彻底反封建,就应该不断地清除这种对待传统的态度。我以为西方现当代哲学的"主体间性"思想是值得我们吸取的。我们必须承认我以外还有他人的独立存在,这个他人是和我一样的主体,既不是手段,也不是儒家的爱有差等的同情对象。有了这样的"主体间性"的指导思想,具有凝聚力的传统就不像黑格尔的"客观精神"那样是一种超乎个体之上的主宰,而是独立的主体与主体之间的相互作用、相互联系之网,这样,我们才能通过主体与主体之间的平等对话、讨论,对传统做出新的解释,从而达到真正发扬传统的目的。平等的交往、对话乃是发扬传统的必要条件。

第二十七章
历史的连续性与非连续性

有一种流行的观念,认为历史的连续性就是稳定的同一性和不动摇的确定性,非连续性不过是表面现象。所谓"万变不离其宗",就是这种流行观念的典型表达:"宗"是不变的同一性和确定性,它贯穿于"万变"的表面现象之中而坚持不动,历经千年万载,这"宗"只需打扫打扫外表的浮尘就可以拿过来照旧发挥其作用与意义。这种永恒不变的"宗"的观点是尼采早已驳斥了的抽象的"同一性"概念。这种历史观意在复制原本,再现历史。持这种观点的人即使明知原本不能完全复制,历史不能完全再现,他也要在"宗"字上面作文章,只要"不离其宗",就算达到了学习历史的目的。

一 连续性与非连续性的含义

1. 历史的特点:新旧交替的非连续性

连续性与非连续性是相互依存、不可分离的,这一点我想不必讨论。问题是什么叫作连续性与非连续性?

现实的历史总是表现为一种从旧到新的不断转变,而这种"转变(Übergang)的经验,严格讲来,并不确保连续性,相反,倒证实非连续性"[①]这就是说,非连续性是指新与旧之间

---
① 加达默尔:《真理与方法》第 2 卷,洪汉鼎译,台北时报文化出版有限公司 1993 年版,第 156 页。

的区分和界限,而历史的特点就在于它是新与旧的活生生的不断交替。所以,在谈论历史之为历史的特点时,首先应该肯定的是非连续性。如果没有非连续性,即是说,如果没有新与旧的差别与更替,一切凝固不变,那也就不可能有历史。

2. 非连续性包含连续性

但是,另一方面,历史的非连续性本身就包含连续性。历史的发展并非某种故步自封的东西按原样再现和重演,历史上过去了的东西总是在后来的或今天的新情况下以新的角色出现,这新角色之新不是在外表上"贴金",而是生命的新生,是一种创新。就像父母虽已死亡,他们的生命却在子女身上得到了更新一样,历史上陈旧的东西虽已过去,其生命也在新事物中得到了更新。所以,历史上新与旧的交替、更换(非连续性)同时又是对新旧间界限的冲破和新旧间差异的融合,而这正可以叫作连续性。

3. 连续性是对非连续性的超越,是新旧不同之间的相通

世界上的事物千差万别,判然分明,这种情况表现在历史上就是古和今、旧和新之间的差别和界限,这也就是历史的非连续性。世界上不同的事物又是彼此相通的,相通的关键在于超越当前的在场者的限制,也只有这样的超越才能形成万物一体的整体观。同理,历史上的古和今、旧和新虽不相同而又彼此相通,相通的关键也在于超越,即超越古与今之间的距离、拆除新与旧之间的藩篱,具体地说,即冲破古以达于今,冲破旧以达于新,这也就是历史的连续性。只有这样,才能形成流变的历史整体观。这也就是说,历史的连续性是对非连续性的超越,历史的整体观是靠历史的连续性而形成的。显然,这样来理解的历史连续性完全不是什么亘古不变的相同性或同一性,不是什么可以完全复制、照样再现的"宗",而是古今之间的相通相融。

4. 通过对历史的理解,非连续性才具有连续性

历史上过去了的东西,其本身总是一去不复返的,它不可能原样再现和重演,但历史是人的存在的历史,历史事件一旦过去,它总会给后人留下对它的某种理解,这理解也可以说是对过去了的事件的一种提升和总结,正是这理解才使得一去不复返的历史事件持存着、继续着,而这也就是历史连续性的具体内涵。说历史事件本身一去不复返,这讲的是非连续性;说通过对它的理解(这也就是历史事件的意义)而使它持存和继续,这讲的就是连续性。

前面说过的冲破古以达于今、冲破旧以达于新,其所凭借的就是上述的理解过程。理解总是后人对前人的理解,今人对过去了的事件的理解,因此,这理解就不仅包含着古和旧,而且必然包含今和新。也可以说,对历史事件的理解就是古今之间的对话。我们当今所处的时代,都是古今之间对话的结果,它既非单纯的古,也非单纯的今,而是古今的融合。在这古今的对话中,古固然影响着今,今同时也改变着古。

5. 历史的变迁随着不断更新的理解而愈益远离其"宗"

这里有一点需要特别强调的是,随着时间的推移、历史的变迁,过去的东西对后来的影响愈益减弱,而后来的东西对过去的东西的改变愈来愈加强,但过去的东西所延伸的范围却因此而不断扩大,其内涵和意蕴亦因此而不断加深和更新。所谓弘扬古的东西,我以为亦应做如是解,应着眼于延伸和扩大古的东西的范围,深化和更新古的东西的作用和意义。那种认为弘扬古的东西就是一意要维护和恢复旧的东西的观点,是站不住脚的。事实上,旧的历史原本在历史发展过程中往往可以变得愈益远离其"宗",今人对旧的历史原本的理解往往非古人之所能逆料和想象(当然这并不是说,一些简单的历史事实可以任凭今人随意解释)。特别是在国际交往极度发达、不同民族和不同文化之间的相互冲撞和交融日益加剧的时代,它们"之间"的频繁对话也必然日益深刻地改变着对话的每一方及其传统。可以想见,世界的未来(当然不是短时期的而是长远的,甚至非常长远的)将是诸种"之间"的共融共通的性质愈益占上风的世界(这并不排斥差异性和特色),而那种想维护某一方原貌的企图,想维护某种"宗"而使其不变的企图,将证明是徒劳的,那种所谓东西方之间只能一方不亮一方亮的断语只能证明是独断论。

6. 理解过去是辞旧迎新的原则

对过去的理解也不是为理解过去而理解过去,理解过去必然指向未来。个人的历史是如此,一个民族、一个群体的历史也是如此。任何一个民族、一个群体都有它自己对已经过去了的历史事件的基本理解,这个基本理解直接指引着这个民族或群体的未来。我们甚至可以说,一个民族对自己历史的理解,在某种程度上或在某种意义上,决定着该民族未来的命运。我相信历史学家会举出很多很好的实例来说明这一点。无论如何,这也是历史进程辞旧迎新的一个重要特点,也是超越非连续性的历史连续性的一个重要思想原则。

二 时间距离的意义

古今之间的时间距离如果久远了或太久远了,这似乎是加大了历史的非连续性,使古的东西对后人来说显得更陌生、更淡漠,但从更深的层次看,时间距离却展示、扩大并丰富了历史原本的范围、内涵和意义,这一点已如前述。但这里还涉及时间距离对理解过去所起的作用问题。

1. 时间距离加深对历史的理解,使连续性更具生命力

理解不同于回忆。没有回忆,就没有历史,但简单的回忆还不等于历史。历史之为历史,在其不断更新它的生命,不断深化它的内容,而这却需要比简单回忆更高一级的理解能力。时间距离乃是提升和强化理解能力的关键。黑格尔的著名例子说:对于同一句格言或同一件事情,老年人的理解比孩童的理解要丰富得多,深刻得多。时间距离给处于历史中的人以阅历、以传统,从而也让人有可能以更广阔的视野、更深刻的洞见来看待历史原本,理解历史事件。后人对历史的理解,原则上总要胜过前人。历史事件,特别是重大的历史事件,无妨先让它埋藏在时间之"墓"中,使之经受时间距离的折磨和考验,然后再通过回忆,把它从"墓"中发掘出来,这时,我们作为资深的"老年人"就会理解历史事件的更真实的、更具持存性的意义,而历史的连续性在这里也必将会更显示其生命力。

2. 时间的"超出自身"性

时间距离可以大到以世纪计、以时代计、以阶段计,也可小至于零。前者固然如上所述既是非连续性,也是对非连续性的超越即连续性;后者(指时间距离小至于零)甚至更能说明这个道理。

时间距离小至于零,实际上就是瞬间。历史的变迁和消逝的特性,其最根本的、最明显的表现在于瞬间。人生活于历史中,也就是生活于瞬间中。

瞬间实际上没有"间"，它既是背向过去，也是面向未来，它丝毫不带任何一点停滞于在场者的性格，而是变动不居、生生不息的，它的唯一特性就是"超出"（standing out, ecstasy）。按照海德格尔的说法，ecstasy 乃是时间的特性，时间不是一系列静止的"现在"（nows）构成的，时间的特征就是瞬间的特征，也就是"超出"或者叫作"超出自身"。在"超出自身"中，在场与不在场、自身与非自身、内和外的界限被打破了、跨越了，事物间的非连续性（包括历史的非连续性，古与今的界限，过去、现在、未来之间的界限）被超越了。世界、历史由此而形成了一个由在场者与无穷无尽的不在场者相结合的无底深渊，或者说，形成了一个无尽的、活生生的整体。反之，如果按照旧的时间观，不理解时间的"超出自身"的特性，则在场者与不在场者、自身与非自身、中心与外围就只能是彼此隔绝的，也形成不了生动的世界整体和历史统一体。那种所谓不变的"宗"的观念就是按照旧的时间观，割裂在场者与不在场者、中心与外围而形成的。

3. 时间的"超出自身"性决定着人的自我超越

人生就是人的历史，时间的"超出自身"的特性构成人的"超出自身"的特性。海德格尔说："时间的超出性使此在之特殊的跨越性（überschrittscharakter），即超越，从而也使世界成为可能。"① 这就是说，由于时间总是超出自身的，人才有跨越自身的特性，才超越自身而融身于世界。按照旧的时间观念，过去的东西一去不复返，不能超出自身而与现在、未来相通，未来的尚未到达，亦不能超出自身而与现在、过去相通，则历史无连续性，人生如过眼云烟，确无意义和价值可言。但若能一反旧观念，洞察到时间超出自身的特性，体会到人能不断超越自身，——体会到人能超越在场者而与不在场者相结合，能超越当前而与未来、过去相结合，则必然可以达到一种与万物为一体的高远境界，而这也就是人生的最高意义之所在。尼采把这种境界称为酒神状态。酒神状态实际上有类似中国的天人合一之处，特别是老庄的天人合一，其特点是忘我。ecstasy 的超出自身的意思也包含有忘我之意。忘我则能达到一种酒醉神迷的狂喜之境，所以 ecstasy 又有狂喜或出神的意思。

万物一体本是人生的家园，人本植根于万物一体之中。只是由于人执

---

① Heidegger, *Gesamtausgabe*, 第 24 卷，第 428 页。

着于自我而不能超越自我,执着于当前在场的东西而不能超出其界限,人才不能投身于大全(无尽的整体)之中,从而丧失了自己的家园。

三 人生的意义在于按照历史,不断超出自身而不执着

1. 历史统一体需要想象

要把握万物一体或历史统一体,需要想象。想象能把不在场的、隐蔽的东西以潜在的方式再现出来而与在场的、显现的东西综合为"共时性的整体"。历史上过去了的东西不可能在知觉中原样呈现于现在,它对于现在在场的东西来说只能是隐蔽的、不在场的东西,但它却可以在想象中以潜在的形式再现于当前,从而与当前在场的东西结合(综合)为一。同样,未来的东西对于当前在场者来说也是隐蔽的、未在场的,但它也可以在想象中显现于当前,未来的东西乃是尚未实现的现在,因此,未来也可以与现在结合为一。可见读历史最需要的是想象,想象可以使我们超出自身的界限,拓展视野,驰骋于无限辽阔然而又非抽象的世界。我们不要感叹人生的短暂,人生本来是短暂的、有限的,我们应该在人生的有限中追问人生的意义和家园,这就是"超出自身",超越有限性,忘身于(融身于)无尽绵延的历史整体中去,聆听那由在场与不在场相结合的无底深渊中发出的声音。①

2. 历史以死亡获新生

历史总是表现为非连续性与对非连续性的超越。历史的每一阶段或每一时代都以其终止而为后来的历史做出最大的贡献。正如伽达默尔所说,历史犹如一个悲剧英雄,他以自己的死亡使生命得到更新。② 我们应该抛弃那种一谈到历史就兴起恋旧之感的旧观念。人生和历史一样,人也以自己的死亡而超出自身,从而为后代做出最大的贡献,人也应该像荷尔德林所认为的那样,视死如归,像悲剧英雄一样面对死亡。这正是历史的非连续性与连续性带给人生哲学的启发。

---

① John Sallis, *Delimitations*, Indiana University Press, 1990, p.191.
② 加达默尔:《真理与方法》第2卷,洪汉鼎译,台北时报文化出版有限公司1993年版,第157页。

3. 谭嗣同的"微生灭"说

这里我们很自然地联想到了谭嗣同的"日新"说或"微生灭"说。谭嗣同断言,一切事物皆"旋生旋灭,即灭即生。生与灭相授之际,微之又微,至于无可微,密之又密,至于无可密。夫是以融化为一,而成乎不生不灭"。① 所谓"生与灭相授之际",微"至于无可微",显然就是我前面说的背向过去(灭)与面向未来(生)两者发生于同一瞬间。谭嗣同由此而得出结论:生与灭"融化为一,而成乎不生不灭",或者说,"但有变易,复何存亡"②。这实际上就是肯定了时间的"超出自身"、打破在场与不在场的僵死界限的特性;"旋生旋灭,即灭即生",意思就是生与灭都超出了自身的界限。谭嗣同可算是懂得连续性是对非连续性的超越的道理的人。谭嗣同说:"仁一而已。凡对待之词,皆当破之。""无对待然后平等。"③我们当然不要机械地把谭嗣同的"破对待""(生灭)融化为一,而成乎不生不灭",理解为生灭是无差异的绝对等同,他的意思不过是说生与灭相通相融。革命家谭嗣同所强调的"破对待""无存亡""一生死"的革命气概和高远胸怀,同诗人荷尔德林所歌颂的视死如归的悲剧英雄的精神以及哲学家尼采所崇尚的酒神精神的最高境界,实可东西呼应、交相辉映。

4. 瞬间质变的意义

过去,我国哲学界在讲量变与质变的哲学范畴时,一般都把量变阶段看成似乎是根本没有质变的,只是在量变达到某一点时才突然发生质变。其实,现实事物的每一瞬间,或者说,"量变阶段"的每一瞬间,也都如前所述是新旧转变的瞬间,这新与旧的交替、生与灭的"相授",都是质变,新与旧、生与灭是有质的差别的非连续性,只是这种质的差别发生于瞬间,发生于"微至于无可微"的"相授之际",而为人所不觉察。但这种未觉察到的质的差别,却为我们平常说的那种觉察到的质变奠定了基础。过去,我们不注重讲每一瞬间的转变中所包含的质变,不注重讲"量变阶段"中所包含的质变,因而也就无法解释平常说的质变的突然性。事实上,质变的突然性从根

---

① 谭嗣同:《仁学》。
② 同上。
③ 同上。

基上看并不突然,驴子在卧倒之前,农夫每给它加重一两负担,它的承受力都有新旧的转变,生死的搏斗,头发每次被拔掉一根,其实也是一次新旧的质的转变。这样看问题,并不是要抹杀和否定事物的相对稳定性,而是要让我们能够从更深层上看到事物间各种界限的不断"超出"和消融,看出事物虽不相同而又相通(虽有界限而又能不断超出界限),从而达到一种万物一体的境界。过分强调质的稳定性而不重视每一瞬间新旧质的"转变""超出",会导致对某一特殊事物的过分执着,导致自我限制,而缺乏万物一体的高远旷达的胸怀。

四 历史性问题就是人生意义问题

1. 历史实际往往会被理性所出卖

人们都爱谈论在历史领域内找到类似统治自然界的法则。这种谈论有的是来自黑格尔的所谓"理性的狡计"。就历史这一庞然大物非个人的动机所能控制,而且往往与个人的意愿相反而言,确实存在着"理性的狡计"。但问题在于历史是否只是由理性来主宰。历史科学,或者扩大一点说精神科学,总是既包含理性,又包含人的意志、欲望、情感乃至下意识、本能等等在内,在这里,理性并不像黑格尔所设想的那样就是绝对真理,不可移易。黑格尔赞扬人的"激情""私欲""利害关系"对推动历史的重大作用,这一点的确是很伟大的,但他最终还是认为所有这些都不过是实现理性统治世界、理性统治历史的工具和手段,"理性""理念"是一切的主宰。当然,黑格尔并没有因此而简单地把人看成是从属于一种所谓外在于人的理性的东西,他认为"理性"同时也是内在于个人中的"永恒的和神圣的东西",人以这些东西为其"内在目的"("自身目的"),就"内在目的"而言,人就不能被理解为工具或手段。尽管如此,黑格尔仍然认为理性、理念高于激情。黑格尔还谈到内在于个人中的"神圣的东西"就是"道德、伦理、宗教虔诚",这似乎包含了人的意志、情感在内,但是我们都知道,黑格尔对道德、伦理、宗教虔诚的理解都是理性至上主义的,而且他强调要把这些观念纳入国家的理念之中。① 马克思、恩格斯说:"'思想'一旦离开'利益',就一定会使自己

---

① Hegel·Werke,1982,第 12 卷,第 49、50、55、56 页。

出丑。"①黑格尔的"理性""理念"归根结底是脱离人的实际利益的,是脱离他所标榜的激情的。

人类历史的实际进程往往会让理性出卖自己。在历史领域中,理性决不像在自然领域中那样坚强无比,它甚至依赖成性,最终总是屈从于人性的其他因素。我在前面谈到人对过去的事总有某种理解。我们诚然可以从这种理解中获得一些借鉴,以启发未来,但我所说的理解并不意味着要寻找铁一般的法则。像自然规律那样的确定性在历史领域中是找不到的。

人作为历史性的、时间性的存在,其对待历史的态度不应像自然科学那样把自己的对象当作海德格尔所说的"现成在手的东西"。人置身于历史之中,与历史打交道,历史对于人来说是海德格尔所谓"上手的东西"。那种把历史进程当作与人对立的对象来加以认识和研究的观念是西方旧的形而上学。

2. 历史研究的最高目标是追寻人的存在的意义

人理解历史,实际上就是理解人自身,具体地说,就是在历史的时间性中、在人生的有限性中追寻人的存在的意义,②提高自己的境界。当然,不要以为一谈到提高境界就是追求永恒,追求变中之不变。我所提倡的境界,是不脱离功利(利益)的,但又是超功利的,它与旧形而上学的抽象本体世界有根本上的不同。

研究历史需要知道许多历史事实和历史知识,但研究历史的最高目标远不止于记住历史事实,丰富历史知识;研究历史需要有认识论的基础,但研究历史的最高目标远不止于学认识论;研究历史可以从中吸取许多经验教训,但研究历史的最高目标远不止于总结经验教训。只有懂得历史性问题就是人生意义问题,就是人的命运问题,才能懂得历史性问题的真谛。③

---

① 《马克思恩格斯全集》第 2 卷,人民出版社 1957 年版,第 103 页。
② 参见加达默尔:《真理与方法》第 2 卷,洪汉鼎译,台北时报文化出版有限公司 1993 年版,第 33 页。
③ 同上。

第二十八章
中心与周边

一 中心与周边关系的哲学基础

1. 在场不在场的关系和中心周边的关系

每一在场的东西,就其当场出现而言,都是一个中心,它以其他未出场的东西为其周边,换言之,显现在当前的东西以隐蔽在其背后的东西为周边。

问题在于,中心与周边两者,何者起决定性作用?何者是基础?西方传统形而上学以在场者为中心,而且认为在场者是起决定作用的东西,是基础,不在场者则是第二位的,甚至是不真实的。例如逻各斯中心主义就是以"永恒在场的东西"——"理念""本质"——为中心,它是第一位的。

实际上,在场的东西由不在场的东西构成,中心由周边构成。因此,在场的东西应由不在场的东西来界定其意义,中心应由周边来界定其意义;中心是周边的显现,离开了周边,中心是空洞的、无意义的;中心与周边不可分,而且周边是第一位的。把在场者看成是独立于不在场者而又主宰不在场者的东西,把中心看成是独立于周边而又主宰周边的东西,这是西方传统的"在场形而上学"或本质主义,其中包括启蒙运动以前以神为中心的本质主义和启蒙运动以后以人为中心的本质主义,它们都已经过时了。

构成中心的周边因素是无穷无尽的,因此,任何一个事物或一个语词的内涵都需要由一连串的其他事物、其他语词来说明,而这一说明的过程可以扩散至于无穷。德里达从索绪尔语言学所引出的"延异"(difference,又可译作"差异")的概念,其主要含义就在这里。

中心不过是无穷无尽的周边因素的聚焦点,它不是实体,但它又不是虚构,它可以反过来对周边因素发生作用和影响。例如一个民族的精神、思想作为该民族的中心和灵魂,乃是由它的政治、经济、社会等无穷的周边因素形成的,但它一旦形成以后,又可以反过来对这些周边因素起一定的作用和影响。与逻各斯中心主义的主张相反,我们认为,中心的作用和影响对于周边而言乃是第二位的。中国的天人合一的思想传统,是在它的经济、政治、社会等等无尽的周边因素的基础上形成的,它确有其优点,但它缺乏主客关系和主体性,这又反过来对于科学和生产力的发展起了阻碍的作用和影响。

2. 自我—世界和中心—周边

按照通常主客关系的思维模式,自我是独立于其周边或周围世界(客体)的主体,中心(主体)与周边(客体)的关系在这里被看成是两个相互独立的实体(一个是作为主体的实体,一个是作为客体的实体)之间的关系,认识的作用就是在两个实体之间搭桥。海德格尔深刻地指出了这种观点的局限性。海德格尔主张主体融合于客体之中,人寓于世界之中,人生就是"在世",当我在说"我"之时,就始终意味着要把"我"这个存在者看作是"我在世界之中"。这是人生的基本方式。至于主客对立和主体概念,按照海德格尔的说法,乃是人生在世的一种"变式",它是在海德格尔所谓"繁忙"实践的基础上由于理论认识而产生的。由此可见,把自我看成是孤立于周边或周围世界的主体概念,不是基本的。海德格尔批评康德,认为康德表面上似乎放弃了笛卡尔的孤立的主体概念,似乎看到了自我不仅是一个"我思",而且是"我思—某物",但康德并没有对这个"某物"加以深刻的规定,他未能把这个"某物"进一步理解为人生在世的"世界",未能理解到自我存在的样式由世界来规定,而世界的中心就在"此在"本身之中。①

---

① 海德格尔:《存在与时间》,第43节。

二 "万变不离其宗"剖析

1. 没有独立于周边的不变之"宗"

通常所谓"万变不离其宗",意思是说,存在着一个脱离不断变化的周边而独立自在的中心。事实上,没有一个这样亘古不变的"宗"。周边不断变化,其所形成的中心也随之有所改变。当周边变化的速度较慢、幅度较小时,中心变化的速度也较慢,幅度也较小,人们在这种情况下不能轻易地看出中心的变化,于是误以为有不变之"宗"。例如中国的天人合一的思想传统从孟子(假定以孟子为天人合一说的开端)经董仲舒到程朱陆王,历经二千余年而变化不大,人们便由此而产生了所谓天人合一是中国思想传统的不变之"宗"的误解。但细察之,不仅这种天人合一的思想本身,在孟子那里和在董仲舒那里以及在程朱那里和陆王那里,都各不相同,而且到了明清之际,特别是鸦片战争以后,天人合一的思想传统从整体上遭到了挑战。魏源公开明确地驳斥天人合一的根本原则。梁启超等人提倡西方近代哲学开创人笛卡尔的主客关系思想和康德的主体性原则,从五四运动德赛二先生的口号之提出直至当今中国哲学界对西方主客关系以及与之相联系的主体性的讨论与召唤,凡此种种,都是对中国古旧的天人合一思想的冲击与破坏。处当今科学昌盛、市场经济繁荣之世,还想原封不动地维护这种"宗",是绝对不可能的。这个例子说明,周边因素的变化在一定时期内可以暂时地、相对地稳定在某一范围之内,与此相应,它们所形成的中心("宗")的变化也可以暂时地、相对地稳定在某种限度之内,但这里要强调的是,此中心仍处于不断变化之中;而且更重要的是,周边因素不是与外界隔绝的,它们无止境地向外扩张、延伸,不断地与外界接触、冲突,以至于突破原先相对稳定的范围,这时,原先相对稳定的中心也随之突破限度而发生根本性的转变,这"宗"也就明显地被打破。

2. 独立自在之"宗"的理论基础——抽象的同一性

寻求抽象的同一性,是"万变不离其宗"的理论基础,它在西方传统哲学中已经根深蒂固,西方传统哲学自柏拉图到黑格尔都以寻求同一性为哲学的最高任务。按照这种思想,孟子的天人合一与董仲舒的天人合一以及程朱的天人合一、陆王的天人合一,都可以通过认识从中抽象出同一的(普遍的、相同的）东西，这个同一的东西便是不变之宗。例如前面说的中国传统的天人合一以缺乏（至少是轻视）主客关系和主体性为其主要特征，这主要特征在西方传统哲学的形而上学看来就是不变的同一性（普遍性、共同性）。但是尼采早已指出，现实中并无绝对同一的东西，同一性乃是出于生命或生活的需要，通过认识而把现实中变动不居的东西加以静止化，把现实中千差万别而有相似之处的东西，加以等同化的结果。中国传统的天人合一，从孟子到董仲舒到程朱陆王，在现实中是有变化、有差别的，前面所说的主要特征不过是它们之间的相似性，相似性属于差别性而非同一、相同或等同，那个主要特征在孟子那里和在董仲舒那里，在程朱陆王那里，决非同一的。但我们的认识所具有的抽象作用却可以把它们的变化、差别"削齐拉平"，使之成为静止的不变的"宗"。尼采认为，认识为生命、生活所必需，不宜完全否认。但单纯的认识达不到或者说把握不住不断变化生成的现实和每一个别性的现实。

随着时间的推移和周边的变化，中心一般地也会变得距离原貌越来越远。如果说在开始时，中心的新貌与旧貌的相似之处还比较多，那么大体上越到后来，中心的新貌与原貌的相似之处越少。我们通常会把这些具有相似之点（即平常所说的"共同特征"）的新旧中心的体系冠以一个通名来概括它。例如用"天人合一"这个通名来概括原来的孟子的天人合一和后来的董仲舒的天人合一以及程朱陆王的天人合一。通名的概括性和固定性也助长了"万变不离其宗"的思想。但是现代语言学告诉我们，通名所界定的范围从来不是绝对清楚明确的，也不是固定不变的。"天下乌鸦一般黑"，但我们并不能担保将来不可能出现一只白色的乌鸦。

3. 中心变化的滞后性构成"宗"的概念

前面说到，中心随周边的变化而变化。但周边的变化与中心的变化并不是等速的、同步的，周边比中心更敏感，中心的变化速度总是比周边的变化速度要缓慢一些、滞后一些。

语言哲学家蒯因根据他的"整体论的检验理论"，认为在整个知识或信念的体系中，居于中心的是逻辑规律和本体论命题，中心以外的周边依次为普遍的自然规律和关于感觉经验的命题与物理对象的命题，中心的命题是普遍性最强的命题，距离中心越远的命题越少普遍性。由于最边远的东西同经验的接触最直接，它们之间的冲突首先引起调整、变化的，是距离中心最远而距离经验最近的关于感觉经验的命题和物理对象的命题,其次则引起普遍的自然规律的调整、变化,最后才引起居于中心的逻辑规律和本体论命题的调整、变化。这里应当注意的是,第一,即使居于中心的逻辑规律和本体论命题,也不是不可以修正和调整的,也就是说,逻辑规律和本体论命题这样的中心也可以随着周边的变化而变化。第二,距中心愈远、距边界经验愈近的东西,其变化的速度愈快,愈靠近中心的东西,其变化速度则愈慢,而中心则不轻易因周边的变化而变化。但说"不轻易",并不是说中心根本不变。联系本章的主题来说,这就是,不能认为有不变之宗。

如果可以把蒯因的"整体论的检验理论"推而广之,则其基本精神也可以适用于本章所讲的整个中心与周边的关系。

构成一个事物之中心的无穷尽的周边因素,其与中心的距离总是有近有远,有直接有间接,这不只是指空间距离之大小,更主要的是指作用、影响之强弱。越是边远的东西(较远、较间接的东西),其变化虽必然影响中心的变化,但一般说来,其对中心的影响不是很轻易的。例如人生就是一个由无数层次的周边构成的有中心的体系或网络,越是日常生活中的细节,越是经验事实性的东西,或者说,越是外在的东西,越居于边缘的地位;越是属于思想、精神方面的东西,亦即所谓内在的东西,越居于中心。前者较实际,其变化速度较快、幅度较大,后者距离实际较远,其变化速度也较慢,变化幅度也较小。这也就是人们所谓"万变不离其宗"的一个理由。一般而言,一个人可以比较轻易地由着蓝色中山服而改为西装革履,但脑子里的旧观念却不能轻易改变,便是一例。人们在面对一个在实际生活方式上变化很大而思想精神上却变化很小的人的情景时,往往说此人是"万变不离其宗"。殊不知,实际生活细节上的变化时刻都在隐隐约约地使一个人的思想精神做重新调整,这种重新调整可以是很缓慢的、很不明显的,但在长期的重新调整之后,也可以发生迅速的突破。"近朱者赤,近墨者黑。"这就是为什么长期的实际生活环境上的改变可以使一个人在思想精神上发生根本改变的原因。

周边与中心的变化速度之不等,说明周边的灵通性与中心的迟钝。

4. 中心应聆听来自周边的声音

前面说围绕在中心的周边因素是无穷无尽的。这就意味着周边具有与外界直接接触的特点,它不断地与外界接触,因而也就不断地向外开放,无尽地向外延伸，这就是周边的灵通性与活力之所在。反之，距离中心越近的东西则由于与外界接触较少、较间接，其灵通性与活力也越小，而中心本身则是最封闭、最呆滞、最迟钝的。如果说周边具有"耳聪"的本性，那么，中心本身就可以借用德里达的语言来说是"聋子的耳朵"。中心要想"耳聪"，永葆青春活力，就要与周边紧密结合成一个整体，最终能"聆听无底深渊的声音"——一种来自无穷的周边的声音。

周边相对于中心来说总是具有隐蔽的特性，而中心则是显现的。隐蔽的周边因其距离中心的远近程度而有明暗层次之分，距离中心越近的越显现，越远越隐晦不明。这就使我们容易忽视边远的东西，而只盯住中心的东西，或者用我在前面说过的，只是死抓住在场的东西，而不注意不在场的东西。这种观点属于西方哲学的旧传统，我们今天应当超越这种旧传统。

三　民族性与时代性

1. 时代性的灵敏性与民族性的惰性

一个民族的精神、思想或民族性，是由无穷多的周边因素如经济、政治、社会等等构成的一个相对稳定的中心。时代的变迁，特别是该民族与其他民族的接触和冲突，首先和直接地改变着该民族的经济、政治、社会等等周边因素，而该民族的精神、思想或民族性虽亦不无适当调整，但往往不会做等速的改变，于是我们便认为该民族在时代变迁中仍然保持住了民族性。而当时代发生剧烈震荡，构成一个民族的诸周边因素相应地发生巨大的变化之时，人们就往往担心该民族的精神、思想或民族性会随之而丧失，于是发出维护民族性的呼声。时代性和民族性经常处于斗争之中，这一斗争实质上是周边与中心的斗争，其原因在于居周边地位的时代性变化较快、较敏感，而居于中心地位的民族性则总是有一定的惰性。但从长远来看，民族性会由于巨大的时代性变迁而与别的民族性逐渐融合。融合不是两个中心原封不动地相加在一起，不是两个不同的民族性的简单混合。融合的双方乃是你中有我，我中有你。融合并不是说，原有的民族性在新的融合体中完全丧失了，它可以作为一种民族特色而保存在新的融合体中，但它又不再作为原来的中心而被保存，它只是新的融合体中的一个构成因素，甚至也可能是其中的一个重要的或居优势的因素。

2. 民族性的生命力需经时代性的冲击和检验

在时代潮流的冲击下，一种民族性越具有生命力，便越能保持其相对长期的稳定性，甚至可以在新的融合体中占有较重要的地位，反之，生命力较弱者，则往往在新的融合体中无足轻重，甚至从根本上丧失了自己的位置。

对于某些看来似乎要垮台的民族文化传统，我们可以由于预见到它们尚有一定的生命力或优点，而努力排除其暂时的不合理的不利于发展的因素，而加以扶持，这是完全应该的。但某种民族文化传统能否维持和发展，最终依据于它们是否有生命力，——是否经得起时代性的冲击和检验。违反时代潮流，硬性地维护某种民族文化传统，是不切实际的。而且，即使是对于某些值得维护和扶持的东西，其本身也必须做相应的、适当的调整。周边变了，中心还自岿然不动，是不可能的。

四 经济全球化与文化多元化

1997年夏天从泰国开始的金融危机首先波及东南亚各国以及韩国和日本，最终以致震荡着全球。人们由此而更深切地意识到经济全球化的现实，大家越来越多地谈论着经济全球化。与此形成鲜明对比的是，当前人们在谈论经济全球化的同时，却又大谈文化的多元化。这就不能不引起文化思想界人士的一些反思。经济与文化究竟是什么关系？经济的全球化与文化的多元化是一致的还是矛盾的？在经济全球化已成为现实的形势下，世界文化和中华文化的走向如何？

1. 经济的敏感性与文化的滞后性

文化与经济的变迁关系类似中心与周边的变化关系。从广义上来讲，经济亦可属于文化。我们现在讲的经济全球化，其主要内容包括生产的全球化、金融的全球化和科技的全球化，其中以生产的全球化为主要推动因素。文化也是多方面的，有观念形态的方面，有制度的方面，还有器物的方面，其中以观念形态为核心。从经济与文化所包含的这些具体内容就可以见到，经济与文化既有区分，又不是可以严格划界的，它们实可以概括为一个由中心和不同层次的周边构成的圆圈：粗略地讲，一个民族、一个国家的文化是中心，经济是周边；具体地讲，观念形态居于最中心的地位，生产是边缘,制度、器物、金融、科技等则是这个圆圈所包含的不同层次的周边(这里且不谈制度、器物、金融、科技这些层次的具体的远近程度和次序)。经济的变化推动文化的变化,但经济是一个民族、国家与外界(即其他民族、国家)最直接地接触的方面,其变化的速度也最快,而居于中心的文化则虽有变化,但变速甚慢。换言之,经济是比较敏感、比较灵通的领域,而文化则是比较迟钝、比较固执的。经济所包含的生产、金融、科技三者之中,生产又是与外界最直接接触的方面,它的变化也是最快的,生产的发展与变化推动着金融与科技的发展与变化。也就因为这个缘故,经济全球化的最主要特征是生产的全球化,其在当前的具体表现就是世界上几万个跨国公司控制了全世界1/3的生产,掌握了全世界70%的对外直接投资,2/3的世界贸易。跨国公司成了当前经济全球化的主要推动力。这也说明,在经济全球化中,生产全球化的速度是最快的。

与此不同的是,一个民族、国家与其他民族、国家的文化接触特别是观念形态方面的接触则是间接的、无形的、深层的,因此,一个民族、一个国家的文化特别是观念形态,其因与外界接触而引起的改变则是很缓慢的。文化、观念的变易性往往滞后于经济、生产的变易。至于谈到各民族、国家的文化、观念形态之间的融合,则更需要一个漫长的过程。这就是为什么在经济全球化已成为现实的今天,文化的多元化却与之并行的重要原因之一。人们在谈论跨国公司的同时,也在谈论跨文化,但是关于跨文化的谈论往往是与文化的多元化联系在一起的。跨文化是多元文化之间的交流、对话,还不是文化的全球化。

当前人们之所以谈论文化的多元化的另一个原因,则是由于担心本民族文化特色的丧失。一个民族的文化特别是观念形态是其民族性的本质之所在。经济越全球化,人们越担心丧失本民族的民族性,于是越加强维护本民族的文化传统,文化多元化的呼声由此而日益高涨。

2. 文化多元化是顺应经济全球化的精神产物

当然,也应当看到,文化多元化乃是顺应经济全球化的一种精神产物。在欧洲中心论统治的时代,经济尚未全球化,文化也谈不上多元化。只有在经济全球化日渐成为事实的时代,随着各民族各国家之间各种壁垒的拆除,许多过去被认为是落后的民族、国家的文化才在国际上为人们所发现、认识和承认,这才有了文化多元化的前提,有了谈论跨文化的可能。试想,在中国尚被西方人称为"东方睡狮"的时代,哪有什么中西文化对话可言?

3. 文化融合是大趋势

但是从长期来看,随着经济全球化的日益发展,文化将逐步逐步地、包括经过严酷的斗争而走向融合的大趋势则是不可避免的。事实上,经济全球化的现实已经在为文化的融合铺垫道路。这里且不说跨文化的讨论是不同文化走向融合的必由之路,即使是人们所谈论的文化冲突也应看作是文化融合的前奏。没有冲突就没有融合。印度佛教传入中国与中国的儒道相结合,就是经过了冲突才取得的。例如儒家讲的"孝"字与原本的佛经就是有冲突的。根据经济全球化的事实,很多人认为人类共同体不仅是一个经济共同体,而且是一个伦理共同体,"地球村"不仅是经济意义的,而且是文化意义的。显然,全球化不仅是国际经济交往的过程,而且是文化交往的过程。前者已经是现实,后者也将随之而逐步成为现实。

就我国的基本国情来说,几千年的文明古国既给我们带来了深厚的文化底蕴,也给我们留下了长期封建统治的历史背负。为了顺应国际上各种交往过程全球化的潮流,我们一方面在经济上要积极参加全球性生产与市场网络,特别是与跨国公司建立战略伙伴关系;一方面在文化上特别是在观念形态上要更大幅度地实行"门户开放",要适应时代要求,批判继承,着力于使中华文化与世界文化发展的大道接轨。文化是民族的,但不应是狭隘的民族主义的。否则,就会造成文化上的故步自封,从而也会造成中国经济上的孤立和现代化的延误。

第五篇 哲学发展的历程

第二十九章
西方哲学发展的历程

西方哲学史开始于公元前6世纪的古希腊哲学,到现当代西方哲学,可以分为四个时期:(1)公元前6世纪到公元5世纪西罗马帝国灭亡,约一千年,称为古希腊哲学;(2)公元5世纪到15世纪东罗马帝国灭亡,约一千年,称为中世纪哲学;(3)15世纪中叶到19世纪中叶,约四百年,称为近代哲学;(4)19世纪中叶以来,称为现当代哲学。

一 西方哲学史的主要问题和主要特点

1. 哲学与科学、宗教的关系问题

西方哲学史是哲学与科学息息相关,与宗教相互渗透、调和而又相互对立、斗争的历史。

在哲学产生以前,人们已经用宗教信仰和神话,通过感性的、表象的形式表达自己的世界观;哲学的诞生意味着人们的世界观主要是通过理性的、概念的形式来表达的。

古希腊哲学是从宗教信仰和神话的束缚下和科学同时诞生的,它从一开始便与科学结成了不可分离的亲缘关系,哲学家同时也是科学家。当时,人们只是从总的方面观察自然界,而没有对自然界进行解剖和分析,自然科学的这种情况反映在哲学上就使古希腊哲学具有素朴辩证法的性质。

古希腊哲学虽然从主要方面来说摆脱了宗教信仰和神

话的束缚，但也有渗透着宗教神话的方面：古希腊早期哲学中的"物活论"（hylozoism）思想便是这种渗透的表现；毕达哥拉斯学派之相信灵魂轮回，乃是受了奥尔弗斯（Orpheus）教义的影响；苏格拉底也曾明白宣称自己为神所引导；柏拉图分裂理念世界与感性世界的思想，乃是奥尔弗斯教徒关于灵魂来源于天，肉体来源于地的教义的哲学表述，此外，他的许多重要哲学思想往往也不是用纯粹的思想、概念而是用神话的方式来表达的；亚里士多德的一个重要哲学思想就是把神看作是一切活动的目的因；斯多亚学派把德性生活看成是灵魂与上帝的关系；甚至原子唯物主义者伊壁鸠鲁在强调神同自然和人没有任何联系的同时，毕竟还在世界与世界的"空隙"中为神留下了一块地盘；到了古代哲学的后期，新毕达哥拉斯派和新柏拉图派等更是带有浓厚宗教色彩的哲学，他们的哲学后来被基督教所利用。

随着基督教的兴起，加之封建统治者把基督教会作为自己进行统治的最大支柱，西方哲学便又沉没于宗教之中。中世纪哲学几乎完全受基督教教会的支配，科学也遭受同样的命运。如果说，在古希腊时期，特别是它的早期，哲学与科学尚未明确区分开来，那么在中世纪，哲学则是与宗教神学合为一体。中世纪在哲学上的最大争论，即实在论与唯名论之争，同宗教上关于普遍教会与地方教会、普遍教义与个人信仰、原罪与个人罪恶何者实在、何者从属之争，是相互渗透在一起的，而在这种渗透中，哲学从属于宗教。

不过，中世纪占主导地位的经院哲学并非根本否认理性、思维的作用，它主要是运用形式逻辑的方法，从外在的权威即教会所解释的《圣经》出发，演绎、推论出事实，它在运用理性、思维为宗教服务的同时，也在一定限度内起了维护理性、思维的作用，为后来文艺复兴时期科学的发展提供了条件。

由于资本主义的兴起和发展，欧洲发生了规模巨大的宗教改革运动，基本上结束了教会至高无上的统治，哲学遂逐渐从宗教神学中分离出来而成为独立的学科。近现代哲学的特征之一是哲学与宗教、思维与信仰基本上处于分离对立的状态。近代哲学的第一个代表人物弗朗西斯·培根明确主张哲学应当与神学分离，认为理性真理与启示真理各有其独立的领域。近代哲学中诚然有许多体系都渗透着宗教神学，但哲学与神学相比，思维与信仰相比，大体上是前者占主导地位，它们所讲的宗教和神大多理性化了或人本化了：笛卡尔抛开一切外在权威，以思维为他的哲学的最高原则和出发点，他所讲的神是建立在思维、推理的基础之上的；洛克等人的自然神论是理性的宗教，在当时条件下是一种摆脱宗教的简便易行的方式，自然神论者的神必须按照理性或自然规律行事；莱布尼茨的神也只能服从理性的规律，与自然神论者的神有相近之处；康德所主张的神不过是理性的理想、实践理性的公设，他所讲的信仰是建立在理性的、道德的基础之上的；黑格尔企图调和宗教和哲学，但他主张哲学高于宗教；至于斯宾诺莎的神，则不过是披着泛神论外衣的自然之整体，是形而上学地改装了的、脱离人的自然，他的思想实质上是反宗教的；休谟公开对神的存在持怀疑态度，认为神的存在是无法像唯理论者那样用理性来证明的，他所主张的宗教只是出自人们生活和感性的需要；18世纪法国唯物主义者更进而达到了公开的无神论和反宗教的结论；费尔巴哈（Ludwig Andreas Feuerbach，1804—1872）把批判宗教作为自己哲学的一个重要组成部分，他所提倡的"爱的宗教"根本不同于信仰神的宗教。

西方近代和现当代哲学在与科学的关系方面也表现出了一些特点。近代自然科学随着资本主义的发展，越来越摆脱神学而取得独立的地位。近代和现当代哲学与科学之间的关系不同于古希腊，哲学不是与科学合为一体，而是与科学有了明确的分工，也就因为这个缘故，哲学思想便主要地不是寓于其他具体科学（包括伦理学、政治学等等）的内容之中，不是寓于感性的、表象的材料之中，而是通过专门的哲学概念来表达。不过近代和现当代哲学与科学之间又仍然保持着紧密的联系，而且这种联系越来越紧密，可以说，近代和现当代哲学发展的阶段性与近现代科学发展的阶段性是相适应的：17—18世纪，自然科学进入了对自然界进行分门别类的研究和对各种事物进行分析解剖的阶段，它所采用的方法主要是以实验和观察为基础的归纳法和数学演绎法；和自然科学的这种状况相适应，17—18世纪的哲学便以形而上学思维方式占主导地位。康德的星云假说打开了形而上学思维的第一个缺口，18世纪末19世纪初自然科学中的新发现和新成就都表明自然界的现象是辩证地发生的，过去那种机械的、形而上学的观点被动摇了，自然科学的这种状况反映在哲学上便是从康德到黑格尔的德国古典唯心主义哲学的辩证法形态。从古希腊的素朴辩证法形态经过17—18世纪形而上学思维方式的阶段到德国古典唯心主义辩证法的形态，这一哲学上的否定之否定的过程，是和整个西方自然科学发展的过程相并行的。正因为近代哲学与科学有极其密切的联系，哲学对科学的方法做了概括，接受了科学方法的洗礼,所以近代哲学一般地说也很强调方法,既讲究形式逻辑,又联系科学所提供的事实,具有重分析、重体系、重论证与论据等特点。现当代西方哲学中的两大思潮科学主义和人文主义以不同方式表现了哲学与现当代科学技术的高度发展和深刻联系。科学主义各流派主要以研究科学方法论、认识论和科学规律性为己任;人文主义各流派一般反映了现当代科学技术和物质生产高度发展所带来的关于人本身的问题。

2. 思维与存在、主体与客体的关系问题

西方哲学史是从思维与存在、主体与客体浑然一体观,经过两者分离对立的观点,逐步走向两者对立统一的观点,以至到达批评和超越主客关系式的观点的发展史。

古希腊哲学是素朴的,尚未注意到思维与存在、主体与客体的对立。黑格尔说:"希腊人既是从自身出发的,又是有一个前提的,这前提是有历史性的,按思想来理解,这前提就是东方式的精神的东西与自然的东西的合一的实体性,它是自然的合一。……希腊人以自然和精神的实体性合一为基础、为他们的本质。"①当时的"物活论"就是把思维与存在看成浑然一体的最明显的表现;巴门尼德关于思维与存在同一的命题也是思维与存在、主体与客体浑一不分的表现形式。存在是出现、显现的意思,思维是指人的出现过程。思维与存在同一说的是存在通过人的活动而显现出来。柏拉图的"理念说"把理念世界和感性世界对立起来,破坏了"物活论",在一定意义下分离了思维与存在、主体与客体。但他所讲的这两个世界都是人以外的外部世界,他把理念世界理解为外部世界中的普遍性和统一性的方面,把感性世界理解为其中的个别性和多样性的方面,却没有把它们理解为以人的主体为一方,外部世界为另一方的主客二分关系。不能说柏拉图哲学已达到主体性原则。柏拉图和其他古希腊哲学家一样,他们所探讨的哲学问题,从主要方面说,是本体论的问题。把人作为一个具有主观能动性、独立自主性的主体而与客体相对立、相关联,这样的问题是古希腊哲学家所不能提出的。古希腊哲学家还没有把人当作行动的主体,而只是静观世界。比较特殊的是智者(Sophists),他们从本体论的研究转向人的研究,"人是万物的尺度"这一著名命题,是近代人本主义思想的最早来源。他们认为人只能认

---

① Hegel·Werke,第 18 卷,第 176 页。

识现象,但在他们看来,现象就是一切,他们不像某些近代哲学家那样主张现象背后还有一个不可知的彼岸世界。智者作为古希腊哲学家,其思想同样具有素朴的性质,他们没有近代哲学中把主体与客体对立起来的思想,他们还不知道近代哲学意义下的思维与存在、主体与客体的对立。如果说他们是不可知论者,则这种不可知论也不同于近代的某些不可知论的,他们完全满足于认识现象而不去仰慕彼岸。

思维与存在、主体与客体的关系问题在中世纪哲学中所采取的形式,一般地说是追问世界是由神创造的还是本来就存在的。这里的思维,表现为神和天国,存在表现为尘世。人们脱离尘世,注意来世和灵魂的救度问题,因此,中世纪哲学中思维与存在、主体与客体的对立就表现为天和人的对立,人的灵魂和肉体的对立,精神方面与自然方面的对立,宗教生活与尘世生活的对立。人的灵魂和精神,在天国和宗教生活中与神合一,构成思维的一方;反之,人的肉体和自然方面以及外部世界则构成存在的一方,与神处于对立的地位。神的统治不仅把尘世看作应加以克服的障碍,而且也压制了人的主体性,压制了人的精神,压制了人的主观能动性、独立自主性,因为在神主宰一切的思想中,人是不可能有自由意志的。从这个意义来说,中世纪哲学中主体与客体、思维与存在的问题,可以归结为神与人的关系问题。

思维与存在、主体与客体的关系问题,是欧洲人从中世纪基督教的长期冬眠中觉醒以后才充分尖锐地提了出来,才获得它的完全的意义。近代哲学的一条根本原则是把思维着的人,逐步深入地理解为具有主观能动性、独立自主性的主体。近代哲学意义下的思维与存在的关系就是这样的主体与客体的关系。正是在这种意义下,近代哲学便突出了认识论的问题,自然科学也由于主客二分的思想而得到长足的发展。如果说,在古代哲学中,人对外部世界的态度是静观的,在中世纪哲学中,人对外部世界的态度是避世的,那么,在近代哲学中,人对外部世界的态度便可以说是能动的、主动的,或者说,是"主观的",只不过这里的"主观的"一词不能理解为主观片面、任意武断之意。

不过,近代哲学对人的主体性、能动性的发展也有一个过程:文艺复兴时期把人权从神权的束缚下解放出来,在一定程度上发展了人的主体性、能动性;但17—18世纪的哲学又把人看成是机器,人完全受制于自然界的因果必然性;只是到了18世纪末19世纪初,在德国古典唯心主义哲学那里,人的主体性、能动性才再一次得到解放。

近代哲学的特点之一,是自觉到思维与存在即主体与客体的对立,从而力求克服对立,达到统一。弗朗西斯·培根曾公开主张人应主动征服自然,使之服务于人类。唯理论者企图以人的理性认识作为统一思维与存在的桥梁;经验论者是企图以人的感性认识作为统一二者的桥梁。但唯理论者和经验论者各有片面性,没有充分发挥人的主体性、主观能动性。康德区分现象界与物自体,割裂了思维与存在、主体与客体,但他只是认为物自体不能凭知性范畴、凭认识去把握,却可以凭他所谓的信仰去把握;特别值得注意的是,他强调自我在认识中的能动作用,从而在他所谓的现象界达到了唯心主义基础上的思维与存在、主体与客体的统一。黑格尔在客观唯心主义基础上建立了思维与存在、主体与客体的辩证统一。可以说这种要求达到对立统一的发展过程至黑格尔的"绝对精神"哲学而达到了它的顶峰。

黑格尔以后的现当代西方哲学家一般来说都打破了自柏拉图特别是自笛卡尔到黑格尔的主客关系式的思想传统。他们有的主张只有"中立的东西",有的主张人与世界不单是认识论上的主客关系,而首先是存在论上的人与世界融为一体的关系,如此等等。和反对主客关系思想相应的是反对自柏拉图特别是笛卡尔以来的传统形而上学(玄学)。现当代西方哲学中的科学主义——实证主义思潮和人文主义思潮以不同方式反对形而上学即反对信奉超经验的、永恒不变的、僵死的抽象概念世界,强调具体的、现实的、活生生的与人类创造不可分离的东西。

3. 普遍与个别、一与多的关系问题

西方哲学史是对一与多,包括普遍与个别、统一性与多样性、不变与变的关系的认识的发展史。

古希腊哲学关于本原究竟是水还是气或者是火等等的讨论,实际上都是要在个别的、多样性的、变动不居的东西中寻找普遍的、统一性的不变的东西。柏拉图的"理念说"所说的感性事物就是指个别的、多样性的、变动不居的东西,理念就是指这些东西的型相,即普遍的、统一的、不变的东西,他认为后者在前者之外,先于前者而存在,他是重普遍轻个别的哲学家。亚里士多德批评了柏拉图的"理念说",他比较重视个别,而且他的基本倾向是认为理念不在感性事物之外,而就在感性事物之中,普遍不在个别之外,而就在个别之中,但他在这个问题上往往陷入混乱和困境。

古希腊哲学家主要是从本体论的角度讨论普遍与个别的关系问题,新

柏拉图主义者波菲利(Porphyry,约234—305)曾从本体论的角度把古希腊关于这个问题的各种讨论总结概括成为三个问题。① 波爱修(Boethius,480—524)是第一个正面回答波菲利的问题的中世纪哲学家。中世纪哲学的主要争论是实在论与唯名论之争,从一方面看也可以说就是重普遍与重个别之争,不过中世纪哲学是既从本体论的角度也从认识论的角度讨论这个问题的,这两派各有片面性,他们从不同方面把普遍与个别做了形而上学的割裂。

近代哲学着重从认识论的角度讨论了一多关系问题,总的趋势是要求把二者结合起来。近代哲学中的唯理论与经验论之争包含有一多关系问题的讨论。经验论者重多:洛克以个别为实在,贝克莱和休谟是极端重视个别,否认普遍的哲学家;唯理论者重一,其中斯宾诺莎尤其突出,他只崇尚唯一的实体,把多样性的事物看成是唯一实体的变形,根本否认了多样性、个别性,他把实体看成铁板一块的东西,他的哲学发展到以普遍性吞灭个别性、统一性吞灭多样性的地步,这在西方哲学史上是少见的,黑格尔把斯宾诺莎的哲学称为不符合西方哲学一般特征的"无世界论",不是没有道理的。康德看到唯理论与经验论各有片面性,企图结合普遍与个别而构成科学知识,但他并没有把两者有机地结合起来;他的理念是理性所追求的无限统一体,但他割裂了无限和有限,使最高统一体脱离了有限的多样性事物。只有黑格尔才在唯心主义基础上系统地阐发了一与多的辩证关系,他不但达到了多样性的统一,并进而达到了对立面的统一,他的"具体普遍"的思想和对立统一的思想是他的辩证法的核心,这使西方哲学史在一多关系问题方面,也在整个辩证法的发展方面,达到了近代哲学史上的最高水平。现代西方哲学诸流派大多反对黑格尔把统一看成最高原则的观点,而强调多样性和个体性。

二 西方哲学史的主要发展阶段

1. 古希腊哲学

西方哲学史开始产生于古希腊奴隶社会。古希腊哲学是在东方、埃及、

---

① 波菲利的三个问题是:(1)种和属是真实存在的还是单纯观念性的东西?(2)如果它们真实存在,那么,它们是有形的东西还是无形的和单独的?(3)它们是存在于感性的东西之中还是存在于感性的东西之外?

巴比伦文化的影响下发展起来的，它从神话传说中出现以后，首先注意物理世界的起源与本性，集中于对宇宙本原的研究。最早的有米利都学派，以后有毕达哥拉斯学派、赫拉克利特、爱利亚学派和原子论者，一般称之为自然哲学家或宇宙论者。

最初的自然哲学家和以前的宗教家不同，他们很重视自然科学的研究，但他们毕竟处于哲学思想发展的幼年时期，他们的思想不能不打上宗教神话的烙印，他们把人和自然，看成是浑然一体的东西，不分主体与客体，因此，他们中有些人主张"物活论"。"物活论"以为万物都是活的、有生命的。如泰勒斯认为一切都充满神灵，阿那克西美尼认为气是世界的有生气的原则。"物活论"是17世纪的剑桥柏拉图主义者拉夫·卡德沃思（Ralph Cudworth）所造的一个词。

米利都学派的泰勒斯（Thales，前624？—前547）以物质性的"水"、阿那克西曼德（Anaximander，前610？—前545？）以"无定形"、阿那克西美尼（Anaximenes，前588—前524）以"气"为本原，乃是从质料和性质方面研究多样性事物的统一性。毕达哥拉斯学派的创始人毕达哥拉斯（Pythagoras，前570？—前490？）以"数"为本原，是从形式和量的方面研究多样性事物的统一性。他们的思想中都暗含着一个如何用不变的东西来解释变的东西的问题。当然，他们都没有深究这个变与不变的关系问题。赫拉克利特和爱利亚学派从两个正好对立的方面发挥和发展了自己对这个问题的看法：赫拉克利特强调变的方面，认为只有变才是真实的，没有永久不变的东西，他以"火"为万物的本原，就是因为在他看来"火"具有最鲜明的运动变化的性质；他关于对立统一和斗争的思想使他成为西方哲学史上辩证法的一个重要奠基人。相反，爱利亚学派的创始人巴门尼德（Parmenides，前515？—前5世纪中叶）则强调不变的方面，认为存在的东西既不能产生也不能消灭，否则那将意味着它产生于无或变成无，而无在本性上是不存在的。世界上只有"存在"（有），没有"不存在"（无），只有"一"才是真实的，"多"不过是幻象，因而只有不变才是真实的，变不过是幻象。巴门尼德明确提出了思维与存在两个范畴，对以后哲学的发展具有重大意义。

关于变与不变的关系问题，后来的自然哲学家认为赫拉克利特与爱利亚学派都各有片面性，必须既承认变又承认不变，只是对这两者要做出新的解释。这就是后期自然哲学家恩培多克勒（Empedocles，前495—前435？）、阿那克萨戈拉（Anaxagoras，前500—前428）和德谟克利特（Democritus，前

460—前370）等哲学家的任务。他们认为不变的东西不是一个，如水或火那样，而是许多个，如恩培多克勒的"四元素"（土、气、水、火），阿那克萨戈拉的"种子"（seeds），德谟克利特的"原子"那样，变不过是这许多不变者相互组合上的不同。

后期自然哲学家既然认为万物之基础不变，可是他们又不否认变，这就必然产生变的原动力从何而来的问题。他们中间有的人倾向于把原动力看成是来自不变者之外，如阿那克萨戈拉认为这种原动力是"奴斯"（nous）。这种思想是一种模糊的二元论，使早期自然哲学家的"物活论"思想开始遭到破坏，在一定意义下，有分离思维与存在、主体与客体的因素。

公元前5世纪，古希腊哲学的兴趣由研究自然转移到研究人，智者的主要代表普罗泰戈拉（Protagoras，前490—前420）、高尔吉亚（Gorgias，约前483—前375）就是这样。在他们看来，自然哲学时期的各派学说都失之独断，他们一般不相信有真正的存在和客观的真理。普罗泰戈拉的名言是："人是万物的尺度。"他认为一切都同样的真，是非善恶都是相对于人的感觉而言的，他的思想是相对主义的。高尔吉亚认为一切都同样的假，他的思想是怀疑论。

苏格拉底和智者一样，也是研究人的哲学家，他同样轻视对自然的研究，同样反对未经批评的独断，但他与智者相反，主张有客观真理，主张认识是可能的。在他看来，真理不在个人，而在人类一般，不在感觉，而在思维。他认为真正的知识就是从具体的道德行为中寻求道德的普遍定义，而寻求定义的方法就是论辩诘难。他的论辩诘难的方法是辩证法的最早来源。

公元前4世纪，古希腊哲学进入系统化时期，代表人物为柏拉图和亚里士多德。他们总结了以前各派的哲学思想，创立了自己的哲学系统。

柏拉图的"理念论"是典型的客观唯心主义。他的理念主要来源于爱利亚学派的不变的本质和苏格拉底的普遍性定义以及毕达哥拉斯派的数的概念；他关于感官事物变动不居以及感官事物的真理只是相对的思想，主要来源于赫拉克利特和普罗泰戈拉。柏拉图综合了这两方面的思想，又赋予它们以新的意义和价值。柏拉图把理念看成在感官事物之外，普遍在个别之外，这使他在本体论上初步具有分裂思维与存在、主体与客体、普遍与个别的思想成分。

亚里士多德的思想，主要来源于柏拉图的客观唯心主义，因此，他重视理念（他称之为形式）；但他又注重经验事实。亚里士多德把这两个方面结合为一,创立了庞大的哲学体系。他批评柏拉图将理念看成是和个别事物分离的、独立存在的实体。他认为理念或他所说的"形式"不能离开感官事物而独存,普遍不能离开个别而独存。亚里士多德要在理念和感官事物、普遍与个别之间建立起联系,而这种联系的关键在他看来就是有目的的发展,发展就是由潜能到现实。亚里士多德的这个思想使辩证法特别是一与多的辩证关系在西方哲学史上第一次得到了系统化。

公元前322年亚里士多德去世,其后约八百年,希腊文化逐渐与罗马文化相结合。纯粹的希腊哲学渐成过去。

这八百年的前期,主要哲学流派有伊壁鸠鲁学派(Epicureanism)、斯多亚学派(Stoicism)和以皮浪(Pyrrho,前365—前270)为代表的怀疑论。除伊壁鸠鲁继承和发展了德谟克利特的原子唯物主义外,他们都集中于伦理问题的讨论。这个时期对于某些具体科学的兴趣也出自伦理行为的需要。伊壁鸠鲁学派和斯多亚学派的伦理思想以小苏格拉底派为其前驱,怀疑论则源于智者的思想。三派关于伦理问题的争论导致西塞罗的折中主义。大约从公元前100年起,罗马哲学的兴趣由伦理转向了宗教,新毕达哥拉斯派和新柏拉图派都是带有浓厚宗教色彩的哲学,而以奥古斯丁为代表的"教父学"则更是一种十足的宗教哲学。在这个时期中,最值得注意的是:罗马唯物主义者卢克莱修(Lucretius,前99—前55)继承和发展了德谟克利特和伊壁鸠鲁(Epicurus,前341—前270)的原子唯物主义;新柏拉图派的波菲利和普罗克洛系统概括了普遍与个别、一与多的关系问题。

古希腊哲学是西方哲学史的诞生地,西方哲学史上各式各样的思想学说都可以在古希腊哲学中找到自己的起源和萌芽,随着西方哲学史的发展,古希腊哲学所阐发的各种思想又都有了新的发展和新的特点。

2. 中世纪哲学

在中世纪的封建社会时期,天主教会是最大的封建统治者,教会支配了中世纪的世俗权力和精神生活。哲学成了神学的婢女,它不过是使信仰有可能得到理性解释的工具。中世纪的科学也和哲学一样屈服于宗教的支配之下。中世纪人们所注意的中心不是世俗生活而是脱离世俗的天国。中世纪的主要哲学问题是神与人、天国与世俗的关系问题。

中世纪哲学主要是古希腊罗马哲学特别是柏拉图哲学、亚里士多德哲学和新柏拉图主义同基督教合流的产物,而在各个发展阶段中,这些成分所占的比重又各不相同。

以奥古斯丁(St. Augustine,354—430)为代表的教父哲学在时间上属于古代,但就其思想意识形态来说,则属于中世纪,它是基督教哲学的最初形态。奥古斯丁运用新柏拉图主义论证基督教教义,确立了基督教哲学,他首先提出信仰第一,然后理解的原则,为中世纪经院哲学奠定了基础。奥古斯丁以后的中世纪哲学分为三个时期。

5—11世纪初是中世纪哲学的早期。这时,人们对于古代哲学除亚里士多德的逻辑学片断和新柏拉图主义外,所知甚少。在这个时期的哲学中,新柏拉图主义比基督教的成分更占优势。主要代表人物是波爱修和爱留根纳(John Scotus Eriugena,810—877)。波爱修是联结古代哲学与中世纪哲学的桥梁,他对古代的波菲利关于普遍与个别所提的问题做出了自己的回答。他重视多样性的个别事物的真实性,是中世纪唯名论的先驱。爱留根纳是一个披着基督教外衣的新柏拉图主义者。他主张"否定的神学",与正统的基督教神学观相左。爱留根纳认为统一的普遍的整体是最真实的,等而下之,愈是多样性的东西则愈不全面,因而也愈不真实。不过他认为多样性和最高统一体(上帝)之间有桥梁可通,这就是"理念"。爱留根纳的这种思想源于柏拉图哲学和新柏拉图主义,是中世纪实在论的先驱。

11—14世纪初,是中世纪哲学的第二期,即经院哲学的全盛期。在此期间,基督教势力强大,同时,亚里士多德的哲学和著作经阿拉伯哲学家的转译在西欧广泛传播,这样,经院哲学就成了基督教思想占主导地位的哲学,而且不仅有了柏拉图哲学和新柏拉图主义的因素,还添加了亚里士多德哲学的因素,后一种因素的影响在这一时期中逐步增长。

经院哲学的特征是奉基督教教义为无上权威,但要用理性去加以解释,解释的方法又极其烦琐抽象。

经院哲学集中于唯名论与实在论之争,这是由古希腊哲学中柏拉图与亚里士多德关于重普遍概念与重个别事物的思想分歧发展而来的。实在论以安瑟尔谟(St. Anselm,1033—1109)为代表,此派受柏拉图理念论的影响,主张只有普遍是实在的,普遍先于个别而独存;唯名论以罗瑟林(Roscelin,1050?—1125?)为代表,此派受亚里士多德以个别事物为第一实体的思想影响,主张只有个别的东西有实在性,个别先于普遍,普遍不过是名称。实在论适合于所谓普遍的教会实在而个别的教会是从属的,基督教的普遍教义实在而个别人的信仰是从属的,原罪实在而个别人的罪恶是从属的,天堂实在而世俗是影子,圣餐仪式中的面包和酒是基督的肉和血而非象征性等说教。唯名论则相反。因此,正统的教会人士都崇奉实在论而轻视唯名论。12—13世纪,唯名论已不盛行,与唯名论有联系的亚里士多德哲学也几乎成了异端,正统派的权威是实在论者、柏拉图主义者和新柏拉图主义者。

不过,由于新柏拉图主义者的泛神论思想与正统的基督教教义相抵触,教会早已视之为异端,加上到了13世纪,亚里士多德的著作大量从阿拉伯文乃至希腊原文译成拉丁文,亚里士多德哲学的影响大为增长,教会逐渐转而利用亚里士多德哲学中与教义相合的方面。于是被基督教教义改造过的亚里士多德哲学成了官方哲学。托马斯·阿奎那是这种官方哲学的最高权威。他明确主张哲学服务于神学,反对阿拉伯先进哲学家提出的"二重真理"说,他区分理性和信仰,但又力图调和二者,他认为启示高于理性,哲学是以理性解释上帝,不能与宗教信仰相矛盾。关于普遍与个别的问题,托马斯采取温和的实在论的立场。

14世纪初至15世纪中叶,是中世纪哲学的末期。由于罗马教会的衰微,自然科学的发展,加之亚里士多德哲学中重经验事实的本来面目逐步被认识,人们厌弃教会曲解了亚里士多德,于是正统的经院哲学日趋没落,哲学愈益脱离神学。在这个时期以前,12世纪的阿拉伯著名哲学家伊本·路世德(Ibn Rushd, 即 Averroes, 1126—1198)已提出了反对正统经院哲学的思想。他崇敬亚里士多德,甚至具有比亚里士多德更多的唯物主义思想,他提倡"二重真理"说,否认真主干预世界,主张自然事物受因果必然性支配。13世纪,伊本·路世德的学说盛行,形成了所谓"阿维洛伊主义"的思潮,其最突出的代表是在巴黎大学任教的西格尔(Siger of Brabant, 1240—1284)。此外,在这个时期,唯名论和源于新柏拉图主义的神秘主义异端思想也重新盛行。个人自由的思想抬头。这个时期的唯名论代表人物是罗吉尔·培根(Roger Bacon, 约1214—1292)、约翰·邓·司各特(John Duns Scotus, 1265?—1308)、奥康的威廉(William of Occam, 1285—1347),神秘主义的代表人物是爱克哈特(Meister Eckhart, 1260—1327)。

由于资本主义生产方式的形成以及自然科学的新发现和新发明,也由于中世纪哲学内部的原因,如经院哲学脱离实际的烦琐的推演方法,理性与信仰之逐渐分离,唯名论之重视个别,神秘主义之主张个人直接与上帝相通,等等,经院哲学便日趋崩溃,西方哲学史由中世纪哲学转入了近代哲学。

3. 近代哲学

近代哲学亦分为三个时期：

第一期是由中世纪到近代的过渡期，即 15—16 世纪的所谓"文艺复兴"时期。这是一个自我觉醒的时代，人们的思想从空幻的彼岸世界回到了现实的此岸，从清净的僧院走到了纷扰的尘世，从而发现了自然，也发现了人自身。追求知识，渴望个人自由，要求个性解放，反对教会的桎梏，要求发挥人的主体性，这就是当时人们的一般精神面貌。自然和人成了当时思想界研究的中心课题。就是在这一研究的过程中，形成了人文主义和自然哲学两股互相联系而又有一定区别的思潮。

人文主义主张以人为中心，一切为了人的利益，是以资产阶级人道主义为核心的反封建、反神学的新文化运动，表现为对古代文化和各种哲学流派的研究和利用。人文主义的主要代表有柏拉图派的普莱索（G. Pletho 1355？—1450？）、贝萨里翁（Bessarion, 1403？—1472）、费奇诺（M. Ficinus, 1433—1499）和亚里士多德派的彭波那齐（Pietro Pompnazzi, 1462—1524）等。

自然哲学的代表人物主要有库萨的尼古拉（Nicholas of Cusa, 1401—1464）、特勒肖（Bernardio Telesio, 1509—1588）和布鲁诺（Giordano Bruno, 1548—1600）。这些自然哲学家在 15 世纪下半叶开始兴起的近代自然科学的基础上，用自己的唯物主义反对经院哲学的唯心主义，用经验观察的科学方法反对经院哲学的推演方法，用辩证的思想反对经院哲学的形而上学方法。不过，近代自然科学的发展毕竟还刚刚开始，对自然的研究往往与魔术、炼金术、占星术纠缠在一起，新科学尚未完全获得独立的地位，因此，与这种自然科学状况相适应的自然哲学，还有不少想象和虚构的成分。

值得注意的是，自然哲学家尼古拉和布鲁诺从认识论的角度探讨了如何把握对立统一的途径问题。尼古拉从当时自然科学的材料出发，在近代哲学史上第一次提出了对立面一致的原理。他把多样性的统一归结为对立面的统一，认为只有对立的统一才是最高的真理，他还明确主张，要把握对立面的一致，需要经过相辅相成的三个阶段实即"感性""知性"和"理性"。

17—18 世纪末，是近代哲学的第二期。

这个时期，资本主义进一步发展，自然科学出现了分门别类的研究，现实世界成了可以由人类把握的对象或客体，哲学的兴趣集中于主体与客体的关系特别是二者的统一上,主体性原则成了近代哲学的主导原则。真正的近代哲学是从 17 世纪开始的。自"文艺复兴"和宗教改革以后,近代自然科学日益脱离神学而繁荣昌盛。公元 1600 年前后的一百年左右,出现了哥白尼(Nicolaus Copernicus, 1473—1543)、开普勒(Johannes Kepler, 1571—1630)、伽利略(Galileo Galilei, 1564—1642)等许多科学史上的伟人,17 世纪是近代自然科学取得辉煌成就的世纪。这时,科学的标准不再像过渡时期那样,往往是古代的柏拉图、亚里士多德或基督教的教义,而是自然本身;科学的方法也不再像过渡时期那样,掺杂很多神秘的巫术,而是以观察和实验为基础的归纳法和数学的演绎法。与此相适应,在哲学上,从前被认为是由神灵统治的世界,现在则被认为是由因果必然性支配的世界。机械的宇宙观一时占了统治的地位,这种情况一直延续到 18 世纪下半叶康德的时代。

近代科学的方法肇始于伽利略,他同时也为近代哲学提供了研究的方法。伽利略的方法的特点是,以观察和实验为基础,进行归纳和数学的演绎。他与弗朗西斯·培根同时,他们都很重视归纳法,但培根轻视演绎法,而伽利略则归纳法与演绎法同时并举。归纳法与数学演绎法两种科学方法上的分歧,在哲学认识论上表现为经验论与唯理论之争。经验论认为哲学的研究方法只是以实验、观察为基础的归纳法,知识以感官经验中的东西为基础。经验论者都轻视或否认超经验的玄学问题。唯理论则依据数学演绎法,认为思维独立于感官经验,思维可以把握超经验的东西。唯理论者注重玄学问题的研究。经验论者和唯理论者从两个相反的角度去求得思维与存在、主体与客体的统一。经验论者重感觉中个别的东西,重多样性,其思想源于中世纪的唯名论;唯理论者重思想中普遍的概念,重统一性,其思想源于中世纪的实在论。经验论的代表人物是培根、霍布斯(Thomas Hobbes, 1588—1679)、洛克(John Locke 1632—1704)、贝克莱(George Berkeley, 1685—1753)和休谟(David Hume, 1711—1776),唯理论的代表人物是笛卡尔、斯宾诺莎(Baruch de Spinoza, 1632—1677)、莱布尼茨(Gottfried Wilhelm Leibniz, 1646—1716)和沃尔夫。

培根是近代唯物主义经验论的第一个代表,他把经验当作统一思维与存在的关键;他是近代哲学史上第一个提出思维的主体(人)应该主动干预自然,使之服务于人类的哲学家,为近代哲学中统一思维与存在、主体与客体的要求和思想趋势打下了一定的基础。他的"二重真理"说,在当时条件下起了打击神学的进步作用。

笛卡尔是近代唯理论的第一个代表。他排斥一切外在权威,把人的思维当作哲学的开端。他的"天赋观念"说就是主张单凭思维中的普遍性概念即可把握最高真理;他的怀疑一切的主张,就是清除成见,完全运用思维以达到客观真理。笛卡尔的这些思想实际上是把人的理性认识当作统一思维与存在的关键。他所提出的"我思故我在"的原理和他的二元论思想表明他是西方哲学史上第一个创导主客二分式和主体性原则的哲学家,他是西方近代哲学的真正创始人。他也是一个机械论者,认为动物不过是一架机器。

斯宾诺莎的唯理论的认识论和几何学的方法以及机械的自然观都直接来源于笛卡尔。他关于思维与存在不过是唯一实体的两种属性的学说,是对笛卡尔二元论的批评和发展。他认为多样性的个别事物不过是唯一实体的变形,只有实体有独立自存性,个别事物只有通过唯一实体才能得到认识和说明。这样,个别性、多样性便大大地受到普遍性、统一性的压抑。

洛克发展了唯物主义的经验论,他尖锐地驳斥了笛卡尔的唯心主义的"天赋观念"说,提出了自己的"白板"说,不过他也强调我们能从感觉经验中抽象出普遍性的概念。洛克是温和的唯名论者,认为感觉中的个别东西是第一位的。洛克还保留了笛卡尔割裂思维与存在、主体与客体的二元论的思想因素。

莱布尼茨站在笛卡尔的基本立场上,针锋相对地反对洛克的唯物主义的经验论。他说:洛克的体系和亚里士多德关系密切,他自己的体系和柏拉图接近。莱布尼茨也重视普遍性概念,是"天赋观念"说的拥护者,不过他的"天赋观念"说与笛卡尔的略有区别。在本体论方面,他表述了普遍与个别、统一性和多样性的关系的看法;他认为"单子"虽然彼此不能相互作用,但由于"前定和谐"而联系在一个统一体即神之中。"前定和谐"说是对笛卡尔的二元论和斯宾诺莎的平行论的继承和发展。这里显然包含着一和多对立统一的辩证思想,但这种统一的原则处于多样性的"单子"之外,和斯宾诺莎之以普遍性、统一性吞没个别性、多样性的原则很不相同。

贝克莱是唯心主义的经验论者。他从洛克哲学所包含的二元论和不可知论走向主观唯心主义,完全取消了客体。"存在就是被感知。"世界上除了感知的主体即精神实体和被感知的知觉(他叫作"观念")之外,什么也没有。他为了反对唯物主义和无神论,极力攻击普遍性的抽象概念特别是关于物质的抽象概念。他主张极端的唯名论,不同意洛克的"概念论",认为抽象概念既无客观实在性,也不能存在于人心中。

休谟也是唯心主义的经验论者。他比贝克莱走得更远,不但在实际上取消了物质实体,而且根据贝克莱提出的同样理由,取消了精神实体。真实存在的只有知觉,经验由知觉构成,知觉以外的东西都是不可知的,因此,一切玄学问题都不可能成立,休谟以自己的不可知论和怀疑论完全否定了统一性和普遍性的东西(实体、因果必然性和普遍性),而把多样性和个别性(知觉)当成了最高原则。这样,17世纪到18世纪英国哲学中重个别性的原则,就由洛克的"概念论"经贝克莱的极端唯名论到休谟的怀疑论和不可知论而发展到了顶峰。休谟的经验论及其取消主体与客体的思想对现代西方哲学起了很大的作用。

17—18世纪的经验论与唯理论的争论包含了唯物主义与唯心主义、无神论与宗教的斗争,但只是到18世纪的法国哲学,才出现公开的唯物主义与无神论:拉·美特利(La Mettrie,1709—1751)公然宣布,唯物主义是唯一的真理;狄德罗(Denis Diderot,1713—1784)至死还拒绝承认有上帝。法国哲学不是一些纯粹理论性的东西,而是同政治伦理思想紧密结合在一起的,这也是它的特点之一。18世纪法国哲学的主要代表人物有伏尔泰(Voltaire,1694—1778)、孟德斯鸠(Montesquieu,1689—1755)、卢梭和百科全书派的唯物主义哲学家拉·美特利、爱尔维修(Claude Adrien Helvétius,1715—1771)、狄德罗、霍尔巴赫(Holbach,1723—1789)。百科全书派的唯物主义是当时法国哲学的最高成就,其思想来源,一是笛卡尔的唯物主义思想成分,一是洛克的唯物主义的经验论。法国唯物主义者明确主张,只有物质实体,思维不过是物质的属性,他把精神实体统一于物质实体,这在解决思维与存在、主体与客体的统一性问题上比过去大大前进了一步。他们都取消了洛克的"内省"经验,认为经验的唯一来源是感觉,他们一般是唯物主义的感觉论者。他们用因果必然性解释一切,完全排斥偶然性;他们把运动归结为机械运动,甚至超过笛卡尔的"动物是机器"的论断,认为"人也不过是一架机器"。

自18世纪末的康德哲学起,近代哲学进入第三期。

18世纪末法国大革命时代的历史辩证法和18世纪末到19世纪上半叶自然科学在各方面的成就,促使西方近代哲学发展到了自己的最高阶段。上一个时期中盛行的伽利略的数学方法和牛顿的形而上学方法被代之以发展、进化的观点。这个时期的德国唯心主义哲学家们在不同程度上，以不同方式，运用辩证法总结了前人的思想特别是唯理论与经验论之争，创立了以康德、费希特、谢林、黑格尔为代表的德国古典唯心主义。他们看到，自文艺复兴以后，人权固然从神权束缚下解放了出来，但17世纪和18世纪机械论的宇宙观，又把人的精神和主体性束缚于自然界因果必然性的支配之下，个人的自由意志被抹杀了，存在与思维、主体与客体没有得到统一。康德、费希特、谢林、黑格尔置身学院，在抽象的哲学范围内，站在唯心主义立场上，起而再一次为维护人类精神的能动性、独立自主性、主体性而斗争。他们给哲学规定的任务是，在思维第一性的基础上，力求使存在与思维、主体与客体统一起来。他们一致认为，世界的本质是精神性的，精神、自我、主体在他们哲学中都占中心地位，所不同者只是这种精神性的东西被把握的程度如何，以及如何加以规定和说明。他们都承认哲学所追求的最高真理是多样性的统一以至对立面的统一，统一性更根本，所不同者只是这种最高统一体能否由思想认识来把握，以及对这种统一体作何理解。他们都认为唯理论与经验论各有片面性，企图在肯定思想概念更根本的基础上把感性认识和理性认识结合起来，所不同者只是结合的方式与程度如何。

康德首先面临的问题是认识论的问题。他继承和发展了西方哲学史上关于认识过程的三分法，用"感性""知性""理性"三环节构成了他的整个认识论的体系。他结合休谟和莱布尼茨—沃尔夫学派的思想，主张知识既要有感觉经验的内容，又要有普遍性、必然性的形式。他认为，作为感觉经验之外部来源的"物自体"是不可认识的，对知识起主导作用的是作为人类普遍意识的"自我"（主体）的"综合作用"："自我"靠自己的"综合作用"把多样性的东西统一于普遍性、必然性之下，从而构成科学知识。就康德极力说明思维中普遍性、必然性的客观意义而言，他是企图在现象界内使思维与存在、主体与客体统一起来的。

但是人心的综合决不满足此种统一，人心还具有比"知性"更高的"理性"阶段，"理性"要求超出有条件的知识、经验的范围之外，以达到无条件的最高统一体——理念。知识、经验是现象界，理念是本体。前者是可知的领域，是必然的王国，后者是不可知的领域，但可为信仰所把握，是自由的王国和道德的领域。康德受卢梭自由思想的影响，确信个人的尊严与价值，主张道德意志高于知识。他虽然企图把情感当作连接知识和意志之间的桥梁，但他毕竟没有真正把二者统一起来。可以说，康德为了维护人的精神的独立自由,维护人的主体性,而有意地把自由从必然性中分离出来。

康德认为,"知性"的概念范畴总是非此即彼的,只能应用于多样性的事物,若用它们去规定超经验的最高统一体——世界整体,则必然出现"二律背反"。康德这套思想对破除莱布尼茨—沃尔夫学派旧玄学的非此即彼的形而上学方法,是一个很大的贡献。它促使黑格尔达到了具体真理是亦此亦彼的、是对立统一的结论。

费希特原来主张斯宾诺莎的机械的因果决定论,后来受康德的影响,认识到因果必然性只是现象,自我不是必然性的奴仆而是独立自由的主体。他为了更彻底地伸张人的主体性、伸张人的独立自主性,便打破康德的二元论,取消了康德的物自体,认为世界上的一切皆自我——主体所创造。此自我不是个人之我,而是普遍的我,是道德的自由的我。自我、非我以及二者的统一,这就是一切事物进展的历程。世界上的一切事物不是按因果必然性联系起来的,而是趋向于此道德之自我,为完成此道德之自我的目的而存在的。

谢林从费希特哲学出发,又深受斯宾诺莎哲学和当时文学上浪漫派的思想影响,创立了自己的同一哲学。谢林不同意费希特把自然(非我)看作自我的产物。他认为自然和精神、存在和思维、客体和主体,表面相反,实则同一,都是同一个"绝对"的发展过程中的不同阶段。"绝对"是浑然一体的"无差别的同一",是万事万物的根源。谢林的这种思想对西方传统哲学的主客二分模式有所突破,对西方现代哲学中反对主客二分式的思潮有一定影响。谢林继承费希特,主张变化发展的观点,认为整个世界的发展过程是正、反双方对立统一的过程,并且他也用目的论的发展观代替17—18世纪的机械观。不过,谢林认为自我意识发展的最高阶段是艺术而不是费希特所说的道德,只有艺术的直观或称理智的直观,才能把握活生生的、精神性的"绝对同一"。

黑格尔是集德国唯心主义之大成的哲学家。他创立了西方哲学史上最庞大的客观唯心主义体系,第一次系统地自觉地阐述了辩证法的一般运动形式。

黑格尔所处的时代在法国大革命之后和德国资产阶级革命的前夕,社会动荡,人心思变,就思想界来说,17—18世纪的机械观仍未被根本打破。黑格尔把这样的时代归结为思维与存在、主体与客体、理想与现实分裂,自由与必然、个人与社会分裂,无限与有限、统一性与多样性分裂的时代,他认为这些分裂、对立的病态只有在统一中才能得到医治。统一的趋势已经到来，问题是如何从哲学上加以说明，所以他在早期著作中就已经明确规定哲学的中心任务是扬弃分裂，达到统一。在他看来，康德、费希特、谢林已经开始了这项工作，但远未能完成。

黑格尔认为，多样性的东西、彼此分离对立的东西，都不是最真实的，只有普遍性、统一性才是最真实的，不过这种普遍不是脱离特殊的抽象普遍，而是包含特殊在内的普遍，叫作具体普遍（黑格尔又把普遍与特殊的这种有机结合叫作个体），这种统一不是脱离矛盾、对立的抽象统一，而是包含它们在内的统一，叫作对立统一或具体同一。具体普遍、对立统一，是黑格尔全部辩证法的核心。另一方面，黑格尔作为一个客观唯心主义者，又认为只有精神性的东西才具有普遍性、统一性，单纯物质性的东西不可能有普遍性、统一性，因而也没有真实的存在。脱离精神无真实性，和脱离统一无真实性，这两条原则是紧密结合在一起的，所以，最真实的无所不包的整体既是"绝对精神"，又是对立的统一。

黑格尔继承和发展了前人特别是费希特、谢林的正反合的思想，把"绝对精神"这一最高统一体展开为逻辑、自然、精神三大阶段，也就是从思维到存在、从主体到客体又到二者统一的过程，从而完成了唯心主义的思维与存在、主体与客体同一说。逻辑理念不脱离自然和人类精神，思维不脱离存在，主体不脱离客体，但逻辑理念是自然和人类精神的灵魂和根本，思维、主体是存在、客体的灵魂和根本。而自然则不过是逻辑理念的外部表现，至于人类精神，乃是自然发展中所预想的目标之完成，是逻辑理念与自然的对立统一，就此而言，人类精神又是最具体的、最现实的，因而也是最高的。黑格尔明白声称，关于人类精神的学问是最高的学问。这是他和其他德国唯心主义者一样强调人的主体性、人的自由的表现。精神的特点是自由。"绝对精神"是人类精神和自由的发展的最高形态，也是人的主体性的顶峰。在这里，思维与存在、主体与客体统一，没有异己的东西限制自己。整个自然界的发展就是趋向于这种统一和自由的过程，这就是人类精神出于自然而又高于自然之所在。不过他根据具体统一的思想，认为自由必须与必然相结合，个人必然与社会整体相结合。黑格尔由于过分强调普遍概念的至上的性质，由于主张普遍概念的超时间的永恒性，他的逻辑理念最终还是超感性的、形而上的东西。

关于人类精神是否能把握以及如何把握最高统一的问题，黑格尔既不同意康德的不可知论，也不同意谢林等神秘主义者所谓凭直观就可以一蹴而就地加以把握的观点,他认为最高统一体可以凭思维加以认识,而且必须经过漫长曲折的道路,他把这条道路不仅一般地按尼古拉、康德等人的基本观点分为"感性""知性""理性"三阶段,而且又把它们细分为一些较小的阶段。黑格尔在唯心主义基础上第一次把人类从感性认识到理性认识的辩证法做了系统的、详细的阐述。

德国古典哲学的最后一个代表是唯物论者费尔巴哈。他驳斥了康德割裂思维与存在、主体与客体的二元论思想和不可知论,批判了黑格尔的唯心论的思维与存在同一说,他以灵魂与肉体相统一的人为出发点,建立了"人本学"唯物论,把人们的注意力从黑格尔等唯心论者所喧嚷的抽象自我、抽象主体转移到了有血有肉的人和现实世界。

4. 现当代哲学

从19世纪中叶起,西方哲学进入了现当代哲学的发展时期。

19世纪中叶,欧洲资本主义进一步发展,大工业生产更加促进了自然科学和物质文明的巨大发展。面对社会上新的矛盾和自然科学上新的发现,人们迫切需要新的理论解释和新的哲学概括。到了19世纪40年代,德国古典哲学已失去光辉,黑格尔学派已经解体。但是黑格尔以后的各种哲学派别都同黑格尔哲学以至整个德国古典哲学有各式各样的关系。马克思和恩格斯批判吸取了黑格尔辩证法的合理思想和费尔巴哈的唯物论基本思想,在以往哲学成果的基础上创立了辩证唯物论和历史唯物论。在马克思主义哲学形成和发展的同时,西方资本主义国家也逐渐产生了其他各种哲学派别,它们或则发展了黑格尔哲学,或则批评甚至反对黑格尔哲学(我们把这些流派姑称为"现当代西方哲学")。19世纪40年代到19世纪末出现了唯意志论、生命哲学、实证主义、马赫主义、新康德主义、新黑格尔主义等。19世纪末到第二次世界大战,西方流行的主要哲学流派有新实在论、实用主义、人格主义、逻辑原子论、逻辑实证主义、现象学和存在主义。第二次世界大战以后,英美国家流行的主要是分析哲学的各支派如逻辑实证主义、逻辑实用主义、历史社会学派、日常语言哲学等,以及科学哲学;在欧洲大陆国家主要有现象学、存在主义、新托马斯主义、解释学、结构主义、后现代主义等。

西方现当代哲学虽然派别林立,但大体上可分为科学主义和人文主义两大思潮。科学主义关注科学,用科学方法和科学精神研究哲学,甚至把科学作为专门研究对象,其中有实证主义、马赫主义、分析哲学、科学哲学等;人文主义思潮关注人的问题,其中有唯意志论、生命哲学、现象学、存在主义、解释学等。

一直到20世纪70年代,分析哲学几乎统治了英美哲学界近半个世纪,但在欧洲大陆却相对来讲没有什么大的影响,形而上学的和思辨的传统在那里仍然有强大的势力。20世纪50年代和60年代,对形而上的和思辨的哲学兴趣,特别是对现象学的兴趣逐渐威胁着英美的分析哲学。欧洲大陆哲学主要是现象学和存在主义以及后现代主义,但它们之间的区分不是很严格,往往是重叠的。

现当代西方哲学的主要特征是:(1)不再像近代哲学那样一心关注自然、关注外部的物理世界以及人对世界的认识,而是(特别是20世纪中叶以来)专心致志于语言问题、符号意义问题和交往问题,语言问题不只是英美分析哲学的专业,欧洲大陆哲学也从另外的角度关心语言问题,我在前面经常提到的海德格尔就转向诗和语词的语源学以显示存在。(2)与此相联系的是,现当代哲学,无论英美分析哲学还是欧洲大陆的人文主义思潮的哲学,都从不同角度批判传统哲学那种崇尚超感性的抽象概念王国的旧形而上学,强调现实生活和人与人之间的交往。这一点,本书已在各章中做了论述。(3)现当代哲学家不再像传统哲学家那样崇奉确定的、普遍有效的准则或规范,认为一切都可以发生变化,甚至逻辑规则也可以有不同的约定。科学的趋向和形而上学的趋向两者各自做不同的追求,现象学与分析哲学可以相互对立,甚至彼此相轻,多元主义和分歧在哲学界占统治地位。

由于受人文主义思潮哲学的影响,由于我个人的爱好,也由于我对分析哲学缺乏研究,本书的内容侧重在欧洲大陆人文主义思想的方面,对英美分析哲学却很少论述。本书所涉及的许多问题,都是当前英美分析哲学家们和欧洲大陆人文主义思想家们大有分歧之所在。例如,在分析哲学家中的一些科学实在论者看来,我在前面大谈的诗意的真实性便是没有意义的。

第三十章
中国哲学发展的历程

中国哲学史萌芽于商周之际,成形于春秋末期,截至五四运动可分为三个时期:先秦哲学;秦汉至明清之际的哲学;明清之际至五四运动时期的哲学,可称为近代哲学。

一 中国哲学史的主要问题和主要特征

1. 中国哲学史是从长期以天人合一为主导原则到转向主客关系式的发展史

明清之际特别是王船山以前的中国哲学思想之主流,在对待人与世界的关系问题上,是天人合一的观点,只是到王船山才开始发展类似主客二分即思维与存在二分的观点。中国天人合一的思想可分为以下几个类型:一是儒家的有道德意义的"天"与人合一的思想;二是道家无道德意义的"道"与人合一的哲学思想。儒家的天人合一又分为两类:一是发端于孟子、大成于宋明道学(理学)的天人相通的哲学思想;二是汉代董仲舒的天人相类的思想。天人相通的思想复可分为两派:一是以朱熹为代表的所谓人受命于天、"与理为一"的思想;二是以王阳明为代表的"人心即天理"的思想。天人合一实际上就是不分主体与客体、思维与存在,而把二者看成浑然一体。也就因为这个缘故,中国传统哲学中的各派一般地说不宜以主体与客体、思维与存在二者孰先孰后、孰为第一性孰为第二性来划分和评判。王船山关于"能所"的思想是对中国传统的天人合一思想的一个突破(尽管王船山有较多的天人合一的思想),它使中国哲学史之主流开始向主客二分式过渡,是中国哲学史的一个转折点;孙中山明确提出精神物质二元论,实际上就是提出了主客二分式,只是尚未达到西方笛卡尔的主客二分思想的水平。在明清之际以前,中国哲学史以天人合一的思想为主导,缺乏主客二分思想,从而也缺乏与之紧密相联的主体性原则;从王船山起,特别是鸦片战争以后,中国哲学史开始了向主客二分思想的转化,开始了向西方近代哲学召唤主体性原则的时期。中国近代哲学可以说就是发展主客二分思想的哲学,而在鸦片战争以后则是向西方召唤主体性的哲学。

2. 中国哲学史是从长期以研究人伦道德为主导到转而注重对自然的认识的发展史

明清之际以前,中国哲学史由于重天人合一,把主客看成浑然一体,所以一般地说注重人如何生活于世界之内的人生问题,甚少专门的、明显的关于主体如何认识客体、自我如何认识对象的认识论问题。讲人生问题的哲学叫作人生哲学,讲认识问题的哲学叫作认识论。中国哲学史在明清之际以前,以讲人生哲学、研究人事或人伦为主,而不注重认识论,从而也不重视对于宇宙之研究,不重视宇宙论。明清之际以后,中国哲学开始转向主客二分思想,开始注意主体性或自我意识的原则,这才使认识论问题逐渐成了中国哲学的重要问题。

发展科学,认识自然和征服自然,使自然为我服务,此乃主客二分和主体性原则之结果,前者以后者为前提。明清之际以前,因重天人合一,缺乏主客二分思想和主体性原则,故中国虽然不能说没有科学,但科学不甚发达,也不甚受重视。明清之际以后开始了主客二分思想的转向,特别是鸦片战争以后开始召唤西方近代哲学的主体性原则,与此相联系的是重视发展科学,重视对自然的认识。如果说明清之际以前的中国哲学史是一部长期以研究人与人之间的纷争与协调为主的思想史,那么,明清之际以后,中国哲学史则是开始重视人与自然做斗争的思想史。

3. 中国哲学史是从长期以"天理"压人的思想为主导到开始反"天理"的发展史

先秦哲学虽然诸子百家、派别林立,但儒家孔子实中国哲学之真正创始人,孔子之时,无其他学派能与之抗衡,孟子之时,"天下之言,不归杨则归墨",但杨墨之言也只是暂行于一时。综观整个先秦哲学之诸子百家,仍以孔孟所代表的儒家为思想界之主流。孔子虽少言"天命",但并非不言"天命",他认为"唯天为大",时人亦认为孔子受命于天。孟子的"天",主要是指义理之天,仁义礼智四端乃"天之所与我者",孟子明确地把封建道德原理绝对化、客观化为形而上的义理之"天",然后又以此义理之"天"来压人,孟子是中国哲学史上以"天理"压人的思想之肇端者。

汉代独尊儒学,董仲舒的天人相类说更露骨地把封建的三纲五常说成是"天意",用"天意"压制人权。

魏晋玄学中虽有嵇康、阮籍等人的"越名教而任自然"之说,但魏晋玄学之主流却是以调和名教与自然为主旨。隋唐时期,佛道流行,但仍以儒学为正宗,韩愈始终站在儒家"天命"论的立场。刘禹锡有"人理"高于"天理"的思想,惜乎不行于后世。

宋明道学无论以朱熹为代表的理学派,还是以王阳明为代表的心学派,都是以封建道德的"天理"压制"人心"。心学派主张天理即人心,天理不属于形而上的本体界,王阳明甚至有疑孔的反传统思想,但归根结底,他仍然是把封建道德原理看成是天经地义、神圣不可侵犯的"天理"。

明清之际,王船山、戴震等人都反对宋明道学把"天理"与"人欲"绝对对立起来的观点,戴震甚至严厉斥责人死于理甚于死于法之残酷。鸦片战争以后的先进思想家大都反对儒家的"天命"观。谭嗣同认为名教既非"天理",也非"天命",而是在上者压制在下者的工具。章炳麟断言既无"天",也无"帝",强调一切决定于"人力"。

西方中世纪,压在人们头上的是教会神权,是基督教的上帝,与此相似,几千年来压在中国人头上的则是儒家的"天理"和"天命"。西方近代哲学史是推翻教会神权的历史,中国自明清之际以后的近代哲学史是开始向"天理""天命"挑战的历史。

五四运动是中国的"文艺复兴",它所提出的民主与科学的两大口号颇似西方文艺复兴中对人的发现与对自然的发现。西方文艺复兴的两大发现为此后西方近代哲学的主客二分式和主体性原则提供了思想准备,中国五四运动所提出的两大口号则是自明清之际以后中国近代哲学史的一次总结:既是对主客二分式和主体性原则的转向的一次总结,也是对发展自然科学知识和反儒家"天理""天命"的一次总结。五四运动为进一步建立主客二分式和主体性原则,反对以"天理"压人,发展自然科学,开辟了广阔的前景,中国哲学史迄今仍在沿着五四的道路前进。

二 中国哲学史的主要发展阶段

1. 先秦哲学

中国哲学史在商代已经处于萌芽中。商代把意志的"帝"或"天帝"看成是世界的最高主宰,凡征战、田猎、疾病、年成、婚丧、行止,都按占卜结果行事。西周灭商后,有了较为哲理化的"天命"观,人事被认为是由于天的命令,天人关系实为神人关系。商周之际,有以水木金火土五行为五种基本物质的思想,周代有解释自然现象的八卦思想和阴阳思想,但都杂有浓厚的宗教迷信色彩,远非建立在科学知识的基础之上。

周公提出的以德配天的思想,是以后儒家天人合一思想的最早的萌芽。

春秋时代产生了人为"神之主"的思想,先前的天的人格神的含义受到怀疑。郑国子产明确地说:"天道远,人道迩。"①这是一种贬天命、重人自身的思想表现,但他讲得极其简单朴素。范蠡则把天道解释为日月运行的自然规律,强调顺应天道,人类才能成功。

孔子建立了比较完整的思想体系。孔子少言天道,但仍认为唯天为大,"获罪于天,无所祷也"②。孔子所讲的"天",大都是有意志的"天",它是统治一切的主宰。孔子说:"天生德于予,桓魋其如予何!"③可见孔子已赋予"天"以道德的含义。后来的"天理"的观念也许在这里已有其思想渊源。孔子这句话当然也还包含了他本人是受命于天者的意思。孔子还说:"君子有三畏:畏天命,畏大人,畏圣人之言。"④这也表现了孔子把"天命"与

---

① 《左传·昭公十八年》。
② 《论语·八佾》。
③ 《论语·述而》。
④ 《论语·季氏》。

"圣人"看成一致的思想。孔子的这类言论多少有天人合一之意。孔子以"仁"为根本,"仁"是诸德之帅,他认为他自己所负的"天命"就是教人为仁,"仁"的基本含义就是"克己复礼",即视听言动均合乎礼的道德行为。孔子提出"正名",即所谓"君君臣臣父父子子",就是为仁和复礼的具体内容。孔子所谓"闻道",也就是复礼、为仁。当然,孔子的思想除首先是"闻道"之外,也有注意求知的方面,他教人"多识于鸟兽草木之名",还有求知之方的训语,但《论语》主要地仍然是以"天命"和"仁"为核心的道德教训,关于科学和知识方面的理论是极少也极其简单的。孔子重人道,重"天命"与人之仁德的结合,而轻知识、轻科学认识,是他的哲学缺乏主客二分思想、缺乏以主体性为原则的表现。他的这种思想构成了以后整个中国哲学史上儒家思想的特点。

墨子虽然主张有意志的"上帝",但同时提倡"非命",这与孔子的命定论有所不同。墨子也讲"仁",但"仁"的含义是"兼爱",他反对孔子的克己复礼之谓仁。他提倡"兼相爱,交相利",他的哲学是功利主义。墨子重"耳目之实",提出了"言必有三表"的判断言论之真伪的标准,墨子显然已初步探讨了认识论问题。

杨朱主张"为我""贵己""轻物重生""不以物累形",是中国哲学史上第一个注重个人、注重人的独立自主性的思想家,他虽然没有作什么理论论证,但多少具有西方主体性思想的闪光。

孟子最早提出较明确的天人合一的思想。他说:"尽其心者,知其性也;知其性,则知天矣。"①"夫君子所过者化,所存者神,上下与天地同流,岂曰小补之哉。""万物皆备于我矣。反身而诚,乐莫大焉。"②人与天地万物,在孟子看来,是一个统一的整体。人之善端(即仁礼智之四端)受于天,源于天,或者说,本天之所赋,这样,孟子就为封建道德原理找到了形而上的根据——天,这种具有封建道德意义之"天"宰制着人。孟子极少讲科学认识,他是孔子重"闻道"的思想方面之继承者和发扬者,他着重将孔子关于"仁"的思想运用于政治社会,他不仅像孔子那样着重讲"内圣",而且更多地讲"外王"。

老子在中国哲学史上第一个明确反对"天"是最高的主宰,提出了天地

---

① 《孟子·尽心上》。
② 同上。

万物的起源问题,认为"道"或"无"是天地万物的本原。他虽然不像孔子那样重人伦、轻视对自然的研究,但他也并不是不重视人的地位,相反,他是中国哲学史上最早明确提出人有卓越地位的哲学家。他说:"人法地,地法天,天法道,道法自然。"①这就意味着在老子那里,人、地、天都统一于"道",而"道"又是自然如此、没有意志的。老子的天人合一思想表现为人与"道"为一;通过"玄览"的内心直观,即可达到此种境界。老子云:"天地不仁",可见老子取消了儒家所讲的"天"之道德含义。老子反对以"仁"为最高道德,这与孔子的"克己复礼为仁",孟子的四端受于天的思想,都是对立的。老子在中国哲学史上最早明确区分"为学"与"为道",并认为"为道"高于"为学","为道"是人生之首要任务。老子不以道德原则作为"为道"的内容,这是老子哲学优于孔孟哲学之处,但老子轻"为学"、轻知识,超过孔孟,对中国的科学认识之发展起了更为消极的影响。当然,老子提倡的"复归于婴儿",也不能简单理解为绝对摒弃知识,绝对否定欲望,它包含着教人达到超知识、超欲望的高超境界的思想,故老子又继承了杨朱的贵生轻利的思想。老子的"无为"是与"道"为一,一任万物之自然的意思,人如能顺乎"道"而无为,则能做到无不为,无不治。这是老子的人生理想和社会理想。

庄子继承和发展了老子的思想。庄子也认为世界之本原是"道","道"是自然的、无意志的,所谓"道兼于天",就是老子的"道法自然"。所以庄子又说:"无为为之之谓天。"②庄子的天是自然。庄子认为"天地与我并生,万物与我为一","人与天一也","至人"可"与天地精神往来",这是一种与"道"为一、以"道"观物、"同于大通"的天人合一境界,也就是一种齐死生、等贵贱、同人我、超出一切区别的"逍遥"境界,这种境界可以通过"坐忘""心斋"的内心直观而达到。庄子不像杨朱那样以避世为"全生葆真"之途径,他认为只要达到上述境界,就可以享有不为外物所累的个人自由。庄子哲学和老子哲学一样,显然与孔孟以义理之"天"压人的思想是对立的。庄子认为知识无助于"为道",甚至有损于"为道",庄子的这个思想对发展科学认识当然也是有害的。

惠施是中国哲学史上第一个从事辩论中逻辑问题和认识论问题研究的人,《庄子·天下》篇所说的惠施十事就是关于这方面的十个命题,主要

---

① 《老子》第25章。
② 《庄子·天地》。

论述了事物之异同关系。他强调具体的、个体的事物是相对的、有限的。惠施十事中提到的"泛爱万物,天地一体",与庄子的"天地与我并生,万物与我为一"相近,但庄子是从天与人(即世界与人)的关系的角度讲述一种天人合一的境界以及达到此种境界的直观途径,而惠施则是从认识和逻辑的角度讲万物之毕同毕异和天地一体。庄子哲学重在"为道",惠施则似有重"为学"即重认识论、重逻辑之意,就此而言,惠施的思想在中国哲学传统中是尤为值得一提的。

公孙龙和惠施一样,主要也从事于辩论中逻辑问题与认识论问题的研究,不过他不同意惠施的"合同异",而主张"合同异,离坚白",他的主要思想是,概念和共相有绝对的独立自存性和不变性。公孙龙可说是中国哲学史上第一个也是罕见的具有西方那种建立在认识论基础上的形而上学思想的人。

后期墨家重自然科学知识,有比惠施、公孙龙更为明确的、合乎常识的认识论和逻辑理论,他们已有模糊的主客二分思想,他们按知识来源把知识分为"闻知""说知""亲知"三类,还提出了关于辩论的一些基本逻辑原则,对概念、判断、推理等逻辑上的基本范畴也有较多的研究。可惜后期墨家的思想在中国传统哲学中未占主导地位。

《易传》的作者以"太极"为天地之本原,"太极"是阴阳未分之体。《易传》对自然现象提出了一些解释,对科学认识的发展有一定意义。《易传》还提出了"形而上者谓之道,形而下者谓之器"的命题,讲述了一般与个别之间的关系。

荀子所讲的"天"是自然之天,他所谓"性"是"生之所以然者"①,本属于天,故和自然之"天"一样无道德含义,这和孔孟的"天"与"性"的含义不同,显然是受了老庄哲学的影响。荀子认为道德是人为的,所谓"人之性恶,其善者伪也"②,"伪"就是人为的意思。这和孟子把人为的封建道德原则说成是"天命",然后又以"天"来压人的思想不同。但荀子又认为"君臣、父子、兄弟、夫妇,始则终,终则始,与天地同理,与万世同久"③。荀子在这里又把封建道德原则看成与天地同样运行不息。荀子不讲天人合一,而讲天人相分,

---

① 《荀子·正名》。
② 《荀子·性恶》。
③ 《荀子·王制》。

即所谓"明于天人之分"①。其主要意思是说,人世的吉凶治乱与自然("天")的变化并无必然联系,应该把两者区分开来。荀子基于这种思想,反对孔孟的"天命"观,而主张"制天命而用之"②,荀子在这里要求以人来统治天,这与孟子的天人合一思想是对立的,不能解释为天人合一。"制天命而用之"有些类似西方近代哲学家培根等人所讲的征服自然、利用自然的思想,但又未达到主客二分的思想高度。荀子是孔子哲学中"为学"方面的继承者,这和孟子是孔子哲学中"为道"方面的继承者正好相反。荀子继承和发展了后期墨家的某些思想,有较多的认识论和逻辑理论,他强调"解蔽""虚壹而静",以求客观,并注重验证。荀子哲学中的功利主义思想源于墨子,但不如墨子之极端,他批评墨子"蔽于用而不知文"③。荀子还批评了庄子,说庄子"蔽于天而不知人"④,即不懂人能制天命而用之。他批评辩者不重事实是"蔽于辞而不知实"⑤。荀子对先秦诸派哲学做了他自己的总结。

韩非继承和发展了荀子与老子的思想,否认有意志的"天",认为社会治乱靠人不靠天,仁义道德亦不来源于天。韩非主张"理者,成物之文也;道者,万物之所以成也。""道者,万物之所然也,万理之所稽也。"这些话既是对老子的"道"的解释,也是韩非自己的思想。韩非在这里对"道"和"理"做了明确的区分:万物各有各的"理",而万"理"之总汇则叫作"道",而"道"就在"理"之中。他认为,不接触物而行,不懂得理而动,是一种"无缘而妄意度"的"前识",即无根据的妄想,只有"缘道理以从事",才能成功。⑥ 韩非在认识论方面还强调"参验"。在社会政治观点上他和管子所讲的"君臣上下贵贱皆从法"的观点一样,也非常注重法治,可惜韩非等法家的这种最高理想在中国未能实现。

---

① 《荀子·天论》。
② 同上。
③ 《荀子·解蔽》。
④ 同上。
⑤ 同上。
⑥ 《韩非子·解老》。

2. 秦汉至明清之际的哲学

先秦哲学,各派林立,百家争鸣,波澜壮阔。秦汉大一统后,思想亦日渐统一。儒家思想之主旨是以封建道德的义理之"天"制人,加上儒家对于人伦、政治既有较系统的理论,又有具体的措施,故儒家思想能受到统一后之专制君主的喜爱和提倡。秦始皇采用儒家思想之处颇多,汉武帝、董仲舒更立儒家为正统思想,所以自秦汉以后,特别是自汉武帝以后,中国哲学史便成了长期以儒家思想为主导的历史,一直到明清之际,特别是到鸦片战争以后,才开始逐渐改变这种局面。

秦汉时期的哲学。董仲舒在秦汉之际阴阳五行学说混入儒家思想的历史背景下,提出了天人相类的天人合一即"天人感应"说。他说:"天亦有喜怒之气,哀乐之心,与人相副。以类合之,天人一也。"[①]"天人之际,合而为一。"[②]他认为"天"是"百神之大君"[③],"天"有意识地创造万物:"天者,群物之祖也。"[④]他以阴阳五行学说论证天有意志。他认为人本于天,人副天数,人之身像天容,发像星辰,耳目像日月,鼻口呼吸像风气。他说:"王道之三纲,可求于天。"[⑤]"道之大原出于天,天不变,道亦不变。"[⑥]天意还可以灾异"谴告"人。这是一种最明确地以"天"压人的学说。

两汉时期,阴阳家与儒家几乎合为一体,天人感应、谶纬思想占统治地位,但阴阳家的学说中亦有科学萌芽。

西汉末年,扬雄一方面批判了谶纬思想,并认为阴阳家之言不合于圣人,企图使儒家思想脱离阴阳学说,一方面又称道老庄,吸取了道家的某些思想。但他仍以儒家为主导,以孔子为正宗,尝自比于孟子。扬雄认为"玄"是万物的本原。他强调道德修养,但也注意到知识的重要性。他既肯定历史的继承性,也肯定改革的必要性,认为"可则因,否则革"。

后汉时期,谶纬之学仍然盛行,但道家的自然主义也开始有所发展。王充在此背景下吸取道家自然主义的观点,批判了天人感应、谶纬思想和阴阳

---

① 《春秋繁露·阴阳义》。
② 《春秋繁露·深察名号》。
③ 《春秋繁露·郊祭》。
④ 《汉书·董仲舒传》。
⑤ 《春秋繁露·基义》。
⑥ 《汉书·董仲舒传》。

学说。王充强调自然无为,认为"元气"是天地万物之本原,万物非有意志的"天"所创造;他反对董仲舒等人所说的有意志的"天"为人之本原的天人合一观点。他说:"儒者论曰:'天地故生人'。此言妄也。夫天地合气,人偶自生也;犹夫妇合气,子则自生也。"① 王充的这种思想对儒家以"天"压人的思想是一个冲击。王充继承和发展了桓谭的形神学说,认为"人之所以生者,精气也,死而精气灭。能为精气者,血脉也。人死血脉竭,竭而精气灭"。"天下无独燃之火,世间安得有无体独知之精。"② 这是说,精神不能离开肉体,心不能离身。但王充又说:"人之精神藏于形体之内,犹粟米在囊橐之中也。死而形体朽,精气散,犹囊橐穿败,粟米弃出也。"③ 王充在这里似乎又把精神看作是可以离开形体而独存的实体,这就使王充的哲学多少包含有身心二元或主客二分的思想。王充认为,要求得知识,首先要通过感觉器官与外在的对象相接触,他以此而反对"生而知之"。王充重视"效验",同时也重视"心意"。王充的认识论与方法论颇有些科学精神。王充反对复古主义,主张今胜于古,他甚至问孔刺孟,反对儒家的礼教。

魏晋南北朝时期的哲学。东汉末年,掺杂了阴阳、谶纬之学的儒家思想发展到了荒诞烦琐的地步,与之相反的道家自然主义和抽象的思辨哲学渐占优势,至魏晋南北朝时期,道家学说更为盛行。当时的玄学家们大多以儒家思想与道家思想相混合,《老子》《庄子》《周易》成为玄学家们所着重讨论的三本主要著作,即所谓"三玄"。玄学家不像西汉时期的儒家那样主要讲关于具体的宇宙万物之形成的宇宙论,而着重讲抽象的本体论。

玄学创始人何晏、王弼祖述老庄,以为"天地万物皆以无为本"④,而且有生于无。王弼认为万物皆自然而然,这就是"无为";只要顺其自然,则"开物成务,无往而不存",这就是"无之为用"⑤,也就是"无不为"。王弼有调和名教与自然的思想,他认为"无"或自然是本,名教是末,不应该用名教去强制自然之本性,只可顺应自然之本性,用自然统率名教,故圣人只需顺应百姓之自然,"因俗立制,以达其礼",百姓即可"自求多福",而无须圣人强求。王弼的这种思想虽然是想调和名教与自然,但重点是强调自然,显然

---

① 《论衡·物势》。
② 《论衡·论死》。
③ 同上。
④ 《晋书·王衍传》。
⑤ 同上。

不同于儒家正统以封建道德的义理之"天"压人的观点。王弼还提出了"圣人体无"和"得意忘言"说,认为作为万物之本的"无",无言无象,仅用言象不能把握"无"的意义,圣人只可通过直观去体验"无",以达到与"无"同体或"与道同体"的天人合一境界。王弼过于重视对"无"的体验——过于重视对"无""用智不及无知"①,因而忽视自然科学的知识。

玄学的自然主义思想发展到极端,就成了阮籍、嵇康"越名教而任自然"②的立论根据,他们都以放达不拘名教为高,打击了儒家以"天"压人的传统。

裴頠反对"贵无",主张"崇有",认为"有"是万物之本,无不能生有,如贵无贱有则必"遗制""忘礼",而"礼制弗存,则无以为政矣"③。裴頠一则从反面告诉我们,贵无必包含或导致对名教的轻视,一则表明他自己之所以崇有,是为了巩固儒家的名教。

郭象与裴頠相似,也否认"有生于无",否认有意志的"真宰",但郭象主张"物各自生","无故而自尔"④,即是说,各物皆自然如此,而无所待、无所据,这就叫作"独化"。郭象认为人只要能领会到每物皆"自足其性",则可以"独化于玄冥之境",亦即"玄同彼我"⑤、万物一体的天人合一的境界。郭象比王弼更进一步,认为名教即自然,自然即名教,遵名教即顺应自然。道家的自然主义思想在郭象这里被儒家化了。

东晋南北朝时期,佛教在中国日益流行,但它必然与当时占统治地位的玄学相结合。佛教中大乘空宗关于一切皆空的理论与玄学"贵无"的理论有近似之处,于是玄学所集中讨论的有无问题和佛教所集中讨论的空有问题成为当时互相影响的共同焦点。

东晋僧人慧远对儒道本有研究,出家后又研究佛教。慧远发展了"本无"的思想,认为"神"(精神)不生不灭,为化生万物之根本,即所谓"神也者,……感物而非物,故物化而不灭"⑥。只有"悟彻者"才能"反本",达到

---

① 《老子道德经注》第25章。
② 《释私论》。
③ 《崇有论》。
④ 《庄子注·齐物论》。
⑤ 同上。
⑥ 《沙门不敬王者论》。

与"神"为一体的天人合一境界;一味"逐物"的人,则是"惑理者"①。佛教理论本身原不合儒家的人伦道德观念,本应导致"不敬王者"的结论,但慧远却制造了一套"释迦之与尧孔,归致不殊"②的理论,以迎合儒家正统思想。

僧肇也把佛学与玄学混合讲述。他明确以阴阳区分"身"与"心",在他看来,我与非我,主观与客观之对立,皆由于"一念迷"③而产生,其结果就是现象界,现象皆从"因缘"而生,没有独立的"自性",亦即无实体性,因而不是真实存在,故可以说是"无";但现象毕竟存在着,故又可以说是"有"。"譬如幻化人,非无幻化人,幻化人非真人也"④,这就是僧肇的"不真空论"。更进而言之,现象界之事物虽然生灭无常,但僧肇认为平常所谓同一事物之变化前后,实乃两个不同的事物,它们"不相往来"⑤,即是说,没有自我同一性,各自独立而不变,这就是他的"物不迁论"。僧肇通过"不真空论"和"物不迁论",说明现象既可说是有,也可说是无,既可说是变,也可说是不变,既可说是"有相",也可说是"无相"。僧肇认为应该在有中见到无,在变中见到不变,在"有相"中见到"无相"。要达到这种见识,就不能执着于现象,更进一步说,也就是不能执着于"心"与"身"的区分。僧肇的"般若无知论"就是要人破除"心"与"身"的执着,破除"知"与"所知"即主体与客体的区分,用"般若"的"无知"去直观和领会"无相"的"真谛",即所谓"破彼执着,乃入真实"⑥。在中国哲学史上僧肇第一次明确表达了只有破除主客二分才能"入真实"的思想。他所谓"入真实",实际上是一种与"道"("空")为一的天人合一境界。

南北朝时期的范缜提出了"形质神用""形神相即"等理论,着重反对了佛教的神不灭论。他关于形神的学说是一种身心一元论。

隋唐时期的哲学。隋唐时期为中国佛教之鼎盛阶段,但儒学仍为正宗,儒佛之争贯穿于唐代,佛教被迫中国化。

玄奘及其门人窥基所创立的唯识宗主要是对印度佛教唯识学说的介

---

① 《沙门不敬王者论》。
② 同上。
③ 《宝藏论》。
④ 《不真空论》。
⑤ 《物不迁论》。
⑥ 《宝藏论》。

绍。此派强调破除"我""法"二执，实际上就是要破除以我和事物为实体的主客二分式，但唯识宗认为"我"与"法"皆"识"所"假立"，而"识"仍然是实体性的东西，这就是说，"我""法""二空"，而"识"不空。于是唯识宗提出了"唯识无境""万法唯识"的理论。它认为"我""法""二执"是产生烦恼和分别计较的根源，破了"二执"，即否定了自我和万物的实体性，就可进入涅槃境界而成佛。

华严宗是中国化的佛教，其创始人为法藏。华严宗提出"理法界""事法界""理事无碍法界""事事无碍法界"的"四法界"说，认为世界上千差万别的事物（"事法界"）与本体（"理法界"）互相统一（"理事无碍法界"），各事物之间也互相统一（"事事无碍法界"），其中，"理法界"即本体是最真实的，又叫作"真心"，真心本体恒常不变。这一点与唯识宗关于"识"亦依他起之说不同。法藏又称"理事无碍"的关系为"一切即一，一即一切"①。华严宗认为最高境界不仅是一种不分主客的境界，而且是不分本体与现象的境界，即所谓"见师子与金，二相俱尽"。华严宗关于真心本体恒常不变，事物皆真心本体之客观体现的思想，比起唯识宗所讲的一切"法"皆空的思想来，似有较重现实之意，这一点颇有与中国传统思想相合之处。

禅宗是最中国化的佛教，其创始人为慧能。禅宗提倡顿悟成佛，反对积学渐修，不讲究宗教仪式，不主张念经拜佛，不立文字。"顿悟成佛"之道就是"无念"，"无念"的一种解释是说，"于诸境上心不染"②，即不执着于认识对象，而不是"百物不思，念尽除却"③。按照此种"无念"的意思，则不是不接触对象，不是不要日常生活，而是处尘世而不染。禅宗不认为外境虚幻，而是认为心空则一切皆空，即是说，"自性真空"，精神上不执着，则可达到虚静的天人合一境界。我们不能把禅宗简单地看成是主观唯心主义，它并不主张客观事物都在意识之中，它承认有"境"、有"相"，但它主要是提倡一种不着境、不着相的胸襟。禅宗又主张人人皆有佛性，佛性即人之本性，故人人皆可成佛。禅宗对以后宋明儒家的道学有直接影响。

儒家在魏晋至隋唐时期，虽不及汉代那样处于独尊地位，但毕竟是中国哲学之正宗，魏晋南北朝时期的玄学基本上是儒道结合的产物，隋唐时期的

---

① 《华严经义海百门》。
② 《坛经·定慧品第四》。
③ 同上。

佛学亦被迫中国化,甚至儒家化。尽管如此,唐代中期的思想家和文学家韩愈仍以儒家"道统"即先秦孔孟之道的继承者自居,大力反对佛教和道教,批判佛老"子焉而不父其父,臣焉而不君其君",维护儒家的纲常名教,而且有承认"天命"的思想,只不过他排斥董仲舒的历史地位。

李翱继承韩愈排佛的立场,但他吸收了佛教特别是禅宗的思想,强调"不动心"的修养方法,希求在与外界接触的同时而不为外物所动的所谓"诚"的天人合一境界。李翱也讲儒家的修身齐家治国平天下,但他的思想比起韩愈来,较少伦理道德的意义。

柳宗元反对天人感应说,反对天人合一,反对以"天"压人的"天命"观,认为:上下未形之时,"惟元气存"①;"古之所以言天者,盖以愚蚩蚩者耳"②;"圣人之道,不穷异以为神,不引天以为高"③。刘禹锡提出"天人交相胜"的学说,反对天人合一、天人感应之类的思想,反对"天命"宰制人,强调人能胜天。柳宗元和刘禹锡虽主天人相分,反对天人合一,但并未达到主客二分的水平,他们的思想较少哲学上的分析和论证,更乏认识论。而且,他们两人都受佛教特别是禅宗的影响,企图"统合儒释",实际上是把佛教儒家化。

道教形成于东汉末期,到南北朝隋唐而与佛教几立于对等之地位,佛道之间既有斗争,又有渗透。同时,道教也吸收了儒家的某些思想。道教不但在医学、化学等方面有具体贡献,而且包含了人当宰制自然的科学精神,它主张人应"窃天地之机","役使万物"。道教的这一方面是中国哲学史上有待发扬的宝贵精神财富。

宋明时期的哲学。宋明哲学以理学(道学)为主导,它是以儒家孔孟学说为基础、批判吸收佛道某些思想较完整的哲学体系,是一种新儒学,它产生于北宋,盛行于南宋与元明时代。理学家共同关心的主要问题是人与自然的关系问题、形而上与形而下的关系问题以及现实的社会和人生问题。他们的哲学仍然立足于儒家的伦理道德观,他们大多吸取了佛教的心性修养学说和道家关于宇宙生成的理论,而又批判了佛道追求虚幻或彼岸和玄学忽视名教的思想。宋明理学虽然流派分殊,但都把中国哲学史上占主导

---

① 《天对》。
② 《断刑论下》。
③ 《非国语上》。

地位的哲学特征即天人合一的思想、以研究人伦道德为主旨的思想、以"天"压人的思想发展到了顶峰。

周敦颐是理学的奠基人，他认为"太极"是天地万物之本原，"太极"之理为"纯粹至善"，而人禀受"太极"之理，故人性本善，也就是说，人性本来合乎仁义礼智；恶来源于欲，因此，他提出"无欲故静"的道德修养的主张。周敦颐的这些思想对以后宋明理学特别是程朱学派的天人合一和以"天理"灭人欲的思想产生了很大的影响。

张载提出气一元论的主张，认为"太虚即气"①，"凡可状，皆有也；凡有，皆象也；凡象，皆气也"②。气之聚散变化过程叫作"道"，其变化规律叫作"理"，又叫"天序"或"天秩"，而"理不在人，皆在物"。③ 人性分"天地之性"与"气质之性"，前者源于"太虚"本性，是善的根源，后者是恶的根源，起于形体之后，人只要能"善反"，能限制人欲，就自然合乎道德标准。据此，张载很注重破除我与非我的界限，以达到"其视天下，无一物非我"④和民胞物与的天人合一境界。与此相联系，张载明确区分"德性所知"与"见闻之知"。"见闻之知"即通常所说的知识，是物我(即主体与客体)交互作用的结果；"德性所知"是一种"合天心"⑤的天人合一的道德境界，并不是通常所说的知识。他说："儒者则因明致诚，因诚致明，故天人合一。"张载认为"德性所知"高于"见闻之知"，实际上也就是主张天人合一高于主客二分，道德高于知识。

程明道与程伊川兄弟确立了宋明理学。理与气两观念在理学中占有极其重要的地位，张载确立"气"的首要地位，但对于"理"则语焉不详，程氏兄弟确立了"理"的首要地位，认为"理"是宇宙万物之根本，"理"又叫作"天理"，其主要内容是指道德准则，程伊川的"理"与程明道相比，较多自然法则之意。程明道认为"天者理也"⑥，实际上就是把封建道德之理神圣化为"天"。程伊川也主张天人相通，认为"性即理也"⑦，"天命之谓性"的"性"

---

① 《正蒙·太和》。
② 《正蒙·乾称》。
③ 《横渠语录》。
④ 《正蒙·大心》。
⑤ 同上。
⑥ 《二程遗书》卷十一。
⑦ 《二程遗书》卷二十二。

即是"理",他也是把封建道德之理看成是源于"天命"。程明道虽讲"道"与"器"的区别,但承认二者不可分离;程伊川则强调"形而上"的"道"与"形而下"的"器"之区分,以致认为"理"可以离事物而独存。二程都提出存天理去人欲即以封建道德之"天理"压制人欲的主张。明道认为人本与天地万物为一体,只因执着于个体之我的私欲而与世界隔离;修养就是要破除人我的界限,回复到万物一体、天人合一之境界,这种境界叫作"仁",实即一种封建道德境界。伊川所讲的修养一方面主用敬涵养,一方面又主进学致知。他主张通过持敬致知而达到"与理为一"①,即形而下的"人"体现形而上的"理"的天人合一境界。伊川还讨论了知行关系,主张知先行后,当然,他也不无知行合一的思想。

朱熹发展了程伊川的思想,而成为宋明理学中理学一派之完成者。他更明确地主张并论证了"理在事先"。这里的"在先"相当于西方哲学所讲的"逻辑在先",也就是说,"理"是事物的根本、根据或者说先决的前提。朱子强调"理"与"气""形而上"与"形而下"的区分,并认为前者是本:"理也者,形而上之道也,生物之本也;气也者,形而下之器也,生物之具也。"②朱子所谓"理"的主要内容仍然是指封建道德准则,"理在事先"的主要意思就是把封建道德之理视为事物之本,视为天经地义,故又叫"天理"。"天理只是仁义礼智之总名。"③朱子认为理与气合则生人,体现于人中之"理"就是人之"性",故人性中之道德意识皆禀受于"天理",——禀受于天地万物之本,这也就是朱子的天人相通、天人合一的思想之要旨。"天理"为气禀——私欲所蔽,则产生恶;修养就是要去人欲,存天理,以达到一种"与理为一"④的天人合一的道德境界。"与理为一"就是使"天理"完全地体现于具体的人。中国儒家传统的天人合一和以"天理"宰制人欲的思想在朱子这里可算是融合成了一个完备的哲学体系。朱子明确区分形而上之理与形而下之气并以前者为根本的思想与论述,包含有区分思维与存在、主体与客体的思想因素,但远未达到西方近代哲学中主客二分的思想水平,亦乏"主体性"原则,颇与柏拉图的"理念论"相近,似与之处于同一思想水平。当

---

① 《二程遗书》卷二十三。
② 《答黄道夫书》。
③ 《朱子全书》卷四十六。
④ 《朱子语类》卷八。

然，朱子哲学中所包含的关于对自然的认识的思想，仍然是值得我们发掘的。朱子也注意到知行关系，认为知在行之先。

与朱子同时而另立理学中心学一派的人物是陆象山。陆象山主张"心即理"①，认为"宇宙便是吾心，吾心即是宇宙"②。这是与朱子不同的另一种天人合一观：朱子的天人合一是形而上的"天理"体现于人；陆象山的天人合一是人心即万天理；天理"非由外铄"③，不假外求。陆象山认为人之本心虽然即是宇宙，但"愚不肖者"却"蔽于物欲而失其本心"④，而修养的目的就是要存心去欲，以回到心"与天同"⑤的天人合一境界。陆象山所讲的天理、人心，其内容就是封建的仁义道德，较之朱子，可以说几乎全无自然法则的含义，所以他的天人合一也是一种以封建道德之"天理"压制人欲的思想。陆象山虽然也反对朱子的天理人欲之辨，但他的主要意思是：朱子在他看来是以天为理，以人为欲，把形而上的天理与形而下的人心、人欲分离为二，而他自己则主张天人非二，天与人并不分居于形而上与形而下两个世界之中，至于陆象山之主张以天理压人欲的基本思想却与朱子并无二致。不过陆象山强调"心"的主动作用，这一点对于否定外在权威而言又有一定的积极影响。

南宋初期的陈亮、叶适都反对朱子的形而上之理，主张道在事物之中，同时也强调"事功"，注重实用。他们所讲的"道"或"理"，其内容既有封建道德的基本准则，也有自然事物之法则。叶适反对理学所讲的天理人欲之辨，认为"以天为无妄""以天理人欲为圣狂之分"，是"择义未精"⑥。这是对儒家传统以封建道德之"天理"压制人欲思想的直接批判。

宋明理学中之理学一派以宋代的朱熹为集大成者，最盛于宋元，而其中的心学一派则最盛于明代，以王阳明为集大成者。王阳明继承和发展了陆象山的学说，更强调"心外无物，心外无事，心外无理"。他认为人与天地万物一气流通，原是一体，天地万物的"发窍之最精处"即是"人心一点灵

---

① 《与李宰书二》。
② 《象山先生全集》卷二十二。
③ 《与曾宅之书》。
④ 《与赵监书》。
⑤ 《象山语录》。
⑥ 《习学记言》卷二。

明"①。故人心即天地万物之心，人的"良知"即天地万物之"良知"，离开人心则天地万物无有意义。王阳明的这种思想，与朱子的"与理为一"的思想相比，可以说使天与人之间达到了更加融合无间的地步，王阳明哲学中已无形而上世界与形而下世界之分。王阳明所讲的"心""理""良知"，其内涵也是指的封建道德原理，天人合一就是人心道德之原理，即是天地万物之心，亦即"一体之仁"②之本心。"人心是天渊，心之本体无所不该"③，只因私欲障碍，才失去了"天之本体"④，而修养的目的就是"念念致良知，将此障碍窒塞一齐去尽"⑤，以复"天之本体"，亦即回复天人合一之本然境界。王阳明作为儒家，和朱熹一样，主张以"天理"压人欲，但王阳明反对朱熹的形而上学，却具有积极意义。明清之际的反形而上学思潮实自王阳明始。王阳明基于对"人心"的强调，具有一定程度的反外在权威的思想，他说："夫学贵得之心。求之于心而非也，虽其言之出于孔子，不敢以为是也。"⑥王阳明在中国哲学史上第一次明确提出了知行合一的学说。知就是良知，行就是致良知，知行不是二事。王阳明所讲的知和行是道德意义的，而道德意义的行本应包括动机在内，故一念之初即是行。王阳明的知行合一说是以克服"一念不善"，达到他的天人合一为宗旨。

王廷相反对朱子理学关于理在气先的形而上学，主张"理在气中"，认为"气"是"造化之实体"，"理载于气"⑦，反对理可离气。王廷相是后来明清之际的"理在气中"的反形而上学观点的先驱。王廷相还认为封建名教是"性之后物"⑧，从而反对了那种把封建道德原理绝对化、客观化、神圣化为"天理"的儒家传统。王廷相还反对儒家所讲的"德性所知"，强调"内外相须"⑨的知识和"实历"，因此，他的哲学中有不少讲认识论的部分，这是他反对中国传统哲学轻知识和认识论的思想表现。

明代后期的王学左派李贽继承了王阳明反儒家传统形而上学的思想，

---

① 《传习录下》。
② 《大学问》。
③ 《传习录下》。
④ 同上。
⑤ 同上。
⑥ 《传习录中》。
⑦ 《慎言·道体》。
⑧ 同上。
⑨ 《雅述》上篇。

但他比王阳明前进了一大步,他不仅反对形而上的"理"的世界,而且连同"理"的封建道德的内容和含义也一并加以摒弃。他责问"所谓一者果何物,所谓理者果何在,所谓太极者果何所指也?"①并明确主张人有其本然之心,儒家所奉为至上的、天经地义的"义理"和"道统"只能使人失其本然之"童心"。他"卑侮孔孟",强烈反对"以孔子之是非为是非"②。李贽肯定人的私欲(不是自私自利)和现实生活,反对希求超感性的东西,反对灭绝人欲的"天理",反对以抽象的共性压制具体的个性,认为"穿衣吃饭,即是人伦物理;除却穿衣吃饭,无伦物矣"③。但他反对在衣饭之类的"伦物"上斤斤计较,主张"于伦物上识真空"④,亦即不为"伦物"所迷惑,而能对"伦物"有高远的评价和境界,这就叫作"达本而识真源"⑤。李贽的"真空"不是超乎现实事物之上的形而上的根基或实体,"真空"是一种对"伦物"的高超态度,也是一种"万物与我为一体"⑥的境界,亦即他所说的"童心"或"真心"。他的"真空"论,目的是教人做"真人"。李贽虽有天人合一的思想,但与儒家传统所讲的人与封建义理之天人合一的思想大相径庭。李贽的哲学和王廷相的哲学从不同角度都对于中国哲学史转向近代哲学具有预示和促进的意义。

3. 明清之际以后的近代哲学

明清之际开始兴起了反对天人合一、反对以天理压人欲、反对偏重人伦道德之研究,而转向主客二分和主体性思想、转向重人欲和个性、转向重自然知识的新思潮,自明清之际到五四运动的中国近代哲学史(严格意义下的近代哲学应是从鸦片战争开始)可以说是一部打破中国几千年来旧的哲学传统特别是儒家传统,并进而向西方召唤主体性、个体性和科学精神的历史。五四运动使中国近代哲学达到了西方哲学史上文艺复兴的水平。

---

① 《焚书·夫妇论》。
② 《藏书·世纪列传总目前论》。
③ 《焚书·答邓石阳》。
④ 同上。
⑤ 同上。
⑥ 《焚书·念佛答问》。

王船山反对有离气而独存的形而上的理,认为"气者理之依"①。他指出:"天下惟器而已矣。道者器之道,器者不可谓之道之器也。"②王船山据此而主张"天理"即在人欲之中,反对离人欲而独存的形而上的"天理"。他认为"不离人而别有天","不离欲而别有理"③。他有很多天人合一的思想,并着重从存在论上讲天人合一。"天人之蕴,一气而已。""天与人异形离质,而所继者惟道也。"④但他在认识论上却明确论述了"能所"的观点,"能"就是主体的认识作用,"所"就是被认识的客体、对象。他的"能所"说是中国哲学史上第一次比较明确的主客二分的主张。他据此而讲了一套比较详细的认识论,强调"即事以穷理",反对"立理以限事"⑤,尤其反对"主静"。他的这些思想对发扬科学精神有积极的影响。王船山从认识论的角度出发,批评了王阳明一味从道德观点出发的知行合一说是"以知为行""销行以归知"⑥。他还批评了朱熹的知先行后说,主张行在先,可见在认识与实践的关系问题上,王船山有重实践的思想。

颜元以"气"为宇宙之根本,主张"理气融为一片"⑦,"理气俱是天道"⑧,反对朱熹的"理在气先"的形而上学。他攻击整个宋明理学之"主静空谈",提倡"事物之学",主张动手做实事,求得具体知识。

戴震主张"气化即道","气"之变化过程的条理就是"道",就是"理",这"理"也是事物之间的区别,不同的事物有不同的"理",他否认有超越一切事物之外的形而上的理。他认为理即在欲中,主张"达情遂欲"。他猛烈攻击了以"天理"灭人欲的儒家传统特别是朱熹的理学:"人死于法,犹有怜之者;死于理,其谁怜之!"⑨戴震还有比较系统的认识论。他说:"味与声色,在物不在我,接于我之血气,能辨之而悦之;……理义在事情之条分缕析,接于我之心知,能辨之而悦之。"⑩戴震在这里把物与我区分得非常明

---

① 《思问录·内篇》。
② 《周易外传》卷五。
③ 《读四书大全说》卷八。
④ 《尚书引义》卷一。
⑤ 《续春秋左氏传博议》卷下。
⑥ 《尚书引义》卷三。
⑦ 《存性编》卷二。
⑧ 《存学编》卷一。
⑨ 《孟子字义疏证》卷上。
⑩ 同上。

确,认为知识来源于物我相接。戴震的这种主客二分的思想与王阳明的物我合一、天人合一正好形成一个鲜明的对比。戴震的全部认识论就是建立在物我二分即主客二分的思想基础之上的,他也因此注重"为学"、求知。不过戴震也有受理学影响之处,他认为"心之于理义,一同乎血气之于嗜欲,皆性使然耳"①。

鸦片战争前后,在西方帝国主义压迫下,出现了龚自珍、魏源这样的反对顽固守旧势力、主张富国强兵的思想家。龚自珍反对把形而上的"道"或"太极"看成是万物之主宰,认为"我"或"心"是一切的动力,他有模糊的主体性思想。魏源攻击传统的天人合一、万物一体之说是"上不足制国用,外不足靖疆圉,下不足苏民困"②。他强调"事必本夫心",而"善言心者,必有验于事","善言我者,必有乘于物"③。魏源的这些论述表明他区分"物"与"我""事"与"心"的主客二分思想。他强调"经世致用",学习西方的科学技术,以达到富国强兵的目的。但魏源仍未摆脱儒家的仁义道德源于"天命"的观点。

洪秀全开始向西方寻找真理,他利用基督教关于在上帝面前人人平等的思想,为打倒封建神权、打倒皇权、打倒孔孟之道,进行了坚决的斗争,在向西方近代哲学召唤主体性的中国近代哲学史上有其一定的地位。

康有为开始吸取西方近代自然科学知识以建立自己的宇宙观,提出"以元为体"的主张,"元"的主要含义是"气","元"体现于人便是"仁","仁"就是仁爱,"仁"是一切之源,人凭着仁爱可以创造一切。康有为认为道德准则不过是"免苦求乐之具",宋明理学所宣扬的"天理"是"绝欲反人"的理论。他还借孔子的权威宣传自己的民主思想。尽管戊戌变法失败后他鼓吹礼教,但他早期反"天理"的思想和民主思想对于推动中国近代哲学史上主体性思想的开展起了积极的作用。

谭嗣同受西方自然科学中"以太"说的影响,认为"原质之原,则一以太而已矣"④。他由此而提出"仁"的学说,认为"以太"有把天地万物人我胶

---

① 《孟子字义疏证》卷上。
② 《默觚》。
③ 《皇朝经世文编叙》。
④ 《仁学》。

粘在一起的性能,这就是"仁",即仁爱,故"仁为天地万物之源"①。谭嗣同以"仁"为依据,宣传西方近代的自由、平等、博爱的思想,激烈抨击儒家传统特别是宋明理学所讲的形而上的"天理""天命"。他不仅反对以"天理""天命"压人,反对儒家的纲常名教,而且进而直接反对"天理""天命"在地上的代理人"天子"。谭嗣同所宣传的西方自由、平等、博爱的思想以及他对"天理""天命""天子"的攻击,实际上是他的主体性思想的表现。他虽然仍有天人合一的思想,但他又明确地论述了"我"与"非我"之分,实即主客二分。他极力强调"心之力",实即主体性,认为"虽天地之大可以由心成之、毁之、改造之,无不如意"②。谭嗣同也很注意自然科学的知识。

严复主张万物皆由"质、力相推"演化而成。他强调"与天争胜",实即发挥人的主体性。他也很重视认识论和逻辑方法,推崇西方近代哲学家洛克的经验论,主张读自然的"无字之书",企图把哲学建立在近代自然科学的基础之上。

梁启超赞成达尔文的进化论,认为宇宙间万物"莫不变"。他推崇西方近代哲学的主客二分和主体性原则奠基人笛卡尔的"我思故我在",强调人贵"能自有我",也赞赏康德认识论中的主体性思想,提倡"非我随物,乃物随我"。③

章炳麟早期接受西方近代自然科学知识,认为万物成于各原质,各原质成于以太,主张社会进化论。他反对儒家的"天命"观,断言"拨乱反正,不在天命之有无,而在人力之难易"④。他驳斥王阳明的"良知"说,提倡科学认识。章炳麟后期接受佛教的影响。

孙中山也把自己的哲学建立在自然科学的基础之上,主张进化论。他对心和物、精神与物质做了明确的区分,有较清楚的主客二分思想,他强调"心"的主体性作用,认为"心"是"万事之本源"⑤,人可以胜天。孙中山打破了几千年来中国哲学主要从道德意义上讲知行的旧传统,着重从认识与实践的关系上讲述了他的"知难行易"学说。他反对封建的纲常名教,提倡自由、平等、博爱,认为道德的本原不在"天理",而在于人类互助的需要。

---

① 《仁学》。
② 《上欧阳中鹄书》。
③ 《近世文明初祖二大家之学说》和《近世第一大哲康德之学说》。
④ 《驳康有为论革命书》。
⑤ 《建国方略之一·自序》。

五四运动所提出的民主与科学的两大口号,是明清以后中国近代哲学家和思想家们反对封建的"天理",重视人欲和个性,反对天人合一,重视主客二分和主体性,反对专事人伦道德之研究,重视发扬自然科学思想的概括与总结。五四运动把中国近代哲学史推向一个新的阶段。

鸦片战争以后的中国近代哲学史,从一个角度看,可以说是先进的思想家们向西方寻找真理的历史。他们向西方学习的究竟是什么呢? 我们当然可以说,五四运动的民主与科学两个口号已经回答了这个问题。但如果追溯一下两个口号的哲学根源,则可以归结为学习西方近代哲学的主客思维方式及其与之相联系的主体性哲学。科学就是要发挥人的主体性,以认识自然、征服自然;民主就是反对封建统治者的压迫以及各种变相的封建压迫,以发挥人的主体性。中国传统的天人合一的思想,其重要特征之一,就是不重视主体与客体、我与非我的区分,不重视主体对客体的认识和支配作用,因而也不重视主客关系式的认识论与方法论,亚里士多德的形式逻辑体系和近代的因果关系的方法都是传统的天人合一思维所缺乏的,这就对中国科学(科学不同于技术)的发展起了阻碍的作用(这里且不谈经济、政治方面的原因)。相反,西方科学发达,与主客关系的思维方式有密切关系。这是中国人在鸦片战争以后向西方学习近代的主客关系式和主体性哲学的一个重要原因。为了学习西方近代科学而学习与之相联系的近代哲学原则,这是很自然的。

4. 未来中国哲学之展望

五四运动以后至今,我们为科学和民主,为伸张人的主体性所走的道路实在太曲折、太缓慢了。五四以后的军阀混战和国民党反动统治,窒息了民主与科学的发展,也摧残了哲学。反帝、反封建、反官僚资本主义的革命本来是中国人民沿着五四所开辟的道路前进的历史中的一次解放人的主体性的运动,但很快就受到各种"左"的教条主义的干扰,我们在包括哲学在内的各个方面的前进步伐都大大地被推迟了。半个世纪以来,我们所广为宣传的哲学甚至连主体性这个术语都只字不提,直到"文化大革命"结束后 80 年代初,哲学界才明确提出主体性问题。尽管在讨论中出现了许多关于主体性概念的混乱与误解,但毕竟能公开明确地以西方近代哲学中的"主体性"概念为主题来加以讨论,这可以说是 19 世纪末 20 世纪初以来哲学家召唤西方主体性的又一次发动和继续。我们在 20 世纪刚刚结束的今天,一方面感到西方在几百年前已经建立起来的主体性原则和主客关系式,我们却直到今天才明确提出,未免显得太晚;一方面又感到,今天能公开、明确、直接地提出和讨论主体性问题,毕竟是20世纪哲学发展的最后胜利和成果。这个胜利成果显然还是极其初步的。我想,21世纪的中国哲学将继续发展主客关系的思维方式,伸张主体性哲学,这条道路是发展科学、发扬民主的必然。那种想以提倡中国传统的"前主体性的天人合一"来"拯救危机"的想法,是站不住脚的。它缺乏科学,使人受制于自然;缺乏民主,使人受制于封建统治者。

西方近代的主客关系式和主体性,因其被抬高到唯一至尊的地位而在现当代日益显露其弊端,例如物欲横流、环境污染,反而造成了物统治人的现象,使人丧失了精神上的自由。本来,这并非主客关系式和主体性哲学之过,然而中国学术界有一种意见却认为这是由于主客体的思维方式强调人与自然斗争的结果,应该反对西方近代的主客关系式,用中国传统的天人合一来代替它,以达到与自然和谐相处。其实,要想与自然和谐相处,就更应该依靠主客关系的思维方式,以认识自然规律,支配自然,否则,不重自然科学,忽视自然的必然性、规律性,自然就会报复人,人与自然反而不能和谐相处。中国长期处于受自然宰制、屈服于环境的状况,是同传统的"前主体性的天人合一"思想和科学上的落后有联系的。受自然宰制,难道是与自然和谐相处吗?

问题的复杂性在于,正当我们为民主与科学而不断努力奋斗之际,正当我们不断呼唤人的主体性精神和主客关系式之际,国际上对民主与科学以及主体性精神却出现了新的理解和诠释,民主也好,科学也好,主体性精神也好,都需要我们重新加以审视。

欧洲文艺复兴时期的人文主义强调尊重个人的尊严和基本权利,它使欧洲人在民主与科学方面都创建了辉煌的成就;但在后来,人文主义却越来越走入歧途:对人的过高估计把人变成了极端自负的、无所不能的神物,黑格尔的"绝对精神"便是一例。这样的人文主义认为人可以达到绝对完善的地步,自然不再像文艺复兴之初那样是受尊重之物,而仅仅是供人奴役、宰制的工具,此外就没有任何价值。人文主义变成了对自然的人类中心主义,其结果是自然对人的报复:自然疏离着人,威胁着人。这方面的具体事例已是众所周知的。正如一些当代西方思想界人士所慨叹的那样:西方人已从封建主义和教会神权统治下获得了自由(民主),却又堕入了物统治人的不自由;科学给西方人以驾驭自然的能力,却又可能是摧毁人自身的力量。许多现当代西方思想家已经不断地指出了这种唯我独尊的人类中心论或者说走入歧途的人文主义的危害,并进而对与之相联系的主客关系式和主体性哲学采取批判的态度。例如德国哲学家海德格尔就指责那种把主体、自我夸大到疏离自然和君临于自然之上的人是"无家可归的现代人"。海德格尔反对把人看成是自然万物的主人,他认为人与自然万物之间在根本上没有主客之分、主奴之分,人不过是照料自然万物的牧羊人。在海德格尔看来,人与万物一体的融合是第一位的,主客关系是第二位的,西方的问题出在颠倒了两者的位置。

面对这种国际思潮,我们该怎么办?中国思想文化界已有各种议论。我以为不应当谴责科学本身,似乎不否定科学不足以回复人与自然的和谐;不应当把人文精神与市场经济对立起来,企图在中国的封建道德意识中去寻找凝聚力;不应当把西方的人文主义看成不过是个人主义,而想在孔学和儒学那里去发掘人文主义以抑制西方的人文主义,排斥西方的主体性哲学。总之,我们不能因为西方发达国家所遇到的问题,就裹足不前,而一味宣扬和照搬一些过时的东西。我们首先有落后于西方发达国家的问题,但由于国际市场和国际思潮的冲击,当然也有西方发达国家当前所面临的问题。我们当前的任务是双重的,因而也是更艰巨的:我们一方面要大力发展科学,要强调伸张人的主体性,在这方面,我们首先是向西方近代哲学学习。我们应该清楚地认识到,中国的"文艺复兴"比西方晚了几百年,现在还处于披荆斩棘之中。如果说西方人当前强调的是超越科技与民主、超越人文主义和主体性哲学,就像海德格尔所说的人不过是照料自然万物的牧羊人那样的观点,那么,我们中国人则应该注重学习科学,学习尊重人的主体性,学习西方文艺复兴时期的人文主义。但是,另一方面又不要把人的主体性鼓吹到万能的地位,对自然采取人类中心主义,对他人采取自我主义,在这方面,中国传统的天人合一的诗意境界,就像马克思对古希腊艺术、史诗所说的那样,虽过时不能照搬而仍有"魅力"。

我们决不能亦步亦趋地按西方的步伐,先花几百年的时间补完主客关系思维方式和主体性哲学之课,等它的流弊完全暴露之后,再走西方现当代"后主体性的"哲学之路。我们应当批判地吸取中国传统的天人合一思想之合理处,即万物一体的高远境界,避免其不重主客关系思维方式的认识论、方法论的缺点,把西方近代的主客关系思维方式补充进来(也包括发掘和阐发中国的天人相分的思想），使两者相结合。用中国传统的天人合一代替和排斥主客关系的思维方式，当然不行，但取中国传统的天人合一之优点与西方的主客关系思维方式相结合，则是必由之路。中国的21世纪将是现代科学越来越发达的世纪，是知识和必然性越来越占重要地位的世纪，正因为如此，21世纪也将是一个更需要像尼采所说的那样用一种天人合一的"爱"来拥抱知识和敢于面对现实、肯定必然性的世纪。21世纪的中国哲学将既是积极进取、不断追求的精神占统治地位的哲学，也是自由、超越、豪迈的精神占统治地位的哲学。

第三十一章
从"天人合一"到"万有相通"

我近二十多年来,在本书和其他论著中,极力提倡"万有相通的哲学",主张中国文化应进一步走出传统的原始的"天人合一"形态,达到一种"万有相通"之境。我认为,此境是克服了传统"天人合一"中埋没个性自我,吸纳了西方伸张个性自我而又超越之后所达到的不同万物之间(包括所有独立性自我之间)相通相融的状态。但二十多年来,我在这方面的论述、论证和文字,基本上都是哲学的,不免给读者以玄虚之感。有鉴于此,本章想更多地从现实社会的层面来对这个问题做更通俗的论述。另外,我为了表明当今的"万有相通"与传统的"天人合一"之间的历史渊源关系,还特意把我提倡的"万有相通"观界定为一种"新的天人合一"观,又称"新的万物一体"观;有的学者对此提出建议,认为这种提法虽然加上了"新的"二字,但"合一""一体"这种传统的语词仍然掩盖了"相通"中所包含的"不同""区别"的重要内涵,不如只简捷地提"万有相通",不必再画蛇添足,说什么"新的一体"或"新的合一"。我觉得这条建议也有一定道理。为此,本章更着重从"万有相通"与"天人合一"("万物一体")两者间的区分来谈问题。

我过去对这个问题的探讨分为两个方面:一是人与自然的关系,讲的是要求克服传统中将个性自我埋没于自然整体之中的思想;二是人与人的关系,讲的是要求克服传统中将个性自我埋没于封建社会群体之中的思想。本章仍然主要谈这两个方面,但更侧重后者。

一 "天人合一"的特点

"天人合一"和"万有相通",一个是中国古代的文化形态,粗略地说,主要存在于19世纪中叶鸦片战争以前(此形态绵延几千年,当然不是一成不变的,它乃是一个逐渐走向"相通"的漫长曲折的进步过程);一个是中国现当代社会中正在形成的文化形态。

传统"天人合一"的特点主要可以归结为其原始性、朴素性,具体而言,主要是缺乏"主客二分"的思维模式,缺乏个性自我。由此而表现为:

(一)个体性自我被湮没于盲从统治者意志的社会群体之中,一切都依赖个人所属之社会群体,思想言行都听命于父母、家族以及最后唯专制皇帝之命是从。孔子说的"克己复礼为仁。……为仁由己"①,虽有从自我真情出发而为仁的思想因素,值得珍重,但归根结底,还是要人自觉地服从贵贱等级社会群体之"周礼"。这就造成了中国传统文化中民主自由思想极难伸张的现象。

传统的"天人合一"还把个体性自我湮没于自然整体之中,缺乏自我作为主体,以自然为客体和对象,从而认识自然、征服自然的思想,这就造成了中国自古不重视自然科学研究的现象。梁启超就说过:"我国数千年学术,皆集中社会方面,于自然界方面素不措意。"②

(二)人与人之间少有相互往来、相互理解、相互沟通。由于每个个人都只有其所属社会群体的共性,少有自己独特的个性,所以人与人之间也少有相互往来、相互沟通、相互理解的必要,少有个性交流的内容;至于人与君王之间,更是鸿沟一条,互不相通;也由于科学技术不发达,缺乏相互交流的客观条件,古代社会因此而成为一个很不相通的社会(人们通常都以小农经济社会的原因来解释这种现象,我完全同意;我这里只是从思想和科学意识的角度来做点说明)。

就人与自然的关系而言,在传统的"天人合一"中,更明显的是人很少

---

① 《论语·颜渊》。
② 梁启超:《清代学术概论》,商务印书馆1922年版,第50页。

认识自然,很少理解自然。

（三）平常说的"天人合一"中人与人之间的"一体""融通",不是指不同个性的自我之间的相互交流、相互理解,而是指无人我之别的"人皆有之"的人性之同一性,如"人皆有不忍人之心……乍见孺子将入于井,皆有怵惕恻隐之心。……恻隐之心,仁之端也"①。孟子所谓"四端",即"人皆有之"的同一性。当然,孟子思想的可贵之处在于强调超越此种原始的同一性,而将此"四端""扩而充之",而成为仁义礼智之"四德",亦即发挥"心官"之"思"的功能,使人能成为其"所以为人"的"大人"。孟子引颜渊说"舜何人也,予何人也,有为者亦若是"②。孟子之重视自我个性,由此可见一斑。但孟子在这方面的思想仍然讲得极其简单朴素。在古代封建等级社会的群体里,即使将此"四端""扩而充之"以达于"人伦之至"的"圣人"③,亦难违君命而尽展自我之个性。不过,无论如何,孟子多少指出了一条伸张自我个性的大道:"得志与民由之,不得志独行其道。富贵不能淫,贫贱不能移,威武不能屈。此之谓大丈夫。"④显然,孟子所谓"大丈夫"者,即"不移""不屈"之特立独行之人也。人类社会历史的发展,也许就是人之由屈从"天人合一"之原始同一性走向孟子所谓"大丈夫"的一条漫长而曲折的发展过程。孟子在原始的"天人合一"占主导地位的时代(他自己的思想,就其主导方面而言,也是此种"天人合一"的思想)说出了超越"天人合一"的远大理想,实属难能可贵。

就人与自然的关系而言,所谓"天人合一"中人与自然之间的"合一""一体",也不是指人作为主体,去认识作为客体的自然,从而达到主客对立统一之后的一种通透的精神状态,而是一种朦胧模糊的混一景象。在原始的"天人合一"中,人不理解(不认识)自然,故不能说与自然相通。人们在日常语言中有时也把原始"天人合一"中的"合一"说成是"人与自然相通",这种所谓"相通"实际上是指人与自然间的一种无意识的不可分离的联系,这只是一种自然现象,而不是指人对自然有了认识、理解和领悟之后的通晓、通透,或简言之曰"灵通",而我所讲的"万有相通"中的"相通",正

---

① 《孟子·公孙丑上》。
② 《孟子·滕文公上》。
③ 《孟子·离娄上》。
④ 《孟子·滕文公下》。

是指的"灵通"。

二 "万有相通"的特点

与古代原始"天人合一"的文化状态形成鲜明对比的是现当代正在形成过程中的"万有相通"的文化形态，其特点可分以下两点来说明。

（一）自我的个性日益从社会群体的束缚中获得解放。且不说19世纪中叶以后特别是20世纪初新文化运动以后的各种个性解放的社会现象，就说20世纪80年代初的改革开放，中国人的"自我"，从做服从权威和社会群体的"螺丝钉"到有自己独立的生活诉求，做一个多少能以人本身为目的之人，这一自我觉醒过程，确实让中国人似乎从黑夜走向了天明。目前，中国从计划经济到市场经济的转变，更使中国人的"自我"得到伸张。我们的社会生活日益走向多元化和个性化。现在人们大多都向往以"自我"为中心来设计自己的世界。微博、微信、微电影之类的"微"现象，已经把我们带入一个尽量满足个人当下生活的"微时代"，人在各种"微"生活中，表达自我当下的、片段的情绪和感受，乃至即兴的创作，从而大大扩展了自我表现的领域，分享丰厚的世俗生活的意义；尽管这里不免有思想性较弱、内容不够深厚等缺点，但毕竟让我们民族的文化向着个性伸张、多元共生的方向前进了一步。现在的社会生活，特别是经济生活，已促使人们发现了个性的"自我"，发现了崭新的"世界"。当前，经济生活方面"自我"伸张的程度甚至发展到了引起人们警惕"个人主义"膨胀的地步，不少人已在抱怨甚至谴责"个人物欲扩张""跟着（我的）感觉走"等现象。这种抱怨或谴责是合理的，但同时我们也应当认识到，此种现象是对几千年来原始"天人合一"思维模式下个性"自我"被湮没和禁锢于封建社会群体之中的文化形态的一种反弹、反动，有其产生的历史必然性。相对而言，此种现象有解放"自我"的积极作用。

至于我国当前自然科学和技术方面的繁荣发达，在中华文明史上，显然可以说是空前的；中华儿女在认识自然、征服自然方面所表现的个性解放和自我伸张，也算是达到了很高的程度，比起在人文方面所获得的要大得多。当然，这只是相对而言，实际上，我国当前科技方面缺乏自我独立性和个性解放的缺点仍然严重。

（二）"万有相通"中人与人之间的关系，不再是原始"天人合一"形态下的那种互不相通、互不理解的关系,而是相反:互相理解、互相融通。当今社会生活中特别是经济生活中的每个个人,既是独立的,有个性的,又不是孤立的,与他人隔绝的,而是与他人、与远在天涯海角的人,甚至与陌生的人,或直接或间接地联系在一起的。互联网、手机、电脑的信息交流最具体地、最明显地说明了这一点。现在,全世界、全宇宙已形成了千千万万、无穷无尽的网络联系的有机整体,"万有",亦即每个物、每个人,都是这一整体中相互联系、相互影响、相互依存的一个交叉点,每个个人,既有其为某一交叉点的特点、个性,又与其他个人——其他交叉点息息相关:互联网、手机、电脑还只不过是此种"息息相关"中的一种具体表现方式;人们由此而产生的经济生活方面的"相互理解",则更是深层的。人与人之间在日常生活方面相互理解到当今这样广泛的程度,主要是由互联网造成的。今天,只要一机在手,地球两面相隔千万里的两个人就可以面对面地抒发喜怒哀乐之情。这种相互理解,既是虚拟的,又是现实的。"万有相通"在这里有了非常具体的体现。在经济全球化形势下,国与国之间相互依存的现象已越来越频繁,开放、包容、对话的全球意识已是大势所趋,这也是"万有相通"之一例。显然,现代科学技术的发达,既造成了人对自然的认识和了解,也是人与人之间相互理解、相互融通的条件之一。

"万有相通"的整体,既是真,又是善,也是美。就一人一物之真实面貌只有在此整体之中,在此无尽的普遍联系之中才能认识("知")到而言,它是真;就每个人在此整体之中相互支持、相互爱惜,从而使人有"民吾同胞"之同类感("意")而言,它是善;就此整体给人以无穷无尽的玩味、领悟("情")而言,它是美。万有相通之整体,集真善美于一体,堪称万有之源。

"万有相通"之"相通",如前所言,是一种"灵通",也就是说,万有因人而相通:因人而美(因人而有美丑),因人而真(因人而有真假),因人而善(因人而有善恶),借用王阳明的话来说,"人心一点灵明"是万有一体的"发窍之最精处"[1]。若无人心,则天地万物是不开窍的、无意义的漆黑一团,谈不上有意义的相通。这样来看,"万有相通"之"相通",乃是一个发展的过程,它随着人的认识、审美、道德意识之逐步深入而逐步加强:认识、审美、道德意识愈深入,万有相通的程度便愈强。从原始的"天人合一"到"万有相通",也是这样一个发展过程。中华几千年的文明史,从一人独断专制到今

---

[1] 《传习录下》。

天一定范围、一定程度的个人自由;从极少相互往来,到今天之一机在手,虽相距万里亦能互诉衷肠;从愚昧无知的巫术迷信到今天现代科学技术的繁荣发达,都很清楚地说明,从原始"天人合一"到"万有相通"是一个宇宙万物愈来愈"灵通"的发展过程。

三 "天人合一"与"万有相通"的区别以及中西文化史上从前者到后者的发展过程

"万有相通"的"整体"与传统的"天人合一"之"合一",表面相似而又大有区别:"天人合一"之"合一"是无区别、无个性的简单同一;"万有相通"之"整体"是有个性的千差万别之人与人之间以及人与自然物、自然物与物之间的相通相融。简单同一只讲相同,必然抹杀不同的个性,也就谈不上彼此,谈不上彼与此之间的相通;只有承认了有个性的差别(不同),才有可能谈不同的两者间的相通。不同相通与简单同一是两个不同的概念,有高低阶段之分:一个是原始的,一个是现当代的;一个是混沌蒙昧的,一个是灵明清晰的。由"天人合一"到"万有相通",由简单同一到不同相通,其所经过的历史发展过程,既漫长又曲折。如果把由"天人合一"之"合一"到"万有相通"之"整体"称作一种"回归",那乃是一种高级的回归,一种否定之否定的回归。轴心时代以前的部落意识,可以说是严格意义的天人合一的意识,个人的自我完全融为自然的一部分,融为部落集体的一部分,没有独立自主性;轴心时代开始把人带入了"个人意识"和"理性意识",而在西方文明史上,主要是经过文艺复兴、启蒙运动至19世纪中叶几百年间以"主客二分"式的自我主体性思想为主导的否定阶段,又对这种否定阶段再加以否定,才发展到19世纪中叶以后现当代的不同自我间的"对话文明阶段"[1],一种具有"全球意识"和"整体意识"(不同于"个人意识")[2]的"万有相通"的文化阶段。但西方人受"主客二分"式思想传统的影响太深,非此即彼的思维方式一直束缚着他们,而难以超越,他们欲学彼此融通的思想,亦非易事。"万有相通"在西方现当代文化状态下,还有待完善和发展。

---

[1] 参阅列奥纳德·斯维德勒:《从轴心文明到对话文明》,杜维明主编:《从轴心文明到对话文明》,光明日报出版社2013年版,第43—59页。

[2] 同上。

在中国文化史上，自轴心时代开始，伸张自我的思想虽时隐时现地绵延着，明清之际稍有较多的表现，但"主客二分"式的自我主体性思想，一直到19世纪中叶鸦片战争以后，才明确地由西方输入。上述"否定之否定"过程中的中间阶段——第一次否定，亦即伸张自我的阶段——也只是从那时才真正开始，比起西方来落后了几百年，而且从那时以来的一百多年时间里，自我个性的解放不断受到阻挠，如蒋介石的一党专制，1949年以后的做服从权威的"螺丝钉"论。我在前面讲到中国现当代的"万有相通"时，一再强调"正在形成过程中"，说明本章的主题"从天人合一到万有相通"，并非表示中国文化已完成了"万有相通"。实际上，我所提出的"万有相通"，更主要的是我所看到的当今文化发展的一种趋向，是我的一种文化理想，而对"万有相通"的领悟，则是我所向往的人生最高的精神境界。

当然，对于中国传统的"天人合一"，我们绝不能简单蔑视它，而应当加以珍重，它是中国文化童年时代的精神状态，它的"天真"的诗意境界，仍然可以对我们产生一种马克思说的古希腊艺术、史诗所留给人的"永恒魅力"，"仍然能给我们以艺术享受"。例如，传统"天人合一"中所蕴涵的那种浑厚、淡远的神韵和胸怀，至今都值得我们深思玩味；我个人至今还很欣赏"鸡犬之声相闻，民至老死不相往来"之类的意境；再者，"天人合一"状态，如前所述，不是一成不变的，在其几千年的缓慢发展过程中也有进步的东西，例如宋明的"天人合一"就比先秦的"天人合一"进步得多，这些进步的东西虽仍未脱"天人合一"的总范畴，还是值得我们今天来吸取。但无论如何，我们亦如马克思所说，应该认识到，童年时代的东西，其产生的社会基础已经消失了，"不能"与今天成年时期的铁道、电报等先进科学技术之类的东西（何况是今天的互联网之类的东西）"并存"，我们决不能像某些学者所说的那样，把原始的"天人合一"原封不动地照搬到今天来"拯救危机"。

四　在中国现实中"万有相通"进展迟缓及其原因

说"万有相通"在我国现实中还只是"正在形成过程中"，其最关键之处在于，中国人当前自我之个性解放的现象，尽管有点让人感到眼花缭乱，但都还只限于经济领域和科技领域，尚未达到思想意识、观念形态领域的个性解放，而这方面的个性解放，乃"万有相通"之必要的、最重要的环节。我国当前的理论、思想以至学术（甚至经济方面的理论、思想以至学术），仍然是应声迎合、"一种声音"（某作家语）、不敢越雷池一步之风占先。如此情景，谈何独立创新！心理学家朱滢先生所说的"中国人依赖他人"的"互倚型的自我观"，在当今中国人心中，甚至青年人的心中，仍然盛行。

由于思想意识、观念形态领域里缺乏自我个性的环节，人与人之间的"相通"问题也就难以解决：平民百姓不敢自由议论国是；官民之间更难真诚沟通，特别是孔子说的"恶居下流而讪上者"的教条，更阻挠了下民对居高位者的评议。显然，思想观念领域至今基本上还是被简单同一观念的阴影笼罩着，人们彼此之间，特别是官民之间，难以透明相通。强求一致（简单同一），不容异见，其实质不过是同而不和，相同而不相通。《孟子·滕文公上》："夫物之不齐，物之情也。……子比而同之，是乱天下也。……从许子之道，相率而为伪者也，恶能治国家？"许行关于"巨屦小屦同贾"的主张，正是抹杀物之不齐（不同）而强求简单同一、"比而同之"的思想表现，孟子斥之为"乱天下"和"相率而为伪"之道，值得一切"治国家"者深思。

下面着重从学理上说说经济方面和科技方面进步速度较快而思想意识、观念形态往往落后的原因。

美国语言哲学家蒯因的"整体论的检验理论"告诉我们，在整个知识或信念的体系中，各种命题构成一个圆圈，居于中心的是内容玄远的命题，其普遍性最强，距离中心最远的感性命题则普遍性最少。后者同经验的接触最直接，两者之间的冲突首先引起距中心最远而距经验最近的命题的调整和改变，最后才引起居于中心的命题的调整和改变。这就是说，距中心愈远和愈接近边界经验的东西，其改变的速度愈快，愈靠近中心的东西，其改变的速度愈慢，而中心则不轻易因周边的改变而等速改变，但即使是居于中心的命题也不是不可改变、不可调整的。我个人认为，经济、科技与思想、观念形态的变迁关系也类似于这种周边的变速与中心的变速的关系。经济、科技与思想、观念形态实可以概括为一个由中心和不同层次的周边构成的圆圈。粗略地讲，一个民族、一个国家的思想、观念形态是中心，经济、科技是周边；具体地讲，思想、观念形态居于最中心的地位，生产是边缘，器物、金融、科技等则是这个圆圈所包含的不同层次的周边（这里且不谈器物、金融、科技这些层次的具体的远近程度和次序）。经济、科技的变化和进步"推动"思想、观念形态的变化和进步，但经济、科技是一个民族、国家与外界（即其他民族、国家）最直接接触的方面，其变化的速度也最快，而居于中心的思想、观念形态则虽有变化，但变速甚慢。换言之，经济、科技是比较敏感、比较灵通的领域,而思想、观念形态则是比较迟钝、比较固执的。就个人来说,经济生活的外貌上的改变和科技的进步,相对而言,也是比较容易的,而思想、观念形态的改变和进步却是困难的。思想、观念形态的变易性往往滞后于经济、科技方面的变易。这就是为什么国人在经济生活方面已由原始"天人合一"那种闭塞和缺乏个性的状态迅速转变为今天如此广泛地个性化和开放状态,在科技方面的独创性进步已达到中华文明史上空前的地步,而在思想意识、观念形态方面却仍保持传统的一元化,缺乏自我独创性的根本原因。总之,我们的思想、观念形态居于上述圆圈的中心位置,虽因经济和科技周边的迅速变化而亦较前有所变化、有所进步,但不是与经济、科技等速变化的,而是极其缓慢曲折地前行的。所以在我国当前形势下,要求思想、观念形态方面的个性解放(民主、自由、多元化),那只能是逐步逐步、缓之又缓地进行的。但"万有相通"的文化形态之正式形成,"万有相通"哲学之实现,却有待于思想、观念形态方面的个性解放。在这方面,正如我多次说过的,还需要做点"补课"的工作。但是除此以外,还需要加快科学技术之类的边缘因素的进展步伐,以推动和促进自由和个性解放之类的中心因素的变化,用科学来促进民主。我国20世纪初的新文化运动和五四运动,号称中国的启蒙运动,但迄今缺乏科学启蒙的因素——缺乏像欧洲文艺复兴和17、18世纪启蒙运动时期那样的科学上的辉煌成就,以致民主的进程在中国现当代一直不断受阻,民主启蒙也未能真正实现。相反,任何一点像样的科学上的创新,例如前面提到的当今信息时代所造成的透明、相通现象,就已经对不民主、不自由的措施造成了威胁,这就说明科学有推进民主的作用,这一点很值得我们深思。

五 "万有相通"的哲学要求把"有我"与"忘我"结合起来

如前所述,"万有相通",除了伸张"自我"的个性这一必要环节之外,还必须进而超越自我,超越"主客二分",达到万有之间、千千万万个"自我"之间的相通相融。否则,就会走西方"主客二分"式的"自我专制主义"(犹太裔法国哲学家莱维纳斯批评西方传统文化的用语)的老路:唯我独尊,极端的个人主义。前面说到的我国当前经济生活方面的个人主义膨胀现象,就是此种"自我专制主义"的表现。西方现当代思想家大多都在批评他们的这种旧传统。哈贝马斯的"互主体性"学说,批评西方传统的"主体性哲学",反对唯我独尊的"主体",便是一例。我所提倡的"万有相通"的哲学认为,不能像"自我专制主义"那样,只承认一己之"自我"而抹杀他人之"自我";每人每物作为宇宙这一大网络整体中的一个交叉点,都因"相互隶属"(海德格尔语)、相互支援、相互融通而存在,故"民吾同胞,物吾与也",人皆尊重、爱惜他人之"自我"。也就因为这个缘故,我特别提倡包容、宽容的品德,包容、宽容就是能容纳他人之"自我"的个性,换言之,也就是能容纳他人之"不同":不同的声音,不同的意见,不同的风格等等。当今的社会是伸张不同"自我"个性的社会,从而也更需要恢宏大度,海涵"他人"的不同个性,这正是我所讲的"不同而相通"的重要内涵。① "万有相通"的哲学,正是追求此种宽阔、高远的人生境界之学。此种"万有相通"之"整体"观,所导致的局面是民主、自由、多元化、平等对话而又和谐有序,与"天人合一"之原始"合一"观导致专制、只听一人之言的现象相比,实有天壤之别。

总之,"万有相通"的哲学,一方面要伸张自我,另一方面又要超越自我。借用中国经典语言来说,就是要求人既不能无我,做"丧己"之人,又不能执着于我,而应进而"忘我"。这样,此种哲学就又可称之为"忘我之学",或者更全面一点说"物我两忘之学"。针对我国当前思想、观念形态领域中缺乏自我个性而言,我提倡个性解放,提倡"有我";针对当前经济生活领域中个人主义泛滥的现象而言,我提倡人皆以"民胞物与"的胸怀和精神境界为追求目标,提倡"忘我"。但正如辩证唯物论所讲的:"存在决定意识,意识却又可以反作用于存在",同样,居于上述圆圈之中心位置的思想、观念形态,虽由居于周边位置的经济、科技的推动而缓慢变化、前进,但思想、观念形态却又可以"反作用于"经济、科技。此种"反作用"可以是顺势的,也可以是逆势的。如果思想、观念形态领域的主导力量逆势而动,着意于抑制自我的个性解放,则连经济、科技领域里个性解放的进程以及与之相联的独创性也会受到阻滞和压抑:且不说经济学方面的理论创新难以产生,就说科技方面,也会因人们在思想、观念形态上轻视独立自我的纯科学的自由精神,而造成科学方面提不出伟大理论、成就不了伟大贡献的现象。所以,在上述两方面中,就当前一段时期而言,我更着重于提倡思想、观念形态方面的个性解放,提倡"有我"。近几年来,我受心理学家朱滢关于中国人至今

---

① 关于"尊重他者"的问题,我国中青年学者孙向晨在其所著《面对他者——莱维纳斯哲学思想研究》(上海三联书店 2015 年版)一书中有系统的阐述,建议读者参阅。

仍缺乏"独立型自我观"的思想影响,强调在当前一段时期内要做点学习西方"主客二分"式中"自我主体性哲学"的"补课"工作,但我一直在表明,此所谓"补课",决非亦步亦趋地把西方"主客二分"式生硬地照搬过来;那样做,只会阻碍万有之间的融通,不是实现"万有相通的哲学"所需要的。我们仍然需要会通中西,把伸张自我与超越自我有机地结合起来,只不过在当前一段时期内更多着重吸纳一点西方"主客二分"式中伸张自我的合理成分。所谓"补课"的意思,如此而已。

六 "万有相通"的哲学是中华文化走向未来的明灯

本章上述"万有相通"的内容,主要讲的还只是人与自然之间的相通和人与人之间的相通两个方面。其实,既曰"万有",则"相通"的方面远不止此二者,尚应包括自然物与自然物之间的相通,如有生命之物与无生命之物之间的相通,植物与动物之间的相通,等等;以及人生的各个方面之间的相通,如人生诸种精神境界(欲求境界、求知境界、道德境界、审美境界)之间的相通,各种社会活动(经济活动、政治活动、文化活动等等)之间的相通,工农商之间的相通,以至中西两种不同文化之间的相通,等等。和这些相应的,还有各种学术研究领域之间的相通,如植物学与动物学之间的相通,生命科学与无生命科学之间的相通,人文科学与自然科学之间的相通,哲学与自然科学之间的相通,伦理学与美学之间的相通,政治学与经济学之间的相通。如此等等,这里不可能一一列举。

所有这些"相通",和原始的"天人合一"之"合一"相比,都有一个共同的特征,即前面所讲的重彼此之"不同"(区分、分明),而又强调"相互融通",强调相互结合成一灵通的有机整体。从原始的"天人合一"到现当代的"万有相通",是一个由混沌不分,经逐渐区分,逐渐分明,到超越区分而达到有机结合,融通为一整体的过程。人与自然的关系以及人与人关系,已如前所述,充分说明了这一点。就社会分工来说,"分工"乃近代文明特别是西方近代工业社会的产物,而非古代社会的特征,也同样能说明这一过程;再看这里提到的各种学科研究之间的关系,也是如此:在原始"天人合一"占主导地位的中国古代思想文化史上,学科的研究多重混合,而鲜有分门别类,这应该是大家所公认的。这里还需要多说几句的是,西方现当代(或称"后现代")学者已认识到他们过于重非此即彼的分析式传统(包括

"主客二分")的弊端,而提倡彼此融合、相通的思维方式,他们在学术研究方面强调交叉学科的研究,便是一例。我国文化自20世纪初新文化运动、五四运动以来,已断断续续地走出传统的"天人合一"的思维方式,学习西方的分析式(包括"主客二分"),在学术研究方面学者们更多地重视专科研究,分科越来越细。但他们又认识到了片面运用分析式的弊端,近些年来,强调交叉学科研究的呼声也越来越强。

凡此种种,都表明"万有相通"的哲学是一种既要求重视万有之各自的个性,又提倡万有之间的交融共生、平等对话、命运与共的哲学。此种哲学思想,在我国当代文化的各个方面已有了不同程度的体现。由"天人合一"到"万有相通",是我国文化历史发展的大道,"万有相通"的哲学应是我国文化走向未来的明灯。

余论：
希望的哲学

一 以希望哲学代替猫头鹰哲学

黑格尔在《法哲学原理》的序言中说："哲学作为有关世界的思想，要直到现实结束其形成过程并完成其自身之后，才会出现"，就像"密纳发的猫头鹰"一样，"要等黄昏到来才会起飞"。所以在黑格尔看来，哲学总是"灰色的"。其实，这种一味强调尾随于现实之后的哲学观点，乃是以黑格尔为代表的传统形而上学即"概念哲学"的特点。我这本《哲学导论》所主张和强调的，正是要突破固定的概念框架，超越现实，拓展未来，所以我想把这种哲学叫作希望哲学，以与猫头鹰哲学相区别。

通常所说的现实，就是指出场的东西（在场的东西）以及逻辑上有可能出场的东西（符合逻辑概念的东西）。人们一般总以为只有现实才是最真实的；即使是非现实的东西（不在场的东西，包括不符合逻辑概念的幻想），也要被归结为或者说还原为现实的东西，才能说明其真实性。我当然并不否认现实的东西的真实性，我想探讨的是，人生的意义和真实性是否只在于现实性。

现实的东西都是有限的，有限就是有界限、有限定：感性中的东西固然是有界限、有限定的，即使是思维中的概念也是有界定的，因而在一定意义上也是有限的。人生的"生"就是生存、生活,而生存、生活是一种行动、一种活动,行动、活动就意味着不断地突破有限。人如果停滞在现实性中而不思突破其有限性,或者说,安于现实而不思前进,那就是死亡而不是人生:停滞于感性中有限的东西,固然是死亡;停滞于一些固定的概念,那就叫作思想僵化,也是一种死亡。所以人生应是一种不断突破现实的有限性的活动,这种活动就是人们通常所说的希望。我这里所说的希望不是指那种只想而不见诸行动的空想,空想实际上仍然是一种安于现实的表现。希望使人不满足于和不屈从于当前在场的现实。人生的意义就在于超越现实,即超越在场、超越有限,而挑战自我,不断创新。显然,正是希望而不是现实,才更显示出人生的最高意义和真实性。那种一味强调现实性,把一切都还原为现实性的哲学,只是在黄昏到来时才会起飞的密纳发的猫头鹰的哲学,我们应该以希望哲学代替猫头鹰哲学。①

二 希望就是虚拟

人们所希望的东西在其没有实现之前,只能是虚拟的而不是现实的,它可能在现实中出场(实现),也可能是现实中根本不可能出场的东西(不可能实现)。片面强调现实性的哲学观点自觉不自觉地把虚拟与主观唯心论联系起来而加以贬斥,特别是反对虚拟现实中不可能出场的东西,从而反对幻想(幻想不是前面所说的空想)。按照这种观点,文学艺术中很多属于幻想的诗意境界的真实性就被抹杀了。事实上,一个能超越在场、富于想象力和幻想的艺术家和鉴赏家,正如康德所说,"对于一个对象的存在是淡漠的"②,也就是说,对于对象的在场是漠不关心的。有的美学家甚至率直地认为审美对象具有"虚幻性"。我以为,审美对象的"虚幻性",或者说,对于"对象的存在"的"淡漠",正是文学艺术的真实性之所在③,这里所体现的诗意境界也正是人生的最高意义和最深远的向往(希望)之所在。当然,诗意境界的虚拟性(虚拟可以是超越感性在场的东西,例如"一座金山""白发三千丈",也可以是超越恒常在场即不符合逻辑概念的东西,例如"方形的圆""声中闻湿")与现实是有联系的,但它高于现实、多于现实(这里的"多

---

① J. Moltmann, *Theologie der Hoffnung*, Chr. Kaiser Verlag, Muenchen, 1985, S. 30, 26.
② 康德:《判断力批判》上册,宗白华、韦卓民译,商务印书馆1985年版,第46页。
③ 参阅拙著《进入澄明之境——哲学的新方向》,商务印书馆1999年版,第99页。

于"不是量的意义),这"高于""多于"之处乃是人生所追求(希望)的最高的真实性。把这种真实性叫作真理,也是完全可以的,只是不要把真理仅仅理解为简单的反映论的真理。①

希望、虚拟不仅是艺术创造的思想源泉,也是科学上各种创新的思想源泉。科学上伟大理论的建立和重大的创造发明最初也是虚拟的,甚至是当时条件下以为不可能实现的虚拟(幻想)。固守现实、囿于现实、不敢越现实之雷池一步的人是不可能在科学上做出任何突破的。这里的确用得着"大胆假设"四个大字。科学离不开假设,假设就是虚拟。大胆假设,勇于虚拟,才能在科学上大有希望。科学上的虚拟不同于艺术上的虚拟:后者并不期待(希望、盼望)证实,并不期待未来不在场的东西的回答,它对此是淡漠的,它只是把未出场者与出场者综合为一个整体,从中显示出审美意义和审美价值,而前者则是为了预测未来的尚未出场的东西,因而期待证实,期待尚未出场的东西的回答,所以科学在"大胆假设"之后还需要继之以"小心求证"。简言之,艺术上的虚拟不需要现实的回应,科学上的虚拟则要求现实的回应。但即使在科学上,虚拟与现实相较,虚拟是科学前进和发展的动力,尽管前者与后者又是不可分离的。根据我国科学事业发展的现状,我们是否有必要强调一下勇于虚拟的精神呢?

社会的进步也必须依靠希望的动力与虚拟的精神。人们对社会进步的希望,必然伴随着对新的社会前景的虚拟。没有虚拟,就没有希望,社会也不可能进步。当前我们社会发展的机遇可谓千载难逢,只是人们的思想亟须多一些虚拟。一味强调现实主义,死死地把当前在场的东西限制在固定的模式下,我们这个社会是没有希望的。

三 希望就是战斗

希望不是空想,希望总是希望把尚未实现的东西转化为现实的东西,把尚未在场的东西转化为在场的东西,这种转化的过程就是劳作。艺术家的诗意境界固然不要求现实的回应,但诗意境界所体现于其中的艺术作品也要通过上述的劳作过程。所以希望总是与实现希望的劳作紧密相联的。孟子说:"天将降大任于是人也,必先苦其心志,劳其筋骨,饿其体肤,空乏其

---

① 参阅拙著《进入澄明之境——哲学的新方向》,第3章"真理观的转向"。

身,行拂乱其所为,所以动心忍性,曾益其所不能。"①孟子的话告诉我们,要实现一个宏大的愿望(希望),必须具有克服和战胜各种艰难险阻的内在动力和坚忍不拔的意志,必须付出切实的、血淋淋的代价。希望意味着冲破界限,意味着从既定的现实框架挣扎出来。实现希望是幸福,但这幸福是从痛苦中获得的。希望是痛苦与幸福、黑暗与光明的转换,所以,一次希望就是一场不平静的战斗。② 那种一心图平静安乐的人,是没有希望的人。"生于忧患,死于安乐",这句古训仍然值得我们牢记。

四 希望与命运

人所生活于其中的世界,乃是人与万物交融为一的产物。王阳明说:人与天地万物"一气流通","天地鬼神万物,离却我的灵明,便没有天地鬼神万物了。我的灵明,离却天地鬼神万物,亦没有我的灵明"③。美国哲学家和神学家保罗·蒂利希说得更明确:"没有世界的自我是空的,没有自我的世界是死的。"④所以,人一方面属于他的世界,一方面又参与了他的世界。一个人的命运,我把它理解为个人所属的、同时又参与了的世界。因此,命运不是按一般人所了解的那样是一种异己的力量,是个人完全无能为力的外在领域。形成我的命运的因素,既有自然的方面(包括地理环境、先天的禀赋等等),也有人类历史的方面,还有我个人的方面。这也就是说,我个人参与了我的命运的塑造,我在命运面前不完全是被动的。

希望就是做出某种抉择。我可以希望这,可以希望那,可以做出这种抉择,也可以做出另一种抉择,我是自由的。不可否认,这种自由不是无限制的。希望的自由有一个基地,这就是命运,其中包括我过去已经做过了的抉择,例如我年轻时已选择了做学问的道路,现在年已老迈,再要想改行做一名武士,那是毫无希望的了。命运是现实,但这现实本身已包含我所自由希望过、自由选择过的东西在内,已包含我个人所塑造的成分。不要把现实单纯地理解为绝对不以我的意愿为转移的东西。而且,即使在已有的命运的基地上,我仍然可以继续希望这、希望那,继续做不同的抉择,我们甚至可以

---

① 《孟子·告子下》。
② 康德:《判断力批判》上册,宗白华、韦卓民译,商务印书馆1985年版,第46页。
③ 《传习录下》。
④ 转引自《20世纪西方宗教哲学文选》上卷,上海三联书店1991年版,第827页。

把这个基地本身拿来考量一下、反思一下,特别是把过去已经做过的抉择、希望拿来总结一下,以便做出新的、更富生命力的抉择与希望。作为命运的现实不过是自由希望的条件,希望是主动的,命运是被动的。希望照亮着现实,指引着现实,希望塑造着命运,改变着命运。在当前改革开放的时代,一切都在日新月异,不断创新,我主张用希望哲学改造一下一些人头脑里旧的、惰性的命运观。

五 希望与失望

人在现实与希望的统一体中,以现实为基地,以希望为动力,在人生的道路上向着未来奋战前行。但未来是无限的,有限的个人面对无限的未来,总会有些事可以如愿以偿,达到自己所希望的目的,因而感到幸福,有些事则不能如愿,因而引起不快或叹息。人们可以通过预测,尽可能争取实现希望、获得幸福,减少失望和叹息,但在漫长的、荆棘纵横的人生道路上,失望与叹息总是不可避免的。希望不可能绝对逃避失望,幸福不可能与叹息绝缘,这是人的有限性所决定的。每个人都希望拥有并不断扩大自己的世界、自己的空间,如家庭、职业、社会贡献和社会影响,等等,这也许就可以叫作自我实现。但人的有限性决定着他所拥有的世界与空间随时都受制于外来的威胁,使自我实现的历程受阻,因而产生叹息。人生需要有不断克服重重阻力、平息各种叹息的勇气。这勇气从何而来?

人本来是有限的,不是无所不能的,但平常人并不总是意识到这一点并主动积极地接受这个必然性的事实。否则,又何必因遇到外在的阻力而叹息呢?我们平常说,人生苦短。人生本来就"短"(有限),如果真能意识到并积极接受这一点,又何必以此为"苦"呢?当然,说人生有限,并不只是反映人的寿命有限,此种有限性是绝对不可避免的,人是必死的,长生不死的希望只能是空想。另外一种有限性则表现在日常生活中对某些具体事物的希望上,例如谋求某个职位、期待某种事业上的成功等等。对于这类事物的希望,只要有较准确的预测,以现实为基地,则实现希望的可能性总是比较大一些,这是不同于长生不死的希望之处。尽管如此,人的有限性仍然在这里表现为必然的:人可以由于预测失误或努力不够等等原因而未能实现自己的希望,这需要反思和总结,也许人在这里有理由惋惜,但即使预测尽可能准确,也尽了最大的努力,最后的结果仍可能令人失望。人不可能料事如神,事事都能如愿,都能按照自己的希望达到目的,人生的这种有限性也有其必然性。所以,克服人生道路上重重阻力和平息各种叹息的勇气,不在于无限鼓吹人的主体性,就像黑格尔的"绝对主体"那样,而在于对人的有限性的意识和主动积极接受有限性这一必然性事实的态度。人能意识到自己的有限性并积极予以接受,这就是超越了有限性,亦即越过有限向外展望,以无限的观点观察事物、观察人生,或者借用中国传统哲学的术语来说,就叫作以道观物。这样看来,人既是有限的,又是无限的,可以说,人生就是有限者在无限中的追寻。

六　希望与无限

说人是有限的又是无限的,这是从两个不同的层面来说的。就现实的层面来说,人是有限的,人不可能无限延长生命,人不可能是万能的;就理想的层面来说,亦即就人能意识到自己的有限性来说,人则是无限的,也就是说,能超越有限。

希望就是超越有限、超越现实,人能树立希望,此乃人之不同于一般动物之处。动物不能树立希望,故死死地陷入有限性的泥坑之中。但单纯的希望还只是超越有限性和现实性的第一步,一般人在希望得不到实现时便悲观哀鸣,这仍然是囿于现实性和有限性的思想表现。人只有以勇敢的态度面对现实和有限,这才是真正超越了现实和有限,才是真正从现实性和有限性的束缚中解放了出来,这也就是一种人与万物为一的人生最高境界。人生在世,总有各式各样的希望,而且这些希望绵延不断,只要在世一日,就有一日的希望,这是每个人的人生之必然。但只有超越现实性和有限性而以无限性观点观察人生的人,才总能保持泰然自若的态度,不为反对势力所动,此所谓"君子坦荡荡"者也。反之,一个囿于现实性和有限性、患得患失的人,则随着希望之不断发生而无日不处于忧愁计较之中,此所谓"小人长戚戚"者也。是以无限性的观点观察人生还是以有限性的观点观察人生,这是"君子"与"小人"的分水岭。

以无限性观点观察有限性人生的人,也会发生一种叹息,例如陈子昂的《登幽州台歌》便是。"前不见古人,后不见来者,念天地之悠悠,独怆然而涕下。"这里的"怆然涕下"就是以无限性观点观察有限性人生的一种慨叹或者说叹息,但这种叹息显然不同于因某种具体希望没能实现(例如因想得到某种利益而未能如愿)而发出的叹息。为了区别于后者,我姑且把陈子昂的"怆然涕下"称之为"浩叹"。浩叹是达到了无限性的一种与天地万物为一的浩远境界。我们决不能把陈子昂的"怆然涕下"理解为因悲观失望而泪流纵横,就像我们不能把"庄子妻死,鼓盆而歌"理解为庄子的麻木不仁一样。陈子昂的"怆然涕下"与庄子的"鼓盆而歌"可能都带有文学夸张的意味,两者貌似截然不同的感情,却都是达到无限性的万物与我为一的人生境界的表现。实际上,庄子的"鼓盆而歌",其思想深处也未尝不蕴涵一种"浩叹"的感情在内。人生的希望有大有小,有高有低,我以为人生最大最高的希望应是希望超越有限,达到无限,与万物为一,这种希望乃是一种崇高的向往,它既是审美的向往,也是"民吾同胞"的道德向往。

北京大学哲学教材系列

*楼宇烈等	东方哲学概论		*张志刚等	宗教研究指要
*赵家祥等	历史唯物主义新编		*陈　波	逻辑哲学
*赵家祥等	马克思主义哲学教程		*叶　朗	美学原理
*张世英	哲学导论		*邢滔滔	数理逻辑
*张文儒等	现代中国哲学		胡　军	知识论
*赵敦华	西方哲学简史		*江　怡	分析哲学教程
*赵敦华	现代西方哲学新编		*王海明等	美德伦理学
*陈　来等	中国哲学史		*程　炼	伦理学导论
*陈嘉映	语言哲学		韩水法	政治哲学
*王海明	伦理学原理		吴国盛	科学通史教程
*王　博	庄子哲学		程　炼	心灵哲学
*孙尚扬	宗教社会学			

打 * 号者为已出。